想象另一种可能

理想国
imaginist

女孩们的地下战争

揭秘人际交往中的隐性攻击

Rachel Simmons

ODD GIRL OUT:
The Hidden Culture
of Aggression in Girls

[美] 蕾切尔·西蒙斯 著　　徐阳 译

海南出版社
·海口·

ODD GIRL OUT: The Hidden Culture of Aggression in Girls by Rachel Simmons
Copyright © 2002 by Rachel Simmons
Published by arrangement with Houghton Mifflin Harcourt Publishing Company
Through Bardon-Chinese Media Agency
Simplified Chinese translation copyright © 2021
by Beijing Imaginist Time Culture Co., Ltd.
ALL RIGHTS RESERVED
图字：30-2021-085 号

图书在版编目（CIP）数据

女孩们的地下战争：揭秘人际交往中的隐性攻击 /（美）蕾切尔·西蒙斯 (Rachel Simmons) 著；徐阳译. -- 海口：海南出版社，2021.11（2024.6 重印）
书名原文：Odd Girl Out：The Hidden Culture of Aggression in Girls
ISBN 978-7-5730-0287-7

Ⅰ.①女… Ⅱ.①蕾… ②徐… Ⅲ.①女性—人际关系学—通俗读物 Ⅳ.① C912.11-49

中国版本图书馆 CIP 数据核字 (2021) 第 234550 号

女孩们的地下战争——揭秘人际交往中的隐性攻击
NÜHAIMEN DE DIXIA ZHANZHENG——JIEMI RENJI JIAOWANG ZHONG DE YINXING GONGJI

作　　者	[美]蕾切尔·西蒙斯
译　　者	徐阳
责任编辑	余传炫
特约编辑	许护仙
装帧设计	陆智昌
内文制作	李丹华

海南出版社　出版发行

地　　址	海口市金盘开发区建设三横路2号
邮　　编	570216
电　　话	0898-66822134
印　　刷	山东韵杰文化科技有限公司
版　　次	2021 年 11 月第 1 版
印　　次	2024 年 6 月第 6 次印刷
开　　本	880mm×1230mm　1/32
印　　张	15.25
字　　数	313千字
书　　号	ISBN 978-7-5730-0287-7
定　　价	72.00元

如发现印装质量问题，影响阅读，请与发行部门联系：010-64284815。

献给我的父母,
克莱尔(Claire)和路易斯·西蒙斯(Luiz Simmons),
你们一如既往的信任、爱与支持让本书得以问世。
献给简·伊赛(Jane Isay),
一位致力于改变世界的女英雄,我的好友,
你始终相信,相信,再相信。

序

初版时,《女孩们的地下战争——揭秘人际交往中的隐性攻击》(以下简称《女孩们的地下战争》)点燃了社会讨论的导火索,掀起了一场关于女孩和霸凌行为的热烈公共对话。那些摸黑挣扎的家长和女孩突然间拥有了平台、术语和社群。现在,一直以来在暗中游荡的东西终于暴露在众人面前了。

尽管在写这本书时我只是一名讲故事的记者,但最终还是走进了故事之中,成了其中的一部分。《女孩们的地下战争》出版后,我踏上了似乎永无止境的图书宣传之旅,开始和学校、家庭以及青少年专家们一起对抗传染病般的霸凌行为。我成了一名老师,并和同事一起创立了非营利性组织"女孩领导力学院"(Girls Leadership Institute)——这个机构旨在帮助女孩、学校和家庭构筑健康的人际关系。后来我又写了两本书,一本是由女孩讲述的关于霸凌和友谊的故事的《怪女孩大声说》(Odd

Girl Speaks Out），另一本是《好女孩的诅咒：培养勇敢自信的真实女孩》（*The Curse of the Good Girl: Raising Authentic Girls with Courage and Confidence*）。

这就是我必须要修订这本书的原因：创作之初，我只是一名观察者；修订时，我已经成了一名实践者。新版收录了我十年来积累的策略、见解和智慧，都是在给女孩授课、与她们相处、采访学校监管者、为父母们提供指导以及同学校辅导员交流时积累下来的。在本书新增的四个章节里，你可以读到帮助女孩渡过人生大难关的实用办法。我在此分享了自己在这条艰难道路上学到的东西，以及出色的同事们所进行的优秀实践。

这本书写作之时，女孩的生活中还没有短信，没有Facebook，没有手机相机，也没有视频聊天。而如今，女孩间的霸凌行为已经延伸到了数码空间。手机和电脑成了新的涂鸦墙，用户们只需轻点鼠标，就能摧毁一个人的人际关系和声誉。社交媒体的广泛使用改变了游戏规则，也彻底改变了女孩霸凌的形式和性质。

科技还改变了女孩的日常关系，特别是女孩的自我认知。"要是不登Facebook，我就不存在。"这年头，听到女孩说这种话可不稀罕。许多女孩睡觉时把手机放在胸口，等新消息直到半夜。现在，女孩们把手机当作身体的延伸，一旦手机离身就会不知所措。2010年，青少年通常每月发3000条短信。

女孩们的虚拟世界和现实世界正无缝对接起来，这个"永远做最好的朋友2.0版"的新时代令人喜忧参半。一方面，手机和Facebook等社交网站可以让女孩通过激动人心的新方式进行联系；另一方面，Facebook却令众多女孩对自己的友谊感到焦虑、嫉妒乃至产生偏执心理。她们可以即时查看到自己被排除在外的聚会照片或没被邀请参与的谈话。手机还为友谊带来了一系列棘手的新问题，比如：我给朋友发信息，她却没回复，这是在跟我生气吗？为什么我们聊天时，她却在发信息？

新版《女孩们的地下战争》将带领大家走进女孩网络生活的新世界。在新增的两章中，我会解释网络霸凌行为的来龙去脉。我还探究了频繁发生的网络闹剧（cyberdrama），即由社交媒体引发的日常冲突和尴尬场面。此外，我还分享了一些关于如何引导女孩面对网络时代新挑战的具体建议。

女孩隐性攻击文化还衍生出了其他变化。女孩霸凌问题成了新的焦点，却招致了一种令人相当忧虑的关注。真人秀的制作人发现关于刻薄女孩的节目十分卖座，于是炮制了数十部以极具攻击性的女性为主角的节目。这些节目用出书协议、产品线和其他名人特权回馈参演的明星，并吸引了一群狂热的青少年追随者。将刻薄女孩商品化的竞争甚至瞄向了低龄消费者：连儿童电视节目都开始凸显各种粗暴无礼、尖酸刻薄的女孩角色。如此一来，现在女孩在电视上看到的关系攻击（relational aggression）的数量是在现实生活中看到的十倍之多。一项研究对电视节目进行了分析，研究者发现其中表现最刻薄的女性人物常常因这样做得到好处。

毋庸置疑，这些变化会影响女孩间的关系。目睹的攻击行为越多，模仿行为也会随之增多。当攻击被当成娱乐或友谊的点缀出售，人们就更难将其定义为问题。女孩发觉靠攻击性行为去争取权力是受到鼓励的。她们从未像如今这样承受着巨大的压力，被迫以损害自身健康发展的方式待人接物。

在过去十年的旅途中，无论走到哪里，我都能听到有人指出这个问题：女孩的霸凌行为不只变得更刻薄，还更加低龄化。[1] 今天的女孩似乎更早地迈入了成长的新阶段，3岁的孩子已经学会用关系攻击（把友谊当作武器）来控制同龄人；诽谤、排挤还有人气大战等现象在幼儿园就开始出现了。这些女孩只是在模仿自己并不理解的行为吗？还是这个问题存在已久，只是近来才被注意到？这点我们尚不清楚。女孩霸凌行为的低龄化尽管尚未经研究证实，但依然不容忽视。父母决不能坐等女儿上了小学，才去教导自己和女儿何为攻击和霸凌。

不过在过去的十年中，好消息与坏消息并存。社会已经发生了明显变化，女孩攻击行为的研究者如雨后春笋般涌现。数十项完成并发表的成果为我们提供了第一批探索女孩心理攻击行为的关键研究资料。[2] 如今，再将女孩的残酷行为定义成一个微不足道的阶段、成长必经之路或"女孩就那样"，就很难站住脚了。短短几年前，听过关系攻击这一说法的人还寥寥无几。现在，在美国各地的学区中，针对如何理解并干预女孩之间的攻击行为的培训已经越来越普遍。

各州和联邦政府也开始重视这个问题。2011年年初，20个州立法要求学校制定反霸凌制度。（我父亲就是一位州立法委员，他是《马里兰学校安全报告法》[Maryland's Safe Schools Reporting Act]的主要发起者。）联邦政府发起了大范围的多部门联合行动"快阻止霸凌行为"（Stop Bullying Now），以减少校园霸凌现象。新闻媒体也开始对此表示关注：在几位备受折磨的儿童和青少年自杀后，霸凌受害者及其家庭的困境成了重大新闻。美国全国广播公司（NBC）的《今日》（*Today*）和美国有线电视新闻网（CNN）的《早安美国》（*American Morning*）等国家级新闻栏目都把青少年之间的同辈侵犯、网络暴行（cyber cruelty）和霸凌行为当作头条进行播报。这种曝光为学校招致了令人尴尬的关注：曾经算是社区私事的危机，如今却登上了国家级媒体头条。反霸凌行动成了新的焦点，得到了父母们的支持，并让学校管理者提高了警惕。

一路走来，我也遇到很多惊喜。我注意到越来越多的男孩和家长坐在了观众席上。学生集会后，他们会和女孩子们一起排队提问。这些男孩分享了被班里"刻薄女孩"当作靶子的故事，或大胆承认自己的所作所为就"像个刻薄女孩一样"。研究证实，在诸如关系攻击等情况中，不同性别的行为差异正在逐渐缩小，特别是在男孩进入初中以后。显然，这些行为并非女孩独有，青春期男孩告诉研究者们，比起会造成身体伤害的威胁，他们更害怕关系攻击和社交排斥，即损害友谊和声誉的行为。

这类行为在如今越发频繁，我们尚不清楚是本就如此，还是因为此前我们未能找到合适的表述。从前，研究者仅向男孩询问是否经历过肢体暴力，如今他们开始重新设计自己的问题。

虽然卷入此类行为中的大多是女孩，但也该允许男孩们说出心声了。本书是写给女孩的，但许多故事和策略同样适用于男孩。

尽管女孩霸凌问题在过去十年中有了极大改观，但是它依然存在，也远远没有结束。每天都有女孩因为害怕自己会孤零零地坐在食堂里，独自躲在厕所吃午饭。上课时，她们焦虑惶恐地坐着，不停地猜测课间谁愿意和自己一起玩耍。她们打开手机，屏幕上跳动着恶言恶语。除此之外，她们还需挣扎着面对那些爱摆布人的朋友，不敢说出实情。女孩，一如既往地需要我们的帮助和支持。

迄今为止，我已与数万人进行交谈。许多人都从我的建议中受益，但大部分人更想听故事。他们很想了解我遇到的其他家长和女孩的经历：他们有何感受？他们面对着哪些选择？他们如何克服障碍？在女孩攻击行为的隐性文化中挣扎是痛苦而孤独的。但从他人的故事中，我们可以听到自己、看到自己，我们可以明白自己不是在孤军奋战。我们同样会知道，一切都还有希望。我们还会知道，自己总有一天会走出这种感觉，一切都会过去。

在新版《女孩们的地下战争》中，我将自豪地与你分享我的探索成果。这些故事必须有人一直讲下去，其中也包括你的故事。

目　录

引　言 　001

第 1 章　女孩的隐性攻击文化　017
第 2 章　亲密的敌人　045
第 3 章　实话伤人　077
第 4 章　"永远做最好的朋友2.0版"：
　　　　 网络霸凌和网络闹剧　121
第 5 章　自以为了不起的女孩　171
第 6 章　霸凌者的反思　203
第 7 章　受欢迎的女孩　233
第 8 章　对抗　261
第 9 章　家长大声说　291
第10章　帮助女孩应对闹剧、霸凌和介于两者间的问题　319
第11章　在数码时代养育女孩　371
第12章　教师和学校管理层前路漫漫　397

结　语	425
问题探讨	437
《女孩们的地下战争》阅读理解小贴士	441
致　谢	443
注　释	449
参考文献	457

引 言

8岁那年,一个女孩欺负我。我对那年的记忆很模糊,时间流逝,我也不愿回想,记忆变得支离破碎。那时我三年级,扎着辫子,说话口齿不清。在老师们眼中,我是个猛打猛冲的孩子,总是一口气做完长除法练习和地图小测验,然后错不该错的题目。但我就是喜欢第一个写完。

我的朋友阿比也这样。她很受欢迎,我俩算不上特别亲密。我至今仍不明白,她当时为什么要那样折磨我。她先是跟我最好的朋友悄悄议论我,很快就说服了对方抛弃我去跟其他女孩玩耍。课后,我们一起到社区中心上舞蹈课,阿比拉拢了我的朋友们,劝她们也离我远远的。走进中心剧院,我发狂一般冲向她们,气喘吁吁,在突如其来的漆黑中睁大双眼。在一排排沉默的椅子间,在舞台上,我总是在追逐她们轻快离开的脚步,听着阵阵笑声远去。

日复一日,我站在半明半暗的走廊、楼梯井和停车场中。我对这些地方的记忆无一例外都是我在那儿孤零零地站着。晚餐前,妈妈在做饭,我便向她哭诉。这种苦恼难以排解,当时我觉得,我是唯一经历过这种痛苦的女孩。这是我记得最清楚的。

16年后,我去英格兰读研。一个雨天,我骑上自行车去图书馆,想弄清楚阿比为什么要那样对我。很难说清到底是什么驱使我去那儿的。对我来说,这段记忆中的某些部分似乎严重失衡:一方面,我记不清太多细节;而另一方面,被所有朋友抛弃、在阿比手中失去最好的朋友的痛苦却真真切切。这是一件永远无法和其他童年回忆一同渐渐褪色的事情,我想自己需要填补这份空白。

那天深夜,我在学校和朋友们分享了这段回忆。随意吃了点夜宵后,我和六名朋友都承认,自己的过去中有一个"阿比"在纠缠不休。我们居然都经历过同样的困境,发现这一点真是叫人激动。朋友们和我一样,多年来都以为只有自己有过这样的经历。

明白了这些后,我小心翼翼地骑上光滑的街道,相信图书馆中一定有解释女孩霸凌行为及其成因的书籍在等着我。前几轮电脑搜索一无所获,我将其归咎于自己糟糕的搜索技能,也许我又"猛打猛冲"了。接着我向图书馆员求助,结果发现不是我的问题。

关于男孩攻击和霸凌行为的文章比比皆是,讨论女孩霸凌问题的却屈指可数。没有相关研究,没有家长手册,没有为孩子们准备的可爱指南。我坐下来研读文章，在大部分研究者称作霸凌的行为中完全看不到自己或阿比的影子。我先是惊讶，然后转为失望。

我给自己认识的人挨个发了邮件，请他们尽可能多地转发给自己认识的成年女性。我问了几个简单的问题："你是否曾被另一个女孩折磨或取笑？请说说那是怎样的感觉。那段经历对今天的你有何影响？" 24小时之内，我的收件箱就堆满了来自美国各地的回复。回信越来越多，女性们在网络世界讲述自己的故事，字里行间流露出强烈的情感。即便隔着电脑屏幕，她们的痛苦也同我自己的一般挥之不去、纠缠不休。素不相识的女性们告诉我，我是第一个知道这段故事的人。很久之后我才明白，那是因为我是第一个主动询问她们的人。

沉默深深地嵌入了女性经验的结构之中。直到最近30年，我们才开始诉说女性生活中令人震惊的事实，公开处理强奸、乱伦、家庭暴力和女性健康问题。尽管这些问题一直存在，但直到通过唤醒公众意识、制定政策和增强认知，如今它们才在我们的文化中有了一席之地。

现在该打破另一片沉默了：女孩中存在着一种隐性的攻击文化，其中盛行着瘟疫般的霸凌行为，独特且具有毁灭性。与男孩之间的攻击行为不同的是，女孩之间的攻击并不体现在直接的肢体或口头语言之中。我们的文化不允许女孩置身于公开冲突之中，她们因此被迫采取非肢体接触、间接、隐蔽的形式进行攻击。女孩通过背后说闲话、排斥、谣言、辱骂以及操控来引发受害者的心理痛苦。与通常欺负泛泛之交或陌生人的男孩不同，女孩攻击的对象往往来自亲密的朋友圈，这令攻击行为更难被识别，受害者的痛苦也会随之加剧。

在这一隐性攻击文化中，女孩用不着拳头和刀具，而是诉诸肢体语言和关系。在这个世界中，友谊成了武器，比起冲人大吼一声，一天不和对方说话更伤人。没有哪一种姿势比朋友转身离开更令人难过了。

在隐性攻击文化中，愤怒很少通过言语表达，在校的每一天都可能像是走进了全新的社交地雷阵，排列组合的变换毫无征兆。冲突期间，女孩会用只有她们自己才明白的语言和正义观来攻击别人。在女性友谊亲密无间的背后，隐藏着一片弥漫着愤怒的秘密土地，而滋养这片土地的，正是沉默。

这就是我想带领读者走进的世界。在喧闹的人声之下，一个女孩瞪着另一个女孩，然后默默冲她朋友微笑。第二天，小圈子领导者开始默默传阅一份秘密请愿书，要求其他女孩列出为什么讨厌目标女孩。再过一天，被排斥的女孩就会在教室里挨着男生区域坐下，低着头、缩着肩膀。这种伤害干净利落，不动声色，既看不出攻击者是谁，也看不出攻击目标是谁。

近年来，在青少年枪支暴力的悲剧的推动下，公众对霸凌行为的认识有所增强。然而，关于霸凌行为的全国性讨论主要把焦点放在男孩及其攻击行为上，狭义的霸凌定义完全聚焦于肢体和直接暴力行为。而女孩的攻击行为往往具有隐蔽性和间接性，不存在肢体暴力，自然没有得到探讨。女孩的攻击行为甚至不会被视为攻击，而是被轻描淡写成一句"女孩就那样"。

然而，不同年龄段的女性都清楚这一点。我们所有人差不多都当过旁观者、攻击目标或霸凌者。许多女性都默默承受着，并努力试图遗忘这一切。的确，这是女孩成长期中始终存在的阴暗肮脏的秘密之一，差不多所有成年女性和女孩都经历过。现在，该打破沉默了。

我开始采访10岁到14岁的女孩，霸凌行为在这一年龄段最为盛行。第一天，我在东海岸一所男女同校的私立学校与几组九年级学生谈话。我的计划是用准备好的问题清单引导孩子们进行非正式讨论。在每个班级的学生面前，我先做自我介绍，说出我自己被欺负的故事，告诉女孩们我们要讨论什么。不出意外，她们通常都先是一怔，然后恍然大悟。**讨论什么？在课堂上吗？** 她们偷偷笑了，窃窃私语。

每场讨论我都先问这个问题："你们认为男孩之间的刻薄和女孩之间的刻薄有什么不一样？"悄悄话停止了。接着，一排排小手举起来。瞬间，她们的话匣子打开了，语速飞快。女孩们激动地又说又笑，大喊尖叫，时而发出嗤笑，一个个说起自己的故事。与此同时，小纸条满教室飞，伴着翻白眼和意味深长的对视。

我筋疲力尽，事先认真组织好的引导问题一直握在手中，没有派上用场。

那天的讨论一场都没有按计划进行，但结果表明这是件好事。我很快就明白，要是努力将女孩们的意见塞入事先安排的问题中，她们会觉得我才是权威，我可不想这样。我想让**她们**成为权威，毕竟，是她们正经历着我在努力理解的事情。相比策略，这更偏向于直觉。

女孩们也对我真诚相待。在接下来的几个月中，我们互通邮件，发短信，谈论乐队、新鞋、暑期计划和如何追男生。她们告诉了我许多老师和父母不知道的秘密。有时我们会暂时跑题，聊聊来自学校和家庭的压力。

久而久之，我发现了我们能够愉快相处的另一个原因。大部分和孩子谈论霸凌行为的成年人处理问题时都会说这种话：别欺负人，和小伙伴好好相处。

我则是从反方向入手，我没有上来就假定她们不应刻薄待人，而是她们的确能够表现出刻薄；也没有假定她们都友善待人，而是假设已经有女孩不够友好。我的出发点不是劝阻不良行为，而是希望她们帮助其他女孩找到解决问题的方法。如果她们想参与小组讨论，那很好；如果不想参与，那就安安静静地坐着，不能干预其他同学发言。我告诉她们，无论如何都有免费零食可以吃。

在小组讨论中，通常会有女孩说出自己身为受害者的故事。这些女孩也许会从回应同学的某句话开始，然后像是突然吓了一跳一样，泪流满面地回忆起自己遭受的痛苦。虽然我明白自己只是一名研究者，但还是会对她们产生强烈的保护欲。

因此，我始终坚持采用非正式讨论的形式，让女孩们随心所欲地引领讨论方向。正如我在网上接触到的那些成年女性一样，大部分女孩从未被问及此类经历。和从前的我一样，她们似乎觉得自己是孤军奋战，认为自己是唯一经历过这种痛苦的人。我对她们的痛苦感同身受，她们选择我来倾听这些故事，我希望能够尊重她们的声音。我也想让她们明白，很多人都经历过同样的事情。如果无视她们的痛苦，打断她们，然后继续问列表中的下一个问题，就太不人道了。有时我能问完所有的问题，有时不能。倘若我的研究因此受到任何影响，我也甘愿承担责任。

在此期间，我受到了心理学家琳恩·迈克尔·布朗（Lyn Mikel Brown）和卡萝尔·吉利根（Carol Gilligan）研究成果的指引，她们针对女孩所做的开创性研究对我影响甚大。布朗和吉利根与同事们一起制定了一份用于访谈的"倾听指南"。[3] 与传统采访原则完全不同，这种方法强调灵活性，强调与采访对象和谐相处。"倾听指南"要求研究者"跟着女孩引领的方向走"，同老一套的研究路线正好相反。这种方法对女孩们来说尤为重要，否则她们在面对采访者时可能会一言不发，因为对方看起来别有所图。跟着女孩的声音走，而不是强调自己的观点，"能够帮助女孩发展、坚持或寻回对自我、自身感受以及内在渴望的了解"。布朗和吉利根说道："认真对待女孩，也会鼓励她们认真对待自己的想法、感受和经验，并将这种认知延续下去，甚至寻回那些已经失去的自我认知。"对于女孩霸凌这种情感问题来说，采用这种方法再合适不过了。

在不断寻找合作学校的过程中，我发现学校管理层对此态度不一。大部分学校对我与学生交谈这件事感到如释重负。教师们觉得女孩之间强烈的愤怒很神秘，对此倍感困惑，那些发生在身边的无法解释的小插曲让他们不知所措。

小镇学校和一些私立学校不太欢迎我。他们不允许我采访，尽管学校没解释原因，但似乎是出于紧张，担心会暴露自己学校女孩的真相：是的，她们**的确**会刻薄待人。在教育女孩周到、"友善"的社会中，这种曝光非同小可。

由于话题性质较为敏感，我还做了一个决定。为了全面描述女孩霸凌问题，我原本计划尽可能多地走访不同城市。密集采访几次后，我发现这不太现实。为了赢得女孩们的信任以及老师和家长的信心，我需要融入他们的社区才行。为此，我延长了在美国三地的逗留时间。大部分学校都无条件地允许我开展研究，并提供了宝贵支持。其中两所学校甚至为此改变了他们的规定，破格让我与女孩们相处——他们原本不允许研究者进入校园。

为了赢得学校的大力支持，我承诺在研究中提及女孩、教师和学校时均采用化名。除了经济和种族概况外，我尽量减少对各校细节的描述。一年之中，我一共走访了十所学校。在大西洋沿岸中部的一座大城市中，我走访了三所学校：大部分学生来自中产阶级家庭的林登学校（Linden School），其中25%为少数族裔；大部分学生来自中产阶级家庭、约20%为有色人种学生的玛丽芒特（Marymount）私立女校；近郊的犹太中产阶级走读学校萨克勒日校（Sackler Day School）。第二座城市位于东北部，我走访了非传统高中克拉拉·巴顿中学（Clara Barton High School）和马丁·路德·金小学（Martin Luther King Elementary School），这两所学校的学生均以非裔、波多黎各裔和多米尼加裔为主。我还走访了中产阶级学生为主、20%为少数族裔的实验学校阿登学校（Arden School），以及以非裔和拉美裔学生为主的索杰纳·特鲁斯（Sojourner Truth）女校。最后，我花几周时间走访了密西西比州东北部小镇里奇伍德（Ridgewood）的小学和初高中。

在每所学校，我都对学生以及感兴趣的教师和家长开展了小组讨论和一对一访谈。在一些学校，采访时间长达三四个小时，在时间有限制的学校则相对短一些。在两所市区学校中，我很难联系到其中的部分学生和家长。这些家庭大多贫寒，有的连电话都没有。不过，我也承认，我的中产阶级白人女性形象也让很多人不愿接近。一些学生和家长表示有兴趣参与，但没有回电话，或没在约定时间出现。在每所学校，我都会失望地发现很少有家长愿意谈论自己被欺负的女儿——虽然这在意料之中。

除女孩和家长外，我还通过电话或面谈采访了近50位成年女性。在时间和治疗的帮助下，她们已能从更广阔、更微妙的视角看待自己的困境，因此我将她们的故事也收入本书之中。她们的声音可以与年轻的被霸凌者和霸凌者互为对照。

虽然我的研究方法深受布朗和吉利根的启发，但本书并非常规实验研究的成果。打开书，你不会看到关于女孩攻击行为的数据或科研结论，也不会读到男孩的相关对比研究。男孩们有许多表达愤怒的方式，这是不争的事实。而大多数女孩却被迫与任何直接攻击行为绝缘。

《女孩们的地下战争》是第一本专门致力于讲述女孩和非肢体冲突的书，它讲述了霸凌者与被霸凌者的故事，以及我称之为"另类攻击行为"或非传统攻击行为这一现象。

我绝不是说只有女孩才会做出此类行为，大部分男孩也会表现出另类攻击行为，但他们童年发生此类行为的年龄段迟于女孩。我也不是暗示**所有**女孩都会这样。虽然本书旨在描述女孩隐性攻击文化，但我很清楚并非所有白人中产阶级女孩都会避免与朋友发生正面冲突。我沉迷于自己的发现，对没有深入寻访那些乐于直面愤怒和冲突的女孩，感到后悔莫及。

全书中我会采用"女孩霸凌行为"（girl bullying）这一术语来指称另类攻击行为。我并不是说女孩对愤怒的**感受**与男孩截然不同，而是许多女孩似乎会用不同的方式来**表达**愤怒。女孩的攻击行为可能是隐蔽的，针对关系进行的。有时，这种攻击可能的确是出于对损失友谊或被孤立的恐惧。然而，这并不意味着女孩不会像同龄男生那样热切渴望权力或发起攻击。

迈克尔·汤普森（Michael Thompson）与同事们在重要著作《最好的朋友，最坏的敌人：理解孩子的社交生活》（*Best Friends, Worst Enemies: Understanding the Social Lives of*

Children）中指出，每个孩子在生活中都对三样东西充满渴望：联系、认可和权力。渴望联系会驱使孩子结交朋友，而对认可和权力的需求则会引发竞争和冲突。我认为，如果所有孩子都渴望这几件事，他们就会竭力追求，并会学习如何在文化规则——也就是社会对男孩和女孩的不同要求——允许的范围内得到它们。

三年前刚开始研究时，我的写作初衷是告诉其他被欺负的女孩，她们并非孤军奋战。随着与女孩的交流增多，我明白了这也是在告诉自己，**我**并非孤军奋战。很快，我又认识到自己在三年级时的遭遇只是冰山一角，我发现自己对童年的许多关系都感到痛苦和困惑。

遇到这些女孩，我懂得了自己不是唯一有过这种感受的人，懂得了我们都有着相似的记忆和体验，懂得了有人可以理解我们尘封多年的心里话，这种感觉真的很棒。这种释然的体验是实实在在的，它打开了一扇意想不到的大门，让我们可以一同进入其中。我们的旅程始于被欺负的记忆，终于质疑并反思自己生存的文化环境、思考女孩该如何相待，乃至思考关于我们自身的问题，这是单枪匹马无法做到的。

对另类攻击行为的研究少之又少，仅有的研究也被埋没在学术期刊之中。近来，媒体热切关注霸凌行为，却忽视了另类攻击行为。公众评论称男孩间的霸凌或上升到肢体暴力的霸凌行为是最危险的。在本书第一章"女孩的隐性攻击文化"中，我将总结目前针对女孩进行的研究，并探讨女孩攻击行为的独特之处，分析学校对女孩霸凌行为的态度。

这一章中，我们还会审视女孩间隐秘的攻击行为。女孩的愤怒大多悄悄地躲过了老师、心理辅导员和家长的雷达。正如一位女士告诉我的那样，这不是"能在孩子抽屉里发现的东西"。彬彬有礼的女孩往往会采用安静的攻击方式，她们使眼色、传纸条、散播谣言。尽管她们时而会采取肢体行为，但最典型的还是心理战，即使是在教室里也很难观察到战况，比如偷偷塞进桌子抽屉的纸条、使眼色又移开的目光、午餐时突然坐满的座位……在这一章，女孩会和我谈论她们如何以及为何要采取这些秘密行动。

女孩霸凌中语中带刺的部分常常掩饰在友谊的表象之下。第二章"亲密的敌人"将探讨亲密伙伴之间的霸凌和精神折磨。人际关系在女孩的生活中很重要，她们害怕孤独，很多人宁愿牺牲自己的情感上的安全感，也要竭力维持伤害自己的友谊。而伤害她们的攻击者正是表面上无比关爱她们的亲密好友。

虽然我的出发点是理解女孩之间严重的霸凌问题，但很快我就发现日常冲突同样令人痛心。在第三章"实话伤人"中，女孩讨论的问题是："当你对某人感到生气或不高兴时，会告诉她们吗？"她们吐露了对正面冲突的恐惧，并探讨了自己选择采取的间接行动。女孩分析了她们怎样联合对付某个人以及为什么要采取这些做法。她们还探讨了压抑愤怒、避免正面冲突为何会带来可怕的后果。

女孩之间最侮辱人的说法之一是指责对方"自以为了不起"。在"自以为了不起的女孩"一章中,我将询问女孩们为何无法忍受看似骄傲自负的人。如果"女孩力"(girl power)的时代真的已经到来,为何还要因其他女孩的成功而感到烦恼呢?本章中,女孩们将敞开心扉,讲述她们为何在面对另一个女孩时,对自己的嫉妒心和竞争欲守口如瓶,并向我介绍她们用来表达不愉快感受的密码。

许多女性都将自己生命中遇到的女孩霸凌者视为恶魔,我也是如此。有时我会想,如果再见到阿比会是怎样一番场景?我还想象了自己可能会问她的问题。在第六章"霸凌者的反思"中,几位曾经或正在霸凌别人的霸凌者谈了谈自己为何会伤害或背叛好友。听着她们的故事,回忆起自己的经历,我不禁思考,为何大多数人很快就会认定自己不是"刻薄女孩"?而这对我们解决女孩霸凌问题又会带来怎样的影响?

女孩作为照顾者的传统社会分工教导她们,女孩会因同他人的关系受到重视。在第七章"受欢迎的女孩"中,我将对一些当下关于女孩受欢迎原因的研究提出质疑。这一章重点讨论女孩关系中的纷争如何引发虐待和攻击。我将探讨为何一些女孩私下显得友好,在公众场合却故意表现得刻薄,以及有些女孩为何直接抛弃朋友。

并非所有女孩都回避正面冲突。攻击也许是本能,但愤怒的表达方式是后天学来的。尽管我发现另类攻击行为在白人中产阶级女孩中最严重,但我在其他更看重女孩坚定自信、直面冲突品性的社区也待了一段时间。在"对抗"一章中，我将探索正面冲突和实话实说这两种品质在非裔、拉美裔美籍女孩以及工人阶级社区中的历史与实践。尽管本章重点是这些来自特定社区的女孩，但请别认为她们与其他族裔完全不同。《女孩们的地下战争》聚焦于受女性规则限制、不允许产生正面冲突的生活，生活在这种环境中的女孩主要来自白人中产阶级，但并不仅限于此。

人们往往关注攻击目标和霸凌者，却忽视了他们的父母的处境。被霸凌者的父母和监护人感到深深的耻辱和无助，他们和自己的女儿们一样孤立无援。这些人往往只能眼睁睁地看着女儿每天回家哭泣，或在工作时因女儿佯装肚子疼被叫到学校，或看着孩子越发孤单，因孩子被嘲讽而感到尴尬无比。一些家长自责，还有的则对女儿的消极被动感到愤怒。即便女孩说出自己的烦恼，也常常会请求父母不要干预，因为她们怕被报复。

在第九章，我会讨论父母如何跌入一个和女儿的处境不无相似之处的世界。他们想帮助孩子，却害怕局势恶化。他们心中五味杂陈，先是心痛，随后缄默。他们竭力想帮助孩子，却害怕与另一位家长发生正面冲突。一些父母只好选择等问题过去，或静待这一阶段结束。

每次一对一访谈结束后，我都会请成年女性和女孩告诉我，在她们饱受折磨时，别人怎样做才能缓解她们的痛苦。在小组讨论中，我询问女孩们为何大多不愿告诉父母自己被人欺负。我也请老师们赐教：处理该类问题有何秘诀？他们处理这些问题时都需要什么？第十二章"教师和学校管理层前路漫漫"整理了这些回答，其中包括女孩身陷同龄人社交问题时最讨厌听到的话。我在女孩霸凌问题的研究中摸爬滚打了三年，因此也会就如何让女孩在学校中远离另类攻击给出自己的建议。

女孩难以直面冲突的问题仅发生在友谊和霸凌的情景下吗？结语部分，我与一个领导力工作坊的女孩们进行了交流，发现她们在看待女性朋友和女性领导者这两种身份时有着意想不到的相似之处。回想第二章提及的女孩们，我又探索了女孩在虐待性友谊中的行为与关系暴力创伤之间的关系。最后，我探究了困扰青春期女孩的自尊心缺失问题。由于女孩之间的另类攻击行为多在该阶段爆发，我认为二者间可能存在潜在联系。

为了让女孩们畅所欲言，我从不邀请老师参加访谈讨论。不过有一次，在一位女士的强烈要求下，我允许她坐在教室后面旁听。我们热烈讨论了约半小时女孩是如何刻薄相待的，其间这位女士一直僵硬地坐着，愤怒地紧绷着脸。最后，她举起了手。

"你们要知道，"她说，"不是所有女孩都刻薄。女孩很棒！女性朋友将成为你们最重要的朋友，我觉得只讨论女孩的阴暗面很不公平。"我完全赞同她的说法，但这句评论依然让我耿耿于怀。如果读者认为本书是在谴责女孩和成年女性，那就大错特错了。绝不是这么一回事。

我们的文化存在局限性，始终鼓励女孩要"友善"。《女孩们的地下战争》的故事也许会让一些读者感到不适，但本书旨在分析女孩的攻击行为，请不要将其误解为对女孩的贬损。为了集中研究问题，本书的重点落在被定义为攻击者或攻击目标的女孩身上，但并非所有女孩都会采取霸凌行为，霸凌行为也不见得都会造成书中提及的严重创伤。

需要特别说明的是，本项目的每一步都出自我对女孩和成年女性的关爱。生活中，她们始终用力量、智慧和关爱滋润着我。从很大程度上来说，本书的成功要感谢女性导师们，多位女性前辈为本书创作提供了宝贵的帮助。若非身边最亲密的女性鼓励我，我也无法在书中勇敢地提出自己的见解。

写这本书改变了我的生活。我对关系的种种恐惧和质疑多与女孩们的评论形成呼应。她们的故事促使我努力反观自己对正面冲突的恐惧，尤其是因为要做"好女孩"带来的恐惧。我衷心希望读者们也能直面自己的恐惧，提出自己的问题。这段反观自我的旅程绝不轻松，却会让人满载而归。

第1章

女孩的隐性攻击文化

林登学校藏身于一片体育场之后,似乎将城市的喧嚣挡在千里之外。周一早晨,在高年级教学楼里,学生们无精打采地聚在一起,交流周末各自做了什么,另外一些孩子则抱膝坐在地板上,翻阅三环活页夹,为小测验临时抱佛脚。学生们着装各异,有的入时,有的在该年龄段纯属挑衅。看着他们,很难让人想起这是当地最好的学校之一,里面的孩子绝非肤浅之辈。这正是当初吸引我来到林登的原因:严谨治学,却也能接纳形形色色的学生。我与八组九年级学生进行了讨论,每次都会从同一个问题开始:"男孩的刻薄和女孩的刻薄有什么不一样的地方?"

从第一组到第八组,我都听到了同样的回答。"女孩会因为各种原因跟你翻脸。"一个孩子说道。"女孩会说悄悄话,"另一个说,"她们还会瞪你。"她们越发笃定地爆出各种答案:

"女孩都神神秘秘的。"

"她们让你从心底崩溃。"

"女孩控制欲强。"

"女孩有一种男生没有的邪恶。"

"女孩会从你的弱点攻击你。"

"女孩喜欢背后报复你。"

"女孩会计划,会预谋。"

"和男孩相处的时候,两人关系怎样你能拿得准。"

"我感觉和男孩玩更安全。"

这些女孩勇气可嘉,她们实话实说,向我描述自己的不忠诚、不可靠还有狡猾。她们说女孩会用亲密关系控制打压他人。她们说女孩很虚伪,会利用彼此来爬上社交高层。她们描述女孩不依不饶、工于心计、伺机报复、静待对方放松警惕、像野蛮人一样怀着以牙还牙的心态,"让她也尝尝我的感受"。

女孩们漫不经心地说起彼此间的冲突,时不时流露出自我厌恶。几乎在每一组讨论中都有女孩告诉我自己想做男生,因为男孩可以"靠打一架彻底解决问题"。

她们说起自己泄愤的故事,而我们的文化不愿将这些行为视为攻击。因此,她们自己叙述时也充斥着一种有害的谬误,认为女性天生口是心非。正如诗人、随笔作家阿德里安娜·里奇(Adrienne Rich)[4]所言:"大部分关于女性的描述都说我们反复无常、狡诈、微妙、摇摆不定。"

从原始社会开始,人们就认为成年女性和女孩善于嫉妒、阴险狡诈，认为她们容易背叛、拒绝服从、遮遮掩掩。女孩的非肢体攻击没有通用的定义或描述方式，因此被统称为"阴险""工于心计""邪恶""狡猾"。这种行为很少成为人们研究或批判性思考的对象，一向被人视为女孩成长过程中的一个自然阶段。如此一来，学校便将女孩间的冲突轻描淡写地归为成长必经之途，理所当然地认为"女孩就这样"。

判定女孩攻击行为的性质意味着什么？为什么我们能够长期满足于这些充满谬误和刻板印象的解释？

如何看待攻击是衡量社会价值观的有力晴雨表。社会学家安妮·坎贝尔（Anne Campbell）认为，对攻击的态度可以体现出不同的性别角色，或人们对男性和女性分工的不同期待。[5] 尽管出现了"暴女"（Riot Grrrl）和足球女队，西方社会仍期待男孩成为家庭的顶梁柱和保护者，期待女孩承担照顾者和母亲的角色。攻击是男子气概的标志，让男人有能力控制环境和谋生。无论如何，成人完全不介意男孩扭打成一团。这种联系很早就产生了：从很大程度上来说，男生的受欢迎程度取决于他们能否表现出强硬的一面，他们通过运动天赋、反抗权威、行为粗暴、惹麻烦、霸道、耍酷和自信来赢得同龄人的尊重。

而人们对女性的期待，则是在成长过程中逐步培养出照顾者的特质，这一角色与攻击性水火不容。设想一下何为理想的"好妈妈"：她为家庭奉献出无私的关爱，将家人的健康和日常琐事当作第一要务。大家期待好妈妈的女儿们"甜美可人、温文尔雅"。女性应甜美可人、关爱他人，应柔情似水、追求完美。

"好女孩"有朋友，而且有很多朋友。正如9岁的诺拉告诉心理学家琳恩·迈克尔·布朗和卡萝尔·吉利根的那样：完美的女孩拥有"完美的关系"。[6]这些女孩将来要照顾家庭，成年之前则处于实习期。她们"从不打架……总是成群结队……好像从不参与辩论，听到什么都说：'是啊，你说的我完全赞成'"。诺拉补充道，在令人沮丧的友情中，"有的人嫉妒心真的很重，然后就开始特别刻薄……（这就是）两人友情走向终结的时候"。

在《中小学女生》（Schoolgirls）中，记者佩姬·奥伦斯坦（Peggy Orenstein）评论道："一个'好女孩'首先是友善的——友善的重要性超越活力，超越聪颖，甚至超越诚实。"她这样描述"完美女孩"：

没有可怕的想法，也不会生气，所有人都想和她做朋友……（她是）那种会柔声细语、心平气和说话的女孩，总是和颜悦色，绝不会刻薄或霸道……这种形象时刻提醒年轻女性沉默是金，不要说出真实感受，久而久之，她们会认为自己的真实感情就是"犯蠢""自私""无礼"或根本无关紧要。[7]

因此，人们期待"好女孩"没有愤怒。攻击有损关系，影响女性关爱他人和表现"友善"的能力，有悖于社会对女孩的期待。

如此说来，大声承认女孩的愤怒等于挑战我们对"好女孩"

的基本假设，并揭露出文化是怎样通过定义"**友善**"来剥夺女孩的权利：**不能**有攻击性，**不能**生气，**不能**发生正面冲突。

研究证实，从很小的时候起，父母和老师就会阻止女孩进行肢体攻击或直接攻击行为；而面对男孩的小冲突，成人或表示鼓励，或不屑于插手。[8]举一个例子，1999年密歇根大学（University of Michigan）的一个研究发现，尽管更为吵闹的实际上是男孩，成人却会更频繁地要求女孩安静点、柔声细语或用"更友善"的声音说话，频率大概是对男孩提出要求的三倍。入学后，在与同龄人的交往中，这种错误界线会得到进一步巩固，社会的下一代会继续看重女孩友好、男孩强硬的特质。

在这种文化中，人们将女孩的攻击行为讥讽为"不像女孩子"，第五章中我们会进一步探讨这种说法。坚定自信的女孩，也许会被侮辱性地称为"贱人""女同性恋""性冷淡""男人婆"，蔑称远不止这些。每一种谩骂性的称呼，都指出了这种女孩是如何违反女性既定照顾者角色的：贱人不喜欢任何人，也没有人喜欢；女同性恋不爱男人或孩子，只爱另一个女人；性冷淡的女人冷漠，对性爱不感兴趣；男人婆冷若冰霜，几乎无法付出爱或被人爱。

与此同时，女孩敏感地察觉到了社会的双重标准。她们并没有上当受骗，她们不相信所谓的后女权主义时代已经到来，不相信"女孩力"已经大获全胜。女孩知道，约束男孩的规则是不一样的。如果女孩公开表现出攻击行为，就会受到惩罚，在社交中遭遇冷眼。

在萨克勒日校时，我和几位六年级女孩一起吃午饭，聊起老师们对她们在学校的表现有何期待。阿什莉的小鼻子上架着银边眼镜，举手时看起来很严肃。

"他们希望我们像 19 世纪的女孩一样！"她愤愤不平地说。每个人都大笑不止。

"什么意思呢？"我问道。

"是这样的，老师希望我们互相尊重，我们希望别人怎么对自己，就该怎样对别人。但现实不是这样啊。每个人都有刻薄的时候，可能自己都没感觉到。老师希望我们对所有人都**特别**友善，那样你就**特别**好。对谁都要友好！"她模仿道，突然提高嗓门，这么做似乎不只是为了讽刺。

"但现实中不是那样呢。"妮科尔说道，屋子里静了下来。

"还有呢？"我问道。

"老师希望我们很完美，希望我们友善。男孩做坏事，老师知道他们会那样做。女孩那样做，他们就大吼大叫。"迪娜说道。

"老师认为女孩应该特别友善，应该分享，不能吵架。他们认为吵起来就糟透了，但实际上没那么糟。"希拉补充道。

"他们希望我们当完美的小天使，但有时我们不想当完美的天使。"劳拉指出。

"老师说如果你做好事，就会有好报，然后说得你感觉好像真的是那样，"阿什莉继续道，"我努力不让自己对爸妈或姐妹不客气，但第二天起来不小心又那么做了。我真的不是天使啊！我努力了，但早上起来还是很暴躁。"

在里奇伍德，我聆听六年级女孩们谈论老师对女孩的期望。希瑟举起了手。

"他们就是不……"她欲言又止，没人接话。

"说完吧。"我催促道。

"老师希望你像他们一样友善，可老师本来就应该对学生友善，但是……"

"但是什么？"

"我们不是。"

"我可不想当小乖乖。"塔米说道。

"小乖乖是什么样的？"我问道。

"你得像这样坐着，"塔米盘起双腿，把手老老实实地放在膝盖上，"一直这么坐着。"

"老实点——上课别说话。"酉卫说。

"你们觉得自己一直都很友善吗？"我问道。

"不！"好几个孩子喊道。

"为什么？"

"就好像——自己被很坏的一面完全控制住了，"塔米说道，"既想装乖，也想使坏，但想做坏事的一面得逞了。然后我想——"她小脸扭曲了，咬牙切齿地说："——**我得对别人友善一点。**"

"实际上我只想冲人吼，让他们闭嘴！想把他们推开，推到地上！"布里特妮说道，"去年我想这么对一个女孩，想推她500次，走过她身边没推她的时候，我已经非常克制了。"

尽管女孩们竭尽所能，但还是无法让愤怒带来的自然冲动消散，这是人之常情。然而，早期针对攻击的研究却把"好女孩"没有攻击性这种谬论变成了事实。最初研究攻击行为的实验几乎不会安排女性参与，由于男性往往会表现出直接攻击行为，研究人员便总结这是攻击的唯一方式。在他们的观察研究中，其他类型的攻击均被理解为偏离常态或直接忽略不计。

针对霸凌行为的研究也继承了早期攻击研究的漏洞。大部分心理学家会关注挥拳头揍人、威胁或挑衅等直接攻击行为。科学家对攻击行为的衡量，也是在几乎无法观测到间接攻击行为的环境中进行的。透过科学家的眼睛看女孩的社交生活，似乎一切风平浪静，波澜不惊。1992年，终于有人开始质疑这些表象之下到底藏着什么。

那年，一个挪威研究团队公布了一项史无前例的女孩研究。他们发现女孩并非与攻击行为绝缘，而是采用非传统途径来表达愤怒。研究团队猜测："如果出于种种原因，攻击者无法（通过肢体或口头表述的方式）直接对目标进行攻击，她们就不得不另辟蹊径。"研究结果证实了他们的理论：由于文化规则不允许女孩采取公开攻击行为，她们便诉诸非肢体的攻击形式。该研究中，科学家们一反常态，开始质疑年轻女性的甜美形象，称她们的社交生活"无情""具有攻击性""残酷"。[9]

此后，明尼苏达大学（University of Minnesota）的心理学研究小组根据上述研究结果，分出三类攻击行为：关系攻击、间接攻击和社交攻击。"关系攻击"包括如下行为："通过损害（或威胁损害）人际接纳、友谊或群体融入中产生的关系或感情来伤害他人。"[10] 关系攻击行为包括通过不予理睬来惩罚他人或满足自己的愿望，使用社交排斥手段实现报复，采用消极肢体语言或面部表情，蓄意破坏他人关系，通过绝交来威胁对方同意某种要求等。在这些行为中，攻击者把她与攻击对象的关系当成了武器。

与之类似的还有间接攻击行为和社交攻击行为。"间接攻击"让攻击者得以避免与目标发生直接冲突。这是一种隐性行为，攻击者看起来并非有意伤害对方。间接攻击的方式之一是将其他人作为工具，让攻击目标承受痛苦，比如散布谣言。"社交攻击"旨在损害攻击目标在某个圈子里的自尊或社交地位，其中也包括一些间接攻击行为，如散布谣言或社交排斥。我将这些行为统称为"另类攻击行为"。从本书后文的故事可以看出，另类攻击行为常常和一些更为直接的攻击行为同时出现。

探测雷达之下

在玛格丽特·阿特伍德（Margaret Atwood）的小说《猫眼》（Cat's Eye）中，女主人公伊莱恩年幼时曾恐惧地僵坐在窗台上，在密友的威逼之下，默默坐在那儿拼命回想自己到底做错了什么。伊莱恩的父亲走进屋，问女孩们喜不喜欢她们正在看的游行：

科迪莉亚从她的窗台上爬下来，溜到我的窗台上，紧挨着我坐下。

"我们非常喜欢，太感谢您了。"她用专为大人准备的声音说道。我父母觉得她是个有礼有节的女孩。她用一条胳膊搂住我，轻轻捏了我一下，这是一种复杂的暗示。只要我静静地坐着，一言不发，不揭发任何事情，一切就会安然无恙……爸爸一走出房间，科迪莉亚立刻转过身看着我……"你知道这是什么意思对吧？很遗憾，你又得挨罚了。"

像许多女孩霸凌者一样，科迪莉亚在好女孩的表象下默默宣泄着愤怒。在慢慢毒害伊莱恩的自尊时，她还需要在成人面前装出友善的一面，她必须在这两方面费尽心力。

一些另类攻击行为成功地逃过了成人的眼睛。为了逃避责难，女孩会退却到甜美的表面之下，无声地互相伤害。她们悄悄地使眼色、传纸条，长时间隐秘地控制他人，在走廊为难其他女孩，转身、窃窃私语、微笑。这些行为主要是为了逃避探测和惩罚，在中产阶级环境中较为多见，那里是对女性气质要求最为严格的地方。

在不允许女孩发生公开冲突的环境中，科迪莉亚这种做法较为常见。实际上，女孩可以悄无声息地打响一场战争。阿斯特丽德回忆起愤怒的朋友们，称那是一场沉默却有条不紊的持久战。"这就是小纸条战争，"她回忆道，"我不去读纸条，她们就在我书桌附近的百科全书的书脊上写，在其他桌子上写，到处写，还在送往校长办公室的学生名单上加我的名字。"采用这种攻击方式,正是为了逃过成人刺探的眼神。

绝大多数时候,这些策略都行之有效。葆拉·约翰斯顿(Paula Johnston)是一位告发人,她被老师们毫不知情的样子惊得目瞪口呆。她要求学校将女儿苏茜和欺负她的女孩分开。"(苏茜的老师却)说:'可她们关系很好啊!'"葆拉嗤之以鼻,"我让她帮苏茜换座位,结果她换了苏茜前后各一个学生!她说:'一切都很好,苏茜是个讨人喜欢的女孩。'但那时苏茜正躲在图书馆。"

萨克勒日校一位六年级学生诉说了自己向老师告发一名刻薄女孩的过程:"老师说:'哦,天哪!你们吵架了?怎么可能!'"访问每一所学校时,我都会听到这样的故事:如果有人告诉老师某个女孩很刻薄,老师会说:"闹别扭?她绝不可能那样!""肯定没这回事!"或"但她们是最好的朋友啊!"

采用隐性攻击行为不只是为了逃避责罚,多半是出于它本身看起来就不像欺凌。女生们都知道温柔可人的形象是多么有力。虽说成人在其他方面都很警惕,但甜美形象却能迷惑老师和家长们的探测雷达。对女孩来说,这种秘密,这种"地下空间"[11]——布朗和吉利根如此称呼女孩埋藏真实感情的处所——很难说是无意识的。在影片《危险性游戏》(Cruel Intentions)中,凯瑟琳用蜜糖般的甜美掩饰愤怒。一次遇到麻烦时,她栽赃另一名学生,心满意足地解释自己这么做是因为"大家都爱我,我就想让他们一直爱我"。后来,凯瑟琳偷偷从脖子上挂的十字架中吸食可卡因,此刻她悲叹道:"你以为我喜欢装阳光小玛丽

（Mary Sunshine）那样甜甜的好女孩吗？我可是曼哈顿上东区该死的马西娅·布拉迪（Marcia Brady）*，有时我都想自杀。"

在小组讨论中，女孩们坦然与我讨论她们有意的隐性攻击行为。采访里奇伍德学校九年级女生时，她们个个热情地抛出自己的手段，热切承认"哦，是的！"和"就是这样！"。喊声回荡在明亮的白色实验室，女孩们身体前倾，趴在半圆桌上，差点都要栽下桌子了。

在走廊上猛撞其他女孩——老师会以为你在神游！把另一个女孩的书碰掉了——老师会以为它是自己掉下去的！写张匿名纸条！画张刻薄的画儿！翻白眼！用新账户发一条即时消息！偷走别人的男友！散布流言蜚语！告诉老师她作弊！

"踩她们脚，哎哟！"杰茜模仿唱歌般嗲声嗲气的声音尖叫，"对不起！"

"从某人身边经过的时候，撞她们，说：'真对不起啊！（Ex-cuse you）。'"从女孩们的大笑中可以听出，她们对此并不陌生。

"老师说她不是有意的，她只是不小心撞到了另一个女孩，"梅拉妮解释说，"但女孩们都**明白**是怎么回事，因为太常见了。"

"女孩很狡猾，"凯莎说道，"非常狡猾。"

"我们——很——狡猾！"莱西自豪地应和，强调自己说的

---

* 马西娅·布拉迪是美国情景喜剧《脱线家族》（The Brady Bunch）中的人气角色，在系列剧中是一个自信阳光、在学校中颇受欢迎的女高中生。——编者注

每一个字。

第二天,我约见的是六年级女孩。她们仍背负着维持好女孩形象的重担,不像九年级孩子那样热血沸腾、语带嘲讽。六年级女生们说话时犹豫不决,吞吞吐吐。埃米勇敢地打破沉默。

"老师们什么也不说的,他们想不到,认为我们不是故意的,但是……"她顿住了。

"但是什么?"我问道,努力习惯她们话说一半。

埃米沉默了。

"老师觉得女孩更乖。"伊丽莎白解释道。

"那对老师怎么惩罚学生有影响吗?"我问。

"有些人会对骂什么的,但老师不信。被骂的人说某某这样欺负我。老师会说:'不,她不会。'一些老师有自己的宠儿,你说:'她骂我。'老师会说:'不,她才不会做这种事。'"

利说:"有的女生在老师面前表现得特别乖,要是她们做坏事,老师都不相信,因为老师没见过她们那样做。"

"男生不在乎被老师找麻烦,他们认为自己本来就很坏,根本不怕,他们才不管会不会被惩罚。但女孩不想让任何人知道自己受罚,"毛拉说,"女孩在意别人怎么看自己,她们的神经系统比男生发达多了。"教室里传来窃笑声。

蒂娜举起了手:"我们班有个女孩传纸条,从来没被抓过。在老师跟前她就是那种甜甜的小女孩。"

"大家都传纸条,"萨拉·贝丝补充道,"老师可傻了,他们不明白。其实很容易就能发现。"

金说:"女孩上课的时候传纸条,就算老师发现了,也不会找她们麻烦,因为这些女孩可能是好学生。班里好学生大部分是女孩,男生就很少。"

西卫坐在椅背上,胳膊肘撑着膝盖。"如果女生偷偷说人坏话,老师会觉得没关系,因为那不是打人。要是给别人一拳,就会被'请'去办公室。老师觉得说坏话不伤人,"她说着小心翼翼地看了看大家,"但其实很伤人。"

我立刻想起了一些恐怖电影,里面的幽灵只有孩子才能看见。成人也在同一间屋子里,经历了同样的瞬间,却看不到周围有多少事情正在发生。因此,如果教室里有女生不动声色地攻击他人,哪怕老师近在咫尺,攻击对象都是绝望无助、孤立无援的。

第六节课即将结束,时钟在墙上嘀嗒嘀嗒响,珍妮的胃随着这响声抽搐得更厉害了。铃声响起时,她从不会立刻跳起来。珍妮为自己的好成绩感到骄傲,但每到下课前五分钟,她便开始心不在焉。还是老样子,1:58 时她开始心跳加速,1:59 她已经上气不接下气了。

透过棕色的直发,她看着其他七年级学生站起来。她照例假装磨磨叽叽,忙活个不停。她在抽屉的金属板上大声拨弄铅笔,消耗时间。再过一会儿,她就能离开了。

自从珍妮两个月前从圣迭哥转学过来,梅森中学(Mason Middle School)最受欢迎的小团体就达成了两点共识:第一,她对小团体的地位构成了重大威胁；第二，她们要让珍妮过上痛苦的生活。

六年级结束的四天后，她很不情愿地和家人一起搬到了这个怀俄明州的牧场社区。在圣迭哥，她就读于一所很大的市区学校，结交的朋友大多是墨西哥人。她说着一口流利的西班牙语，深爱着热情的墨西哥文化和墨西哥小伙伴。她从不介意自己是学校里唯一的白人学生。

说转到梅森后一切都变了，这绝对是轻描淡写。整座镇上一共也就800个白人，彼此知根知底，外来者不受欢迎。虽然珍妮的家人都在梅森长大，但这丝毫没改变布里安娜和麦肯齐对她的态度。尽管珍妮夏天会和市政官祖父一起在他们家的地里开拖拉机，却依然像是个外星来客。

布里安娜和麦肯齐像蜂后一般掌控着整个七年级。布里安娜长得最漂亮，麦肯齐是运动达人，她们最大的爱好是交男友。珍妮对找男友并不是特别感兴趣，但还是喜欢和男生一起玩耍。她在放学后常和男生一起踢足球、打篮球，喜欢穿牛仔裤和T恤衫，不太喜欢化妆和穿迷你短裙。

她还没来得及向同学们介绍自己，布里安娜和麦肯齐就已经开始给她取代号了，称她为"毛茸茸的荡妇哈丽雅特"（Harriet the Hairy Whore）。她们告诉所有人，说珍妮在足球场后面的树林中与男生厮混。珍妮明白，被称作荡妇是世界上最糟糕的事情，无论在哪儿都是坏事。那个年纪还没人接过吻呢，这种称呼是最糟糕的。

布里安娜和麦肯齐组建了一个小组织——"讨厌荡妇哈丽雅特联合会"（Hate Harriet the Hore Incorporated）。她们成功说服大部分女孩加入，两个不感兴趣的女孩除外。所有成员在走廊路过珍妮时都要说"Hhiiiiiiiii……"。她们会拖长"你好"的尾音，好让她听清这是小组织名称的首字母：HHHI。通常会有两个或更多女孩同时说，对视一眼，然后大笑。有时她们甚至还没说完就已经大笑不止。

布里安娜想了另一个点子：在走廊遇见珍妮就撞她。其他女孩也开始跟风这样做。在课间，不管何时何地，都会有女孩冲撞珍妮、撞掉她的书，有时甚至会把她撞倒在地。如果有人在场，她们会伪装得像意外一样。虽然珍妮在同龄人中身材矮小，只有150cm，她还是决定先下手为强，以为这样就能让她们住手。可她们并没有住手。最后，珍妮不仅身上青一块紫一块，丢了很多试卷，还获得了一种超能力：能精确预测铃声在何时响起。走廊上没有老师监管，他们发现不了。

刚开始几天，珍妮努力置之不理，但一周将尽，她被尴尬和恐惧吞噬了。她到底做错了什么？麦肯齐和布里安娜似乎突然将毁了珍妮当成自己的头等大事。珍妮以前从未遇到过这样的事情。在圣迭哥，她有三个最好的朋友。她总是什么都做得很好，不是因为事情简单，而是无论做什么，她都努力争取成功。爸爸的声音在她脑海中回荡："只要你足够努力，什么都能做成。"这是她第一次失败。

是她的问题。

她清楚绝对不是因为和男孩有肢体接触，也许自己存在别的问题。另外两个七年级新生就很顺利，她们努力适应，争取合群，也的确成功了。她们买了和其他人一样的衣服，和其他人听一样的音乐。

珍妮闭上眼睛想。那两个新生让麦肯齐、布里安娜还有其他人做主，可珍妮无论如何都不想那样。她想继续保持自己的看法，继续穿从加州带来的衣服和墨西哥绣花衬衫。或许，她就是不想为了融入集体在这些方面努力。爸爸说得对。

意识到对自己的折磨无休无止后，珍妮开始在房间里默默哭泣。她努力克制，直到写完作业再哭，而且总是默默地哭，躲在枕头下抽泣。她**绝**不能告诉妈妈，更不会告诉爸爸。一想到告诉父母自己被人如此排斥，她都会觉得恶心。

每天都要打持久战。竭力克制哭泣，在走廊遭袭击时绷紧肌肉，午餐后独自一人坐着。珍妮已然精疲力竭。在这个年级，她交不到朋友，因为大部分人都在和她作对。珍妮的表姐比她高一个年级，对她很是同情。有时她会让珍妮和她的小圈子一起玩耍，这是小小的安慰，表姐的小圈子在八年级很受欢迎。实际上，这似乎让布里安娜和麦肯齐更生气了。

一天晚上，珍妮难过到忘了恐惧。她给布里安娜、麦肯齐和其他几个女孩都打了电话。她问每一个人："为什么要讨厌我？"她们否认一切。"那你们为什么要组建'讨厌荡妇哈丽雅特联合会'？"她追问道。

她们的声音听起来轻快甜美："我们没有组建'讨厌荡妇哈

丽雅特联合会'啊！"每个人都这么说，就像在告诉她地球是圆的一样。她们如此和善，珍妮简直不敢相信电话那端真的是她们。这下，她激动得心脏都要跳出来了。第二天早晨，她对起床满怀期待，现在起一切都会好起来了。

然后她上学去了。

"Hhhiiiiiiii……！"砰的一声巨响。

珍妮眨眨眼睛忍回泪水，牙关紧闭。自己居然蠢到会相信她们，她早就该料到。奇怪的是，尽管她早已习惯，但这才是第一次感到心碎，布里安娜和麦肯齐在电话上听起来那么真诚。她自言自语道：珍妮，珍妮蠢得要死，居然会幻想自己和她们一起坐在午餐桌上。"蠢货，蠢货，蠢货。"她咬牙切齿地说道。她举起书做盾牌，走进年级教室。

几个月后的一天，珍妮看见女孩们在年级教室传一张请愿书，搜遍书桌后她终于找到了。"我，麦肯齐·T，发誓永远讨厌荡妇哈丽雅特。"上面这样写着，班里几乎每个女孩都签名了，还附上了长长的列表，列举大家都应该讨厌她的理由。珍妮读下去，直到泪眼模糊，看不清文字。她觉得自己的世界崩溃了，忍无可忍，直接去了校长办公室。

威廉姆斯先生把布里安娜、麦肯齐和其他女孩叫到办公室。这些女孩怒气冲冲地瞪了珍妮好几周，但一句话也没说。联合会被明令禁止了。

整个七年级，珍妮孤身奋战。同龄人对她的刻薄态度很难被人发现，没有老师注意到或替她出面干涉。鉴于她是新生，老师也很难判定她的行为和性格变化。父母感到有点不对劲，但如果他们问起，珍妮告诉我："我会说'我没事'。"

"讨厌荡妇哈丽雅特联合会"再也没死灰复燃，在接下来的几年中，珍妮调整得不错，成了垒球队队长和加油俱乐部主席。但她的痛苦记忆犹新，深深隐藏在心中。她伺机寻求报复。

曾在联合会主要折磨她的布里安娜，五年级开始就与夏延高中（Cheyenne High School）最受欢迎的男孩埃里克约会。"一般就是这样的，"珍妮说道，"你差不多10岁或11岁就定下来和谁约会了，离开怀俄明州之前都是这个人。"埃里克是篮球队队长，在夏延算是重要人物。布里安娜曾失身于埃里克，所以希望嫁给他。

高三那年秋季，珍妮的机会来了，她应邀管理男篮，很快和埃里克成了朋友。"我目标明确，就是要把埃里克从她那儿抢走，我做到了。"珍妮说道，"我知道这和埃里克没什么关系，但我就是想把她心中重要的人抢走。"和埃里克秘密约会一个月后，珍妮让他在自己卧室里给布里安娜打电话分手。我问珍妮感觉如何。

"我感觉胜利了，我要把我的胜利写在她脸上。我的报复成功了，感觉特别好。"她说道，"这是复仇，我知道这很可悲，但直到今天我还是恨她，想伤害她。"如今，32岁的珍妮说起这些时既没感到耻辱，也毫无悔恨，只有20多年后依然挥之不去的愤怒。

关系和损失

不允许某些女孩一起吃午餐、不允许她们参加聚会、不允许她们把睡袋和其他人的放在一起或不允许她们挤进咯咯笑的小圈子，这些事情乍一看非常幼稚。然而，卡萝尔·吉利根的研究表明，关系在女孩的社交发展中扮演着重要角色。她在与男女生打交道时发现，女孩将被孤立视为日常生活中的危险，尤其会担心自己因与众不同被抛弃；男生则认为危险是落入圈套或窒息。吉利根认为，这种对比表明女性的发展"直指人类情感的另一面，强调连续性和灵活变通，而非替换和分离。关系和情感在女性生活中居于首要地位，这意味着她们对损失有着截然不同的感受和反应"。[12]关系在女孩生活中的中心地位让另一种攻击和霸凌形式有机可乘，此类攻击和霸凌形式有独立的特征，有必要单独划为一类进行研究。

若想理解女孩的冲突，就需要理解女孩的亲密关系，因为亲密和危险常常难舍难分。女孩关系的亲密程度是分析她们的攻击行为的核心问题，在女孩爱上男孩之前，她们曾彼此相爱，而且非常热烈。

女孩享受着不受限制的亲密关系。人们鼓励男孩不要依赖母亲，培养男性特质所需的感情控制能力。对女儿的要求则不同，成人会鼓励女孩认同自己母亲的养育行为。女孩的整个童年都用于练习照顾关爱彼此，而她们对亲密关系和人类联系的享受，最初正源自与最好朋友的交往。

然而，我们所处的文化环境忽视了女性朋友间的亲密。许多人认为女性应将最真挚的情感留给男性，将关爱倾注在丈夫和孩子身上。人们假设，女孩的其他生命阶段都只是练习而已，可能还有人认为这些阶段无关紧要。[13] 实际上，正是女孩对关系的深刻了解以及对亲密友人付出的巨大热情，塑造了她们的攻击的重要特征。最痛苦的袭击常常源自最亲密的友谊，共享的秘密和对朋友弱点的了解为伤害提供了燃料。

此外，关系本身往往也成了女孩的武器。社会分工让女孩远离攻击，期待女孩拥有"完美的关系"，这使得许多女孩完全没有协调正面冲突的能力，连小争论都会让女孩怀疑两人之间的友情。

何出此言？在正常冲突中，两人用语言、声音或拳头解决争议，就事论事，对两人关系不会有什么影响。然而，如果愤怒无法表达出来，或当事人不具备应对冲突的能力，那么就很难针对性地解决问题。倘若两个女孩谁也不想表现得"不友善"，这段友情就可能出现危机。如果冲突中不存在其他工具，这段关系本身可能就会成为武器。

人们期待好女孩和"完美"女孩完全置身于良好的关系中，那么失去这种关系、孤身一人便成了女孩隐性攻击文化的锐器。

社会学家安妮·坎贝尔在与成人的访谈中发现，男人将攻击视为控制环境和捍卫尊严的方式，而女人则认为攻击会结束自己所处的关系。[14] 与女孩们谈话时，我也发现了同样的态度。对女孩们来说，连日常冲突都会终结一段关系，更别提突然爆发严重的攻击了,她们甚至拒绝最基本的冲突形式。她们心中有个很简单的等式:冲突 = 损失。女孩们像上了发条似的,一个接一个用不同的方式表述了同样的意思:"我不能告诉她我到底怎么想的,否则就做不成朋友了。"背后的逻辑即为:"我不想直接伤害任何人,因为我想和所有人成为朋友。"

对孤独的恐惧有着压倒性的力量。实际上,霸凌目标最常向我回忆起的是孤独感。残酷的事情的确发生了——恶语相加的邮件,匿名留言,窃窃私语的谣言,桌上、墙上和柜子上刻满了中伤的字迹,一阵阵嗤笑和谩骂,这一切如洪水猛兽般袭来——但让女孩彻底崩溃的是孤身一人。身旁无人窃窃私语、分享秘密,似乎会引发女孩深深的忧愁和恐惧,几乎要将她们毁灭。

女孩会不惜一切代价避免孤身一人,其中就包括维持一段施虐友谊。"课间时你可不想一个人走。"被问起为何不远离刻薄的朋友,一位六年级孩子如此向我解释道:"没朋友,你的秘密跟谁说呢?你去帮谁呢?"一位八年级学生引用了一段电视纪录片解说词,痛苦地评论道:"如果母狮子离群,就会死去。因此,她必须身处狮群之中。"

随着女孩日益成熟,她们会更加惧怕别人发现自己孤身一人。她们明白"完美的女孩"应该拥有"完美的友情"。"穿过走廊时,感到大家似乎都在盯着你,那是最糟的感觉,"一位来自林登的九年级孩子告诉我,"自己一个人走会被人可怜,没有谁希望被人可怜。一个人走就是被孤立了,说明这人有问题。

让人家看到你一个人走，是我们最害怕的。"由于担心被人排斥，在波澜起伏的校园生活中，女孩会紧紧抓住朋友，就像抓救生艇一样，她们坚信孤身一人是最可怕的事情。

每个孩子，无论男孩女孩，都渴望得到认可，形成联系。大部分男孩不愿意一个人待着，甚至无法忍受独来独往。随着女孩慢慢长大，友情更是像空气一样重要，她们用夸张的语言描述孤独这种惩罚。"我特别压抑，"萨拉解释道，"坐在教室里没有朋友，我在乎的一切都崩塌了。"一位五年级女孩如此描述她的孤独："感觉心碎了。"

只是成长阶段

13岁女生谢里的朋友们突然都不和她说话了，父亲对不知所措的女儿很是担心，他联系了谢里一位朋友的母亲了解情况。这位母亲不屑一顾："女孩儿嘛。"她说这是典型的女孩行为，不必担心，女生都要经历这样的阶段，会过去的。"你小题大做啦，"她这样告诉谢里的父亲，"有什么好担心的呢？"

然而，她的评论反映了人们对女孩之间另类攻击行为的普遍态度：女孩霸凌行为是一种"过渡礼仪"（rite of passage）[*]，等过了这个阶段就好了。一位学校辅导员告诉我："一直都是这

---

[*] 这一概念出自法国人类学家阿诺尔德·范热内普（Arnold van Gennep）的经典著作《过渡礼仪》（*Les rites de passage*），也可译为"通过仪式"，即为人生进入一个新阶段（如出生、命名、成年、结婚、患病、死亡）而举行的仪式。——编者注

样,一直都会这样。我们无能为力。"很多人认为,女孩霸凌行为是一段不得不经历的成长风暴,磨砺人心。然而,这种过渡礼仪论让我们麻木不仁,阻碍我们思考文化如何塑造了女生的行为模式。更糟糕的是,它对我们制定反霸凌行为的对策也构成了障碍。

过渡礼仪论隐含着几项令人不安的假设。首先,该理论暗示,由于处在成长阶段,我们无法劝阻女孩的此类行为。换言之,鉴于大量女孩都有过另类攻击行为,那这一定是天性使然。视霸凌为过渡礼仪的理论同样也在暗示,女孩们有必要学会以这种方式相处,甚至将其视为积极的互动模式。过渡礼仪作为一种仪式,标志着个体从一种状态进入另一种状态,这就意味着身处该阶段的女孩要为成人阶段做铺垫。如果成年女性是这样为人处事的,那这种方式就是可以接受的,也必须对此有所准备。(在访谈中,无论是绝望的母亲,还是漠视霸凌现象的母亲,大多会流露出一丝慰藉,因为女儿在学习迟早要面对的事情。)

第三种假设是前两个理论的推论:既然女孩之间的刻薄是普遍存在、有所增益的,那么这就是她们在社会结构中的自然属性,应当被容忍,应当做好心理准备。暗中作祟最为猖獗的,是最后一种假设:女孩之间的虐待其实根本就算不上虐待。

我曾听说有学校拒绝干预女孩之间的冲突,称不想插足学生的"感情生活"。这种逻辑蕴含了对女孩之间关系的两个价值判断:首先,它在暗示女孩的另类攻击行为与律师们热衷于分析的、晚间新闻节目铺天盖地报道的异性间的攻击行为不同,暗示它无足轻重，等女孩和男孩有了更多接触后自然就会减少。

其次，该理论轻视了同龄人在儿童发展中所扮演的重要角色，从而催生了这样一番学校政策谬论：童年生活是在"为生活进行培训"，而非生活本身。不干预政策否认了女孩之间存在真实的友谊，回避了她们人际关系矛盾的核心问题，同时也低估了足以给自尊心留下永久烙印的强烈情感。

不过，学校忽略女孩的攻击行为还有一个更简单的原因：他们需要维持教学秩序。老师的日常工作通常就是争分夺秒地完成一长串任务。老师必须完成教学内容，必须达到地区和国家的标准和要求，必须监管考试，有时还要抽空筹划生日聚会。老师需要像急诊室医生那样，权衡违纪行为的轻重缓急。一旦出现违纪行为必须要现场抓住，迅速做出惩罚决定。通常，男生的纪律问题比较严重。女孩会敏锐地嗅到成人的压力，她们知道传一张恶语相加的纸条或迅速飞一个刻薄眼神然后收回，这类行为很难引起疲惫的老师的注意，老师正忙着完成教学内容呢。

看见女孩不守纪律，老师不太情愿打断教学。与其解决关系问题，老师宁愿把时间花在冲男生大吼上，让男孩把小伙伴从垃圾桶上拉下来。一个六年级学生向我解释道："老师会把打闹的男生拉开。"然而，解决关系问题需要关注更为复杂的形势，老师们普遍更关注砸纸团和扰乱他人注意力的男孩们。

学校没有一以贯之的另类攻击行为处理方案。由于缺乏判断和探讨此类行为的统一说法，制定出的反骚扰政策也往往较为模糊，且主要针对肢体或直接暴力。学校日程的安排同样不便于教师干预：比如在许多学校，课间时段由午餐助理监管，而此时霸凌行为最为猖獗。

由于另类攻击行为被严重忽视了，现实生活中人们常常透过更"合理"的社会关系镜片来看待这一行为的表现。例如，在许多学校中，威胁"不做某事我就跟你绝交"仅被视为同龄人的施压，而非关系攻击。在学术论文中，研究者将女孩的关系操控行为解释为早熟，或解释为"确立中心地位、主导群体界限划分"的途径。一些心理学家将取笑或恶意笑话归为健康的成长体验，将散播流言蜚语称为"保持边界"。[15]

认为遭受刻薄对待的女孩本身缺乏社交技巧也是一种常见误区。这种说法的逻辑是，如果孩子被当作霸凌目标，遭受他人的社交虐待，那孩子本人一定做错了什么。这通常将责任归咎于霸凌目标，认为被欺负的孩子应该更坚强或需要学会合群。也许她没有对社交场合做出恰当的回应，未能正确"解读"他人的感情和态度，也许她需要更注意衣着潮流，也许她非常缺乏社交技巧、过于大胆。她可能像一本书中举的例子这样：只会说"让我们做朋友吧"，而不会使用更细腻的说法——"周末我们一起去逛街吧"。

关系攻击很容易被视作社交技巧问题。如果一个女孩今天很和善，明天却言行残酷，或表现出很强的占有欲，对另一个孩子做出过激反应，可能会被解读为不够成熟。这是个特别危险的问题——因为成年人也许会劝说攻击目标对同龄人耐心一点，对攻击者表现出应有的尊重。在此过程中，行为的攻击性被抹去了，成年人任由攻击者为所欲为。

更令人担忧的是，攻击目标受伤的感受是真实的，却被成年人否定了。攻击者常常是朋友，女孩对此更富同情心，很容易就对朋友的缺陷展示出无尽的帮助和理解。第二章中将要出现的女孩安妮回忆起让她彻夜哭泣的女孩萨曼莎，当时她们两个还是朋友。"萨曼莎现在有很多朋友了，社交技巧也提高了，"安妮解释道，"但当时她的社交技巧真的不怎么样……朋友对她说一个不，她都认为是极大的冒犯。我记得我从没对她说过（这样做不对），我觉得她也在努力维持友谊。"为了做一个好朋友，安妮对萨曼莎的社交局限表现出极大的同情心，与此同时却深深隐藏自己的痛苦。

在这种要求女孩不惜一切代价维持完美关系的文化中，将霸凌误诊为社交技巧问题自然变得顺理成章。社交技能说的支持者称，最好的人际互动应该做到分场合做事，得到他人的回应和认可，并反映出女孩待人友善的素养。然而，大部分女性霸凌事件正是在小圈子领导者的要求下进行的，这种主导者的权力正源自这样一种能力：在对同龄人持续进行秘密虐待的同时，维持女孩表面上应有的文静。同样，她也主导着小团体中社交共识的方向。从学校比较在乎的社交技能层面来看，表现出霸凌行为的女孩在众人眼中是完美得体的。在一所尝试用社交技能理论解决问题的学校中，成人仅仅会要求刻薄女孩做事更"稳重"一点。

社交技巧说的问题在于它并不质疑刻薄行为的存在，反而设法解释，并使之合理化。如此一来，这种说法让另类攻击者的行为变得无可非议。

于是，女孩在努力待人友善、保持完美关系的同时，也被迫卷入了一场攻击游戏。有时，她们的愤怒会打破表面的友善；有时，愤怒会在友善的表面之下游荡，向同龄人发出令人费解的信号。结果就是女性朋友之间被迫需要三思而后行，并揣度彼此的真实意图。久而久之，许多女孩渐渐不再信任他人对自身感受的描述。

压抑愤怒不仅改变了女孩表达攻击的方式，也改变了感知愤怒的方式。愤怒也许来去匆匆，让攻击目标质疑到底发生了什么——还是什么都没发生。"我刚刚说话的时候，她是不是看了另一个女孩一眼？""她是开玩笑还是当真了？""她刚刚翻白眼了？""不留座位是故意的吗？""她说计划的时候说谎了吗？""她告诉我会邀请我，但是又没邀请？"

如果我们能够列出形形色色的另类攻击行为——无论是公开的还是隐秘的，女孩们就可以鼓起勇气去面对。我们需要将这些转瞬即逝的时刻定格，大声下定义，这样女孩们就无须疑惑到底发生了什么，她们在遭遇另类攻击时才会明白，那不是自己的错。

第2章

亲密的敌人

里奇伍德坐落于密西西比州东北部,是一座工薪阶层小镇,人口仅2000人,稍不留神就会错过。它大到足以需要建一座沃尔玛,但又小到没几处红绿灯。里奇伍德与其他城镇的交界处是几条灰扑扑的国道,路上有几处服务站和连锁快餐店。它所在的县很干燥,里奇伍德是其中最大的城镇,浸礼会教堂比餐馆还多。镇上大部分是白人,不过越来越多的非裔美籍家庭迁居此地,开始在边缘处聚居,他们大部分不太富裕。一些家庭在这里生活已久,依靠当地工厂过着舒适的生活,但突如其来的经济萧条引发了裁员,令人焦虑重重。

里奇伍德是一个联系密切的社区,以家庭为中心的价值观以及邻里关爱的精神是他们引以为傲的。在一场龙卷风袭击全镇,留下一英里宽的破坏地带后,所有人都全力以赴重建家园,安慰房屋倒塌的家庭。在里奇伍德,成年孩子会在父母住处附近安家,青少年在主干道闲逛很安全,马路两边都不用看,放学后就在冰激凌店和游戏室之间穿梭。一年到头,孩子们最喜欢的消遣方式就是趁老师和同伴们不备,用厕纸把他们家房子裹起来,有时甚至会在家长的监督下进行。

10月的一个上午,10:00的里奇伍德气温已达到28℃。密西西比州阳光刺眼,大地龟裂,灰扑扑的,正值干旱时期。我要去学校,但出发晚了。不过,在里奇伍德,开车去任何地方都不会长过电台播放一首歌的时间。

我冲到小学门口,墨镜滑到嘴边,手里拿着线圈本。凯茜·史密斯正在那儿等我。她身材高大,有点婴儿肥,金色的卷发轻轻披在肩上,有一双充满善意的绿眼睛,粉色的嘴唇闪耀着光泽,可以看见正在矫正的牙齿,柔和的鹅蛋脸上长着小雀斑。按理说她现在应该在上六年级的乐队训练课,但她选择请假来与我交谈。我冲凯茜点头,视线与她相遇——在这儿我尽量低调,不让自愿与我交谈的女孩被人发现——我们顺着长长的蓝灰色走廊走下斜坡,头顶上是纹丝不动、已经生锈的红色电扇,默默走向那间我用来做访谈的小屋,屋子简陋而杂乱。当孩子们摔上柜门、风一般涌向教室时,几乎不会注意到我们,老师则像旗杆一样静静站在走廊上。我们迅速路过班级手工成果的展示区:精致的树木上点缀着浸染了落日色彩的纸巾。这是用来欢迎秋天的,不过现在实际上更有夏天的味道。

我示意凯茜坐下,简单聊了几句。她低声耳语,我很难听清。

"那么,"我靠向吱吱作响的金属折叠椅的椅背,轻轻说道,

"你为什么愿意来和我谈谈？"

凯茜深吸一口气："我想说的事情**正在发生**，可以理解吗？"她这么说好像在温馨提示，我可不该仅仅充当在泥土和残骸中挑挑拣拣的考古学家。"我最好的朋友贝卡，"她开始了，手指心不在焉地在满是铅迹的桌面上划来划去，她死死盯着自己的手指不放，"我无比相信她。她给我打电话，问我喜不喜欢我们共同的好朋友凯莉，贝卡说凯莉总在背后说我坏话。"凯茜听起来很紧张："我真的不想说关于凯莉的坏话，我不想像她一样做错事。"电话中，凯茜试着转变话题。

但贝卡打电话时，凯莉实际上在她家。贝卡挂了电话，告诉凯莉说凯茜骂她。凯莉又给凯茜打了电话，责骂凯茜。

现在，凯莉在学校总是无情地取笑凯茜——关于她的衣着（上周她也穿了同一件外套）或应该穿什么（她需要买双网球鞋），说她多么蠢、多么糟糕。凯茜不知所措。

凯茜和贝卡从一年级开始就是好友。去年夏天，凯莉从得克萨斯搬到里奇伍德，秋天开始和贝卡一起玩耍。刚开始，三人很亲密，凯茜和凯莉有一些小矛盾。凯茜安静地说，在过去的几周中："凯莉好像把我忘了，她们开始特别亲密，好像忘了我的存在。然后她们开始一起针对我，就做那种事情。"

"她们做什么呢？"我问道。

"她们无视我，她们就是不和我说话或一起做事……"她声音哽咽，泪眼汪汪。我从几张桌子间挤到讲台那边，趴下去拿了一盒纸巾。

"你试着和她们聊过这个问题吗?"我抽出纸巾递给她。

"没,"她说道,"午餐后我们要在一个地方集合,要排队去上课,那时候大家都说话,我们围成一圈说话。她们会勾肩搭背但不让我加入,你知道,在一个圈子里或其他时候。她们就是不和我说话,我说什么她们就是不愿意听。就那种事情。"她又开始哭泣。

"可我觉得我什么也没做啊,"她声音颤抖着,"我对她们很友好的。"

最近,事情开始恶化。凯莉在学校算不上新生了,她开始警告其他女孩别和凯茜一起玩耍。贝卡到处说凯茜背后辱骂凯莉,而凯莉则在四处传纸条,说凯茜住在棚屋里,穷到连好衣服都买不起。

"你现在有什么感觉?"我问道。

"我不想上学。"她小声说道,缩回自己的羊绒背心里。

"为什么不想?"

"因为我不知道她们每天会做出什么。"

"到目前为止,她们都做了什么?"我问道。

"她们会让我感觉:'凯茜,走远点,我们要开始说你了。'"

"她们当面那么说?"

"不是,她们只是,"——她跟我聊得有点沮丧了——"**我能看出来。她们用不着什么都明说出来。**她们说悄悄话,看着我,我知道她们是在说我。"

"你告诉妈妈了吗?"我问道。

"我告诉妈妈了,但就是……我不想让她太担心。"她又哭了。

"她担心吗?"

"她有点生气,因为——她说我不理睬她们就好。但是我**做不到**,她们不停地说。"

"为什么很难无视她们呢?"

"因为她们就像是,朝我冲过来似的,能理解吗?我不能集中注意力。她们会——看着我或者做别的。她们瞪着我。我能听见她们说我,说悄悄话,她们直接盯着我。"

凯茜很难用语言描述自己的不幸遭遇。没有老师注意到这些朋友们以沉默的刻薄态度对待她,这让她感到非常无助,而这种无助感又慢慢转化为自责。没有规定,公众对这种行为也没有意识,至于这一切是否真实(是否有问题),凯茜的感知只是她自己的观点。而对一个10岁的孩子来说,这远远不够。

关系攻击从幼儿园阶段就开始了,性别差异的最初征兆也出现于该阶段。[16]研究者认为,这种行为从孩子能够形成有意义的关系起就出现了。3岁时表现出关系攻击行为的女孩多于男孩,这种差异只会随着长大变得更加明显。在一系列研究中,无论调查对象是男孩还是女孩,孩子们都将关系攻击列为"女孩同龄人小团体中最常见的怒气冲冲的伤人行为"。该领域一流研究者的报告称,童年时代"肢体攻击大部分出现在男孩之间,关系攻击多出现在女孩之间"。

关系攻击"通过损害(或威胁损害)人际接纳、友谊或群体融入中产生的关系或感情来伤害他人"。[17]它涵盖了将关系用作武器的各种行为，操控就是其中一种。关系攻击最早于1992年被人定义，处于另类攻击的核心位置，对许多女孩来说，这段经历都让她们在感情上受到了折磨。

关系攻击既包括不会与攻击目标产生正面冲突的间接攻击（如沉默相待），也包括一部分针对攻击目标自尊或社交地位展开的社交攻击（如散布谣言）。其中最常见的关系攻击是"不这么做我就和你绝交"，采取的行为包括集体对付某个女孩、沉默相待、进行非言语性表态（肢体语言）。[18]

关系攻击依靠的就是关系。如此一来，大部分关系攻击实则发生在亲密的社交或友谊网络中。目标与攻击者越是亲近，伤害就越深。林登学校一位高一学生所言极是："朋友了解你，也知道该怎么伤害你。她们知道你真正的弱点，也完全知道该怎样摧毁一个人的自尊。她们会让你内心崩溃。"一位八年级学生向我解释，这种尖锐的刻薄"会伴随你一辈子，它可以决定你变成怎样的人"。

如果关系能作为武器，那么友情本身就能成为愤怒的工具。一位里奇伍德六年级学生解释道，你可以"晾着老朋友，转身去结交新朋友，这么做只是为了让老朋友感到嫉妒"。无须撤出这段关系，甚至无须直接威胁这段关系：仅仅暗示一下会损害关系就足够了。一个女孩可能会在某个小团体中转身向两个朋友感叹："哇，我恨不得马上就过周末！"一个女孩可能会把另一个女孩拉出小团体，"然后当我们面告诉她秘密"，一位密西西比州六年级学生说道，"等她回来，大家问说了什么，（然后）

她会说'哦,没什么,不关你事'这种话"。这些做法没有打破任何规矩,但仅此而已,就能让一个女孩向同龄人施加痛苦。

这种结合各类非肢体形式、通常还是秘密进行的攻击极其危险,主要是因为这种攻击难以察觉。关系攻击可以隐身,因为这种行为不会展示出任何让人联想到霸凌的特征。两个女孩安静地在角落玩耍,既可能是字面上的玩耍——也可能是一个女孩正在折磨另一个女孩。

看到好朋友在一起玩耍,老师和家长也许不会观察或倾听表面之下可能暗藏的问题。这怪不得他们,孩子们**看起来相安无事**。人们总忍不住把麻烦的迹象视为正常的儿童关系中都会有的"小摩擦",但在某些情形之下,听之任之会酿成大错。

"非言语性表态"是肢体语言的一种华丽说法,这正是关系攻击的标志。根据女性不能表现出愤怒的陈规,像贝卡和凯莉那样的女孩不被允许使用声音,于是她们学会了肢体语言。非言语性表态包括刻薄的眼神、特定形式的排斥以及沉默相待。它会导致目标女孩注意力分散。一方面,肢体语言的细节含糊不清,令人恼火,意味却清晰明了。这种伤害很深,因为女孩明白有人在和她生气,却无法找出原因,有时甚至不明白到底和谁结怨了。在女孩的世界中,最可怕的正是那种最模糊的攻击,它会催生有毒的感情藤蔓,让目标难以集中精力做事。这种情况下,老师在她们眼中就像《花生》(*Peanuts*)*中的卡通人物

---

* 一部连环漫画,作者是查尔斯·舒尔茨(Charles M. Schulz),其中的主要角色为小狗史努比和查理·布朗。——编者注

一样,她们上课如听天书,文字全部漂浮在纸上。霸凌目标经历的是一种无声的折磨,当她环顾屋内四周——眼神交流、有人写纸条——这些日常行为都有了扭曲疯狂、毫无根据的新含义,就像哈哈镜中的景象一般。

那天与凯茜会面后,我与她的五六年级同学聊了女孩怎样在一句话不说的情况下表现出刻薄。有点婴儿肥的凯拉睁着蓝眼睛,腿挪来挪去,挥手,沉默地发出恳求的声响。我暗暗笑了:我以前在教室里也有这个"毛病"。

"你想说什么?"我问道。

"女孩看你一眼,你就知道她们生气了!"她喊道,"她们什么都不用说,你看着她们,她们会翻白眼、眯缝眼。"

米兰达拘谨地坐着,胳膊笔直地举在空中,补充说女孩会"讲悄悄话让人嫉妒,她们会看着你说悄悄话。她们可能会指指点点,然后开始大笑,你能看见她们的嘴唇在动"。

"那么,"我说道,扫视她们的小脸,"如果你认为她们在悄悄议论你,你会有什么感觉呢?"

一个微弱的声音从角落传来。"感觉很奇怪。"塞里斯说道。

"什么意思呢?"

"你看啊,女孩不会当面取笑人,"塔米解释道,"她们会在(你)背后说,她们咯咯笑的时候指着(你)。她们传播谣言,完全(对你)不理不睬。就算不在笑你,还是能说明她们不喜欢你。"

穿梭在班级和学校之间采访时,我发现在无声的刻薄之举中,最为恶劣的一种反而是唯一有名字的:沉默相待。在这种最尖锐的关系攻击中，一个女孩不再与另一个说话，毫无征兆，收回友情。遭受这种攻击的目标常常不明白朋友为何生气，而且往往因为担心永远失去朋友而惊慌失措，被恐惧慢慢吞噬。

阿登学校一名11岁的学生解释道："如果没人理睬，她们（指的是攻击目标）就会为一点点小事惊慌，她们不明白到底发生了什么。"

"哦，是啊，"她的一个同学附和道，"这是最坏的事情，你拥有很大的权力，她们却失去了尊严。"一位12岁孩子评论道："给人一个眼神，（攻击目标）就会特别害怕。（她们）会因为这个眼神想很多。"一名里奇伍德的八年级学生解释道："你会拼命想别的女孩为什么生气，她们只会笑话你，她们会甩甩头发、转移视线。"一位林登的高一学生告诉我："如果有人瞪你，你会感觉很卑微，自信心备受打击。你会想，哦，天哪，她们在做什么？你问她们为什么生气，她们什么都不说。你完全失控，而她们大权在握。"

沉默和怒目会传达一条更令人心寒的信息，11岁的玛丽如此评价："那是在告诉对方，我在你身上花时间不值得，花时间和你说话不值得。这是最糟糕的事情。就好像在说'我不想谈这事'。"沉默会竖起一堵看不透的墙，剥夺目标自我表达的机会，更糟糕的是这会剥夺攻击目标在冲突中主动解决问题的权利。

不明白其他人为什么发火，目标常常会无比苦闷，认为这一定是自己的错——要是能弄清楚自己违反的是哪条隐性原则就好了。女孩本就容易进行自我剖析，又太乐于接受他人的质疑。

第2章 亲密的敌人 | 053

霸凌目标充满恐惧，试着在某种程度上控制局面，反省着自以为犯下的错误。这样一来，单单沉默或恶意的眼神都仿佛有了生命，在传递出去之后还能继续施加影响。

对攻击者来说，沉默相待是绕开正面冲突的捷径。简而言之，正如玛丽芒特一位女生所评论的："如果你不告诉别人自己为什么生气，对方就不会反驳你。你就赢了。"遭遇攻击的女孩常常坚持，希望得到解释。但"她们走过来，你直接走开就可以了"，一名女孩描述道。她的同学解释说，这很残酷，因为被如此对待的女孩会"试着和其他女孩说话，试着道歉，但她们就是不听，或就是不愿好好解决问题"。

如果目标质问，其他女孩往往会否认自己在生气，虽然她们的表现正好相反。多数女性都有这样的经历，尴尬地问朋友："你为什么和我生气？"却得到简短甚至欢快的回答："没有啊！"接着朋友会迅速撤离。恳求者不得不接受这个回答，但她明白言外之意。正如一位九年级学生所解释的："上周我问一个朋友她为什么生气——我真的不知道为什么——然后她说'我没在生气啊'。一听这话，我就知道她跟我生气了。"为了在社交丛林中求生，女孩学会了质疑自己看到和听到的一切，下意识地寻求表面之下的真实感情，这成了女孩互动的主要特征。

刻薄眼神和沉默相待是攻击的终极掩护。这是另类攻击中最不易被发现的，非言语性表态能够从老师的探测雷达之下悄悄溜过，让女孩维持"好女孩"形象。里奇伍德的六年级老师德比·坎特称："我看见女孩那样使眼色，就会制止她们，可她们会睁着大大的眼睛,用无辜的眼神望着我,好像在告诉我'你在说什么呢?'"实际上,一些老师对女孩的攻击听之任之,是因为自己无法确认。初中校长助理帕姆·班克(Pam Bank)解释道:"如果我看见男孩在敲他的笔,我会说'别敲了'。但如果看见一个女孩用不友好的眼神看另一个女孩,我可能会说'看我这边'。我很清楚男孩就是在敲笔,但我不确定女孩到底在做什么。"

女孩们明白,非言语性表态大有用武之地。里奇伍德六年级学生玛吉说:"大部分时候,老师都会说这种话,'别担心,会过去的,别理她们'。但真的很难无视她们,如果她们是故意的,就会当面冲着你来,她们会故意激怒你,很难不去搭理。感觉很伤人。"她的同班同学埃米莉告诉我:"如果她们说悄悄话,老师会觉得没关系,因为她们没有动手打人。老师可能以为这算不上伤害,但要是她们揍人一拳,可能立刻就被拎到办公室去了。"肯尼补充道:"大部分老师会觉得'好吧,没伤到你,别多想了'。可实际上这就是伤害,伤的是感情。"

在无法直接表达愤怒的社交世界中,读取肢体语言成了女孩了解彼此真实感情的重要途径。然而,这种习惯会酿成严重后果,课间休息时孩子们一直在动:不管多么努力,都很难注意到一个女孩的全部动作,误解时有发生。一个女孩在走廊遇到朋友,朋友没打招呼。这个女孩确定朋友生气了。实际上她的朋友或许只是在想问题,也可能根本都没注意到另一个女生走过来。无论如何,矛盾产生了。

"别人看着你,也许是无意的,可你以为有其他意思,就开始闹矛盾了,"一位密西西比的高一学生说道,"如果女孩像男孩一样,直接说出自己的想法,很多事根本就不会发生。"一位萨克勒的六年级学生评价道:"如果你不理我,也不和我说话,我不知道出了什么问题,我可能就会跟你作对。"

模糊的肢体语言的确容易引发冲突,更别提令人费解的了。萨克勒日校的六年级学生里纳告诉我:"去年,在我的英文课班上有个女孩,我们的关系还算不上好朋友,但有天晚上她给我打电话,说'你对我很不客气,你要道歉'。我不太明白她到底在说什么,因为我们算不上朋友,所以我只是说了对不起,但真的不明白是为什么。"

沉默中,各方都会拼命猜测对方在想什么,因此会加深矛盾。当女孩避免正面冲突时更是如此,也许种种理由和旧账都会跟着冒出来。"至于发生了什么,每个人各有各的看法,"阿登学校的一位六年级学生解释道,"等两人终于说话了,情况会比刚开始更糟。"

亲密的敌人

韦罗妮卡惊恐地瞪大眼睛,喘着气看着最好的朋友的尸体,她刚给了朋友一瓶用下水道疏通剂"通乐"(Drano)做的鸡尾酒,现在瓶子空了。

"我杀了我最好的朋友!"电影《希德姐妹帮》(*Heathers*)

的女主人公大口喘着气。

"也是你的死敌。"她的同谋男友不怀好意地说道。

"没什么两样啊。"她呻吟道。

听到"霸凌"这个词，我们脑海中会浮现出敌人这个概念，敌人不是亲密者，但长期的精神虐待却总是发生在亲密好友之间。亲密和玩耍也许会为刻薄打掩护，让刻薄深藏不露。年幼的攻击目标对关系虐待的表现一无所知，总是努力凭借自己对友谊的了解来缓和关系。攻击者往往也无法意识到自己的"占有欲"或"霸道"是越界之举。相反地，她们对攻击目标始终怀有深深的情感依赖。这些目标和攻击者常常将自己的行为归入友谊范畴，女孩的霸凌故事很少被说出来，这些经历融合了爱与恐惧，推翻了我们对女性友谊的种种假设。

瓦妮莎的故事

瓦妮莎回忆道，在早在一年级的时候，斯泰茜就已经是一个受欢迎的风趣女孩了。斯泰茜将瓦妮莎当作自己最好的朋友，瓦妮莎受宠若惊，为能够进入她的小圈子感到开心。整个小学阶段，瓦妮莎都为自己的地位感到高兴，尤其是因为她拥有命令尼基和佐薇的权力，她是地位仅次于斯泰茜的副手。成为朋友后没多久，斯泰茜就开始让瓦妮莎帮自己做事情。刚开始，瓦妮莎因斯泰茜对自己另眼相看感到自豪。斯泰茜说，如果瓦妮莎愿意为她做任何事情她就会喜欢瓦妮莎。斯泰茜开始冷落尼基和佐薇了。

"那种状态对我很有吸引力。"如今27岁的瓦妮莎对我说起了这段故事。这样的安排既可以让瓦妮莎显得强大干练，又令她始终处于斯泰茜的控制之下。"我是个没安全感的孩子，但我表面上看起来很自信，"她解释道，"我希望她接受我，我希望成为她那样的人。我想变成她的翻版，你知道的，我想当她的副手。"

那时她们常常去对方家中借宿，9岁那年的一天晚上，斯泰茜问瓦妮莎愿不愿意玩角色扮演游戏。"我当男人，你当女人。"她告诉瓦妮莎。那天斯泰茜吻了瓦妮莎，瓦妮莎很开心。后来，她们借宿时总会玩角色扮演游戏，从没告诉过任何人。

五年级时，她们不再玩这个游戏了，两人之间再也没提起，但瓦妮莎从未忘却。这段记忆成了她的回忆，而不是她们的回忆；对瓦妮莎来说，一个秘密只有自己回忆，这感觉怪怪的。

那年，斯泰茜受欢迎的程度与日俱增。不仅因为她是年级里第一个有MTV的女孩，还因为她父母很酷，任她和朋友们自由自在地吃垃圾食品。斯泰茜的自行车也是最好的。瓦妮莎告诉我，在她家，"我们会打恶作剧电话，她很擅长这个，她很坏，特别懂怎样可以让人难过"。

不过，最重要的是斯泰茜很有趣，控制朋友也很有一套。"她也是这样对其他女孩的，"瓦妮莎回忆道，"她瞬间就能让朋友帮她做事。她总会暗恋上男生，然后让朋友去说，自己什么都不用做。"她让瓦妮莎从当地商店为她偷糖果。"我当然偷了，"

瓦妮莎说，"我只想哄她开心，当然，内心深处也怕被她排斥。"

六年级的一天，瓦妮莎在校车上提及她们的角色扮演游戏。斯泰茜阴沉地瞪着瓦妮莎。"你说什么呢？"她厉声道。瓦妮莎惊呆了，看着斯泰茜转身走开。

"她是害怕吗？"多年后瓦妮莎想道，"我觉得，那一刻她开始感到我是个威胁，我知道她的秘密，那就是友情走向终结的时候。"

斯泰茜开始给瓦妮莎编小曲。"她们会唱'瓦妮莎是胖子，瓦妮莎戴胸罩'。"瓦妮莎是年级里最早发育的女孩，那时也长胖了一些。"就这样的打油诗，她们还会弹我的胸罩，"她说，"男孩不会，但女孩会。"

尼基和佐薇毫不犹豫地支持斯泰茜，"她们变着花样折磨我，偷走我的笔记本，在上面全写上'瓦妮莎是胖子，瓦妮莎戴胸罩''瓦妮莎很糟糕'等。冬天她们会把这种句子写在车窗的冰霜上面，我们坐校车要经过整个小镇呢。"

瓦妮莎回忆道，讽刺的是，斯泰茜当时是另一个胸部开始发育的人。"但大家的注意力一直集中在我身上，"她说道，"当时我觉得是因为自己又胖又丑，她们不想跟我扯上关系。现在我觉得，也许是因为斯泰茜意识到我们有不少共同点，被吓到了。我跟她走得太近了，其他女孩跟她没什么相似点，也不会像她那样做事，最重要的是，她们都不知道她的小秘密。"

瓦妮莎与斯泰茜的亲密反而让斯泰茜更加残酷。无论如何，瓦妮莎还是坚持和她做朋友。"每天，我都听到那些歌，但每天

第2章 亲密的敌人

还是会跟她们一起玩，"她解释道，"我每天和她们一起吃午饭，放学后一起去她们家。我是她最好的朋友，但完全是她的靶子。"

女孩们保证，这只是玩笑而已。她们告诉瓦妮莎，她们想写首歌，写她比较容易。瓦妮莎希望自己可以相信她们，所以她的确相信了。"我没有其他朋友，"瓦妮莎说，"我的注意力完全在这帮人身上。还有其他比较酷的人，但我就是——我注意力都在她们身上。我集中注意力，想继续留在这个小圈子中，因为在这里我似乎处于权力中心。"斯泰茜不在的时候，尼基和佐薇很热情，这也让瓦妮莎更乐意留下。

斯泰茜是瓦妮莎的好朋友，也了解她的弱点，霸凌便以此为基础展开。一天早晨，斯泰茜在课前沉重地宣布母亲过世。瓦妮莎非常难过，为斯泰茜送午饭，告诉老师她不能上课，整天都在为她打掩护。"我想，'她终于需要我了'，"瓦妮莎回忆道，"她需要我从情感上支撑她了，不只是一起玩闹。我很激动，因为这下我可以照顾她了，为她做什么都可以。"

快放学时，斯泰茜带着一大群女孩围住瓦妮莎，告诉她这是个谎言。"你真是个笨蛋。"她说道。"她说服整个学校都一起帮她骗我，"瓦妮莎说道，声音中充满愤怒，"她想让大家都看看，她可以操控我，其他人都愿意参与、帮忙，他们都站在谎言背后。每个人都看着我为她难过一整天。"

斯泰茜从没动过瓦妮莎一根手指头，只是安静地从精神上施行虐待，娴熟地利用整个六年级的第三方。她通过其他愿意帮忙的女孩向瓦妮莎传了无数纸条和留言，以至于瓦妮莎感到被憎恶包围，不想上学。"不管在哪里，"她回忆道，"都有纸条等着我。"

一天，瓦妮莎家接到一个电话，是当地一家健身房的教练打来的，问瓦妮莎是否还对自己报名的减肥项目感兴趣。她父亲接了电话。瓦妮莎从未去过健身房，虽说这也许是告诉父母同龄人虐待自己的好时机，但瓦妮莎撒谎说教练打错了。

我问瓦妮莎为什么不说，她的回答很简洁。

"我不希望父母认为我交友不慎，"她解释道，"我内心深处知道，这对我不好，斯泰茜很刻薄。但我不想跟父母承认自己做错了什么，尤其是11岁的时候，那时我刚开始觉得自己能做主。"这是我采访时从成年女性那里听到的最多的话。

瓦妮莎的母亲感到女儿是受害者，但帮不上忙。母亲警告她别和斯泰茜一起玩耍，瓦妮莎不听，母亲开始用讥讽和愤怒的态度对待女儿。更糟的是，她开始施压让瓦妮莎减肥。为了表示鼓励，瓦妮莎体重每减一磅，母亲就往罐子里存一个硬币，给她攒钱买新裙子。

瓦妮莎的母亲也加入了"朋友们"的批判，这让她更加孤立无援。她们针对的是瓦妮莎最在意的话题——体重——这似乎让虐待更合理了。正如她告诉我的那样："我绝对不会告诉妈妈，我保证，她会说'瓦妮莎，她们说得完全没错'。"

七年级时，瓦妮莎患上了重度抑郁。她穿起了军装式的黑色大衣，在口袋里藏着从祖父的医药柜里偷来的一瓶药片。走在学校走廊上时，她幻想那些是镇静剂，有时会心不在焉地把药片握在手中。晚上她会盯着药片，幻想自己的葬礼。她说，所幸"我太懦弱了，不敢自杀"。她的在校成绩从 A 和 B 直接降到了 D，开始和吸食大麻的孩子一起玩，也开始抽烟。她的父母被请到学校和老师们开会。那天晚上，父母当面问瓦妮莎到底出了什么问题。"你知道的，我肯定都说老一套，"瓦妮莎回忆道，"学校很无聊，我不感兴趣，老师教得太差。"父母信了她的话。瓦妮莎把成绩提高到了不至于被找麻烦的水平。"有一段时间，真的特别可怕，"她告诉我，"别人会在走廊撕扯我的衣服。我患上了严重的胃溃疡，动弹不得，走到哪儿都想吐。"

"那时我不再信任父母，"她回忆道，"因为我知道他们就是不能理解我。如果我当时真的精神崩溃了，告诉父母到底发生了什么，告诉他们没人跟我说话，告诉他们我产生了自杀的念头，因为我觉得自己又丑又胖又讨厌，无趣又懦弱，没人想和我交朋友，如果当时说了实话，我不知道会发生什么。"

从友谊形成期开始，斯泰茜就只在瓦妮莎顺从时才表现出友爱与接纳。对友谊规则的蓄意控制正是关系攻击的信号之一。6 岁时，斯泰茜会威胁说如果不愿玩某个游戏就结束友情；几年后，她用结束友情来威胁瓦妮莎偷东西。胁迫方式在不断演变。斯泰茜控制瓦妮莎为自己所用，但很快就开始让瓦妮莎做出影响他人的举动。斯泰茜将瓦妮莎和其他人当作自己实施攻击的工具，她本人却无须承担后果。

瓦妮莎是她追随者中的重要小跟班。"我不懦弱，不安静，不温顺，不傻。我很有趣，有想法，总能做出回击。"瓦妮莎总结道，斯泰茜开的玩笑残酷又实用,正是在用自己的方式进一步肯定"我只是小跟班的,我只是代表她的力量"。

瓦妮莎满足霸凌者的需求,正体现了女孩霸凌行为的典型要素。和其他受欺负的孩子一样,瓦妮莎担心自己一旦与斯泰茜的控制做斗争就会遭到报复。她继续和这些女孩做朋友,宁愿选择让自己忍受伤人的友情,而不是没有朋友。

瓦妮莎对自身处境的幻想越来越不现实,她开始回忆她们友谊中更为阳光的时刻。斯泰茜假装母亲过世后,瓦妮莎甚至难掩兴奋之情,感到释然,认为"她终于需要我了,她需要我……她需要我情感上的支撑……"对瓦妮莎来说,惧怕形单影只正是维持畸形友情的隐形动力,尽管这让她感受到强烈的痛苦。

终于有一天,瓦妮莎特别清楚自己要做什么。"是该到头了,"她回忆道,"要么自杀,要么把我的空间夺回来。"第二天,她径直走向斯泰茜,命令她午餐时在外面碰头。说完后,中午聚集了一大群人,斯泰茜在那儿等着。

"我告诉她。'我他妈的再也不在乎了。我一无所有,不怕损失,我恨你,我恨你对我做的一切,我觉得你完全是个恶人,我不想再和你有任何关系。你可以尽情取笑我,但你明白吗?我再也无所谓了。'"

斯泰茜发出一声嗤笑,她完全不理解。"她用尽了所有侮辱人的话。她说:'瓦妮莎,你会后悔一辈子的,没人会原谅你。'"

看到瓦妮莎没有退缩,斯泰茜接下来回了一段话,正说明朋友间的霸凌行为诡异地结合了爱与残酷,她吼道:"你知道自己在放弃什么吗？你知道，我本来可以成为你生活中最美好的存在，直到永远，我们做朋友可以那么快乐，你却要放弃一切。"

瓦妮莎震惊了，她说道："你说什么呢？我们的友情一点不剩了。"此后，"我头也没回"。咒语解除了。

如今，瓦妮莎认为她与斯泰茜的友谊对她的社交和亲密关系有重大影响。和斯泰茜结束友情后，她结交的朋友大都是男生。问及原因，我听到了一个许多被霸凌的女孩都会给出的回答。"从某种层面上来说，我觉得是因为我不再信任女性了，"瓦妮莎说道，"我害怕，我不再信任她们。"瓦妮莎认为女性比男性更容易互相批判，女性之间的相互批判也多于男性对女性的批判。对瓦妮莎和无数其他人来说，这不只是女性更挑剔的问题。她简洁地说："不知道为什么，女孩的话伤人更甚。你感觉这是针对个人的，就是抹不去。"

尽管瓦妮莎解决了与其他女性的矛盾，但有种感觉还是阴魂不散。"她们还会找你麻烦，必须时刻保持警惕。"她补充道，"我特别害怕她们背后有什么动机，害怕可能会结束友情。因为你知道的，结束友情是我最怕的事情。我会想，她们会恨我吗？她们会让我的生活惨不忍睹吗？她们会不停地打电话、写信说我特别糟糕、我对她们的态度多恶劣吗？我是不是永远都快乐不起来了？"

不过，瓦妮莎说，自己可以放心和男性说自己的大秘密，哪怕是不太了解的男性也没关系，因为她感到很安全。由于女孩曾让她感觉自己对异性没有吸引力，瓦妮莎明确告诉我，她很看重第一次约会就和男性共枕这件事，她想让那些女孩浸透在她心中的感觉永远消失，因为她们曾让她感觉自己绝不是"当女朋友的料"。

安妮的故事

当刻薄和友谊密不可分时，女孩就会失去判断的能力。她们也许会认为刻薄是友情的构成要素，学着理解甚至将其合理化。倘若虐待弥漫在友情之中，一些女孩就会丧失自卫能力。

安妮·韦克斯勒和母亲彼得拉一起坐在沙发上，修长的双腿蜷曲起来。她14岁，一副女运动员模样，白色高帮球鞋，蓝色网布短裤，身着一件长长的旧阿迪达斯T恤，扎着长长的马尾。那是个周日早晨，她的眼睛看起来略显疲惫，但听到我为拜访时间表示道歉时，她还是欢快地笑了。她家安静宽敞，和其他安静宽敞的富裕市区住宅融为一体，唯一的声音来自黄色的拉布拉多犬，大尾巴不停地扫到深色的木门上。

安妮的故事从三年级开始，那个年龄段的孩子已经有了严格的社交规则，他们会被分成不同类型——书呆子、酷酷的学生或"一般般"——不过，该阶段的孩子们不见得要与所有人交朋友。用安妮的话说，她是"有点像这一组，又有点像那一组"的类型。她有两个最要好的朋友，分属两个不同的小团体之中。萨曼莎是一个小巧好斗的女孩，在安妮的数学班里处于某个小团体边缘。《长发公主》(*Rapunzel*)是萨曼莎最喜欢的童话，她4岁起就开始留着棕色的直发，安妮喜欢为她梳头、编辫子。安妮试着给萨曼莎做不同发型时，萨曼莎总是开心地坐着，然后两人开心地冲进女厕所照镜子。

艾莉森是一名受欢迎的漂亮女孩，是一个小团体的核心人物。她的朋友称她为"光彩夺目的女孩"。虽然艾莉森三年级才穿耳洞，但她6岁起就开始收集耳环了。每天，她的耳朵上总是闪耀着不同的饰物。艾莉森和朋友们每天都在操场的同一个角落玩方格游戏，安妮也喜欢玩。课间，艾莉森会从柜子里取出一个栗色的球，上面点缀着亮闪闪的贴纸。

一到学校，萨曼莎就会邀安妮去玩耍，安妮一般都会答应。有一次，她回答道："今天我要和艾莉森一起玩。"萨曼莎突然喊起来："那我就不跟你做朋友了。"

萨曼莎的威胁引发了两人激烈的争论，可安妮不想失去这个朋友，所以跑过去告诉艾莉森，说这次还是不能一起玩。有时，安妮坚持要和艾莉森一起玩，萨曼莎会说："好吧，你显然不喜欢我，我觉得你不必和我做朋友。你可以直接去找她玩，我不在乎。"安妮回忆，随后萨曼莎会"哭着离开"。安妮很害怕，只好再小心翼翼地告诉艾莉森还是不能玩。紧接着第二天，萨曼莎照样会来找安妮，好像什么也没发生一样。

艾莉森对萨曼莎的行为做出了竞争性的回应，她也开始要求安妮只能和她玩，如果安妮和自己玩，其他人就不能加入。"玩耍时总是要一对一，"安妮回忆道，"萨曼莎和我玩，或艾莉森和我玩。她俩都想和我玩，我真是受宠若惊。"

大权在握、魅力四射的艾莉森不喜欢萨曼莎，如果安妮和萨曼莎玩，她和伙伴们就会排斥安妮。最终，艾莉森开始发出同样的威胁。她警告安妮："如果课间不和我玩，我们就做不成朋友了。"

安妮屈起双腿，跪坐在沙发上。"我感觉总是被夹在中间，"她说道，"我到底该和谁一起玩？我可能会同时失去这两个朋友。"在我们的谈话中，她几次提及自己担心的事情，这里是第一次。"你很难想象，"她开始了，"我的意思是，萨曼莎不算强壮。她不会走上来说'唔！你必须和我玩！'她只有这么大！"安妮伸出两根手指向妈妈比画，妈妈点头同意。"我不是开玩笑，我比她强壮，还比她大一岁。"

但是，安妮说："你还是会被萨曼莎吓到，因为她是大嘴巴女生。她特别敢说，毫无忌惮。她总是能顺着自己的心意走，她的主意才是对的。"

安妮陷进沙发。"我感觉被控制了。如果不这么做，就会失去这个朋友，如果做了又会失去另一个朋友。她们就是不让我做我自己，我很讨厌这种情况，可哪怕我委婉地说不喜欢这样，她们也都会离开我。我觉得自己对她们来说越来越不重要，不算朋友，只是另一个人而已。"

几乎每一天，萨曼莎或艾莉森都会和安妮绝交。安妮说，每晚的日记中，"我总会写下'我今天和萨曼莎分手了''我今天和艾莉森分手了'。我知道自己用词不当"。她笑道。

安妮沉默许久,紧盯着她的小狗。"当有人说'我不想跟你做朋友了'时,感觉真糟糕,因为我忍不住会想,我做错了什么吗?也许我不是你喜欢的那种朋友,等等。这种感觉太难受了,我会想好多事情。我做了错什么吗?或者就是不讨人喜欢?"

"我知道听起来怪怪的,"她坚持道(当然不奇怪,但我第一次发觉安妮也许是在担心自己会给我留下不好的印象),"我的意思是,你可能会问'那你为什么还要和这样的女孩做朋友?'可要我说'你这样对我,我不想和你做朋友了'也不容易,因为我真的想同时留住这两个朋友。"

彼得拉在沙发上挪动,腿一会儿盘起,一会儿伸直,之前20分钟一直这样,她迫切等待女儿说完。彼得拉告诉我,总体来说,最让她担心的是萨曼莎。在近三年的时间里,萨曼莎让安妮很压抑。威胁之余,她会带许多礼物到学校送给安妮:手镯、戒指、发卡、贴画、从异域旅行带回的纪念品。萨曼莎会做手工、会画画,甚至从母亲那里拿东西(经允许)送给安妮。

"可是,"彼得拉说,"要是安妮让她生气了,告诉她自己今天要和其他人玩,她就会写纸条骂她。'你个贱人''我讨厌你',她会写长长的留言,问安妮为什么不和她做朋友。"

放寒假前,在学校帮安妮清理柜子时,比起脏乱,让彼得拉更为吃惊的是里面的东西。"我们拖出了一袋礼物和一袋写满骂人的话的纸条,"彼得拉把礼物全扔了,"我不想把它们放在这个家里。"她生气地说。

她提高声音,充满愤怒。"在学校,课间休息的每一刻萨曼莎都在控制她——陪我玩，和我坐，一起吃午餐，放学陪我玩。安妮放学后3∶30会到家，然后电话铃又会响，又是萨曼莎的电话。"

"最让我恶心的是，"她继续道，"这是一种极端的爱恨交加。说实话，我觉得完全符合跟踪者的特征。不是跟你开玩笑，我用了这个词。但感觉就是这样，这个女孩就像跟踪者一样，我感觉安妮是受害者。如果这种情况结束不了，我真的很担心她的安全。安妮钻进车里的时候会很难过，萨曼莎这样了、萨曼莎那样了，没多久到家后，要么已经有电话留言了，要么是萨曼莎打电话来。"

彼得拉回忆道，有时安妮不愿接电话。彼得拉说，还有时"需要我来保护她，我会说'你给我听着，安妮，今天不许打电话。'"安妮会欣然同意。

每天去学校停车场边的小路接安妮时，彼得拉都会无比焦虑。"差不多看她的脸我就知道了，我经常想：'哦，天哪，今天又怎么了？'她钻进车里，特别难受，我也很沮丧，因为我是成年人，我知道是怎么回事。我们总说：'哦，告诉她闭嘴就行了！'但安妮做不出来。她会告诉我：'我说不来，我不能对她那么不客气。'这让我很有挫败感，因为我会想：'谁也不能那样对待我的孩子！'"

联系萨曼莎的妈妈似乎是件需要勇气的事情，她不是彼得拉的朋友，彼得拉也害怕她对所谓的问题不屑一顾。想象一下对话场景吧，彼得拉做了个鬼脸："轮得到你这么说吗？我女儿一直给你女儿送礼物呢！你能说她们关系不好吗！"

安妮插话了："我性格并不懦弱，我很坚强，我有很好的领导者潜能，我不会坐以待毙的。但我就是很难说出口，很难告诉萨曼莎我不喜欢这样，我也不希望妈妈这样对我的朋友。"

安妮越来越被孤立，面对萨曼莎令人窒息的攻击，她变得更加脆弱。她在其他方面也很压抑，害怕在同龄人面前哭泣或流露情绪。

最后，五年级快结束时，彼得拉告诉学校辅导员，需要把两个孩子分开。"我告诉（辅导员），她不能成为唯一忍受萨曼莎的人，这对安妮来说不公平。"（直到我们这次访谈时，彼得拉才告诉安妮自己进行了干预。）那时，彼得拉才得知安妮并非萨曼莎唯一的攻击目标。三年级到六年级之间，几位母亲都请辅导员将自己的女儿和萨曼莎分开。

六年级，安妮请朋友们于学年结束时在毕业留念本上留言。大部分孩子写下了最爱的颜色或电影，写了自己心目中安妮的可爱之处。"安妮特别高，我喜欢，"彼得拉回忆道，"安妮喜欢电话聊天，我喜欢。"萨曼莎写了什么呢？"我和她不太像，她特别贱，我喜欢。我们总是吵架，但她仍然是我最好的朋友，我喜欢。她吵完后总能缓过来，我喜欢。"

安妮特别害怕被孤立，因此忍受虐待看似是唯一的选择。她也很爱自己的朋友，像瓦妮莎那样，只要能挽救友情，安妮就会不惜一切代价去满足朋友的愿望。她坚持维护与萨曼莎的友谊，让虐待在友情中占了上风。

刻薄与友谊缠绕得如此紧密，这让安妮失去了分辨力。听听安妮对萨曼莎行为的深刻剖析吧："这就是她在用自己的方式说'我是你的朋友，我喜欢你'。我觉得她也在竭力挽留友谊。"

　　成为关系攻击目标的女孩最难应付困境。家人知道后，常常无法理解女孩为何不愿拒绝这种关系。有一天晚上，安妮记得非常清楚："我哭得很惨，不停说'我不知道该怎么办，我不能这样'"。安妮的兄弟们可能有点被激怒了，开玩笑问道："为什么不过去揍她一顿？你的体型是她的十倍呢。"

　　"他们的意思就是'你过去揍她！'"安妮若有所思地说，"但我不能那样做。我不能走过去说'嘿！你知道吗？我不喜欢你那样对我'。我就是没有安全感，我哭得特别厉害。"安妮记得自己坐在客厅里，不知所措。"我那年9岁——对一个在友情中挣扎的9岁女孩来说，就像……那时我最担心的并不是'明天我还得跟你打照面'，而是听到'我不想和你做朋友了'。任何一个年龄很小、看重友谊的人被这句话砸中都会很难受的。"

　　我们的文化对女性攻击和亲密感理解不够，让女孩很难用健康的方式处理与同龄人的关系。最伤人之处，即女孩无法识别卡萝尔·吉利根和琳恩·迈克尔·布朗所谓的"关系侵犯"——一种刻薄或虐待性的互动状态。[19] 不理解自身霸凌经历的特别之处，女孩就常常会为自己的遭遇感到自责。以安妮为例，整个访谈过程中她都在不停地解释，为何自己会被体型比她小、年龄也比她小一岁的女孩欺负，她感到非常尴尬。

第2章　亲密的敌人　｜　071

女孩霸凌者往往是一个群体中社交技巧最娴熟的，这让事情更加复杂。像研究者举例的受欢迎的女孩那样，她们很成熟，深谙人情世故。然而，很少有人探讨她们的内在魅力乃至诱惑光环的另一面。这样的女生几乎是把目标吸引过来的，这种友谊具有催眠效果，霸凌目标往往挣扎于两种愿望之间：既希望朋友利用自己，又希望朋友放自己走。从理性层面来看，攻击目标可能意识到了这段关系的问题，父母让她们远离这种朋友，她们也点头同意，但随后却又莫名其妙地被吸引到了霸凌者身边。查丝特蒂的一个朋友曾经损害她的尊严，迫使所有熟人都疏远她，她如此描述这个女孩："她是那种你无论何时见到都会爱得要死的人。她是你见过的最甜美的人，她会隐藏自己的态度，这样所有人都爱她。"

纳塔莉的故事

在里奇伍德，该市教育主管劳拉·菲尔茨（Laura Fields）博士带我穿过多功能厅，里面到处是排队准备离开的学生。她自信地在长长的棕色长凳之间踱步，不时停下与学生聊天："最近怎么样！……真是个好消息！……现在，你觉得上校车前要不要拉上书包呢？好孩子……多美的裙子！"一些孩子害羞地挥挥手，还有的只是看着我们。

外面的橄榄球场上已经聚集了一些人，多到让我吃惊。橄榄球场是这座城市的精神枢纽，橄榄球差不多算得上是宗教信仰，居民很喜欢橄榄球，连家里没有学龄儿童的家庭都会在州际公路上驱车45分钟来看比赛。劳拉带我在露天看台穿梭，我感到人们在盯着我看。找到座位后，劳拉开始与人交谈，我尴尬地坐着，看台座位好像在晃动，我一阵晕眩。

一位女士在我身边重重坐下，座位吱吱作响。她身材矮小结实，头发染成了红色，穿着酸洗牛仔裤，欢快真诚的声音发自丹田。"我是苏珊·帕特森，见到你很高兴。你能和我女儿纳塔莉聊聊，真是件好事，"介绍到此为止，她紧张地看着我，像男生那样友好地拍了下我的肩膀，"我觉得你的话题很适合找她聊。"

纳塔莉可不见得是这么想的。在接下来的几天中，我在学校和她打招呼，得到的回应最多就是快速地瞟我一眼，然后甩甩齐肩的内扣卷发，朝其他楼层、自己的储物柜等远离我的方向走去。我想，也许是她母亲强迫她来见我的。

访谈那天，我溜到她边上的课桌。纳塔莉13岁，上八年级，穿着一条蓝色牛仔裤，配着夹克衫，里面是一件打底T恤。

今天，纳塔莉要向我透露一个总是欺负人却无人揭发的里奇伍德女孩。想象一下典型的邻家女孩啦啦队队长吧，你绝不会想到她会做出这些事来。里斯功课全拿A，马尾辫有节奏地摆动着，那张脸甚至能让斯克鲁奇*露出微笑。之前已经有人把我介绍给她母亲了，这是一位魅力四射、笑声轻快的女士，因

---

* 斯克鲁奇（Scrooge），狄更斯《圣诞颂歌》中的老吝啬鬼。——译者注

活跃于里奇伍德各类非官方事务而著称。

纳塔莉和里斯一起长大,两家是朋友,女孩们上学前班时就在一起玩耍了。纳塔莉对里斯几近崇拜,里斯总会想出新游戏。她喜欢去里斯家玩耍,在她心目中,那里总是比实际看起来更热闹。

三年级时,里斯开始给纳塔莉讲故事,关于过世的兄弟或不存在的宠物。到纳塔莉家来玩的时候,她会批评纳塔莉的衣着和卧室墙上的照片。纳塔莉感到很受伤,但她自认为改善衣着和墙上的装饰就能让里斯住手,可里斯没有。在学校,被其他女孩包围时,里斯就无视纳塔莉的存在,虽然在家她们仍是好朋友。

里斯这个姑娘很像隐形轰炸机:飞得低,神不知鬼不觉地速战速决。她非常甜美,谈到精神状态积极健康的女孩,老师们会第一个想到她,因此大多数人都不会想到她可能会做出伤人的举动。"她成绩好,上课也不说话,"纳塔莉解释道,"老师看到,哦,里斯和纳塔莉是好朋友,所以课堂分组也喜欢把我们分在一起。他们觉得我们不会讲小话,也愿意一起讨论。"

但每次分在一组或配对时,纳塔莉都沉默不语,因为里斯会斥责她、取笑她。"我是年级里最安静的女孩,我不敢说话。"纳塔莉说道。以前,她喜欢在班里大声读日记,但里斯会和其他女孩使眼色,所以她再也不读了。与此同时,里斯会在其他同龄人面前展现出和善、友爱的形象。"她一直努力做我的朋友。"

我问纳塔莉是否反驳过里斯,她疑惑地看着我:"我把她看作整个世界,你知道的,她是我**最好的朋友**。"她一字一句试图说清楚,好像我的母语不是英语一样:"我没有——我就是害怕对她说些什么,因为我怕她对我生气或讨厌我,那样就更爱说我了。"有几次,纳塔莉或她们的朋友表现出反抗的迹象,"里斯就会努力让所有人认为,她没问题,都是我们自己在瞎想"。里斯成功地让纳塔莉坚信自己不够强大、无法维护自己,尽管她很想奋起反抗。"她利用我,我也没为自己争取什么,"她告诉我,"我会告诉自己,里斯比我强。"

纳塔莉不想让母亲知道自己和里斯闹矛盾,这不足为奇。纳塔莉眼睛下垂,和她母亲随和开朗的性格形成鲜明对比。有时,妈妈会问在学校怎么样,纳塔莉说不怎么样,苏珊立刻转变话题。她和里斯的母亲是朋友——而且还崇拜里斯的母亲——纳塔莉认为妈妈绝不会相信自己的话,她很胆怯。

六年级时,里斯与刚刚搬到这座城市的德鲁走得越来越近。里斯让德鲁经历了非同一般的公开折磨,最终,纳塔莉选择尝试着与德鲁沟通。每天放学后,德鲁都会哭泣,纳塔莉看到后努力告诉德鲁自己也经历过同样的痛苦,这并不简单。"她不敢信任我,"纳塔莉说,"我刚开始也不敢信任别人,我以为再也不会信任谁了,因为我全心全意信任里斯,她却在我背后说我坏话。她把我告诉她的所有事情都告诉别人了,所以我想再也不能告诉别人什么了。跟爸妈我都不会什么都说。"

我问纳塔莉,她和里斯的友谊对她有何影响,她说得比较委婉。"我觉得有点儿影响吧,"她说道,"从前我喜欢吵吵闹闹,爱逗人笑，但现在不怎么爱说话了。以前我和朋友在一起的时候，喜欢逗人笑，大家都会被逗笑。以前我喜欢穿有趣的衣服，引人注意，现在不敢了，因为怕里斯或其他人会嘲笑我、谈论我。"

"这是什么感觉？"我问她。

"想到这些，我就想哭。但我不会哭，因为我知道，我哭就表明受她干扰了，我干脆什么都不做。"纳塔莉和其他女孩成了新朋友，新的友谊让她的世界有了很大的改观，但她依然担心会与里斯发生新冲突。

坐在我面前的纳塔莉的表情极度痛苦，这种痛苦持续已久，似乎印在脸上了一般。交谈中，她清晰沉稳地诉说这些经历，泪水随时可能夺眶而出。

采访结束后，我关上录音机。我告诉她，我觉得她是个坚强、优秀的女孩，她很勇敢。纳塔莉很快起身离开，我预感她会换个地方哭。我力所能及的，只是克制住自己从椅子上跳起来拥抱她的冲动。我明白这不是她的需求，而是我的。听她说自己的故事，好像望向一口忧伤的井，一口很深的井。离开教学楼很久后，纳塔莉依然深深印在我的脑海中。

第 3 章

实话伤人

下午1:15,玛丽芒特学校第一组即将和我展开集体讨论的八年级女生看起来都快晕过去了,这是午餐后学生容易犯瞌睡的时段。她们一个个靠着墙,拒绝围成一圈,像芦苇一样互相依靠着,东倒西歪。那是三月,窗外已有初春的气息。尽管气温尚未达到18℃,许多孩子已经穿上了短裤和背心。

我拿出奥利奥饼干,她们好像收到信号一般,立刻坐起身来,津津有味地嚼着。看到她们恢复活力,我渐渐引入讨论话题。首先,我让她们描述完美女孩的样子,她们疑惑地看着我。

"比如杂志、电影里的,比如《恋爱时代》(*Dawson's Creek*)里面的那些人物。"

一些小手举起来了。为了使气氛更加轻松愉快,我告诉她们可以不举手直接发言,不过旧习难改。

"苗条!"一个女孩说。

"漂亮!"

好吧,我暗暗想道。然后又来一个:"友善!"

"什么样算友善?"我问道,不再盯着笔记本,抬起头来。

"有好多朋友。"

"从不吵架。"

"每个人都爱她。"

我对女孩们日常攻击的了解就此开始。

"好,"我停下来思考了一下,"如果你的朋友做了件让你不开心的事情,让你生气或难过,你会告诉她们吗?"

"不会!"她们齐声道。

"为什么不说呢?"我问道。

一片沉默,我静静等待。

角落中,一个女孩深吸一口气说道:"因为那样就会有更大的事儿了。"

"什么叫'更大的事儿'?"

"会吵起来,吵得厉害。"另一个解释道。

"每个人都会参战,为小事失去朋友不值得。"

"还会惹是非。"

"如果,"我问道,"只是因为难过才告诉朋友你的感受呢?就是说,为了让你自己——你们的友情——感觉更舒服点?"

"那你可能就会伤害她的感情。"一个女孩说道。大家纷纷点头,注视着她。

"你们可以说实话,但不让人觉得很刻薄吗?"我问道。

"实话伤人,"角落中一个女孩安静地说道,"所以我宁愿撒谎。"

为了写这本书,我搜集了一些成年女性或女孩的故事,她们都曾是严重霸凌事件的攻击对象或攻击者。从学者和教师的既有经验来看,我原以为另类攻击行为处于女孩"正常"的社交结构之外。在与第一组女孩的讨论中,我耳边充斥了各式各样的日常冲突事件,这些故事同她们对霸凌的描述惊人地相似。

女孩不需要通过霸凌行为来疏远伤害同龄人,至少以我们目前对该词的定义来看是这样的。用"霸凌"一词描述女孩之间互相伤害的行为简直是大错特错。女孩日常生活中长期存在的攻击行为正是她们社交世界的阴暗面,而这有待我们进一步的摸索和研究。我们还没有能用来描述它的语言。

女孩如此描述她们的社交团体:悬而未决的冲突像泄漏的燃气一般在空中飘荡,营造出一种危机四伏的氛围,很少有人表达不满,但哪怕是遇到小火花都会突然引爆。对很多女孩来说,也许应该是对绝大多数女孩来说,日常生活都是难以预测的。在女孩式的亲密和嬉闹的表面之下,联盟随着悄悄话摇摆不定。许多女孩不愿告诉朋友自己为何伤心或生气。与之相反,她们会动用"斡旋小队",通常是愿意帮忙的朋友。这些朋友可能因夹在中间而感到不舒服,也可能迫切希望帮助遇到麻烦的朋友,好让两人的关系更加密切。

另类攻击和模棱两可的行为,就像谈论化妆、男生和娱乐一样,是女孩日常生活的一部分。女孩很早就明白,直接对另一个女孩提出异议,可能会导致许多人成群结队地和自己作对。于是她们学会了如何在表达受伤和愤怒时避开直接引发问题的人,学会了压抑感情或与无关者分享。女孩学会了像记账员一样准确地记下悬而未决的冲突,日积月累,让自己的情绪和社交选择越来越受限。女孩学会了通过破坏当事人与他人的关系来解决冲突,由于个人不允许攻击,便加入小团体攻击。

与女孩交谈时,许多人都流露出恐惧,因为连日常的小冲突都可能让她们失去最在乎的朋友。她们认为,说出心中的苦恼就会受到惩罚。她们给我温馨提示,说一旦被孤立就难以扭转,这样沉重的代价她们担负不起。一位六年级女孩告诉我:"最好别对她们说,如果说了,好吧,你还不如直接断交呢,因为她们肯定不想和你做朋友了。"汉娜是阿登学校七年级学生,她解释道:"要是跟朋友说我被她们惹生气了,就会树敌,这是一种恶性循环。"在这个世界中,社会分工更是鼓励女孩将关系和关爱摆在首要位置。对孤独和关系损失的恐惧为女孩面对冲突时的处理方法蒙上了一层阴影,驱使她们远离正面冲突。由于女孩的日常关系容不下这些令人不适的感情,她们便认为这些感情于人于己都很危险,争取小心躲开,乃至深藏不露。

由于无法预测他人会如何回应自己的愤怒,许多女孩都心生畏惧,故决定尽可能从自己*可以*控制的入手。一位八年级学生告诉我,女孩喜欢写信,原因之一是书信"可以帮助我们组织语言,让想法完美地呈现出来。如果当面说,我一定会崩溃,会胡言乱语，说一些气话"。有的女孩写信时会不停烧毁或扔进垃圾桶，斟酌字句重写，以求在表达愤怒与维持友谊之间保持平衡。八年级的谢利认为写信比较合适："因为如果当面说，对方会看到你的脸。"

一对一面谈很恐怖，阿登学校一位七年级女孩解释道："我不知道她下一句会说什么，我不想在争执中输掉，但也害怕友情结束。你不知道她们下一句会说什么。如果讨论形势不妙，这个朋友可能还会把其他人扯进来，所以我不想当面说。"她的同学告诉我，不能当面说别人言行刻薄，"你可能会想'哦，天哪'，（她）要和我生气了，或不想和我做朋友了，还会害怕她散播谣言，你不知道这个人会怎么想"。

以牺牲自己的感受为代价来照顾他人的感受，是我访谈中多次出现的主题。不管女孩们多难过，都不愿伤害他人的感情，而她们自己的需求似乎一文不值。她们将令人战栗的问题和感受描述成"小事"，称它们"不重要""愚蠢""不值得争吵"，在心中悄悄压抑下去，直到有一天，内心再也承受不住。

轰隆！

我去了珍妮弗家两次，她才答应和我交谈。第一次，我和她母亲一起坐着喝茶，这位 11 岁女孩的毛茸茸的拖鞋在房间和厨房之间晃来晃去，她在观察我。第二次拜访时，她才害羞地点头应允。坐在小屋的沙发上，我愉快又惊喜地发现她活泼得像只蜻蜓,手在空中飞快地比画着。她连珠炮似的说:"我和朋友总会问对方有没有生气,问完后立刻就会说'没有',因为不想告诉对方'我被你惹生气了'。"

"为什么不说呢?"我问道。

"因为那样你会让别人感到难过,这样她就知道有人在生自己的气了。"

"你很生气,这不重要吗?"

"重要,但你能告诉对方你很生气吗?"她问道,听起来她好像真的不明白。

"有些人会觉得可以这样做,因为自己的感受也很重要。"我说道。

"那她的感受呢?"她问我。

"她会有什么感觉?"我问道。

"我就是……不行。我们不说这些,我不知道最好的朋友之间会不会说,这是隐私。"

我就此打住。

12岁的卡门·佩拉尔塔(Carmen Peraltal)是一名古灵精怪的拉美裔女生,就读于东北部一所私立学校,交谈中我问她告诉别人自己生气了有何感受。她说她从来没有试过,我问她原因。"一方面,听起来很怪!'嘿,顺便说下,我生你的气了!'"她讽刺地拉长腔调说。随后她认真起来,开始支支吾吾。"我不会说'我生气了'——这就是——我不知道——我不喜欢这样解决问题,因为很奇怪——光是说'我生你气了'……就像'轰隆'一声!"——卡门发出一声令人满足的巨响——"她们可能会想'我到底做错了什么?'如果你说'嘿,我得让你知道我生你气了',就像'轰隆'一声!我觉得她们最后就不太喜欢你了。"对卡门来说,冲突就是炸弹,显然会把友情炸成碎片。冲突不在卡门的字典之中,也不在她的关系之中。的确,这种事令人不舒服,似乎在她的生活中没有一席之地。

一些女孩面对冲突时诉诸她们的人生教育,即待人友善。在密西西比州,10岁的梅拉妮向同学解释,为何不能告诉卡娅自己很生气。

"不能那样做!"她喊道。

"为什么不能?"

"因为有的人真的很敏感,你那样说,她们会放声大哭。"

"但你可以说说自己的感受,对吧?"我逼迫她说理由。

"但那样你就会伤害别人的感情。"

"但如果你真——的很难过呢?"我问道,一些女孩咯咯地笑了。

"有时候告诉朋友,有时候不会告诉任何人。"这是她的决定。她说,总之以后也许有冲她们发火的机会。"走到某人跟前说:'哦,你知道吗,卡娅把我惹毛了。她对她我说这个那个、这样那样。'"

"那为什么不直接走到卡娅跟前说:'嘿,你让我生气了!'"

"因为,"她小心地看着我,简洁地答道,"我想以牙还牙。"

第3章 实话伤人 | 083

对大多数女孩来说，愤怒和伤害是明显的问题，却需尽量避免。但随着感情日益强烈，也越来越难克制自己。

尽管阿登学校的梅雷迪斯竭尽所能克制愤怒，但她认为这么做毫无用处："如果不让朋友知道，这些就会日积月累，心里会特别苦，对她们来说很痛苦，我自己也是。"夏洛特表示赞同："你解决不了问题，藏起来就会越来越强烈，也更难控制。"

一名学生告诉我，如果生气了，她会踢小狗；还有更多孩子说会打自己的兄弟姐妹。访谈中，一些学生描述努力克制愤怒多么压抑，还有的则诉说了怒火升级的故事。"你会越来越气，等实在克制不住就爆发了，"玛丽芒特学校的埃米莉说，"愤怒越积越多，你就会发现这个女孩还有其他许多不讨人喜欢的地方。"令人不安的是，问题越是紧张，女孩越是可能假装一切安好。玛丽芒特学校的南希说道："我特别生气，但是我不能告诉她。我什么都不说，她也不知道我生气，这样更舒服一点。"

害怕面对面说话，常常导致女孩在冲突中引入第三方，从而使问题进一步恶化。谢利不想直接和萨拉讨论两人之间的矛盾，谢利开始问其他人萨拉到底怎么了，但对不知情的旁观者来说——比如在萨拉本人看来——谢利好像在背后说她坏话。萨拉非常生气。"但我只是寻求建议而已！"谢利喊道。访谈中许多女孩都有过同样的经历。一位密西西比五年级学生认为这种做法能减少损失："告诉惹你生气的人自己在生气，会让她们更快发火，告诉其他人就不至于。告诉别的女孩可以争取时间，你可以思考自己到底该怎么说、怎么做。"同校一位六年级学生如此描述:"你会担心这个人会不会理解错,所以最好先试着听听其他人的不同说法和意见。否则可能会出乱子,让情况更糟糕。"不经意间,她们都选择了这种做法。

还有的女孩认为,相比失去朋友而言,其他任何做法都更为可取。在她们的脑海中,自己只是选择了没那么邪恶的事情。"女孩可以让彼此崩溃,"汉娜直白地说,"她们会在背后说悄悄话来让自己冷静,否则就会失去朋友。"一些女孩试图绕开冲突,满心期待朋友们会读心术,或像超级英雄一样拥有透视能力,直接读懂自己的难过。林登高二的莉莉·卡特一脸沉思,看起来比实际年龄更老成,她递给我一本小巧的粉红色日记,害羞地笑了,说保证里面的内容绝对能够反映自己初中时代的社交混战。她已经用黄色便签纸标出了相关页面,七年级的第一条日记写着:"把感情锁在心里真难,我是一个传感器。我感受事物,并把我的感受暗示给别人。"她随后补充道:

> 感觉很奇怪,做了那么久朋友,她们竟然感觉不到我的暗示。我以为她们能感觉到的。我没表示赞同的时候,她们从不问我有没有生气,也不和我说话。她们就是无视我,好像我不存在一样,或者让我感觉"谢天谢地她终于走了"。我太惨了!

莉莉就像在海上漂泊的小船一样,发出无人接收的沮丧信号。越是用无法解释的语言和暗示沟通,她就越孤独。

沉默的请求被忽视了，女孩的绝望很快就会转化成愤怒。许多女孩因朋友未能读懂自己的感受而愤愤不平，她们认为，只回应一个字、留言简短还有晚上不打电话，都足以表达自己的感受。然而，她们的朋友却从未回应过。女孩默默尝试用意念告诉朋友自己的内心感受，若是朋友感觉不到，这种愤怒就会翻倍。

不是我的错

为什么不直接找对方，私下和气地问她："有什么不开心的事儿吗？"这是家长、辅导老师和霸凌专家问了无数次的问题。我也问了。

"我试了，"林登一位九年级学生紧张地告诉我，"但她反过来数落我做错了什么，那是我的错。"这是不同年龄段的女性都时有提及的问题。"她全反过来说了""她会拿我说事儿"或是"她会把所有人都争取到她那一边"。由于很多女孩缺乏处理日常冲突的能力，听到他人表达愤怒就会产生紧张情绪、摆出防御姿态。听到有人说自己惹她不开心了，听者就会认为被孤立的危险已迫在眉睫，就像听到社交雷声正在隆隆作响。

这些女孩对听取愤怒之情和表达愤怒之情同样心存恐惧。一想到自己可能"有错"或"有问题"，她们就会感到不安，会在制定决策时感到惊慌和冲动。许多案例中，这些女孩会火速行动，让聚光灯从自己身上转移到他人身上；有时，她们会组建联盟（本章后文会做讨论），她们急需一群女孩站到自己的阵线中，急需确保有一些女孩会无条件地和自己维持友谊。这些女孩在褒奖甜美形象的文化中长大，热衷于维持"好"女孩形象。因此她们会向朋友举起镜子，而不是侧耳倾听，反过来细数对方过去的错误。无须多言，这会令冲突迅速升级，常常让两个女孩都充满悔恨和恐惧。

对不起

女孩矛盾的表面往往像大理石一般沉默平滑。如果曾经有人跟你生气，你却最后一个知道，那你一定深有体会。许多女孩表达愤怒时会尽可能保持距离、保持沉默，让另一个当事人感到莫名其妙，不知道自己到底做错了什么。在平静表面之下，自然是另一番图景。

许多女孩会通过一种诡异、流程僵化的仪式来解决矛盾、达成和解。对许多女孩来说，对"**在闹矛盾**"的事实心知肚明却不言不语，比实际发生冲突更舒服一些。弗里达和莉萨的"矛盾"可能表现在走廊相遇时保持沉默。在其中一方主动说话前，这种状况会持续数日。虽说两人冲突的缘起可能只是区区小事，但缄默不语会激化冲突，矛盾会自行生长。一个女孩等另一个屈尊道歉，僵持过程中两人可能都忘了冲突的起因。"（女孩）生气的时候，她们不听解释，如果你不说话，（女孩会）积攒愤怒，然后忘了当初生气的原因。"萨克勒一位六年级学生说，"有时引起矛盾的问题已经不存在了,但你得继续僵着。"阿登学校一位六年级学生评论道:"你不想投降,不想不了了之,不想当失败者。"

通常,要有一位女孩先投降道歉——通过留言、在线聊天工具、电子邮件、即时通信或当面等途径——让另一人"获胜",战斗才会结束。立刻道歉、寻求解脱,逃避需要面对的事情,对女孩——尤其是青春期前的女孩来说并不是稀罕事。许多女孩像旁观者一样处理自己的纷争,回避冲突的实质,坚持走完开始、发展和结束的全流程。琳恩·迈克尔·布朗和卡萝尔·吉利根发现,女孩拥有一种惊人的能力:道歉,然后让冲突走向"近乎童话式的完美结局,痛苦和愤愤不平的感受最后就在这种突然的损耗中烟消云散了"。[20]

因此,收场方式和矛盾本身一样存在问题。女孩的首要方向是不惜一切代价维持友情;这一点加之对失去友谊的恐惧,共同决定着女孩解决冲突的每一步。"对不起"可能是请求和解的万能代号,但这种代号敷衍而迅速、随意而机械,就像听到别人打喷嚏的时候说"保佑你"一样。无论怎样表达歉意,无论是通过手写、网络还是当面表达,它在矛盾中都像利刃一样锋利,像是将刺耳音响的插头猛地一拔,让冲突之声戛然而止。这种敷衍的道歉常常出现于争吵尚未解决之时,更多的是出于对失去友情的恐惧,而不是为了解释澄清。道歉往往就像在走程序,它呼吁和解,与此同时冲突的源头仍在发酵,就像精灵一样被塞回瓶子里面,悬而未决,直到矛盾被再次触发。

一个女孩回忆自己常用的"和解"路线："我们还是好好做朋友吧，真搞不懂我们为什么会为那么点儿小事闹矛盾，太傻了。"一位六年级学生告诉我，只要撇开具体细节不谈，就能远离自己愤怒的爆发点。"不然可能又会说错话。"她解释道。还有的女孩这么说，纯粹是出于无法忍受被孤立。"我不想让她继续生我的气，"她的同学解释道，"所以我干脆道歉。"总之，如果对方道歉了，你也不想再耗下去。"怒气自然就消了，"一位里奇伍德的八年级学生说，"你会忘了到底为什么生气，因为你不想失去朋友。"据另一个女孩回忆，一位朋友无情地欺负她，随后却莫名其妙地道歉了。"这一切就这样发生了。"她说道，"对不起。"

卡门·佩拉尔塔称，对她来说，朋友之间坦诚相待就是行不通，因为所有人都宁愿敷衍道歉，而不想讨论自己的真实感受。"有人告诉你（她生气了），你很自然地感到应该向她道歉——不假思索地主动道歉。但是如果你不直接说'你惹我生气了'，而是一言不发，"她说道，"那就会逼迫对方思考你为什么行为异常，对方会认真想（她）到底做了什么。"

有时，卡门会道歉，但她无法忍受自己总是第一个道歉的。"有时我说'对不起'（是因为）我就是感到内疚,（而不是因为我）明白对方在说什么。我只会想'到底怎么回事，我得道歉改善关系'。我觉得实际上这不能改善关系，"她耸了耸肩补充，"因为我以后可能还会做出这种事惹她生气。"

在这样的社交动态中，一种循环开始了。旧账悬而未决，不知不觉地刻在记忆里,等到下次冲突又会被唤醒。其中一条从女孩那里常听到的抱怨是这样的:"我们什么都记得,我们从不忘记。"一个女孩解释道:"男孩打一架就结束,女孩的(矛盾)没完没了,只会越积越深。又来一次矛盾,下次更严重。时间一长,就做不成朋友了。"萨克勒一位六年级学生说:"等你回头再看这些绝口不提的小事,它就会被放大。"阿登学校的莉萨说:"女孩总是会细数你上回做了什么。"

开玩笑而已

若想绕开冲突,女孩也可能会完全转向另一种行为。幽默就是直接伤害同龄人的一种方式,而且尤其受欢迎。在针对攻击目标时,玩笑会为攻击者撑开保护伞。一位六年级学生如此描述取笑别人却轻易逃脱的同学:"她会乱说,老师看着她,她就说'开玩笑而已!'"在阿登学校,学生谈起了那些近乎侮辱的取笑。"荡妇是最恶毒的侮辱,"埃丽卡说道,"随口就说出来'淫荡'这个词了,比如'那件外套看起来真淫荡'。"如果用力过猛,词语被推向接近侮辱的模糊边界,对方会迅速声明:"我们开玩笑呢!"

目标女孩很少反驳,也许根本没反驳过,她们非常担心别人说自己超级敏感——"你怎么连玩笑都开不起?"谁都清楚,没人想和过于敏感的人交往。竭力保持冷静,可别人的一句"那又怎么了?"也会引发烦恼。"如果一个女孩成了所有笑话的靶子,那她一定也想让朋友们明白,这样很伤人,"16岁的埃莉说道,"她会想'我知道她们不是故意想伤害我',然后朋友们也会矢口否认,但这样真的很伤自尊。"

被当作"笑柄"的目标会无比苦恼,有一种近乎发疯的感觉,因为目标女孩必须在伤害自身感情和信任朋友之间做出选择。信任朋友,却对自己的直觉置若罔闻,女孩就是这样"将(自己)眼中的现实放弃或让渡给那些有权定义或重塑(她的)经历的人",据布朗和吉利根观察,这是女孩丧失自尊的主要症状之一。[21]

害怕遭遇报复并不是女孩不敢大胆说话的唯一原因。塔莎·凯勒刚拿到学车许可,我们在一家小吃店见面,她边啃百吉面包圈,边和我谈论她如何应对那些用笑话掩饰自己真实感情的女孩。

"最后,你会发现为这些事难过真的很傻。"她边说边嚼。

"哪怕有人说话很难听?"我问道。

"如果别人在开玩笑,那你就不应该当成大事。"

"哪怕有人伤害你的感情了?"

"如果有人说了伤感情的话,你会觉得这比挨揍还糟吗?有人在学校把你痛打一顿,那才是大事,那才是欺负人,"她开始给我上课了,"你不会当作是有人在……"她停下了,试图寻找描述某个现象的词语,这个现象多年来都未被正式命名——"友善地虐待你"。

一些主流心理学家认为,同龄人之间的逗乐或随意侮辱会

第3章 实话伤人 | 091

对儿童的成长产生重大影响。加州大学伯克利分校（University of California, Berkeley）的达谢·克尔特纳（Dacher Keltner）教授称："取笑者通过笑声、会意的眼色、轻轻推搡和语调语气来表达自己在开玩笑。"[22] 这种说法仍是在透过男性视角看女孩的社交世界。男孩可选择的攻击手段更多样，因此很容易区分他们什么时候是开玩笑，什么时候是"动真格"或非常生气。女孩的攻击常常由肢体语言来传达，大多数时候还需控制愤怒，这样一来，女孩的幽默便可能承载不同的目的。"很多时候，"13岁的贾丝明告诉我，"你开玩笑时候说的话就是真心话，只是你不敢说，"她还补充道，"如果不是两个人都知道此话当真，幽默就不起作用。"

合伙对付

"真奇怪，时间会让一切消逝。"在电影《风骚坏姐妹》（*Jawbreaker*）中，曾经备受欢迎、如今无人理睬的朱莉沉思道。

"时间不会让一切消逝，"曾经无人理睬、如今备受欢迎的弗恩答道，"人会让一切消逝。"

"人会让人消逝。"朱莉叹了口气。

论及如何让一个女孩迅速受欢迎或迅速被打压，没什么能比组建联盟或"合伙对付"更有效。结盟这种终极关系攻击，不仅能迫使目标面临失去反对者的友谊的危险，还迫使她面临失去许多其他朋友的危险。它的运作方式大致是这样的：产生冲突后，一个女孩会缜密地发起地下运动，打败她的对手。她会像老谋深算的政客那样，系统地将其他愿意支持自己的女孩组建成小团体。"支持"她的女孩要对目标女孩不理不睬、鼓动更多人支持自己或直接与目标女孩正面冲突，直到目标被部分或彻底孤立。"差不多是用自己的方式宣战。"六年级的丹妮拉解释道。

在禁止个体发生正面冲突的环境中，秘密关系生态圈兴盛，结盟就是这种生态环境的产物。置身于团体中参与冲突，任何一个女孩都不必对自己的攻击直接负责。愤怒常常通过无言的方式传达，在团体的掩护下，女孩可以维持自己的"友好女孩"形象。失败者最后常常落到孤立无缘的境地，而这正是她面对冲突时最恐惧的：关系损失。单单是想到被孤立的可怕场景，都足以让大部分人"忘却"生气的感觉。

女孩利用结盟快速建立起了愤怒和关系损失间的预期联系。布朗和吉利根采访的维多利亚解释，生气时结盟有助于"让其他人理解（她们的感情），这样就会让她们的感受传递下去，每个人都会来找她做朋友"。里奇伍德的六年级女孩肯尼娅解释道："她们跟朋友生气，朋友也和她们生气，她们需要再找新朋友，和新朋友打成一片，然后倾诉自己的问题，也许这会帮女孩结下新的友谊。"这样结盟就成了友谊运动，它让女孩在实施攻击的同时仍与另一些女孩保持联系。无论这种矛盾发展到多么激烈的地步，女孩都保证了一份能持续到矛盾结束之后的友谊：与她结盟的女孩会向她承诺，自己会一直站在她那一边。如此一来，冲突带来的考验被转化成了一系列需要协商的关系，这正是女孩擅长的技能。

玛丽芒特八年级女孩尼基描述了这是怎么一回事："如果谁惹我生气了，我可以告诉其他所有人，让她们和我一起对抗那个人会容易得多，因为这样一来我就是有理的。要是直接告诉她本人，一对一地说，那两人就要面对全年级的评判，你也不知道大家会不会站在你这边。"

在结盟过程中，讨论像野火燎原一般在朋友圈中蔓延，越来越激烈，直到形成主导局面。"最开始女孩们互相说，然后打电话，再后来开始用网络，事情越闹越大，她们会把谈话（从短信上）剪切复制下来。"玛丽芒特13岁的丽贝卡回忆道。她的同学玛利亚提及，如果一个女孩"让大家都不喜欢另一个女孩"，她就赢了。

另一个女孩如此描述："我主要就是觉得，这样就没人会冲我发火了。我是称职的朋友，我没什么问题。现在我和曾经不是朋友的人都成了最好的朋友，拥有她曾觉得自己拥有的一切，感觉就像获得了权力一样。"

组建联盟时，女孩往往也会翻出陈年旧账。攻击者的策略通常是拉拢那些曾经与目标女孩有过节的人。如果女孩们彼此相识已久，攻击者很容易就能翻出一大堆关系问题的旧账。

结盟在密西西比五年级孩子中非常流行，达妮卡解释道："女孩们会努力从你那儿获取关于你某个朋友的情况，（而那个朋友）是她们的敌人。比如，你喜欢某某吗？"我问她们是怎么做的。

"她们会从你那里收集（消息），说'谢谢'。你说你待会儿就回来，你要去见某某，然后你去告诉（你的朋友），这就像从敌方那儿获取情报一样。"跑腿小兵一般是伺机报复的人，贝齐解释道："一个女孩遇到了问题，和另一个人说，也许就能翻出上周记的仇。"

这是经典的间接套路，能让女孩和冲突保持一定距离，坐观他人争斗。女孩之所以愿意卷入别人的冲突，诱因多种多样。首先，结盟让女孩有机会归属于一个特定小团体，哪怕只是短暂的临时团体。在另一个女孩陷入冲突的危急关头加入她的团队，能带来一种罕见的接纳与安慰。尼基评论道："别人不知道我们在争什么，但她们都想加入，想一起说闲话。"她同班同学马洛里说："这会给你一种归属感，被人接受是件大事。"由于发起联盟的女孩通常比较脆弱，介入并表示支持就是交朋友的好机会，以后等你遇到同样的事情，别人也会帮忙。无须多言，高效的跑腿小兵有机会在社交圈向上爬。"如果和她们站在同一边，"蕾切尔解释道，"就可以成为她们的朋友，通过这个圈子变成受欢迎的人。"

的确，从很大程度上来说，倘若一个女孩能让自己的朋友集体对抗某人，那她一定比较受欢迎。如果说女孩会将孤立视为创伤，那么关系中就存在权力，让女孩们都站在自己身边就是在展示自己的个人魅力。"这让你会感到自己大受欢迎，好像有了更多的权力。你是有理的一方。"玛丽芒特的劳伦解释道。阿登学校11岁的玛丽说："这样你会有一种安全感。你知道大家会站在你那边,你觉得'哇,我大权在握,我手里有权'。"

结盟是同龄人认可的标志,是一种无言的契约,表明一个女孩暂时不会被抛弃。如果她能让每个人都针对目标女孩,那么大家就不太可能与她本人作对。"这是让人们说你酷、说你强大的办法。"达娜指出。

结盟在女孩生活中如此根深蒂固,对许多女孩来说,没有它的生活简直难以想象。"女孩不一定是刻意那么做的,"劳伦耸耸肩说道,"这是自然直觉,我会告诉其他人发生了什么,会试着让别人觉得我这人不错。"

"如果不能告诉任何人,你就会感到无助,"达娜解释道,"你不知道谁能帮忙,无助感会越积越深。"

当然,这种活动会带来令人烦恼的社交和个人代价。劳伦描述了当冲突的实质问题弱化时该如何吸引更多支持者:"你得添加新内容,'哦,看她今天穿成这样'。"有时则需"夸张一点,不能说出全部真相"。她解释道:"加入的人越来越多,必胜的压力就更大。"如此一来,结盟会催生其他另类攻击行为,包括散布谣言、公开秘密等。组建联盟会让冲突发生扭曲,比起直接正面解决,它会让矛盾持续更久。

孤身一人、被大队人马抛弃,会对攻击目标产生严重影响,且这种影响会持续到矛盾结束之后。"生活好像一个池塘,"一位七年级学生告诉我,"一个女孩向里面扔石子,激起的波纹会搅乱整个生活。"如果说争斗是关系的终极比拼,那么和联盟比起来,冲突的事实就无关紧要了。因此,女孩常常被迫质疑自己眼中的事实，感到精神狂乱。"我和别人闹矛盾时，她们会颠倒事实，"玛丽芒特学校的卡里说道，"她们都会说是我的错，每个人都说你没理由生气，她们让人感觉其实是你自己疯了。"她的同班同学考特妮说，把冲突带给他人评判决定意味着"你永远赢不了，整个年级都会站队"。

倘若不能直面矛盾或直接结束这一切，女孩会发现，也许沉默是金。布朗和吉利根采访的诺拉描述了一段典型的说闲话过程，她解释道，如果自己和别人有不同感受，"对方就会很生气……有时我真不知道说什么好，想说点什么真难"。久而久之，这些女孩的声音、意见和感受就如同马戏团撤离小镇时打烊的灯光一样，渐渐熄灭。

最令人惊奇的是，结盟仪式恰恰证实了女孩对攻击的感受。女孩认为面对面、一对一地攻击另一个女孩是不可接受的。"如果你没有支持者，那你就是坏人，你就是那个刻薄任性的人。"考特妮说。梅甘在对抗梅利莎的运动中失去了同龄人的支持，她总结说"感到自己很蠢，居然在没有朋友支持的情况下就刻薄对待别人"。

然而，聚在一起还会产生另一种感觉。由于文化不允许女孩展开个体攻击，加入集体可以为刻薄行事打造安全空间，结盟令同龄人的认可与攻击罕见地交叉在一起。结盟可以打造地下网络，女孩在其中制定自己的社交规则，共同决定何时该发起进攻。

一位萨克勒的六年级学生解释说，结盟可以躲避惩罚。"不想被责怪，所以你把责任推给其他人，说'接棒吧'。"有攻击性的男生可能也会躲进帮派，逃避惩罚或内疚，然而，男女生攻击游戏的规则不同，愤怒的女孩更倾向于寻求同伴，她们也更需要同伴。有研究证实，倘若攻击的责任能由众人分摊，女孩的内疚感会明显减弱。[23]

中间女孩

即便一个女孩选择不支持任何一方，最后也会被夹在中间，这同样也很危险。倘若无法避免卷入冲突，许多女孩会采用一种她们熟谙的方法来适应新形势，这是她们从周围成年女性那里观察学来的。她们没有选择背叛任何一方，而是选择成为斡旋者，我称她们为"中间女孩"。

如果一个女孩的两个朋友恰是矛盾双方，夹在中间常常是最危险的。两边女孩都在争取支持，两段友情都可能受损或彻底被毁。阿登学校的朱莉娅解释道："如果你有两个最好的朋友，你觉得自己应该站在一边。（但）如果你选择站在某一边，另一个女孩就要开始说悄悄话了。你觉得自己被打败了，想放弃。结果，你成了有错的一方。"更糟的是，在这个过程中会形成更小的联盟，进一步迫使夹在中间的女孩采取行动。"然后有许多人会反对你，"斯泰茜说道，"你会感到被打败了，然后住手。"

由于女孩生气时常常不愿和对方说话，中间女孩在冲突过程中会扮演重要的角色。中间女孩会同时介入两个女孩的生活，当事人常常对此心生恐惧。中间女孩的首要目标是让敌对双方达成妥协,她热情地扮演着外交官的角色,实际上让冲突双方的女孩都不至于孤立无援。

但对中间女孩来说,结果可能很复杂。像在斡旋过程中,中间女孩发现,如果自己能维持他人关系的健康,就会被人重视,这是一种被看重的女性技巧。"能让朋友坐下来谈话,我感觉真的很好。"一个11岁的孩子告诉我。

闹矛盾的女孩同样面临着不确定的后果。中间女孩也很清楚她们的社交前景掌握在自己手中。她既可以破坏友情,也可以缝合友情。中间女孩也许与其中一个女孩有共同计划。也许正如一个六年级的孩子告诉我的那样,为了避免两方交火伤及自己,她会撒谎。那种情况下,她说:"(你)会害怕一个人开始散播你的谣言,然后说谎,然后她们就再也不是你的朋友了。"

在密西西比,我和一大群七年级的学生坐在一起讨论结盟。

"为什么很多女孩愿意卷入别人的麻烦?"我问道。

"可以看她们闹。"贝丝说道。

"她们可以告诉其他人到底发生了什么。'哦,我知道是怎么回事!'"安德拉嗤笑道。

"也许你想和某个人成为最好的朋友,你也可以让情况更糟。"安吉拉补充道。

"有人会让情况更混乱,让某个人更生气。"贝丝说。

"为什么,"我问道,"为什么会有人那样呢?"

"因为她们不太喜欢那个人什么的。"

"——因为你想让她们继续斗。"

"夹在中间的人会让谣言传得更厉害。"

"她能获得什么好处呢?"我问道。

"报信的可能会添油加醋,因为闹矛盾的女孩之一可能以前惹她生气过,"贝丝继续说,"那个女孩对她做了什么,她一直在伺机报复。"

中间女孩被迫以牺牲自己的关系为代价,将他人关系摆在至高地位,而自己可能很快也会陷入冲突之中。阿登学校一位六年级的学生描述自己如何努力让女孩重归于好,却总是无济于事:"不管我怎么帮,她们最后都会和我生气。她们和好的办法就是一起冲我发火。"她有一位同班同学因为不愿站队被深深伤害了。"我与其中一个人在一起,另一个就会生气,两人都这样。"一间私立教会学校的一位五年级学生简洁地写道:"我陷入了解决矛盾的矛盾。"一位同学很有洞见地描述了这类社交问题:"我在奥代利娅和玛丽娜*之间*闹矛盾了。"

教会学校的六年级学生丽贝卡是这样解释的:"我觉得这是一场乒乓球大战,一场锦标赛。就像是,你要想办法取胜。你想在中间继续来回跳动,不想停留在任何一边,但最终还是会落到某个地方。"

在害怕并禁止公开冲突的社会环境中,中间女孩很重要。中间女孩有助于缓冲愤怒,否则这种愤怒就会在两个当事人女孩之间肆意流淌。她是两个女孩的工具,用以避免说错话或词不达意的情况。正如阿登学校一位七年级的孩子所言:"我的两个朋友闹矛盾闹得厉害时,我在那里似乎就很有必要,这和我也有关系,她们需要我才能自控。"冲突中的女孩会用中间女孩阻挡自己的愤怒,帮助她们在女性身份最受威胁的时刻保持"友善"的形象。

中间女孩这种角色不仅成了女孩冲突的一部分,也成了她们友谊的一部分。一位研究者发现,如果一个女孩未能成功调停朋友之间的冲突,同龄人会觉得她公开采取了攻击行为。[24]和选择站队的女孩一样,如果闹矛盾的一方大权在握,介入帮忙的中间女孩就会赢得感激,深受小团体喜欢。"有时,"一位萨克勒的六年级学生告诉我,"一个受欢迎的女孩可能会与人产生矛盾,你帮助她是因为她在利用你,但你觉得这特别酷。中间女孩真心会认为这对自己有利。"

结盟现象描绘了女孩日常关系雷区的图景。每一天,友谊都摇摇欲坠,必须随时随地对友谊进行计划、清点和协商。在这些地下运动般的斗争中,友谊的本色被腐蚀了。

2000年,加州大学洛杉矶分校(University of California, Los Angeles)的研究者们发现,在应对迫在眉睫的危险时,男性与女性的表现有所差异。男性会选择"打架或逃跑",女性则会选择表现得"温和而友好",以激发或寻求他人的支持,而不是尝试攻击或逃跑。这项研究暴露了对男性研究对象以及"打架或逃跑"反应的偏见,令人不安。研究还表明,女性在压力大的时候常常会寻求同伴。[25]这些研究结果显示,面临威胁时,女孩趋于寻求团体安慰是一种历史现象,若对其进行深入研究,也许会得出更多关于女性攻击行为的信息。

小团体

2000年，电视节目《幸存者》(Survivor)风靡全美，其中16名"真"人争取成为荒岛求生的最后赢家。每周新剧集快结束时，观众都会看到令人恐慌的场面：曾经亲密无间的幸存者冰冷地投票，决定他们之中谁该离岛。每周，粉丝都在热切关注下一个到底会是谁。

最后只剩三名选手时，人们一直以为会获胜的凯莉被投票淘汰了。但那一周的轰动新闻并非她出乎意料的离开，而是她与同为选手的同伴休之间令人震惊的残酷道别。在5500万观众面前，休平静地警告道："如果有生之年还会相遇，你躺在那儿快渴死了，我也决不会给你一口水喝。我会让秃鹫吃了你，它们想做什么都可以，我不会内疚。"举国上下的观众目瞪口呆。

《幸存者》的驱逐仪式和女孩小团体中令人不安的仪式有相似之处。小团体会毫无征兆地行动，驱逐自己的成员。对目标女孩来说，这种意想不到的驱逐可能会造成惊人且不可预测的毁灭性影响。

小团体驱逐的惩罚类型多种多样，从假装某个女孩不存在，到展开尖刻残酷的运动。这些驱逐也许看似突然，却是蓄意为之，极度刻薄。旁观者也许不禁想问，一个团体到底为何要如此猛烈地进攻自己的成员。不过，如果我们倾听女孩的声音，很容易就能理解这种猛烈的攻击从何而来。人们常说,女孩的愤怒源自内心深处复杂的恶意,这种说法听起来令人倍感无力,可实际上并非如此,她们愤怒是因为自己必须竭力维持友善的形象。由于这些女孩缺乏处理愤怒、受伤、背叛和嫉妒等日常感情的手段,她们的情绪会一直升温变质,直到最后沸腾浮出表面,释放出愤怒的风暴。

埃琳和米歇尔:镜中的两面?

戴安娜·哈里根博士依然记得她在女儿的学校撞见一位老师的经历。那天晚些时候,她陪埃琳·哈里根去教室——女儿能鼓起勇气来上学已经是一大胜利——这时一位不熟悉的女士停下脚步,把手轻轻搭在戴安娜的肩膀上。"我只想告诉你,"她平静地说,"我能理解你。"这位老师自己的女儿已经30岁了,曾被她最好的朋友突然抛弃,深受打击,以至于最近在一家书店偶然碰到那个小圈子的领导者时,不得不转身离开。"还是很难。"那位女士说道,戴安娜没忍住眼泪。"我知道。"她答道。

"那位老师是整个学校里唯一理解我们的人。"戴安娜告诉我。戴安娜是一位临床心理学家,介绍研究的信函刚发到她女儿的班级,她就给我打电话了。她的女儿埃琳曾是小团体驱逐的目标,这件事至今对她仍有很大影响。

米歇尔很生气。五年级开始前的暑假,学校安排她陪伴新来的女孩埃琳·哈里根。通过电话和即时通信聊天，米歇尔发现埃琳是个非常友善的女孩。开学第一周，埃琳做任何事情都轻车熟路，好像瞬间成了年级里最受欢迎的女孩，她一直都是那样。午餐时她径直走向最酷的小圈子，闪耀着自信优雅的光芒。米歇尔坚信，她在走廊和埃琳打招呼时，埃琳都没有回应。接下来，战争一触即发。

五六年级的抱团行为更加泾渭分明，米歇尔不太确定自己到底属于哪个小团体。有时社交潮流让她与酷女孩们走得更近，有时她又会被冲向默默无闻、中规中矩的孩子们。她亲眼看见了埃琳超过凯莉变成六年级最受欢迎的女孩，排斥凯莉并与妮科尔成了朋友，还吸引了最帅气的男生。她感到一阵愤怒。埃琳很自信，男生们都为她而疯狂，她清楚这一点。

六年级后的暑假，妮科尔搬走了，埃琳给米歇尔发了短信。时机刚好。米歇尔那时恰巧被朋友惹烦了，觉得换成埃琳应该挺不错。米歇尔的苦涩很快就被新友情淹没了，她被卷入了受欢迎的小团体。埃琳的友谊令人沉醉，转变干净利落。突然，米歇尔变酷了。

三年后，15岁的米歇尔和我在她学校附近的咖啡馆边喝茶边聊天。"埃琳是那种人，你一开始和她做朋友，就像吸毒了似的，"她说道，"她看起来是那种特别棒的好朋友。她很友善，很有意思，更别提多受欢迎了，你可能会想，她为什么要和我做朋友？她会说你希望她说的话，表现得非常要好，让你感觉你是她生命中最美好的人，你会感到兴奋，因为也许我没有安全感,但她会让你感觉你是她的全部。这就是人们一般想要的,谁都希望成为别人生命中重要的人。"在近距离与埃琳接触的狂喜中,米歇尔被激动人心的一切包围,感到一阵阵狂喜。

两个女孩的友谊似乎很快就稳定了:七年级时她们所有的课都一起上,米歇尔和其他朋友一起玩耍的时间越来越短。第一次科学小测验的分数出来后,米歇尔感到一阵陌生的痛苦——是恐慌吗?——埃琳比她高六分。随后,局面翻转时,她也注意到了埃琳的挫败感,很快这种秘密的眼神交流就爆发成了全面竞争。"如果她考得好,我就会生气,要是我比她好,她就会生气。"米歇尔解释道。米歇尔竭尽全力打败埃琳,结果拿到了全A。"每次她考砸了,我都会**特别**开心。"她说道。

两人还是最要好的朋友,但米歇尔看到老朋友们被边缘化了有点不安。那年春天,米歇尔在校车上告诉埃琳她暗恋他们年级的男孩卢克。第二天午餐时,埃琳宣布"好吧,你知道,我也喜欢卢克"。米歇尔感到惊讶,随后是气愤,但她发现自己无法对朋友说一个不字。

第二天晚上,埃琳就约了卢克。

"她一发现(我喜欢卢克),就断定**她**也喜欢。她能和卢克在一起,是因为卢克一直有点喜欢她。她约卢克出去,"米歇尔仍有点怀疑地说,"他答应了。我感觉'不管怎样,无所谓,与我无关'。但是,"她补充道,"我显然会为这件事烦恼。"

米歇尔依然在克制自己。第二天,矛盾一触即发,正当埃琳戴上米歇尔借她的手镯时,米歇尔让她还回来。埃琳没说话,怒目而视。米歇尔感到一阵寒心震颤,恐惧掠过心头。"她生起气来特别恐怖,"米歇尔解释道,"我真的不想让她冲我发火。"为了缓和气氛,她问埃琳怎么了,埃琳狠狠地说自己讨厌米歇尔的恶劣态度。米歇尔轻声告诉她:"对不起,我不想吵起来。"

随后,两个女孩的冲突都与第一次相似,米歇尔越来越使劲地喷发自己的愤怒,两个女孩争得越来越多。米歇尔解释道,像以前一样,"如果你因为她做某件事生气,她就会转过来说是你的错。总是我的错,我的错,我的错"。

"我总觉得这就像独裁专政,"她继续道,"完全是她在掌控一切。如果你敢说不一样的想法,那你就是错的,她才是对的。她从来不会做错事——都是你的错。"

米歇尔从未告诉过埃琳自己的感受。"不!"她喊道,"我说不出来,我什么都不敢说。"她告诉埃琳,自己觉得她们不应该只和对方玩耍,以此保持两人的距离,少了很多争吵。米歇尔渐渐和非埃琳掌管的小团体越走越近,埃琳则迅速和另一个八年级女生杰茜卡成了朋友。尽管米歇尔因为自己终于远离了埃琳感到松了一口气,但她还是很生气。

米歇尔远离了埃琳催眠式的控制,和八年级其他女孩一起玩耍,她很快就发现了许多人讨厌埃琳。凯莉很生气,她的前男友丹尼斯因为埃琳与她分手,而且她也没忘记三年前败在人气大赛中。米拉也一直暗藏愤怒,她和杰茜卡本是最好的朋友,结果杰茜卡被埃琳施了魔咒。现在,米拉午餐时总是孤身一人,看着杰茜卡和埃琳坐在一起。

有一天,埃琳打电话来借历史笔记,米歇尔发现拒绝她简直太容易了,随后她迅速挂了电话。埃琳打回来"30次",但米歇尔拒不接听。虽然她不需要埃琳了,但她也不愿意和她闹矛盾。以前两人发生冲突的可怕记忆依然萦绕在米歇尔心头。"她会反过来说是我的问题,会让我难过!"她预测道,"她会告诉我,我是一个坏朋友,一切都是我的错,可我不想投降,因为不是我的错!"

与此同时,阿什莉开始和卢克约会,但卢克还是想着埃琳。一天,埃琳去卢克家的时候,卢克吻了她。埃琳说自己试图阻止了,但一周后同样的事情再次发生。卢克告诉了凯莉,埃琳告诉了杰茜卡。谁知杰茜卡一直暗恋着卢克,她对埃琳的崇敬开始动摇。但和米歇尔一样,杰茜卡很害怕,不愿说什么让她难过,因为"埃琳就是一切"。

下一个周末,埃琳在曲棍球决赛赢了决胜的一球后,凯莉看着阿什莉拥抱埃琳,注意到两人关系越来越亲密。那天晚上,凯莉和米歇尔一起去阿什莉家借宿,一切就此改变。

"阿什莉,"凯莉沉重地说,"我一定得告诉你。"

"怎么了?"阿什莉身体前倾问道。

"你不在的时候,埃琳和卢克混在一起两次了。"

阿什莉的脸因为震惊开始扭曲,然后她哭了起来,随后她开始砸东西。"那个贱人!"她吼道。

"就是这样,"凯莉迅速地说,"我们不要和她说话了。"

"简直是胡来!"阿什莉尖叫道。

"别想了,"凯莉说道,"让我来吧。"她拿起电话,打给埃琳。"嗨,"她说道,"你知道吗?卢克告诉我你们的事情了,阿什莉看到了邮件,她现在什么都知道了。明白了?抱歉,我得挂了。好……再见。"她挂了电话,微微一笑。"她真的很难过。"她说道。电话又响了,划破沉默。

"别接电话!"阿什莉厉声说。

"放心,不接。"凯莉答道。

最后,还需要生气的理由。这是米歇尔补充的:"需要一个埃琳不能为自己辩护的理由。"然后她说道:"一个人生气了,好像所有人都愤怒起来了。"第二天,埃琳给米歇尔打了电话,米歇尔说自己现在不方便聊天,匆匆挂断电话。随后,米歇尔给杰茜卡打了电话。

杰茜卡正准备离开。"然后我说:'杰茜卡,埃琳那样对你,你有什么感觉?'"杰茜卡说不知道。"我说:'杰茜卡,你说的话我不会告诉任何人,我只想你告诉我,你有没有过这种感觉,很害怕惹她生气,又不敢和她说?'"米歇尔描述了自己的恐惧感。

"**就是**那种感觉!"杰茜卡喊道。米歇尔认为,她"在电话上实现了报复"。然后杰茜卡不再接听埃琳的电话。

米歇尔解释道,从此之后,"我们好像就开始到处说服别人,说你不需要害怕她,你懂吗?你不需要害怕她"。周一到校后,女孩们谁都不理睬埃琳了。

"我们都坐在一起——**笑容满面**——因为我们再也不需要（和埃琳）保持那样的友谊了。"埃琳走进教室，在一个女孩身边坐下，抹去眼泪，米歇尔回忆道："她也许和那个女孩说过一两次话，那是个有点没安全感、胖胖的女孩，她俩突然成了朋友，因为她需要和别人坐在一起。"女孩们看着埃琳和曾经想跟她交朋友、却一直被她在背地里议论的人共进午餐。看到埃琳想办法避免孤立的惩罚，女孩们的怒气又上来了。米歇尔说，那"才是真正开始的时候"。

埃琳走过来的时候，凯莉会嘲笑她。"是因为丹尼斯的事情，"米歇尔解释道，"因为埃琳和妮科尔排斥（凯莉）的时候，我是说——我们就像粘在一起了一样。"埃琳不在场时，小团体会非常密切。"我们特别亲密，在走廊总是站在一起，分享我们和埃琳的故事。'她向我要这个，我就是不想给！'感觉太好了，我们终于——像——正常人了。"

女孩们给埃琳发的愤怒言辞像洪水般涌入她的邮箱。似乎所有人都在这样做，甚至连与此无关的学生都在主动找理由避开埃琳，一些学生还喊她贱人。阿什莉写道，看到埃琳让她作呕。

我问米歇尔，大家打算什么时候再和埃琳说话，乃至原谅她、继续做朋友？

"哦，不，我们没打算这样啊！"米歇尔吃惊地说，"没人想和她做朋友了。他们就想看着她受罪，像她之前让别人受罪那样。"

但让我们想象一下,我说道,如果为了被原谅,埃琳愿意做任何事情,她愿意保证自己会成为更称职的朋友。

"我们**了解**她,我们知道她不会变的。我们已经厌倦了,只想离那些事情远远的。"

"你们希望看到怎样的情景呢?"我问道。

"我们希望她受罪,但她居然在找新朋友。我们希望她明白我们之前的感受。我是说,潜意识中我们希望她明白,一个朋友也没有是什么感觉,因为她有必要感受一下。"

每天,女孩们都在细数埃琳痛苦的表现。她路过时,大家都抛去不怀好意的眼神。"我们感觉'这太棒了'。我们特别开心,每个人都特别开心,因为终于解决了这件事。"

"结束了,"埃琳说道,"她们是我的整个世界!她们是我的一切!我不太在乎家人,不在乎其他人,只在乎这一群人。天哪。"

我们坐在埃琳的床上聊天,我保证我们会按时结束,来得及看《恋爱时代》。

"她们**爱**看我哭。"她回忆道。这些女孩会围成一圈,站在距离埃琳柜子一米左右远的地方看着。"今天一定会**非常**有意思!"她们会高声欢呼,同时瞟埃琳几眼。"她们会当我面说话,却不看我一眼。她们会说'一起上厕所吗?'我会哭着走开。"

埃琳回家后,父母不理解到底发生了什么。"我回家会尖叫'走开!'好像要死了一样。我的生命结束了。"

埃琳不知道到底怎么了。她只知道自己被欺负了，但她不明白为什么所有人都参与其中。她疑惑不解，成绩从全A降到全C。她以前写作业从来不需要辅导，现在妈妈每天晚上和她坐在一起，挤牙膏一样写论文。"我什么都做不了，"埃琳说，"我失去了自尊，她们让我一无所有，告诉我我是个多么糟糕的人。所以我什么都不是了。我只记得自言自语地说：'一个月之前你多快乐啊。'"

朋友们如此愤怒，埃琳迷惑不解、意气消沉、失去生机。"我什么都不是了，因为以前的我是她们塑造的，所以我几乎都不知道自己是谁了，总是很压抑。"

对埃琳来说，最痛苦的是看到女孩们聚在一起，她却不能加入。她感到自己好像已经死了，像幽灵一般游荡。"好像我不在场，好像没有埃琳这个人了。"

女孩们盗了她的邮箱账号，将她的登录密码改为"荡妇"。卢克黑进她的账号，删除自己的情书，这样他似乎就不必为那个吻负责了。没人会责怪他诱发了这场战争。

埃琳的母亲感到狂乱，女儿在学校的时间越长，"她越感到崩溃"。埃琳无精打采，郁郁寡欢，她像停下来的陀螺一般，什么都不愿意做了。"她好像又变成了婴儿，躺在我们怀中。"戴安娜回忆起如何劝她上学、用各种办法哄骗她在中午之前到校读书。

可到了学校，连戴安娜都开始害怕。"这些都是以前在我们家过夜、吃饭的孩子——无论如何——她们做的那些事情,就像我不在场一样。这真的太……"——她倒吸一口气——"太具有攻击性了!我不能理解她们为什么对成年人也这么不礼貌。她们充满蔑视,充满敌意,看到她们的眼睛真是——我真的——"她的声音在颤抖,"我们非常担心女儿。"

戴安娜看着女儿每晚哭泣不止。如果她因为某些原因不能在最后一遍铃声响起前就等在停车场小路边,到达时就会看到埃琳一个人站在路牙子上,她的影子与朋友的影子挨得很近,却没有融在一起。在车里,埃琳会哭泣。她不愿告诉母亲自己和卢克之间是怎么一回事,感到很尴尬。戴安娜找了一位心理治疗师,祈祷女儿会吐露心声,每周送埃琳去一次。

"埃琳试着和我们说话,"米歇尔说道,"她是那种人,不管多难过,都特别爱惜自己,不愿伤害自己。每个人都了解她。她给杰茜卡写信,比如这样的小诗:'我已经没有谁了,我失去了生命,我失去了你。'"米歇尔听起来有点困惑:"都是这种小事,你会好奇,她在做什么?看到之后我们会想,这真有趣,我们会互相转发这些内容。"

埃琳告诉一位男生朋友自己想自杀,这名男孩警觉地告诉了其他女生。她们一笑了之。"她好像是说:'我不想活了!'"米歇尔说道,"她是为了吸引别人注意,我们知道她不会的。"

有一天,米歇尔和阿什莉在餐厅放盘子,埃琳走上前来,深吸一口气。

"和卢克的事情，真的、真的很对不起，请原谅我。"

米歇尔耸耸肩说："和卢克没关系，想想你是怎么和大家做朋友的。"她们走开了。

从此以后，再也没有回头路。"她真是个坏朋友，但以前我不知道，"米歇尔告诉我，然后她顿了一下，"她简直是**邪恶**！"

戴安娜几乎每天都去和学校辅导员见面。"他们不停告诉我：'会过去的，会过去的，相信我们，会过去的，相信我们，会过去的。'"直到有个男生以"你这个恶心的荡妇"开头给埃琳发邮件，学校才开会限制学生发邮件。戴安娜无助地看着女儿喊着头痛上床，晚上哭着说想一死了之。

5月份，在八年级毕业典礼上，埃琳和家人孤独地站在一起。她的朋友们手挽手溜走了，学位帽和长袍飘过，她们去参加聚会，通宵达旦。"我们走了，"戴安娜说道，"我在哭，我脸上满是泪水，太痛苦了。"在停车场，一位母亲走向戴安娜。那位母亲对阿什莉的母亲说，这对埃琳来说一定很痛苦。"那女孩儿活该。"阿什莉的母亲答道。

戴安娜明白，有许多事她并不知情。但尽管妈妈含泪苦苦恳求，埃琳就是不肯诉说原委。那年暑假，戴安娜送埃琳去加州走亲戚。以前去露营巴士、朋友家乃至幼儿园时，埃琳都是勇敢的女孩，从不回头，甚至都不会挥手告别。而这次在圣莫妮卡，埃琳很崩溃，半夜给父母打电话哭泣，无法入眠，紧张地用力呼吸。

夏日某一天,米歇尔后悔了。"我有点想她,有点觉得难过,有点想做好人和她说话。"有一天,在阿什莉家,米歇尔给埃琳打电话,让她还钱,这件事过去很久了。米歇尔明白,她得找个理由见她,阿什莉也想要回自己借她的短裤,杰茜卡想打个招呼。对话气氛很"友善",但没什么好说的。

开学前,米歇尔准备好了从头开始,虽然她害怕打破小团体一致的沉默。"我想着:'好吧,这是新的一年,我可以这样做的。我不需要担心朋友们会说什么。'"除此之外,她与其他一些女孩闹了矛盾,埃琳又成了听她诉苦的人,就像七年级时那样。

两个女孩感到陌生却熟悉,舒服却紧张。但那时埃琳已经有了其他朋友,对她来说,和米歇尔的友情太难维持,米歇尔也怕再次"陷入"曾经让埃琳恼火的交往模式中去。如今,埃琳"只是在走廊里会遇到的普通同学"。反思八年级结束时发生的一切,米歇尔说:"我感觉自己有点坏,也许我们应该用不一样的办法来解决……这对我们来说都是大事,好像是必须发生的一样。"米歇尔告诉我,无论如何,埃琳没怎么改变,大家都同意这一点,这让米歇尔觉得事情的结局还算不错。

然而,在埃琳看来,她自己完全变了。"我现在很害怕,"她告诉我,"我总是担心别人会怎么看我,我总是担心别人会在我背后说坏话。我以前不在乎的!因为人们一直都在谈论我,我就是不在乎。现在我总是担心别人会不会记恨我,"她说道,"她们让我成了这样。"

信任新朋友是她的日常功课。"我现在好一点了，但我还是一艘破船，因为我害怕这种事还会发生，会担心自己做不好称职的朋友。"

埃琳整个九年级都处在被劝退的边缘，她的成绩继续下滑，受焦虑折磨，连最简单的作业在她眼中都变得很难，她依然在接受集中治疗，被诊断出焦虑和抑郁。由于害怕同龄人再次发火，她不愿让她们看到自己的虚弱。"我努力向她们证明自己没事。我在想，不，我也要享受生活。"所以她与高年级学生玩，应邀参加聚会，尽可能显得很酷。遗憾的是，这让学校管理者无法相信她父母的话，不相信她患有抑郁和焦虑。

埃琳和金成了亲密朋友，这段友谊让她反观自己曾经的小圈子，此时她开始感到疑惑。她想念她们，显然，她们应该也会想念她。"我为什么还会难过、为什么还会想念从前呢？"她问我。"这很糟，按理说我应该知道。我在想：'我为什么还要跟你们做朋友？你们都那样对我了。'"她说道，"我完全变了。"

她告诉我，自己最显著的变化是与朋友们打交道的方式。从前她很受欢迎的时候，她感到自己需要完美，需要按对方的喜好与人打交道。现在，她发现这种策略是会走火的。

"我觉得完美是（我的）风格，我需要爬（到一定位置），而路上的一切看都不会看一眼。你的周边——你压根就不会在乎身边的人，因为你必须比她们优秀……某种程度上，你知道别人在看你，而你有点像是给别人看的演出。你知道当你走在走廊里，别人会说'哦，她很酷'。但你没意识到他们也在说'哦，她也很贱'，你不知道自己是贱人，你会否定、会回避一些事。这些事你本该心里有数，但是你没有，因为这样做很正常，不这样做反而不合群了。"

她为自己以前的样子而苦恼，为自己曾经因追求受欢迎犯的错误感到垂头丧气，但她仍然不能透彻理解朋友们的愤怒源自何方。

戴安娜也不理解。在艾琳遭到朋友们报复的那段日子里，她一直照看着艾琳，她从未料到她们的愤怒会对自己的孩子造成如此大的冲击。她告诉我自己一直在后悔，后悔没有更努力地劝学校采取行动。就在那一年，林登学校竟然考虑是否要劝退埃琳，戴安娜对学校执意无视一切的态度感到震惊，这显然是在摧毁女儿的自信。

高二时，埃琳的成绩终于回升，一个科目拿了A，其他全是B。这是"惊人的成绩"！她在一封邮件中告诉我，信中还说自己又谈恋爱了。

埃琳的故事十分清楚地表明了女孩压抑自己真实感情的后果。在漫长的三年中，埃琳的朋友们将日常生活中的一阵阵嫉妒、愤怒、竞争和背叛埋在心中。当沉默表面之下的愤怒最终爆发，这一刻影响深远。让女孩们难过的小事很多，唯一引发行动的那件事有两个重要特征：这是一件她们共同经历和参与的事件，而且是一件能引发女性愤怒的社交事件。

在美国，我们的文化对浪漫爱情很是痴迷，脱口秀中的女人因为"你抢了我的男人"而斗成一团。在这种环境中，女孩立刻就知道因为对方和卢克接吻而感到愤怒是正当的。这不同于因不受欢迎或单相思而感到嫉妒的尴尬情绪，不同于暗暗比拼成绩引发的不适，也不同于被朋友抛弃的难过之情。这显然是大错特错，无可否认的错误。

问题在于，女孩一旦开始行动，愤怒就会失控。过去所有的怨恨都浮出水面，压在埃琳身上。她们封闭了自己的感情，将伤害和嫉妒转化成了危险的愤怒深井。米歇尔庆祝大家不必再害怕埃琳了，她也许应该再加一句：也没人需要害怕冲突和愤怒了。

然而，在愤怒最盛之时，除了孤立埃琳之外，这些女孩什么都不想做。她们不想揍她、传播谣言或质问她，她们只想让她体验孤独的滋味。埃琳试图和不太受欢迎的女孩一起玩耍，这让她的朋友们更生气了。"她在交朋友，"米歇尔说，"而我们想她让体会一下没有朋友的感觉。"

米歇尔愿意和我说说自己对埃琳的感受，真是勇气可嘉。她代表了我们所有压抑自己愤怒的人。她是个很普通的女孩：有趣、敏感、和气、聪颖，完全不是一个残酷的人。让她挣扎的是如何在控制愤怒的同时竭力维持与最爱的朋友的亲密。埃琳也一样，她绝不是朋友口中的"贱人"。相反，她只是一个在追求受欢迎中迷失的女孩，犯了错误。像米歇尔一样，埃琳也是一位可爱的少女，她生气勃勃的笑声、机智和慷慨的精神，像磁铁一样把大家吸引过去。

正是关系在女孩的生活中具有的重要地位令她们采取了孤

立他人的举动,这一点值得我们关注。正如我们所见,被孤立在女孩眼中是一件尤其可怕的事情。女孩可以通过与他人的关系赢得社会资本,对孤立的恐惧深入女孩身份的骨髓。对许多女孩来说,没有比课间或午休时孤身一人更可怕的事。

埃琳害怕新朋友再次发怒,这一点在许多霸凌幸存者身上都有不同程度的体现。这些女孩描述,她们在被欺负时觉得自己对最基本的人际关系规则都感到陌生,而这对任何适应社交环境的人来说本该是理所当然的。她们不再能确定别人会因为什么感到生气或难过,更别提分辨对方什么时候是真的有此感受。她们的感情雷达失灵了。这些女孩失去了昔日的力量,变得小心翼翼,被恐惧扼杀和消声。

人们在那些陷入日常冲突的女生身上多少都能感到这种恐惧。她们开始丧失自尊心的主要症状之一是感到自己疯了,无法信任自己对他人的行为或事件的解读。"我刚刚说话的时候,她是不是看了另一个女孩一眼?""她开玩笑的还是当真的?""她刚刚翻白眼了?""不留座位是故意的吗?""她说计划的时候说谎了吗?""告诉我她会邀请我,但是又没邀请?"我采访的女孩都流露出相似的不安,认为自己所知所见并非事实,对方的真实感受并非如此,这种想法令人担忧。在女孩的矛盾中,冲突的行为往往与言语相矛盾,这让目标迷惑不解。在这样的环境中,让一个女孩相信自己眼中的真相、相信自己的所见所感可能会极其困难。在成长阶段波涛汹涌的浪尖,女孩会紧紧抓住彼此,一位女孩告诉我,这是为了明白"我们没有疯"。然而,引发这些感情的，恰恰是她们同亲密同龄人间的关系以及不让说实话的规则。

第4章
"永远做最好的朋友2.0版"：网络霸凌和网络闹剧

两个12岁女孩盘腿坐在卧室地板上，弯腰弓背，盯着一台满是贴画的笔记本电脑。利娅和埃莉正在 Facebook 上和埃莉的前男友聊天，这个男孩刚刚问埃莉，两人是否能重归于好，这个请求让埃莉尖叫起来。

"冷静！"利娅急促地说道，埃莉一下子僵住了，表情生硬，她起身走到几英尺之外自己的电脑前，房间里响起了倔强而愤怒的键盘敲击声。

"你完全被莉莉迷住了！你们为什么不结婚？你三句话离不开莉莉，你还在这里干什么？"埃莉打字说道。

利娅瞪着埃莉说："你不能当面说吗？我们只隔了五英尺！"

埃莉继续打字："闭嘴，贱人！！！"

利娅继续说："你在开玩笑吧？连骂我贱人你都不能当面骂吗？"

我们聊天时，利娅回忆起那个场景，为埃莉的行为不住叹息。"发信息的时候她什么都能说，什么问题也没有。我们只隔了五英尺，可她在Facebook上喊我贱人。"

如今，教导乃至谈起女孩时都免不了要考虑到科技和社交媒体对她们生活的影响。虚拟世界成了女孩日常闲逛的场所，与走廊、衣帽间和餐厅并无二致。这种变化加快了攻击的速度：社交媒体像是带有喷气发射器的厕所涂鸦墙，孩子可以将自己墙上的咒骂话语直接发射到同龄人的卧室或口袋里。

11岁到18岁的青少年中，约五分之一到三分之一都成为过网络霸凌的靶子，或遭到过"用电脑、手机等电子设备进行的重复性蓄意伤害"，当然，具体数字是多少取决于你问的是谁。如果你去问问女孩们是否曾经成为过网络猥亵的目标，这个数字还会飞涨。[26]

令人不寒而栗的是，科技让残酷行为更加轻而易举。今天朋友没搭理你，生气了？点击发送。对模仿你打扮的女孩感到生气？点击发送。有个女孩和你暗恋的男生调情，嫉妒她？点击发送。不用眼神交流，不用改变说话语调，也无须承担直接后果。社交媒体成了一个兵工厂，暗藏无数种武器：建一个Facebook群惩罚偷男友的女孩，把她的尴尬照片贴上标签放出来让大家瞧瞧，半夜发送恶意短信然后关机。

"网络让人无所顾忌。"《纽约时报》（*New York Times*）记者简·霍夫曼（Jan Hoffman）写道，文中援引了各类"在心理上十分野蛮"的行为。在网络世界中，成年人和政策都未能跟上节奏,采取行动更是慢了半拍。父母或担惊受怕,或不知所措;而大部分学校也不愿干预"校园之外"发生的行为。[27]网站和软件开发商也未能及时帮助沮丧的家长;法律保障的干预底线大部分仍仅限于肢体伤害。网络霸凌者毫无忌惮,因为他们和目标都生活在制度的真空地带之中。

如今我们无法撇开科技谈女孩,与此同时,女孩独特的恐惧和热情也在"永远做最好的朋友2.0版"中数字化了,这就是女孩的网络社交世界。女孩施行或经历的网络霸凌行为都独具"女孩"特色。使用社交媒体,女孩只需打字,不用开口说话,如此便可以避免多数人都心生畏惧的直接冲突,带来一片安宁的绿洲。力求避开当面冲突的女孩军团现在动动手指就可以发泄愤怒和焦虑或背叛他人了。一个高中高年级学生告诉我:"在网上,你可以随心所欲地说话。"

但科技也会背叛女孩,这同海市蜃楼经不起近观是一个道理。使用社交媒体解决问题时,女孩更容易消极地理解他人的信息,做出攻击性回应。这些女孩也许很难当面交谈,但在网上却突然变得凶悍起来,成了残酷的网络"演说家"。在社交媒体出现之前,女孩可能会打一两个电话;而如今,她们会展开恶意的信息闪电战。"没人可以从电话里蹦出来让你崩溃,"一位七年级学生告诉我,"但她们可以整天发短信让你崩溃。"女孩们的虚假自信和无法控制的感情引发了冲突,而她们对此毫无准备。

社交媒体正合女孩胃口,她们对关系痴迷——也害怕失去关系。科技让女孩得以和同龄人迅速联系，激动人心。然而，Facebook等社交网站也会让友谊看得见、摸得着，并公开化[28]，女孩会借此比较、评判彼此的关系："她有800个Facebook好友，我只有350个。""她上次留言板有九条评论，但我的只有两个人回复。"这是新型的"受欢迎算法"，可以用来检测自己是否受欢迎。在这里，同龄人既可以"点赞"，也可以发表评论。[29]网络栖息地的友谊成了衡量自己的另一种判断标准——同美貌、男友和成绩一样——从而也成为引发女孩嫉妒、心神不定和焦虑的另一种源头。

正如现实生活中的霸凌一般，网络霸凌并非空穴来风。它常常是源自主导女孩生活的日常互动，是闹剧留下的残局。在最近的一项研究中，网络霸凌研究中心（Cyberbullying Research Center）创始人萨米尔·辛杜佳（Sameer Hinduja）和贾斯廷·帕钦（Justin Patchin）发现，84%的网络霸凌目标称欺负自己的是相识的人，如朋友、结束友情的朋友、前任或同学。在同一研究中，称自己在网络上被陌生人欺负的青少年不足7%（其余研究对象不知道到底是谁在欺负他们）。[30]为了深入理解女孩和网络霸凌，我们需要分析她们的网络互动方式，需要判断网络霸凌的导火索。本章中，我将探讨日常生活中"永远做最好的朋友2.0版"的虚拟世界，从其中最黑暗的角落，到行人最多的小径。

媒体和文化让我们相信孩子才是"数字原住民"，毫无头绪的家长和教师只是"数码移民"。这是个危险的谬论。[31]认为孩子在使用科技时一点都不会感到奇怪或陌生，就是在暗示成人才是需要受教育的。但社交媒体需要两套独立的技能：一是使用设备的能力，二是安全负责地进行互动的能力。二者互不关联，能够轻车熟路地驾驭设备，并不代表能够驾驭使用的结果。[冈]在虚拟世界航行有一套全新的技巧，必须经过学习和练习才能掌握。正如刚入学的女孩需要一些方法来解决"现实生活"中的关系问题，网上的女孩也是如此。

在家待着不去上学无法解决传统霸凌，拔掉插头与科技彻底绝缘同样无法解决网络霸凌。电话或电脑不只是电子设备，而是一扇窗。它面向的那个世界，在大部分女孩眼中和"真实"世界一样活跃，令人无法抗拒。

网络霸凌

阿比让朋友们都远离我的时候，妈妈每天放学都会去接我。车门一关上，我就知道自己安全了。如今，放学并不见得能舒一口气。手机和社交媒体让女孩整日整夜都躲不开霸凌，无法躲开残酷行径。正如网络安全专家帕里·阿夫塔卜（Parry Aftab）所言，网络霸凌会阴魂不散地纠缠着你：无论是在祖母家、体育场还是餐桌上。

这种残酷行径行动迅速，影响广泛。社交媒体产生之前，霸凌在现实友谊中节奏较慢：女孩们见面了解情况、分享信息都要消耗时间，当面说话的时间也比较有限。如今，消息提示音就是社交的背景噪声,女孩做任何事情都离不开它。研究者称,青少年进行"多任务处理",即同时使用多种媒体形式的现象显著增多。[33] 短信是简略的,因此略去了人际关系中微妙而重要的情境和感受。人们很容易对这种媒介上瘾。2010 年,美国青少年平均每月发出 3000 条短信,最伤人的短信像病毒一般,转眼间就发出去了。[34]

女孩们生活在自己的 24 小时无间断新闻中。曾几何时,放学铃声一响,她们就有机会休息、恢复体力,如今短信和聊天信息漫天飞,午夜时分也不例外,对我们所有人来说,那都是最不理智的时刻。一些女孩睡觉时都要把手机放在枕头下或抱在胸口,这样来短信时就能被震醒。在 Facebook 状态写着"短信联系"的孩子并不少见——意思是 Facebook 找不到我,那就换个办法找我,随时都能找到。

女孩生活的私密性也随之发生巨变,许多女孩的网络社交互动是公开进行的。Facebook 使用者日益低龄化,实时状态推送会提示无数条更新:朋友们每时每刻有何感受、她们与谁互动、交了哪些新朋友都一目了然。在使用者个人主页上还有一块留言墙,类似于留言板,朋友可以"贴上"留言,比如说"嘿——""生日快乐""今天作业是什么?"甚至包括一些本应私信沟通的内容——一个女孩和朋友制定的计划可能不包括某个人,一个朋友发表的小圈子内部笑话或令人费解的信息也许会引发他人的不安——现在只要轻点鼠标,这一切就能公之于世。

想象一下吧,一个缺乏社交安全感的女孩,在朋友留言墙上看到一条"我的天哪"会怎样。她也许会想："那是什么意思？到底怎么了？为什么我什么都不知道？是关于我的吗？"她坐在电脑前，紧张起来，设想各种最糟的情形。她可能会联系其他人，问到底发生了什么，然后触发小道消息带来的连锁反应，这可能会引发毫无来由的冲突。

很少有女孩能意识到这些公开的网络互动会令人心神不定、遭受伤害或背叛；也很少有女孩明白误读信息会带来怎样的影响。女孩们就是会这么做，因为所有人都在这么做，因为这是21世纪女孩无可避免的生活。沟通变得更直觉化、更加迅速和公开，也更加粗糙。这不见得是因为女孩想做刻薄的事，而是因为将私人互动公开化会改变沟通的意义和影响。

隐私方面的变化让女孩们制定了新规则，尤其是生气的时候。在社交媒体诞生之前，三方电话是结盟小团体放学后所能造成的最恶劣伤害。如今，社交网站能让几百号人观战并疯狂发表自己的意见——哪怕别人根本不想听。在父母辈的成长过程中，有些话可能仅在日记中发泄，或安静地向朋友倾诉，当今的孩子却可以与众多同龄人轻松地分享评论。害怕与同龄人发生正面冲突的女孩现在可以通过网络发泄，她们的线上状态和聊天信息里常常充斥着愤怒、沮丧和威胁。一个初中女孩在类似于网络日志的Tumblr的公开状态中写道："我希望每个人都能知道你是什么货色，是他妈的撒谎精。"24小时之内，数百名同龄人都会在自己的页面转发该评论，或通过点"赞"表忠心。"哇，有些人就是那么幼稚……大家都不喜欢这种贱人，没人喜欢这种天天撒谎让自己很酷的人！"一个高中女孩如此在Facebook上评论道。在这些同龄人激动的评论中（"爱爱爱爱你姑娘""哦，我该死的老天""哈哈"），我们可以看出各种动机：同情、忠心、支持、复仇。

网络战争可能和夏日的雷雨一样毫无征兆，单单是一条误读的评论就能引发一场大战。一位八年级女孩无心评论她所在小团体中一位重要人物长得像另一个女孩，之后朋友们蜂拥到她的主页进行攻击。女孩们疯狂侮辱时（"你去**死吧**""我们才不关心你的生活呢"），另一个则尖叫"闭嘴吧"，目标女孩只好拼命为自己辩护。最后一步，是女孩开始表达对彼此的爱（"爱你们……你们真是我的好朋友♥"），而目标女孩此刻正心烦意乱。一位侦探告诉《纽约时报》："问题不在于骂人的话，她们都骂人，问题在于她们是怎样合起伙来对付一个人的。'你去死吧'或'你真丑'——如果拼写有十个'u'、十个'g'或十个'l'，就好像在冲人大吼一样。"*折磨者之间的关系在众人眼中越是亲密，这些信息就越是显得恶毒。

在女孩的社交世界中，消息就是力量。但流言蜚语也需要听众，如果你没什么地位，找观众并不容易。在网上，社交规则变了。科技让战场升级，地位不高的女孩也能享有随时在网上兴风作浪的机会。即使你在学校很难吸引他人的注意力，但在网上只需轻点鼠标就能俘获无数双热切关注的眼睛。在网络

---

* "丑陋"的英文拼写为"ugly"。——译者注

世界,权力和地位的分布更均衡,任何人都可以写出具有说服力、让他人采取行动的文字。

几项研究发现,网络霸凌行为存在显著的性别差异。网络霸凌研究中心的萨米尔·辛杜佳和贾斯廷·帕钦发现,26%的女孩成了网络霸凌目标,而男孩仅为16%。另一项研究表明,女孩被人在网络上传播谣言的可能性几乎是男孩的两倍。在辛杜佳和帕钦的调查中,约22%的女孩称自己在网上欺负过别人,男孩为18%。[35]

网络霸凌的目标和攻击者的自尊程度,均明显低于未被卷入该类霸凌方式的同龄人。网络霸凌的受害者更容易出现以下情况:焦虑、抑郁、校园暴力、学业问题、产生自杀倾向甚至采取自杀行为。[36]

我们不能将网上令人发指的残酷单纯归咎于媒介或缺乏监管。青少年的心智仍在发展中,仍在锻炼承担健康的风险和思考自己行为后果的能力。加之许多女孩对合群有着强烈渴望,情况就比较棘手了。

八年级秋季,凯尔茜和男友阿龙和平分手了,他们生活在一个以白人中产阶级为主的东北部城市郊区,当地人口约为35,000人。几周后,她后悔做了这个决定。而当她的亲密好友、足球队队友劳伦说自己也喜欢阿龙时,凯尔茜保持了沉默。

"最初,"凯尔茜在电话访谈时告诉我,"我很难过,但当时我觉得,她是我朋友,我希望她幸福。"对此凯尔茜一言不发,阿龙约了劳伦后,她仍决定继续和阿龙维持友谊。

没几天,劳伦就被凯尔茜和阿龙保持朋友关系的做法激怒了,她开始给凯尔茜发信息。"她告诉我离远点,他不喜欢你,他从不喜欢你,你不对他的胃口。"凯尔茜不愿和阿龙结束友情,劳伦就在 Facebook 上发表了类似言论,几百位朋友都看见并评论了。

结果,劳伦和阿龙很快就分手了。阿龙向凯尔茜透露自己已和劳伦分手,劳伦再次被激怒。凯尔茜说:"她给我发了七页信息,差不多都是各种骂我的话,说我是愚蠢的荡妇,说我跟阿龙不般配,说我应该闭嘴,说我又丑又胖、一文不值,让我去死。"在发送的消息中,劳伦写道:"哦亲爱的准备好一早起来就没朋友吧,犯了这个愚蠢的错,所有人都会特别记恨你。"

结尾处,劳伦说她与阿龙约会时,"他总是告诉我和我的朋友们,你特别丑,他特别讨厌你,笑死我了☺"。凯尔茜震惊了,但她不愿屈服,她也很在乎阿龙——他刚刚提出希望重归于好。

事情越闹越严重,劳伦征集朋友的支持,让她们给凯尔茜发送枪林弹雨般的恶意信息。达娜是劳伦最好的朋友之一,她给凯尔茜发信息说她"是个糟糕的朋友,一文不值,她祝我和阿龙幸福,因为最后我会没有朋友,大家都恨我"。

科技蚀去了女孩在冲突前本该有的感知和反思阶段。在典型的冲突中,人们会感到震惊和愤怒,会感到悲伤、困惑和背叛。面对这些感受,女孩们在过去还有时间处理和做出反应,现在它们被包成一团,成了迅雷不及掩耳的数字化情绪大爆炸。女孩们根本不会花那么多时间（如果她们还有的话）去反思、体会或思考了。

能在短时间内覆盖如此广泛的攻击范围，这本身就已经非常引人注目了。劳伦的短信就像带着多重社交毒剂的箭头一般落下：关系攻击，攻击凯尔茜的外貌，贬损她对爱情的信念，威胁摧毁凯尔茜的关系并孤立她，怂恿她自杀。这些都包含在几百个轻轻巧巧打出的字符中。

冲突在校园继续。对青少年而言，虚拟世界和现实生活的无缝连接将网络冲突渗透到了现实之中，几个学生在学校走廊当面骂凯尔茜，说她是"没用的荡妇"，不配和劳伦做朋友。球队练习时，劳伦自己也会走向凯尔茜和她的朋友们，冲她吼，说希望凯尔茜死在路边。

虚拟冲突移入现实世界，冲突的猛烈程度也移入日常生活：在网上用过的粗暴言辞变得不再陌生，更容易说出口来。如此一来，网络沟通让孩子们在当面交流时变得麻木，导致线上和线下的攻击和霸凌行为都升级了。

凯尔茜和阿龙分手了，因彼此的关系闹成这样不值得，凯尔茜决定将网络霸凌事件告知足球教练，因为教练丽贝卡告诉队员们她对霸凌采取零容忍态度，但教练也是达娜的妈妈。当凯尔茜的朋友警告劳伦她们自己要报告短信内容时，达娜的姐姐给凯尔茜发短信："你最好明白，不要把短信给我妈妈看，没有用的，对你没好处。"

凯尔茜退了一步，想等事情过去。一周后，事情又恶化了，劳伦新一轮的残酷短信又开始了。"我这么做过一次了，我还可以这么做，贱人，让你知道我的厉害，"她写道，"我会继续找你麻烦的，让你难堪，等着瞧，你会更吃不消的。"每条短信后，凯尔茜都会否认控诉，或回复"好吧"，也可能什么都不回。

但凯尔茜疲倦了，无力回应，也无法让日常短信消停，她开始沮丧。"我感觉好像自己什么都做不了，"她告诉我，"我感觉如果告诉（教练）短信的事，在学校里我就彻底没朋友了。所以这事有点吓到我了……我感觉自己完了。"她回忆道。无论在哪儿，凯尔茜都没有避难所：在家，每一次手机震动都会让她恶心。学校不安全，她不想上学。她产生了自杀的念头，"我没什么活下去的理由了"，她告诉我。

奇怪的是，无论什么内容，只要写下来就会变得不容置疑，对收信人来说尤为如此。书面语似乎很有分量，很真实。凯尔茜解释道，

（劳伦）花了不少时间认真写这些信息。她发送前检查了，也知道自己在说什么。她不只是因为生气才滔滔不绝地发短信，实际上她花时间思考了到底要说什么，然后写下来发给我。其实那些好像是她的真心话……我感觉自己一文不值，感觉好像什么都不会好起来。我实际上在想，如果我死了，大家都会好过一点。

我们似乎更愿意相信书面语，因为我们阅读的多数内容——

课本、报刊和小说——都是专家或其他类型的权威人士写下的。讽刺的是，女孩出于愤怒写下的信息绝非深思熟虑之作。这些内容常常是欠考虑的——但你很难向一个沮丧的女孩解释清楚这个道理。网络霸凌为书面残酷行为构建了一个平台，提高了它出现的频率和影响力，这是前所未有的。与口头语、手势乃至书面语不同的是，网络书面语会吸引无数追随者。

尽管书面威胁更容易举报，但公开非常需要勇气。人们始终对"告密"心存恐惧，害怕被报复，无论身处哪个时代皆是如此。凯尔茜很害怕，除了母亲她谁也没告诉，尽管短信已经堆积如山。

凯尔茜的母亲康妮·雅克布斯很生气，也充满保护欲，但是她很慎重。她知道，自己面对的是一场艰难的战斗。如果说父母在面对传统霸凌时感到无助，那么面对网络霸凌则更是手足无措。学校没有规定或协议，父母对此类行为认识有限，遇到这种问题的家庭常常孤立无援。

在我们的访谈中，康妮反复提及，她必须等到自己足够镇定才能和其他女孩的父母沟通。与此同时，她也不愿将凯尔茜仅仅视为一个霸凌目标。康妮知道，凯尔茜没告诉劳伦自己仍然喜欢阿龙，从一定程度上诱发了冲突。

康妮给劳伦的父母发了邮件，她小心翼翼地问是否有空谈谈女儿们"经历的那些事"。无人回复。

最后，凯尔茜最好的朋友兼队友把短信拿给了丽贝卡教练看。丽贝卡叫来劳伦，温和地告诫说"把（这些感受）写出来是很愚蠢的做法"。凯尔茜的母亲给丽贝卡打电话，抱怨这种惩罚

第4章 "永远做最好的朋友2.0版"：网络霸凌和网络闹剧

只是象征性的,丽贝卡则称如果要惩罚劳伦,那也要惩罚凯尔茜,她拿出了凯尔茜有攻击性行为的证据来维护自己的立场——这些故事都是从女儿达娜那里听来的。康妮告诉我,都是"13岁女孩的那一套,解释为什么说劳伦冲凯尔茜吼是合理的。(凯尔茜)告诉劳伦自己今后不会和阿龙约会,但说话不算数。丽贝卡给我复述的就是这种话"。康妮说道,直到现在她依然感到震惊。

"她拿出了达娜告诉她的每一句谎言,想自圆其说。"凯尔茜说道。康妮努力保持平衡,一方面,她希望与教练达成一致,承认凯尔茜也负有一定责任;但另一方面,她坚信女儿无论如何都不应受到虐待。

此刻,丽贝卡抛出了新问题。她问康妮,你知道凯尔茜想自杀吗?她告诉其他女孩,自己脸上的瘀青是妈妈打的,你知道吗?康妮顿住了。那是最近的伤,是在一对一舞蹈课中造成的。康妮努力保持镇静,问丽贝卡这些是否为凯尔茜所言。她是听凯尔茜亲口说的吗?"好吧,没有,"康妮回忆丽贝卡说道,"但我有多条线索。"康妮讽刺地笑道:"是啊,说出这些'线索'的人都只有一个目标,那就是凯尔茜。"

丽贝卡告诉康妮,依照法律,自己应该把孩子脸上的瘀青报告给儿童保护机构。"但我没有,"她说道,"因为我不相信(凯尔茜),我认识你有段时间了。我知道如果报告了,对你的事业会有不良影响,那就尴尬了。"康妮在一所公立学校任助理,听到这话惊恐万分。"她在威胁我,她想告诉我,她不打算汇报网络霸凌问题，因为她觉得这对凯尔茜来说算不上真正的威胁。她几周前就做出了这个判断，这都是为我好。"

丽贝卡感受到了康妮的惊慌。"丽贝卡告诉我，你不了解自己的女儿。我告诉她：'不好意思，是你不了解我的女儿。我了解她。我知道她不完美，我知道她做了一些事，我觉得你不知道。'"几分钟后电话挂断了。康妮坐在那里，拿着手机，依然震惊。"被人质疑打了孩子，是每位母亲最可怕的噩梦。"她平静地说道。

康妮退步了。除了避免接受调查的侮辱外，她也不希望看到女儿和劳伦在三周后的重大锦标赛前被球队开除。和女儿教练交谈时，康妮丝毫未提及丽贝卡自家女儿的短信，她一本正经地笑道："你知道，要是说对方孩子的坏话，一定没好结果。"

和丽贝卡通话后，康妮坐下和凯尔茜聊天，告诉她事情到了很严重的地步。"我问凯尔茜，她有没有告诉过别人（说我打她的）那些话，如果说了，既往不咎。"康妮回忆道。她把将女儿打出瘀青的控诉告诉了女儿："任何人告诉我关于你的事情，我都要知道，我们需要齐心协力，我需要知道别人可以拿你说事的任何情况，因为都会被提到的。"

凯尔茜瞪大眼睛看着母亲说："妈妈，当然没有。你知道发生了什么，我为什么要那样说啊？"康妮拥抱了女儿，如释重负。

第二天，凯尔茜待在家没去上学。看见母亲哭泣让她感到特别难过。"看到妈妈哭我真的很难过，她是那种总是在保护我的女强人，我感觉这是我的错。"她回忆道。

我觉得你处理得相当冷静，我满怀敬意地告诉康妮。"看起来是,"她说道,"但我并不是打心眼儿里冷静。"和教练谈话后,她旁观了随后的三场足球训练,观察女儿的情况。"我感觉丽贝卡不会保护我女儿,也不会真心为她考虑。"她说道。康妮还决定了不告诉校领导,坐等霸凌行为停止。的确停止了。参与其中的一个女孩向凯尔茜道歉了。整个过程中,康妮都在收集书面证据。最终,她得出一个结论:学校会"对显而易见的事实不闻不问"。

网络霸凌的态度和言辞越发偏激,而相应的应对机制却不够连贯、漏洞百出。如果凯尔茜的学校有连贯的应对网络霸凌的政策,丽贝卡教练就不得不采取行动报告学校。没有这些政策,丽贝卡对女儿及其朋友的偏心定会占上风。这给无数见证了这些闹剧的孩子和家长们传递了怎样的信息呢?他们不再相信学校会保护自己的学生。

许多学校继续拒绝干预网络霸凌事件,因为它们并非发生在校园之内。然而,所有教师都清楚,校外发生的网络霸凌事件很快就会反弹回校内,扰乱集体秩序。2010年发生了数起与网络霸凌相关的自杀事件,国家立法开始要求各校区在反霸凌政策中加入关于电子攻击的内容。马萨诸塞州韦斯特波特的一项政策是,禁止那些"让霸凌目标生活在充满敌意的校园环境中、侵犯目标在校权利或对教学过程及校园秩序造成实质性干扰"的网络霸凌行为,无论学校附近还是校园活动中、校内还是校外。但大多数公立学校或无法为个体家庭中面对的网络霸凌制定统一对策,或不愿采取类似做法。倘若家庭和学校都不愿对网络霸凌进行监管，那采用网络霸凌手段就不费吹灰之力了。

琳赛·加勒特在其所在中学的小圈子中无所畏惧，甚至有自己的名字："凯莉""9号""记恨棚屋"等。琳赛在不同圈子之间游荡，她的穿搭颇具艺术家气质，站在一群迷恋名牌的女孩中间看起来非常特别。不过，琳赛还是常常紧张。她5:00就会起床拉直头发、化妆，还参加学校的"选美大赛"。

她是小学时注册即时通信工具和AOL账号的。她回忆道："刚开始我真觉得很酷，上网就能和别人打招呼。"进入六年级后没多久，人际关系开始发生变化，这对中学女孩来说是一个无可避免的成长阶段。与琳赛相识最久、关系最亲密的朋友凯特开始和另一个女孩妮科尔走得更近，而妮科尔正是受欢迎的新兴小团体的一员。琳赛慌了。"我很嫉妒，"她对我说，"凯特一直是我唯一的朋友，上了中学，我希望她还是我的朋友。"

琳赛开始和妮科尔发送即时信息，假装自己和凯特生气了。刚开始，妮科尔积极回复表示支持，琳赛留下短信，拿给凯特看。"差不多是我引妮科尔说这些话的，这下凯特就觉得妮科尔是个很刻薄的人了。"她回忆道。琳赛还复制粘贴了妮科尔的一些评论编辑在一起，让语调更显刻薄。"我基本就是在摧毁妮科尔和凯特的友谊。"她成功了。五年后，妮科尔和凯特仍不说话。

闲话可以让女孩间的关系更加密切，哪怕它会损毁其他关系，同样，网络霸凌和攻击也会带来回报。通过收集聊天记录，琳赛获取了可以在现实生活中充当资本的网络证据，她通过社交媒体弥补自己的社交劣势。"我不知道,我觉得人们看见文字就会相信的,因为这很像文章。"琳赛告诉我。

到了初高中,关于友谊的闹剧越来越多,失去朋友不只是情感挫折,还会影响整体社交安全感。琳赛发现她可以利用科技让他人体验到没有安全感、充满恐惧的滋味,这正是初中时折磨她的两种感觉。"人们被吸引来了,我会说'这个人说了这种话'。这就是我为什么会复制粘贴对话,然后说'看啊,我有证据'。"

更糟糕的是,社交媒体腐蚀了琳赛的人格,让她在维持甜美外表的同时放肆地进行权力和攻击实验。"我就是一个两面派大贱人,"她带着充满悔恨的语调,毫不避讳地说道,"(网络)完全像是我用以隐藏真面目的面具,在网上说,比在现实中当面说更不客气。"如果说传统霸凌能让女孩躲过家长和老师的探测雷达,网络霸凌则为攻击者提供了机会,将自己隐藏得更深,甚至连霸凌目标都不一定知道是谁在欺负自己。如果我们将网络世界视为道德真空,那么它令女孩脱离了自我。她们无须将自己的行为合理化,也无须面对后果。

高中,琳赛远离了爱说闲话的女孩们,那曾经是她的亲密小圈子。她开始和一名高年级男生约会,她说自己没那么无聊、更成熟了。"我回归了自我,"她解释道,"我的意思是,我还是原来的那个人……我不是说自己不说闲话了,但我现在懂得了凡事得有分寸。"琳赛明白了公开自己最强烈的感情时应当谨慎,现在她只向母亲以及最好的朋友吐露心声,再也不在网上分享情绪。

如今，琳赛是学生会主席，承认从前的攻击行为让她非常尴尬。"我以前控制欲太强了，别人肯定都想不到当时的我那么刻薄，"琳赛说道，"我会在别人背后说坏话，说服他们相信一些事情，他们差不多都会信我。"与此同时，琳赛也诚实地说出了自己在网络霸凌中发现的权力和成功。她告诉我，摧毁凯特和妮科尔的友谊"感觉很好"，也承认自己还破坏过其他友谊。

初中阶段霸凌行为最盛，其中有理可循。在成长发展的过程中，女孩（和男孩）情绪多变、注重自我、脾气暴躁、容易感到尴尬、关心地位、极易被同龄人的意见左右。她们喜欢试探权威的底线。这种青春期躁动一旦转移到网络世界，就会大事不妙。正如琳赛自己所说的那样："好像我把心神不定的感觉一股脑儿扔进电脑了，然后砸向人群，这本不应该是他们承受的。"在面对孩子"像其他所有人一样"有一部手机、有一台可以上 Facebook 的电脑或一部 iPod Touch 的愿望时，人们很少从女孩所处的成长阶段这一角度考虑。在第十章，我会为父母该如何走出这种困境提出建议。

媒介学者达娜·博伊德（danah boyd）[*]写道，青少年不仅使用科技进行联系，还会用科技来"吸引注意力、制造闹剧"，这常常是为了缓解对地位和友谊的担心。这样形成了一种自我强

---

[*] 达娜·博伊德于 2008 年决定用小写字母拼写她的名字，以便反映姓名拼写中平衡的美感，也体现出她对大写字母的反感：她认为用大写字母书写"我"（I）或自己的名字是一种自以为是的做法。——编者注

化循环：科技让人感到不安全，因此我们用科技来缓解，在此过程中却会产生更多压力，让人更没有安全感。好像女孩的生活还不够艰难似的……

琳赛现在正在申请大学，她急切地告诉我，她在回答申请问题时给出了很有意思的回答。"他们问我：'如果你可以消灭世界上的某项发明，你会选哪一项？'我的第一反应，"她说道，"是 Facebook。"

网络闹剧

刚开始，科技只是辅助关系的工具。它可以帮助女孩联系他人，填补在家与在校之间的联系断层。如今，科技已经成了关系的一部分。常见的便携式设备越来越多，普通的 8 岁到 18 岁儿童或青少年每天最多会在科技产品上花上八个小时。[37] 就像本章开头提及的利娅和埃莉一样，女孩们可以在虚拟谈话和口头谈话之间自由转换。

现实生活中发生的事情常常会变成网上分享的话题。正如采访中一位高中生告诉我的那样，现在说"帮我拍张照"，言下之意就是"发到 Facebook 上"。一位大二学生说："大学里，大家参加聚会就是为了晚上能在 Facebook 上发照片。如果有人在聚会上开了玩笑，另一个可能会接上说，'天哪，当我的相册名称太完美了'。"2009 年，一位女孩告诉《青少年潮流》(*Teen Vogue*) 杂志："如果没在 Facebook 上更新婚恋状态，就不算在约会。"一年后,"FBO",即"Facebook 官方认证"(Facebook Official)功能,成了衡量正式约会的新标准。

无论站在哪所学校的操场边上,每天都能看到同样的场景在上演:男孩大多在运动,女孩大多在边上说话。网络世界亦是如此:社交媒体的功用是"社交",女孩使用科技联系他人、分享生活。每天,女孩收发的短信比男孩多出50条。14岁到17岁之间的女孩最为活跃,她们平均每天会发出100条短信。与男孩相比,女孩更愿意随时随地带着手机。[38]

人们常说,科技能够放大原本存在的感情和动态关系。女孩也不例外,一个女孩的实时地位由关系决定:她和谁坐在一起,参加哪些聚会,谁被算作她"最好的朋友"。今天,一个有社交抱负的女孩定是一名建筑师,在这片用来联系他人和展示个性的未知之地上筑起网络声誉的高楼大厦。一个典型的中产阶级美国女孩会坐在笔记本电脑前聊天,同时身边的手机突然震动提示新信息来了(常常是写作业的时候)。要想平衡协调地处理这一切,需要新的社交技巧,需要时间,需要练习。

这就是为何女孩们称如果没有 Facebook 账号,她们就"不存在"。这就是为何有父母睡觉时会把没收的电脑藏在自己的枕头下,因为他们知道女儿会想方设法地拿回来。这就是为何女孩被禁止使用手机或网络后会表现出强烈的愤怒和焦虑。这正是科技在女孩心目中的价值,科技在女孩关系中占据中心地位。这同样也说明我们有必要留心女孩日常的线上交流。

认为女孩能以成人无法企及的方式"掌握"科技,是我们最大的误区。表象具有欺骗性。"永远做最好的朋友 2.0 版"给女孩们带来了数码友谊不成文的新规则，也带来了新的社交挑战。如果某人平日习惯于发送长长的短信，但这次只写了一个词，那是什么意思？如果你和朋友都在给某个女孩发信息，但她只回复了你朋友，那是怎么一回事？她不那么喜欢你吗？你该怎么应对？这些网络社交互动产生了新情况，需要精湛的技巧来应付。不懂这些社交技巧，在面对网络攻击和更为恶劣的局面时，女孩就会显得无比脆弱。

女孩的青春期充斥着对身份和关系的不安。在网络上，女孩发现了似乎可以消除这种焦虑的百宝箱。如果现实生活中的局面多半无法改变，只需在线轻点鼠标，就能控制自己的网络形象。担心自己看起来太胖或长痘痘？放一张修过图的照片做头像就可以了。想让别人知道你在听很酷的音乐？那就在感兴趣的事物栏目下列出一堆独立音乐节的主页。希望同龄人认为你"酷得与众不同"？可以上传自己拍的艺术感静物照片。没有男友，但是想告诉所有人男孩们喜欢自己？那就把头像改成你和夏令营最要好的男性朋友的合影。

2010 年女童子军（Girl Scouts）的一项研究发现，女孩在网上会将自己的自信、善良和天赋全部轻描淡写，更倾向于展示自己多么快乐、多么有趣、多么酷。[39] 研究认为，女孩的社交形象是自己一手打造的，是当代信息高速公路上面加了滤镜的广告牌。现实生活可能乱如麻，上学时也许会穿"错"衣服，上课时也许会说出尴尬的话，但Facebook头像不同，那是自己可以控制的社交替身，酷酷的，用来代替真实的你。Facebook和Tumblr等网络空间是女孩赢取社交认可的新场所，跟她们用来展示新衣服或新朋友的学校过道一样。与现实生活不同的是，网络世界更容易隐藏真实的自我。

琳赛解释了运作原理。"更新状态，别人就知道我喜欢哪些乐队。我希望别人明白，我认为那些乐队很酷，用Facebook就是为了展示自己理想的形象。"她补充道，"大家在Facebook上的形象都是自己画出来的。"这时大家更偏向于"画"出美化后的自己和生活状况。

社交媒体还能缓解许多女孩因关系而产生的焦虑，它可以提供热门社交问题的答案："其他人怎么看我？""别人喜欢我吗？""我正常吗？""我受欢迎吗？""我酷吗？"一串短信，尤其是来自"理想"发送者的，会让人感到别人需要你、愿意和你联系。发布你和朋友大笑、摆姿势拍照、参加聚会的照片，就类似于开了一场社交新闻发布会，宣布"这些是我朋友""这些是我的小团体""我的圈子很耀眼"。琳赛解释道："大家拍这种照片，展示自己希望别人看到的一面。我去这些聚会，我去这些活动，你没我酷。"源源不断的信息、聊天、群聊视频通话以及新信息，这些突然涌入的联系可以为女孩提供一整天的情感滋养。

然而，这一切皆须付出代价。

女孩用来缓解担忧的工具，同样也可以点燃忧虑。关系日益公开化，我们会看到自己宁愿不知道的事情。17岁的梅根邀朋友看电影，朋友说不太想去，随后梅根看到她和别人去了。15岁的朱迪丝的父母不允许她去逛街，看到最好的两个朋友逛街的即时消息后，她的内心无比焦灼。"我宁愿当时不知道她们一起在那儿逛街，"她告诉我，"我宁愿第二天知道。因为当时我在家，无所事事，而她们玩得正开心。"社交媒体迫使女孩目睹关系的痛苦现实，从前，这些场景都不会出现在视野之中。

这是一种新式的"信息泛滥"：若未能外出玩耍或参加聚会，看到别人更新照片，女孩的紧张和悲伤情绪会立刻爆发。浏览自己的个人主页（如本章后文中会提及的Formspring）上冷酷无情的匿名留言看似自虐，但也成了不可或缺的仪式。这个年代，消息就是力量，但它们不经过滤，直接涌来。女孩们会点击鼠标阅读最尖刻的社交新闻，因为那些内容近在咫尺，点一下就可以打开。况且，她们*可以*看到。

因此，女孩学会了在电子领土上联系他人并监控自己的社交安全状态。13岁的杰茜卡将手机描述为潜望镜，当与朋友发生冲突时，她会用它来观测事态、获取情报。

> 如果没有手机，上学也许会变得更可怕，比如那个周一，要是没手机，我就不知道发生了什么。那样我就不知道谁在跟我生气、谁没有跟我生气，没手机就不能和别人聊天、问别人情况。比如，那样我就不会知道萨斯基亚是不是站我这边、她是不是再次原谅吉尔了。没手机我就什

么都不知道了,只知道吉尔……周一上学后吉尔还是会对我很不客气。

这个世界与男孩们玩的电脑游戏非常相似。男孩的游戏中会创造黑暗、难以预测的世界,里面到处隐藏着敌人和奖励。社交媒体亦是如此。对自我意识较强或缺乏安全感的女孩来说,科技是一种有害的瘾,是一种无法满足的饥饿感,她们不仅想要和他人联系,还想获得所有人的喜欢,而后者是一项永不可能达成的承诺。

19岁的萨曼莎在大学孤身一人,远离高中时代最好的朋友,看着朋友苏茜离她远去。每天,在狭小的宿舍里,萨曼莎登陆Facebook都会看到苏茜和另一个陌生女孩越来越亲密。

"我记得她第一次把和我合影的头像照片换成了她们两人的,"萨曼莎说道,"我看到她们更新的状态是关于对方的,还有视频,我感觉自己被取代了。"尽管她希望远离这些,但Facebook的实时推送很无情,所有情况一目了然。"连跟踪都用不着亲自出马,"萨曼莎告诉我,"Facebook已经在帮你跟踪了。"

社交媒体就像地动仪一样,能够探测友情的跌宕起伏,细微的摩擦都会被记录下来,可观可感。当然,女孩们不只是目睹自己被排斥或处境尴尬的时刻,她们还会做出回应。信息过剩,引发狂乱和冲突的机会也会随之增多:生长于数字土壤之中的闹剧始终有新鲜泥土滋养。

发现朋友欺骗自己,梅根该说些什么吗?朱迪丝能控制好自己的嫉妒和愤怒吗？萨曼莎是否有权质问自己最好的朋友？尽管催生这些 21 世纪小插曲的情感或许在各个时代都存在，但大部分女孩都心生困惑，不知该如何回应。

社交媒体确立起了对友谊的新期待和新规则。如今，许多女孩认为，好朋友除了保守秘密、提供支持外，还需要承担网络责任。有些规则简明易懂，但有的则会引发困惑和不安。

想一想过生日这件事。"你会根据别人沟通的方式来衡量对方到底多在乎，"萨曼莎告诉我，"熟人会在我的 Facebook 留言板留言，朋友会发短信，最好的朋友会打电话。"萨曼莎生日那天，她最好的朋友到晚上才发了条短信，她感到很受伤。"我觉得她好像是后来才想到的。"女孩们始终保持联系，她们评论和分析那些短信，连发送时间都可以拿来分析。

Facebook 上有条不成文的规定：如果你在别人的留言墙上留言，尽自己的一份力让他们社交状态显得"火爆"，他们可能也会还你人情。一个女孩也许会在帅气男生的留言墙上留言，或为高年级女生的新头像点"赞"，期待能够收到公开回复，让所有人都看见。但最终结果如何往往取决于你的社交地位：回复公开留言的数量和频率成了衡量受欢迎程度的新标准。如果你收获了许多在线留言和帖子，只需要回复其中"最酷的"朋友即可。

如今，关系主要体现在一阵阵短信、状态和聊天中，误读时有发生。"你看不见人，看不见肢体语言或表情，"16 岁的埃琳·兰伯特解释道，"比如，你不知道他们的动机。某个人可能 15 分钟后才会回你的信息，你不知道他们是无视你，还是没看手机，你不知道他们到底想不想和你说话。"

兰伯特曾和一个用语简练的男孩调情，她描述了等待短信回复时的焦虑："他为什么不立刻回我信息？我是不是说错了什么？我冒犯他了吗？我太讽刺了吗？他是不是不喜欢我？为什么不回复？我做错了什么吗？他故意让我有这种感觉的吗？想引我追他还是怎么一回事？"单是听兰伯特在网络调情中产生的沉重想法就足以让人疲倦。虽然面对面的调情也许同样充满焦虑，但科技可以让这种焦虑加倍。

朋友发短信时最后少了"亲亲抱抱"（XOXO）是怎么回事？是生气吗？梅根一遇到这种情况就会紧张起来。"那种结尾一消失，你就会开始想，一切都好吗？我们关系不好了吗？"梅根考虑是否要当面询问朋友是否出了什么问题。也许她只是过分解读了与自己无关的小变化而已，但也许不是。她会担心朋友是否觉得自己过于粘人、懦弱或苛刻。她的担心不无道理：这个问题在女孩文化中尚无标准答案。这种特别的"女孩问题"——短信语气的变化——仅有短短几年历史。

女孩与朋友发生矛盾时用来发泄情绪的新兴公共平台也会令她们心绪不宁。设想一下，登陆 Facebook 或即时通信软件，看到让你不安的人更新状态："有的人真的让我生气，但我不想说得那么直白。"高中女孩一发出这样的状态，立刻就会被 700 个"好友"看到。它会引发形形色色的同龄人一阵好奇的留言，更别提攻击目标内心波涛汹涌的尴尬、气愤和焦虑。

短信无处不在，影响了友情的实时走向。许多女孩认为，如果别人不能立即回复短信，就很无礼。如今的女孩们普遍认为，和朋友在一起时给别人发短信很正常（也有人觉得这非常无礼）。这种安排满足了发短信者迫切联系的渴望，让她感到自己同时身处两地——甚至七地。但在这种状态下与朋友共度时光并不愉快，13岁的埃米告诉我："朋友们在我家时，总是给男朋友或其他朋友发短信或打电话，我感觉我要失去她们了，她们也不注意我。我感觉自己被她们忘了。"但埃米依然保持沉默，她觉得自己对此无权表态。

在网络世界中，缺乏安全感、心生嫉妒、焦虑或愤怒，这些感受每时每刻都能引爆大矛盾。如果朱迪丝迅速给那两个逛街的朋友发送语带讽刺的短信，就能立即引爆一场闹剧。如果梅根决定给公开撒谎的朋友发送一条暴怒短信，双方就会剑拔弩张。短短几年前，这些独特的挑战和问题都还不存在。但现在，如果一个女孩打开电脑或手机，没有朋友给她宽心的目光交流或安慰，多疑、恐惧、焦虑和心神不定之感就会涌上她们的心头。

然而，将女孩面临的"永远做最好的朋友2.0版"问题完全归咎于媒介并不合适。社交媒体可能会放大情绪，助长残酷，但无法"让"女孩以特定的方式行事。因为不仅是科技在改变女孩的友谊，女孩也在影响科技使用的方式。她们将典型的女孩价值观移入网络，在网络世界中展现出来。

女孩用巧妙的方式操控科技并再现现实生活中的动态。面对面时，一个女孩也许会通过在走廊里和新朋友或男友手挽手走过来让另一个女孩嫉妒。在网络上，女孩则会上传复仇性质的亲密照片来复刻这种效果。在 Facebook 取消排列"亲密好友"或最好朋友的功能后，女孩们用另一种功能来进行替代，她们将亲密好友设为家人乃至配偶。如果父母禁止他们玩与战争相关的玩具，一些男孩就会将面包片切成枪的形状；同理，女孩们让 Facebook 摇身一变，成为满足自己划分社交等级需求的工具。

女孩独特的沟通仪式和习惯也在网络世界安家落户了。在走廊里，被惹怒的女孩通过简短地说一声"嘿"来暗示出了问题。在手机上，琳赛仅用一个小写的"h"就传达了她阴沉的"hi"。"这表明我生气了，"她解释道，如果一切都好，"我会（打）'嗨，你怎么样？'"以兰伯特为例，她对别人生气时就会拒绝回短信，这是 21 世纪新式的沉默相待。"如果可以选择不回复短信，就有权力感。那是你说'我控制了这段友情'的方式。"

"开玩笑而已"在现实生活中已经够糟糕了，在更加伤人但模糊的"永远做最好的朋友 2.0 版"中只会更糟。看看这样的短信："嘿换个新头像吧女人哈哈哈哈爱你[*]（原文为大写表强调）。""闭嘴安布尔☺。""罗莎你真是贱人。开玩笑，你可不是贱人，你很棒。"这些发送者真的只是开玩笑吗？如果你是接收到这些信息的女孩，你会有何感受？人们可以通过语调或肢体语言来判断实时笑话，而这些评论却独立出现在屏幕之上。读到这些文字

---

[*] 本书中部分短信内容按照原文的格式未加标点符号，旨在忠实反映发信者的情绪以及与朋友间的交流方式。——编者注

的女孩也许正心神不定，也许对开玩笑者心怀怨恨，也许很自信，也许心不在焉。每个人都有不同的触发点，但都存在误读和报复的可能性。

12岁的利娅·马丁就读于东海岸大城市的一所市区中产阶级公立初中。电话访谈中，她语速极快，连我都很难跟上。我的收件箱一直在叮咚作响，她坐在电脑前为我发送也许研究会用得上的链接、聊天记录和邮件，我们的谈话也没有因此被打断。她飞速地从一个故事说到另一个故事，我急匆匆地紧紧跟随，窥探她的社交世界。

在利娅的生活中，最令人震惊的是凭借科技形成的社交层级。利娅有一位名叫卡丽的朋友，她见过面，但现在只通过短信交流。尽管两人常常联系，但在学校走廊相遇时却不会打招呼。

她们根本不说话？一点儿都不说？"如果我对她说你好，会很尴尬的。"她解释道，我迫不及待地想听下去。利娅还有一类朋友，主要是信息聊天但也会打招呼，不过要是"一起外出玩耍还是会很尴尬，简直难以想象。当面聊天真的会很尴尬，我甚至都不想跟她们说话"。她还有一个叫安德鲁的朋友，他发短信向利娅表白，可当面就是说不出口。

利娅主动解释自己所谓的友谊"食物链"：

在食物链最底端的朋友，我差不多一直会发信息，但不会当面交流。另一个级别的朋友是在 Facebook 上结交的，但从没见过。在 Facebook 上，我有超过 800 个朋友，有的既没见过面,也不认识,我也不跟他们聊天。然后就是会发短信、见面会打招呼的熟人。再就是好朋友了:我们一直发信息,也会一起出去玩。紧接着还有最好的朋友,不发短信,一直都会打电话。可以当面聊,可以说真心话,会给她们发信息,也会打电话聊天,每周末会一起出去玩。她们就像你的生命一样。

如果说女孩需要让自己始终处于联系之中、有一大堆朋友,那社交媒体就让利娅有机会"超常发挥"了。她可以向同龄人炫耀自己的成功,明白自己绝对不孤单,让自己安心。

利娅也可以实验一些不同形式的关系,但也许会有点尴尬。一方面,她与只发信息的朋友似乎是在用科技替代当面交流。另一方面,我们有权评判吗?只要利娅感到安全和满足,她为什么不能享受令人激动的社交媒体呢?最有说服力的是,尽管这些关系会发生新的排列组合,但一些事情始终不会变:现实中能当面交流的好朋友才是最好的。2010年的女童子军调查证实,92%的女孩称如果放弃所有社交媒体朋友就可以换得最好的朋友始终不变,她们心甘情愿这么做。[40]你最亲密的朋友,正如利娅所说,"就像自己的生命一样"。

女孩们在网络虚拟世界的灵活度让她们能够利用社交媒体来达成现实生活中的真实意图。让我们看一下特丽莎和利娅之间的即时通信对话。[41]特丽莎先给利娅发信息,表面上是告诉利娅自己接到了另一个万圣节糖果活动的邀请,很快我们就可

第4章 "永远做最好的朋友2.0版":网络霸凌和网络闹剧 | 151

以发现，特丽莎不只是为了讨论万圣节：她和两人共同的朋友朱莉在闹矛盾。

特丽莎：利娅我需要跟你谈谈我手机快没电了我得赶快充电快回复。

利娅：哈哈哈好的怎么了。

特丽莎：没什么诺拉邀请我们去要糖果。

利娅：你想去吗？她只邀请了你还是我们俩？

特丽莎：我俩可你要跟朱莉一起也行我不介意。

利娅：朱莉没邀请我……但我其他朋友会跟我一起来如果你想和诺拉一起我不介意，但你和朱莉怎么了？你在跟她生气吗？

特丽莎：和朱莉没什么如果她不理我的话我不会太在意的。

利娅：耶没事的特丽莎！！！！！我爱你你和朱莉是最好的朋友一切都会解决的

特丽莎：实际上如果不和好才是好事。

利娅：我们还是最好的朋友:D。

特丽莎：朱莉说了我什么吗。

利娅：她只说了你俩午餐时吵了架，现在你不愿跟她说话了。

利娅明白，作为朋友，她现在有义务让特丽莎发泄出来，表明自己跟她站在一边。利娅表明忠心后，特丽莎更近一步，要求利娅背叛朱莉，说出朱莉议论自己的话。利娅同意后，特丽莎说了更多：

  特丽莎：我们其实都没怎么吵她就不和我说话了她在年级教室和迪娜珍和伊丽莎白一起她们周末去了她的演出她们大笑还说悄悄话我在想嘿朱莉怎么了谁才是你最好的朋友她们还是我感觉她说我俩是最好的朋友但这不是真心话好像她什么都不想告诉我一样我不知道她是不是我最好的朋友。

  利娅：好像你们俩不是那么要好。我有点难过因为我爱你们两个但我不知道她是不是喜欢我们。

  注意，利娅现在有所保留，她努力为双方考虑，肯定自己与特丽莎的友谊，但仍然说她也喜欢朱莉。

  请留心特丽莎的反应：她发现自己需要再努力一点，才能让利娅完全站在自己这一边，她暗示朱莉也背叛了利娅，针对利娅和朱莉的关系来说。然后特丽莎更进一步，暗示利娅不可能真正弄清朱莉是不是值得信赖的朋友，因为她作假、撒谎：

  特丽莎：她不是我真正的好朋友我知道她不是真诚的朋友比如说她会说朋友坏话如果你和她走近一些她就会跟人说你的事儿如果你质问她她就会否认比如她会告诉我关

于你的事情如果我告诉你你质问她她就会否认通常大家都会相信她因为她和我不一样，我会说自己想说的话我会对人不客气我不在乎我不跟自己不喜欢的人一起玩但朱莉会和她们一起玩会议论她们她更友好喜欢努力装无辜。

利娅：那她做得就很糟糕了，那样太无礼刻薄了。我都不想知道她说了关于我的哪些坏话因为她可能也说了关于你的。

特丽莎：我知道她说我坏话也说你坏话但我跟她关系一般般所以我不希望你认为我这么说是为了躲开麻烦，因为我还要和她一起上学至少还要面对她两年所以我可能最好不要和她做最好的朋友。

特丽莎成功实现了多方协调，将利娅和自己一起列在了朱莉的目标之列。利娅从两边都支持变成了被抛弃的愤怒朋友。她突然蹦出几句，说朱莉怎样在特丽莎背后说她的事情。

利娅：太无礼了她乱说我们两个人的事情然后否认一切这不行的特丽莎她说你坏话时我总是想发火，现在她也到处说我坏话？哇哦她真的很不靠谱。

特丽莎：她现在变得我都不认识了我只想在她反咬一口之前先告诉你。

利娅：我不知道我都不在乎她会说什么。她乱说的时候你怎么回答？如果你没有帮我说话我不会生气的很多人都不帮别人说话的。

　　特丽莎：我总是帮你说话的因为你是我最好的朋友要是我任由别人说你这样可不妙。

　　利娅：嗷我也一样我忍不了她乱说♥。

　　特丽莎：☺先不说了我得给手机充电回头再聊。

　　谈话结束时，利娅不仅向特丽莎表忠心，还胆怯地问了特丽莎是否愿意为自己辩护。特丽莎以终极友谊宣誓回应——"你是我最好的朋友"。利娅也回赠了这句话。几行短信，利娅就从被求助的可靠朋友变成了同样需要寻求帮助的恳求者，开始惧怕一个不忠诚的朋友。特丽莎成功将利娅变成和自己同一战线，并在此过程中，肯定了两人是最好的朋友。

　　没什么能比这一例更能体现女孩复杂的社交回报和攻击了。利娅和特丽莎在朱莉背后贬低她，这种闲话显然会增强彼此间的紧张和冲突，但与此同时，利娅和特丽莎的关系变得更密切了。

　　同类对话可能也会在走廊或电话里发生。但在网上你既不用当面说脏话，也不用在破坏对方和别人的友谊时直视对方双眼，如此一来，让一个女孩反感某人不是变得更简单了？我问13岁的杰茜卡生气的时候发短信是不是更轻松，她说："是啊，因为感觉算不上个人攻击。感觉不像攻击别人，因为你只是，它们只是文字……我发短信时，不用当面说，我知道如果当面说，她会回更多话，那会惹更多麻烦。"

　　同理，利娅之所以和我分享这些对话，是因为她把它们都存了下来。为什么？朱莉某天会看见这些话吗？社交媒体当然不是此类对话的创造者，但它改变了这种对话的影响力和速度，让这一切变得更容易发生。

允许使用者匿名评论他人的网站和应用是社交媒体世界的寄生虫。2010 年 Formspring.me 引领潮流，无数青少年在该网站注册了账号，这个网站可以让你的访问者——大部分是同学——在上面写关于你的任何话，且不会暴露身份。

Formspring 的力量在于它能为这个问题提供答案："别人怎么看我？"大部分女孩开这个账户是为了读到关于自己外表、个性或才能的积极评价。但她们得到的留言常常不如人意：

> 好吧，我觉得我应该帮你一把，好吧，我努力尽可能说最美好的一面……你算不上辣妹垃圾。好了别那样了。好吧该死的没人喜欢你，他们都是装的。没男生会喜欢你，女孩们觉得你就是贱人，如果我是你该死的我会停下来。该死的你真烦。如果你还没注意到你鼻子有多大……我的确这么想的，但是你居然注册了自己的 Formspring 主页，那就别指望别人说你好话了。<3* 再见贱人。

想象一下，你走进走廊或坐在教室里，但数学课坐在边上

---

* 表情符号，横着看是个爱心。——编者注

的同学很有可能就是在 Formspring 上骂你的人。由于表面上已达成共识,该网站的残酷程度更是没有底线:注册账号实际上就等同于邀请他人用"诚实"的言论来抨击你。由于双方都同意使用条款,所以看起来你情我愿,一点都不像网络暴行。

出于某些原因,女孩在 Formspring 上更为脆弱。女孩对同龄人的意见尤为痴迷,这个网站看起来简直好到难以置信。女孩认为——终于——可以在这里挖掘自己真正的社交价值了。一些女孩将成功定义为被所有人喜欢,Formspring 让希望不时涌现:你可以开一个账号,也许,只是也许,你不会收获刻薄的评论。也可能所有人会聚集到一起说好话,你就是那个人人都爱的女孩!

无须多言,这是一种有毒的、自我加强的循环:如果你迫切渴望了解同龄人的看法,那可能就会缺乏定义自身价值的自尊。越是依靠读取网站意见来寻求外界认可自我价值,就会放弃越多的个体权威和自信。

女孩生活在一个屏蔽真话、避免冲突的社交世界中,她们蜂拥到 Formspring 上,是因为这些感情在这里能够浮上表面。Formspring 让用户幻想自己可以迂回地窥探女孩的地下世界。但 Formspring 允许人们不负责地说残酷的话,用户可以夸大其词、攻击他人或者说谎,因为他们完全可以这么做。他们将他人的感情视作儿戏,只想看对方如何回应。无须承担言论的代价和结果,人们就会丧失道德感和理性判断。

然而许多女孩相信了这个错觉,认为 Formspring 就是在实话实说。她们不会停下来思考：如果无须为自己的言论负责或署名，那些"真话"还能算是真话吗？她们无法从中脱身。13岁的香农因拒绝放弃Formspring被关了好几次禁闭。每次母亲查到她的主页更新，就会惩罚她。然而，她迫切希望知道同龄人的想法，所以每次都会无视关禁闭的威胁，她认为Formspring能告诉她现实生活给不了的东西：能看清别人如何看她。这样她才能有机会修复自己的形象，痛改前非。

尽管在Formspring主页上会出现令人震惊的、肆无忌惮的残酷言论，但使用该网站的女孩会带着令人惊讶的冷漠回应自己的攻击者。

"我想***你（骂人话）。"一条评论如此写道。

"谢了，很直白，不过还是受宠若惊。"这是页面主人的回复。

"你自己明白你对什么都过敏！！应该吃一把花生然后过敏反应然后死掉（原文为大写）……"一个人评论道。页面主人回敬："哈哈，你应该吃阴茎然后呛死！"

"你又胖又火辣，你的胸很大。"一条评论这样写道。

"K（意为okay）。"页面主人只轻松愉快地回了一个字母。

这些女孩为何如此老于世故？很难彻底看清，也许是因为自卫反击只会引发更多攻击：网络世界的人际规则完全不一样，不良行为的底线不停地被设置、提升、重置。对许多女孩来说，有Formspring页面似乎是值得骄傲的，这代表你可以忍受讨厌自己的人，坚强到足以面对他人眼中的事实。然而，实际上许多女孩希望得到的绝非此类评论。对账号主人来说，每一条轻浮的回应都是在授权他人继续斥责自己。

在 Formspring 之前，有社交媒体网站 Juicy Campus 和 Facebook 的"实话信箱"（Honesty Box）功能，目前已经有不少同类网站，未来可能还会出现后来者。Facebook 充斥着各种应用，诱惑女孩读取朋友们对自己的看法。在我自己的 Facebook 主页上，隔三岔五就会有教过的学生回答关于我的问题。为了进一步诱惑我使用，该应用还会让我预览一列长长的匿名答复。一条问题是："你认为蕾切尔·西蒙斯爱模仿别人吗？""是。"显然有人这么写了。"你觉得蕾切尔·西蒙斯可爱吗？"（是的。）"你认为蕾切尔·西蒙斯有体味吗？"（没有。）如此等等。如果想挖出是谁在花时间评价我，我必须下载其他应用来"赚金币"。如今 30 多岁的我不屑一顾，那中学时代的我呢？我一定会不遗余力地赚取这些金币。

也许这就是问题所在。这些网站开发者似乎知道自己是在从青少年发展阶段中获利：他们贪婪地寻求他人的认可。这让我想起了童书《不老泉》（*Tuck Everlasting*），故事讲述了一个女孩遇见了一户人家，他们曾经喝下不老泉水，后来却在长生不老中挣扎。在 Formspring 上，女孩们也相信自己发现了类似的万能钥匙——渴望消除自己的不安全感——可她们却受到了信息泛滥的诅咒。"人不需要永远活着，"在该书电影版的结尾处叙述者说道，"只要活下去。"同理，女孩只要被人喜欢就好，无须被所有人喜欢。

性爱短信

性爱短信（sexting），即通过电子途径发送性爱相关的图像或文字。2009年，这一现象划破了表面的宁静，引发了美国人的关注。惊人的是，调查显示19%的青少年发送过性暗示的照片或文字，31%的青少年则表示收到过此类信息，这样的调查结果令人震惊。[42]尽管这种做法与隐性攻击文化并无直接关系，但女孩们的确会用性感图像互相羞辱。性爱短信也是女孩社交媒体关系的重要部分，因此我选择在本章进行探讨。

举国上下对性爱短信展开大讨论，将女孩视为猎艳者以及过度性化的社会环境的受害者。的确如此，但这不是全部。实际上，性爱短信是女孩通过社交媒体创建关系时自然出现的产物，完全在意料之中。将性爱短信视为特殊现象，或将其归为低自尊女孩的悲剧，都会走进怜悯女孩而忽略实质语境的误区。

正如我在本章一直提及的，女孩并非为科技所支配的被动载体。相反，她们可以左右社交媒体，使其服务于自己的动机：她们希望对自己感觉良好，受人喜欢，拥有地位。进入青春期，她们就会陷入一种娱乐文化，这种文化十分看重女性的知名度、身体和性感程度。与此同时，女孩也明白，吸引社交地位较高的男生的注意会让她们备受欢迎。于是，性爱短信登场了。

采访埃琳·兰伯特时她16岁，留着精灵短发，快人快语，语带讽刺，她简直就是现实版的朱诺，像极了电影《朱诺》(Juno)中爱说俏皮话的倔强少女。她既勇猛又脆弱，看到令她后悔的性爱短信，她匆匆翻了白眼，但是依然吐露很希望有人称赞她漂亮。

兰伯特告诉我两个聊天网站，Omegle 和 Chatroulette，她瞬间就能通过网络摄像头或文字信息跟一群陌生人聊起来。没人知道她是谁，除非她主动告知对方，若是聊得不舒服或感到没意思，随时可以点开下一位陌生人。两个网站到处都隐藏着会在镜头前自慰或发送露骨性爱短信的男人，兰伯特可不在乎，她知道自己想要什么。

女孩们先是学会了如何使用社交媒体拉近自己与朋友的距离，随后也弄清了怎样用它感受自己的美丽和性感。"我现在就能登录 Omegle，"她说道，"点几个窗口，就会有人说'你看起来美极了'。"和其他许多女孩一样，兰伯特努力想让自己的脸蛋和身体得到认可。她很好奇自己的身体是否足够吸引人，甚至会担心自己的身体是否算正常。她交过几个男友，算不上认真。她会在镜中看着自己的胸部、皮肤和双腿，并为此感到烦恼。

14 岁时，兰伯特曾通过视频聊天将胸部展示给朋友的朋友看。当时兰伯特刚被男友抛弃，在一次聚会中认识了史蒂夫，两人接下来几晚都在用 Skype 聊天。史蒂夫恳求了她三个小时。我问兰伯特，让他苦苦恳求是否很有趣，她说道："有点儿吧？知道他真的很想看我性感的一面，看到他努力恳求，我觉得的确有点满足感，我可以让人那样恳求。"

不过，此后她感到"有点羞愧"。她说，这是"自己第一次脱掉上衣出现在男生跟前，我浪费了机会"。然而，她还是得到了回馈。史蒂夫说自己很喜欢她的胸部,这对兰伯特来说很重要。"至少我现在对我的胸很自信了,因为我知道它不像卡西莫多那么畸形丑陋,用不着关进钟楼。"她讽刺道。

"你感觉得到认可了吗?"我问她。"是啊,"她答道,"听到别人说自己还不错,感觉挺好。你不吓人,不讨厌。我想我只希望别人承认我并非毫无价值。这就像是说,我也许还算比较吸引人。"史蒂夫的话只让她开心了两周,她自嘲道,此后她又回到了"那种自卑状态"。

兰伯特渴求史蒂夫认可的心情,是否与发信息后紧张等待回复的女孩动机相同呢?两种女孩都在用社交媒体求安心:对兰伯特来说,这关乎身体和性感程度;对另一种女孩来说,这关乎她是否被喜欢,或说有无社交价值。"我就是特别想知道我的身体是否正常。差不多就像是,希望自己被爱,知道别人跟我在一起很享受,想要我。"社交媒体发明之前,兰伯特也许会冒着生理危险得到这种认可,比起这种现实风险,性爱短信从某种程度上来说也许更"安全"。

然而,发送性爱短信的人面临的是另一种危险。兰伯特在这个世界如履薄冰。她在 Chatroulette 上遇见另一个不同县的男孩时,连续两周每晚都聊天,随后他劝说兰伯特脱衣。她说,第二次简单多了,虽然她依然感到羞愧。他问兰伯特是否想看自己的阴茎,兰伯特不想。"那就像奇怪的小人一样,"她开玩笑道,"就像热狗似的。"兰伯特对此不只是毫无兴趣,还略带厌恶感,这表明该类互动背后存在着超越挑逗或性欲之外的目的。她解释自己为何要这样做："他很帅，很有趣，我们调情，然后他就会告诉我，说我很漂亮什么的。"

最终，兰伯特为马特在镜头前全裸了。"如果他在录像怎么办？"她想道。结果他的确在录像。通过一位网络共同好友，兰伯特发现马特有她在浴室里的视频。出于窘迫，她向一位共同好友发送了一张马特阴茎的照片作为报复——她漫不经心地说，当初拍下来只是为了"以防万一"。（毫不奇怪，效果截然不同："他很受欢迎，所以他的朋友们只是更崇拜他了。"）她让马特发誓删了，虽然她不知道对方是否真的删除了。如今他们仍是朋友。

正如女孩的感知在网络视觉语言面前钝化了一样，她们对性爱聊天也开始满不在乎。"第二次之后，就不尴尬了，"兰伯特回忆道，"我在想，好吧，有人已经看过（我的胸）了。我知道不算太糟。问题是如果父母走进来怎么办？如果马特取笑我怎么办？"她将炫耀胸部和炫耀新发型进行类比："算不上大事，就好像，我剪了新发型。我给一个人看，你是第一个看到的，然后大家都看到了，就不算大事了。"

尽管她冒着裸照被曝光的危险调情，兰伯特也很清楚自己有权力"删除"这些关系。和在学校不同，她不用每天都面对某人，"你可以从好友列表（把这些男孩）永远删除，然后他们就永远消失了。如果你不愿想他们，就可以不想了"。告诉我这些话的时候，兰伯特可能忘了，她可能有一段裸体视频正在网上游荡，根本无法删除。然而，我想起了利娅的关系食物链：如果可以，

第4章 "永远做最好的朋友2.0版"：网络霸凌和网络闹剧 | 163

她能轻易"删除"那些不太重要的朋友，那些她只发消息但不说话的同龄人。这是兰伯特的"食物链"吗？

关于女孩和性爱短信的讨论，常常受到道德评判与惊恐之情的阻碍。我并不是对兰伯特等女孩的网络行为毫不担忧，而是认为不应将她的行为视为可悲、纵欲或反常的，这种态度有碍于我们看清事实：性爱短信来自科技向女孩打开的世界，尽管女孩是自愿走进去的。

我也不是说女孩的性爱短信仅仅来自对外部压力的回应。女孩是性感形象的载体和代言人。她们好奇、充满渴望，热衷于此。女孩探索自己的性感身份由来已久，尽管这么说可能会让我们感到尴尬。[43] 在谈恋爱和一时放纵之中，她们已经发挥创造力自主探索了很久。对包括兰伯特在内的一些女孩来说，在网上通过性爱短信表达欲望仅是在将这种探索付诸实践而已。她的行为并非源自跟上同龄人的节奏或被人称赞有魅力的需求，而是来自欲望和好奇。

然而，缺乏安全感无疑是让女孩参与性爱短信的强大因素。我是《青少年潮流》杂志的专栏作家，为青少年提供建议，我发现最常见的求助一般是这样的："为什么男生不喜欢我？为什么我所有朋友都有男朋友了？我很古怪吗？"[44] 许多女孩都担心自己是否不够性感、没有男孩喜欢，正如她们会在乎自己是否苗条美丽一样。虽然女孩生活的文化中早已充斥着异性恋图像，但这些信息如今更为泛滥，更加有害。

2010年，人们对将女孩性化的愤怒达到了前所未有的程度。网络上一段7岁女孩旋转舞蹈的动作点燃了讨论，美国服饰公司（American Apparel）的服装广告中的大学女生显得色情化，童星麦莉·赛勒斯（Miley Cyrus）和黛米·洛瓦托（Demi Lovato）的半裸照片被公之于众。2007年，美国心理学协会（American Psychological Association）发布了里程碑式报告，称性感化，即用女性的性爱价值来物化、定义她们[45]，与自卑、抑郁和饮食紊乱存在联系。该研究作者认为，将女孩性感化不仅归咎于媒体，还应归咎于成年人和同龄人。[46]

女孩每天都被灌输大量信息，这些信息从性爱角度定义她们的权力和价值。在这种高压锅环境中，同类信息也渗透进了女孩的手机。正如科技能让流言蜚语民主化、让人人都有机会传播小道消息一样，性爱短信为每个被忽视的女孩创造了另一种虚拟机会，来证明自己的性爱价值。这是许多女孩甘愿冒险去做的事。在青春期与社交地位较高的男孩约会或被他喜欢，是赢取社交位置的关键。女孩必须维持自己的性感形象，不只是为了证明给男孩看，还是为了证明给其他女孩看。

我记得很清楚。初中时，我迫切希望最受欢迎的男孩们邀我共舞。但从未有过。我对谈恋爱并不是特别感兴趣，只是因为我圈子里的其他女孩都这么做。我担心别人认为我不够酷，担心被踢出去。如果有受欢迎的男孩问我要照片，我会给吗？如果我生活在网络与现实交融的世界中，有男孩暗示他"喜欢"我，如果发送照片意味着我会得到恭维作为回报，我一定会发的。

性爱短信尤能说明科技在同龄人关系中有着重要影响。对许多女孩来说，性爱短信就是调情的同义词。倘若对胃口的男孩要照片，女孩便会将其理解为"我喜欢你，我暗恋你，我对你感兴趣"。男孩的请求一般不会被视为淫荡下流之举；如果的确是出于淫荡下流的目的，大部分女孩不会同意。（兰伯特的熟人问她要裸照时，她发了一张网上找的老太太的照片。）

如果说性爱短信满足了女孩知道自己足够性感的需求，那么对于男孩，它满足的则是他人感到自己有男子气概的需求。想象一下"典型"的青春期男孩卧室：墙上的海报有什么？有的是名车或体育明星，还有的则是一丝不挂的女性。2010年，较多男生会选择梅根·福克斯（Megan Fox）。这些海报不仅满足男生养眼的需求，还承认并传递了他的异性恋倾向，从而肯定他的男性魅力。女孩想让男生觉得自己性感火辣，这令她们很有压力；但男孩同样也面临着来自媒体、成年人和同龄人令人窒息的暗示，教他们如何成为"泡"辣妹、获取女孩芳心的"玩家"。

性爱短信将墙上海报取下来，塞进男孩的手机。有一张"对胃口"女孩的照片，就是成功展示男性魅力的新证据。女孩会因性感遭人骂"荡妇"，但男孩不一样，他们会因自己的性感赢得注意力和社交热度。性爱短信赋予男孩爬上自己性别高层的机遇。男孩问女孩要照片，通常是因为自己的确喜欢她。但他可能也是为了——或许只是为了——展示给朋友看。一旦这个男孩转发信息，或他的朋友抢过手机发送给自己（这是常有的事），照片中女孩的声誉就被永远地改变了。

这就是为何与女孩谈论性爱短信时，必须将重点放在性别角色及其对行为的影响上。告诉女孩性爱短信和她们本人"不好"，对改变行为无济于事。更重要的是要让她们明白，转发或分享性爱短信是攻击行为。2010 年，部分州的法律将性爱短信列为儿童色情的形式之一。尽管这从某种程度上有助于惩罚并预防性爱短信，却依然未能引导人们关注性爱信息如何影响目标的关系和声誉、如何使其陷入恶意环境。

声称只有男孩才会转发性爱内容，就是在偏袒女孩、片面地将她们视为狩猎目标。在网络世界中，女孩也会靠转发自己收到的女孩性爱图像来控制彼此。21 世纪，分享侮辱性的图像或文字相当于骂女孩"荡妇"。看看 Tumblr 上一位高二女孩的主页留言：

> 嗯，为什么有人要转给我一张裸照，上面是我认识的女孩？*该死的，我不停摇头。她太蠢了。她应该利用新科技看看 MTV 广告，而不是自取其辱。这个烂决定是她自己做的。哦，好吧，我不在乎，因为我恨她……我现在要把这样的垃圾转发给每每每每个人。

很明显，留言者巧妙逃避了侮辱另一个女孩的责任，名正言顺——她自取其辱。

---

* 原版中该段留言从此之后均为大写，以示强调。——译者注

关于自己的网络性爱活动是否值得，兰伯特至今依然很矛盾。网上的亲密沟通如蛛丝一般脆弱，她心里清楚。从虚拟性爱联系中获得的片刻自信也根本无法维持下去。她为生活的二重性挣扎。"我有点开始感觉唯一欣赏我（性感）的人是我在网上找到的那些人，"她继续道，"感觉，天哪，现实中我一定有什么问题，我肯定有很重的体味或其他问题。"

仅当兰伯特来来往往的性爱短信失控，或完全依赖网络肯定自己的性感身份与自信，才会招致真正的大麻烦。这些"关系"无法让她彻底满足，科技也无法替代真实的恋爱。她在Facebook有几百号朋友，兰伯特称："我可以看照片，感觉，是啊，你和所有这些人都是好友，但又不算真正的朋友，所以我觉得自己很孤单。"兰伯特已经发现了网络友谊的规律，发送性爱短信亦是如此：越是在食物链下层，联系越是无法带来满足感。

网络真实性的悖论

思考女孩网络生活时，我不时会想起《绿野仙踪》（*The Wizard of Oz*），那个坐在幕后操控伟大巫师的人实际上如履薄冰、战战兢兢。一些女孩在Facebook上表现出一副无忧无虑、酷酷的模样，一些女孩在面对Formspring的残酷言论时装作毫不在意，兰伯特在网上寻求现实生活中得不到的幽会，还有女孩则坐在屏幕后恶语相加。虽说现在女孩的网络生活和虚拟生活衔接得天衣无缝，但她们在网上的表现和现实生活中的行为还是有所差别。

于是我们面对这样一个问题：到底应该将女孩的网络行为视为充满勇气和创意的人格延伸，还是将其视为遥不可及的理想形象的幻觉。如果女孩只有通过网络才敢表达某些信念或感受，她还是"真实"的吗？这种二重性会让女孩为自身的诚实和正直付出怎样的代价？

如果女孩们将自己身份的部分藏在网络中，这对她们在现实生活中的自我呈现有何影响呢？初中，写纸条是我替代直接冲突的唯一选择。面对让我难过的朋友，大部分时候我都被迫按捺住紧张，尽可能地说出我的感受。有些日子里，我会失控，说出词不达意的蠢话；还有时，我的勇气会被泪水吞没。但也有时候，我会直接引出这些对话，这并不容易，我需要不停尝试、失败、再尝试。我需要努力应对友谊中麻烦的一面，我需要学习。

如今，女孩可以点击鼠标发送任何东西。她们会从中收获明显的短期回报，但却不知道长远来看会付出怎样的代价。光打字不说话的女孩会失去面对面谈话的机会，而后者有助于发展社交技能和提高沟通能力。依靠短信解决最难应付的谈话，并不能让她们更理智或有效地解决现实冲突。不使用的肌肉会萎缩，女孩的社交技巧也一样，若不使用就会钝化。科技能够加速关系发展，但同样也会阻碍真实联系。讽刺的是，正如水会蒸发成蒸气一般，现实生活中回避冲突的动机也许会在网上惹出更多麻烦。

社交媒体有一种诱惑力，它确保你光鲜亮丽，却要你付出惨痛代价。从积极角度来看，社交媒体让女孩联系起来、探索自己正在发展变化的身份。从最可怕的角度来看，它利用的是最令女孩感到痛苦的不安全感。社交媒体成了一种武器，可以将孩子的声誉和自尊碾成粉末。网络霸凌行为依然会让成人和女孩惊慌失措，大部分学校都会和学生谈论这个问题，但此类事件若是发生在家庭中，很少有学校会采取行动。与此同时，几乎无人向学生提及所谓的"数字公民"身份。孩子和青少年们本该体现友谊的日常网络互动——以及随后转变为网络霸凌的冲突事件——仍有待进一步探索。女孩们在这片新领域中竭尽全力地摸索着方向。

更大的问题是：这么多信息都是有价值的吗？女孩真的需要吗？在友情中，有些事情若是不知道、看不见或不说出来，岂不是更好？尽管本书力证女孩应坚定自信，但这并不代表所有事情都应该说出来、都应该被看见、都应该被人知道。令人惊讶的是，许多女孩赞同这一点。我问了许多组女孩，如果没有科技，她们的友谊是否会更美好，大部分女孩都举手了。她们表示赞同。

第 5 章

自以为了不起的女孩

外人看来,埃琳似乎不会成为被欺负的对象。她漂亮、受欢迎,正是我初中时崇拜的那种女孩。可埃琳却遭到了朋友们的惩罚,因为女孩们憎恨她社交上的成功。我问了很多埃琳式女孩身边的人,发现这类女孩可能的确容易成为靶子,因为她们可以算是"自以为了不起"的女孩。

早上 8:00,在密西西比,19 名七年级女孩懒洋洋地躺在椅子上,小腿在金属、塑料和木头之间无精打采地晃荡着,下巴紧挨着冰凉的桌面。我感觉自己像阿特拉斯巨神被惩罚顶天一样,努力撑着这场对话,直到我问:"那你们觉得,自以为了不起的女孩为什么会让人记恨呢?"

女孩们身体开始晃动,眼神像箭一样在整个教室中穿梭。

安布尔第一次主动举手:"她们认为自己比我们所有人都好。"

克里斯蒂娜补充道:"她们把其他所有人都比下去了。"

"有时她们就是把别的女孩挤走，追男生。对男孩她们就不会那样了。"

"她们主要就是想办法和其他所有女生朋友的男友调情，她们觉得自己能抢到任何一个男孩。"

"她们言行很傲慢。"莱西说道。

第二天，我和五年级孩子交谈，我问道："为什么我们不喜欢自以为了不起的女孩？"

"她觉得自己很漂亮！"一个女孩愤愤不平地说。

"这有什么问题吗？"

"她炫耀，"迪迪说道，"这种女孩大部分都像自己不得了似的，走来走去，活蹦乱跳，在走廊里说'我比你强'。"

"她们怎么夸耀自己？"我问道。

"我的头发真美。"她讥讽地模仿道。

"她直接这么说的？"

"我比你好看，我就是比你强！"她用娇滴滴的声音说道，然后咯咯偷笑起来。

"好，"我说，"表演一下，让我看看。"

"她们上课的时候梳头发，到处神气活现的！"

"让我看看是怎么一回事。"我怂恿道。雷妮莎从椅子上跳起来，在圈子中间悠闲漫步，夸张地扭屁股。

"她炫耀身材是吧？"我问道，女孩们大笑起来，"我们为什么不喜欢她们那样呢？"

笑声渐渐退去，像一片草被盖住了一样。沉默。

"我们一起去哪儿，可能都会有（男孩）注意她。男孩可能就喜欢她不喜欢我了。"迪迪说。

"那她们该怎么做？"我追问。

"别一直都说出来。"莉齐说道。

"自己心里清楚就好。"

"普通一点！"

"正常一点！"

"怎样算正常？"我问道。

"走路别扭屁股！"拉娜沮丧地说道。

"像别人一样。"

"低调一点。"雷妮莎坚定地说。

"你可以友好、可以开心，但只是……做大家都做的事情，别伤人！"莉齐喊道。

两组讨论后，轮到九年级，我请她们定义自以为了不起的女孩。凯蒂解释道："比如她们比别人有钱，总能买到好衣服和其他东西，她们会和一大群人一起出去玩等等。她们自以为了不起，她们给你的感觉好像是，你们才进不了我的圈子呢。"

劳伦接过话茬："她们很受欢迎，觉得自己在学校能得到任何一个想要的男孩，家里有很多钱，能买得起漂亮衣服，等等。她觉得自己很完美。"

"是啊，"塔尼娅说道，"这种女孩很傲慢，她不想和任何人说话，但也许不是——我们也没给她机会，不知道她到底是怎样的人。"

"为什么不给她机会呢?"我问道,"为什么我们会直接判断呢?"

希瑟又说道:"我刚准备说来着,她觉得自己很了不起,很势利那种。她买得起汤米·希尔费格(Tommy Hilfiger)这种名牌,其他人只能穿乔达克(Jordache)这种普通牌子,她走上来说,看看我的手表,我从某某品牌买的,花了180美元呢。"

"主要是她们的态度。"塔尼娅说道。

"别人会注意到你的,"凯莉说,"别自己喊人来关注你。摆正姿态,自信一点,引人注目,但什么都别说。"

"女孩们最大的争执通常是为了什么?"我问里奇伍德第一组九年级孩子。图瓦娅举手了。

"如果你转学什么的,一来就出风头,其他女孩会恨你的。她们会觉得,她自以为了不起,她太美了。"

蒂法尼补充道:"要是转学新来的,她们会走上来说,嗯,你叫什么名字,为什么要跟我男友说话,为什么要这样那样?"

"女孩为什么要这样做呢?"我问道。

"大家想把这种女孩挤走!"凯莎尖叫道,其他女孩都加入了,声音乱作一团。

如今,女孩的成长环境不再限制她们未来的职业方向。21世纪的女孩可以是棒球运动员、未来的首席执行官或战斗机飞行员。她可以选择走上任何梦想岗位。现在,"女孩力"已经势不可当。

然而，谦虚和节制在女性价值体系中仍占主导。当代女性研究表明，我们的文化继续给女孩加压，依然希望她们贞洁、安静、苗条、甘于奉献，希望她们克制自己对性爱欢愉、个人意见、食物和自身利益的渴望。[47]

美国大学女性联合会（American Association of University Women）发现，学校里存在着"教导女孩看重沉默和顺从、并将这些品质视为美德的隐形课程"。记者佩姬·奥伦斯坦发现，女孩们看重彼此身上"甜美"和"可人"的特质，她认为这些词语可以和"顺从""礼貌"或"被动"相替换。好女孩，奥伦斯坦总结道："首先要友善——友善的重要性超越活力、超越聪颖，乃至超越诚实。"[48]

难怪歌手安妮·迪弗兰科（Ani DiFranco）会告诉一大群少女粉丝，每个人都在偷偷记恨屋里最漂亮的姑娘。也许她还可以补充一句，大家都在偷偷记恨屋里最受欢迎、最聪明、最苗条、最性感或穿得最好看的姑娘。无论这是不是一个"女孩力"的时代，大部分女孩都很清楚，枪打出头鸟。在《今日美国》(*USA Today*)[49]，一位弗吉尼亚高中教师发出警告，他发现自己的学校存在一种非常危险的女孩冲突导火索。他写道，虽说新来的女孩通常会被人忽视，"可一旦被人视作威胁，特别是如果男孩都喜欢她，那她就会被人伤害"。

刚开始采访女孩时，我假设了一系列女孩遭受霸凌的原因：生理缺陷、肥胖、贫困、不够时髦……想要按照这些来组织故事，出乎意料的是，惹怒女孩们的竟然是相反的原因。

第5章　自以为了不起的女孩　　│　175

大部分女孩都知道,最可怕的侮辱之一是被人称为"自以为了不起"的女孩。这种女孩被大致定义为自负、爱炫耀、令人反感或以自我为中心。到了五年级,女孩们很熟悉"自以为了不起"这个概念了,这是一个日后依然会伴随她们的侮辱性概念,在成年女性的世界中渐渐地发展为更斯文的说法:"她觉得自己比我强。"

怎样才能判断一个女孩是否自以为了不起呢?好吧,视情况而定。

斯蒂芬妮转学后最先遇到的是玛丽萨和洛丽。玛丽萨和洛丽幼儿园时就是朋友,两人性格迥异:玛丽萨是热情奔放的杂志封面啦啦队长类型的女孩,洛丽瘦瘦高高,十分好斗。新生年级教室的座位按字母顺序排列,这让玛丽萨和斯蒂芬妮成了朋友。

斯蒂芬妮很漂亮,算不上封面女孩那种,但她身材高挑,一头用吹风机定型的金色卷发让她成了"学校里最像私立学校学生的女孩",她自嘲道。她也很聪明,有表演天赋。之前她就读于一所又小又乏味的天主教学校,八年来都很收敛,现在转学来到一片更大的天地重新开始,她有些焦虑不安。找到玛丽萨和洛丽让她舒了一口气。一次,男孩乔希把足球踢到了斯蒂芬妮的柜子上,于是斯蒂芬妮暗恋上了他,她预感一切可能会顺理成章。

深秋一个周六晚上,斯蒂芬妮第一次应邀去洛丽家借宿。

三个女孩在一堆枕头、睡袋和垃圾食品中玩得很开心。边看电影边做指甲时，洛丽的兄弟史蒂夫和朋友杰里米一起回来了，史蒂夫和斯蒂芬妮并排坐在地板上。大家一阵说说笑笑后，男孩们向女孩们砸爆米花，洛丽冲史蒂夫大发雷霆，男孩们便离开了。女孩们看完了电影，在电视房间的地板上睡着了。

周一从自习室出来，斯蒂芬妮在柜子前一动不动地站着，感觉可能发生了自己无法理解的变化。她有一种不祥的预感。打开柜门后，里面没有看到玛丽萨和洛丽的留言条。她去了厕所，也没有人像平时那样在那里等她。整个下午，斯蒂芬妮都在走神，拼命想到底哪里出了问题、为什么。

她决定留待第二天解决。次日在年级教室，玛丽萨和洛丽依然无视她的存在，她努力追逐她俩的目光，筋疲力尽。快到中午的时候，两个女孩告诉斯蒂芬妮别人在说她闲话。一些她不知道的事情发生了。还是没人和她说话，玛丽萨和洛丽的人影也不见了，但每个人好像都明白发生了什么。斯蒂芬妮被踢出去了，被群体排斥了。没人告诉她发生了什么，她成了隐形人。

到第五节课，斯蒂芬妮感到一阵眩晕。她不明白发生了什么，为什么会这样，只知道自己对这样的局面毫无掌控权，没有朋友了。她无精打采，哭泣喘息，在柜子边上的地毯上，她用衣袖遮住脸。到底怎么了？是因为一个讨厌的高年级男生邀请她这个一年级学生去舞会吗？（她已经拒绝了！）是因为自己参加戏剧试镜了吗？她买了和玛丽萨同款的裤子时，玛丽萨说她爱模仿，也许不是开玩笑？也许是她融入新集体时用力过猛了？

第5章 自以为了不起的女孩 | 177

也许她需要收敛一点,这样人们才不至于立刻被她激怒。

很快,斯蒂芬妮就明白了真相。她一个人坐在餐厅桌子边时听到了悄悄话:在洛丽家,她和史蒂夫调情。玛丽萨喜欢史蒂夫,所以非常愤怒。斯蒂芬妮惊呆了,一动不动。

她没有和史蒂夫调情。不论如何,她**没**那个意思。她暗恋的是乔希,她们明明是知道的!说她调情了到底是怎么了?她做了什么?什么时候做的?如果她不知道答案,怎么能保证以后不会那样做呢?

没人告诉她。那一年剩下来的时光,玛丽萨和洛丽都残酷地向斯蒂芬妮悄悄施虐。情人节那天,她们以乔希的名义给她送花。斯蒂芬妮打电话表示感谢,乔希莫名其妙,她无比尴尬。女孩们威胁说,如果她再敢和史蒂夫讲话,就告诉斯蒂芬妮父母说她抽烟。斯蒂芬妮考了高分,她们会造谣说她作弊。女孩们还悄悄建议老师多管管她。洛丽给斯蒂芬妮的死对头写信,告诉她斯蒂芬妮背后骂她骂得很难听,这个女孩把斯蒂芬妮按到墙上,凑到她跟前威胁说要杀了她。洛丽给乔希写了一封充满性暗示的信,署了斯蒂芬妮的名字。

现在,29岁的斯蒂芬妮坐在华盛顿公寓的沙发上,迷你小狗巴迪在她身边。小狗敏锐地感觉到我的问题会令人难受,对我不太友好。我蜷缩在高脚凳上,尽可能把脚抬高。我问斯蒂芬妮她的父母是怎样处理的,她叹了口气。

"其他人跟你说这些的时候会难过吗?"她问道。

"有的人会。"

"好吧,我现在挺难过的。"我递给她一张纸巾,多次访谈后我明白了要有备而来。小狗开始咆哮,我一边把脚紧紧靠在高脚凳上,一边告诉斯蒂芬妮,我最好的朋友等了很多年才吐露自己痛苦的故事。她继续说下去。

斯蒂芬妮告诉我,她等到大学毕业才说出这段经历,我是第二个知道的人。但是她说如果能帮助其他女孩,她愿意说。"给我再多钱我都不愿意重返 15 岁,永远不要。"她说道,盘腿坐在沙发上。"我准备好了,真的准备好了。"她继续说她的故事。

事情发生之后的几周、几个月里,斯蒂芬妮不愿告诉父母。她不想让父母担心,也不想让他们看见自己被迫遭受的惩罚。除此之外,她还有附近公立学校的朋友,所以她看起来并没有那么孤单。与之相反,她开始疯狂地节食、运动。"我以为只要减肥 20 磅,一切就会好起来,能理解吗?"同样,她也感觉,如果自己能瞒住发生的事情,这些事就没那么真实了。"如果足够努力地去应付这种事,如果可以憋在心里,如果不大声说出所有人都恨我,那就没那回事。能理解吗?你就像为自己穿上了盔甲。"

但斯蒂芬妮的自信和自尊开始减弱,她慢慢开始变得内向。她不知道自己到底做了什么,既没吵架,也没人质问她,她觉得只可能是自己的错,心直口快就是个错误。她话太多了,她喜欢调情。她坚信,解决方案就是消失。

"我怪自己说得太多,怪自己太信任她们,让她们知道那么多关于我的事情。"她说道。斯蒂芬妮不再信任别人。"别人对我说的每一句话,我都会听出不好的意思。"她开始失眠,在一场接力赛时她的焦虑症发作,然后她离开了游泳队。离家时她专门穿了新队服,然后试着把它们丢在学校。她不敢正眼看任何人,这个习惯多年后才戒掉。她害怕被其他女孩评头论足,就穿平跟船鞋、便宜的毛衣或不搭配的颜色,这是她早上穿衣时唯一能做的事情。母亲给她买了用来搭配校服的新毛衣,斯蒂芬妮担心颜色太亮引人注意,穿出家门后在学校厕所脱了,一整天瑟瑟发抖。

"我竭尽所能,只想变得(不那么显眼),"她告诉我,"我什么都不想要了,我根本不想让人注意到我。"

如果她喜欢上某个男孩,斯蒂芬妮会心存恐惧,担心被人知道。"我都不敢多看他们一眼。"她告诉我,她唯一关心的就是别人看到她后会说什么,"我彻底锁紧心扉。"

在这段时间里,斯蒂芬妮回忆起生活完全改变前几个月发生的事情。玛丽萨和洛丽对她不客气的时候,她从来没有多想过。有一次,她俩用某个女生流行乐队成员的名字互相称呼对方,却没有给斯蒂芬妮分一个名字。借宿前一周,她俩在年级教室黑板上写满了斯蒂芬妮爱乔希,侮辱她。"我们只是开玩笑。"她们说。"每次都是'我们和你开玩笑呢'。"斯蒂芬妮告诉我,"'别这么正经''别这么紧张兮兮的'。"

她回忆起几周前,学校舞会上,一个来自男子学校的帅气男生走上前来问她是否想跳舞。"好啊。"斯蒂芬妮说。"好吧，可我不想跳。"说罢他嗤笑着走开。几周前垒球比赛的时候，斯蒂芬妮告诉玛丽萨和洛丽，自己认为那个男生很帅。她坚信让事情过去比当面对质要容易一些，所以立刻就原谅她们了。"我就是从没看明白过这些信号。"她解释道。

玛丽萨和洛丽在舞会上捉弄她以后，一副轻描淡写的样子。"她们就说什么'哦，斯蒂芬妮，我们只是觉得你会被逗得哈哈大笑'。"15年后，斯蒂芬妮告诉我，"我记得当天穿的衣服，我记得当时的气味，我记得当时演奏的乐曲，我记得关于那一刻的一切，我记得此后每次见到他都无话可说。"

斯蒂芬妮的对策，是呈现出她所谓的"另一种人格"。从周一到周五，她都备受折磨，心存恐惧。周五晚上，她会和其他学校的朋友出去玩，假装玩得痛快。但学校的压力令她很快产生了生理反应，15岁的她被查出了胃溃疡，父母非常震惊。"我妈妈说：'什么，医生，为什么她会有胃溃疡？她才15岁。'"斯蒂芬妮回忆道，"'为什么她会呕吐，为什么吃东西会吐，为什么她打嗝闻起来像陈年鸡蛋打碎了一样？'"

有些人建议斯蒂芬妮看心理医生。在为期12周，每次45分钟的疗程结束后，她母亲都会扔给医生一沓钞票，斯蒂芬妮在旁边看着。"她说她不想给医生开支票，因为她希望看医生的这段经历不要回来纠缠我。"这种每周仪式并不能有效地鼓励斯蒂芬妮说出实情，也不能让她明白这一切并非她的错。

一切来去匆匆。有一天，女孩们没兴致折磨她了。但在没有她们惹事的诡异宁静中,斯蒂芬妮更希望知道自己到底做了什么,才引发了这一场噩梦。

高二那年,斯蒂芬妮独自一人在走廊游荡。柜子和地毯还是老样子,但是她明白自己变了。"我一点都不相信别人……如果别人对我和气,我也不信任他们。如果有一个受欢迎的女孩说'斯蒂芬妮,我喜欢你的头发',我觉得她们是在可怜我,就像在说'哦,她真失败',而不是'你的裤子很酷、很棒,大家都喜欢……'我不会告诉任何人自己的秘密。谁都不说。没有人知道我的想法,必须守得紧紧的……我记得那年结束时,我在一次舞会上吻了别人,应该是那学年最后一次舞会,那时我几乎石化了,我感觉这个想法可能不太健康,我在想如果别人看到我接吻会说什么,我甚至都不记得吻的是谁。我彻底锁紧心扉……哪怕我知道一切都结束了……"

高二结束时,斯蒂芬妮说服父母这所学校不能帮助她提高成绩,她要求转到另一所公立学校,父母同意了。

在新学校,斯蒂芬妮迅速成了受欢迎的女孩,她告诉我这一点时移开了视线,似乎认为我不会相信她。10月底过生日时,高三班级几乎有一半同学都聚在了她家。变化快得令人难以置信。"我不理解,也不想努力去弄明白。我不知道是怎么一回事,我真的交到朋友了。"她仍然心有戒备,新朋友问她为何转学,她总是回答:教学方式令人失望。

之前就读的那所学校邀请她参加十周年聚会,她斟酌再三。"我有点希望……自己出现在他们面前,而且看起来过得不错,耶，我现在是一名顾问，我很独立，生活很棒，我很棒，我爱自己的身体，我爱自己的每一寸肌肤，我爱自己做的每一件事情。你要知道，这不是我编的，不是我装的，因为我本来就是这样的，我感觉，好吧，不是一切都很完美，但过得还不差。这就是我现在的感受，我感觉就是很想让他们看到这些，这些记忆还在，我觉得难以置信。15年前的伤口那么深……我还是有点想说，去你的，看现在的我多酷。你们错了。你们不知道我伤得多深，我可没忘。"

尽管发生了这样的事，斯蒂芬妮还是告诉我，她最感谢的是自己生命中的女性。"女性，"她说道，"是世界上最坚强的。我们做每一件事都要加倍努力，我真的认为是这样的，我觉得女性是惊人的生物。"斯蒂芬妮感谢童年陪伴她的女性教导她坚信自己的价值，无论遇到怎样的障碍。想到"自己应该为女性晚辈做些什么"，她现在常常参与和孩子有关的志愿活动。"我感觉，"她说道，"我这辈子都要做和孩子有关的工作，因为我认为有必要给他们讲我们的故事，要见证他们诉说的事情，让他们放心地说出自己认为重要的事情。"她也向我指出，让她重新开始信任他人的，也是女性。论及她最好的伙伴，她说道："我知道我可以把钱包、车钥匙、小狗和男朋友都托付给她们，但她们都会交还给我的。"

采访女孩时我发现，每一个小圈子都有自己的隐形界线。不出所料，无意间触犯这些界线、引发同龄人憎恨的总是新生。

让我们来听听九年级同班同学梅甘和泰勒是怎么讨论她们最好的朋友珍妮刚转来时的样子。

"我记得，"梅甘说道，"珍妮刚转来的时候，简直糟透了，不是吗？来这里交到新朋友之前，她已经很傲了。大家还不认识她呢。我们刚刚在谈论这个——记得她那时候多贱吗？"

"是啊，"泰勒点头道，"不知道她哪来的自信。她是新来的，我们感觉是，她为什么要那样做？她**没有**地位——"

"没有权利！"梅甘插嘴道。

"——那么做。我记得珍妮来之前，她告诉我自己认识**很多**人。她表现得好像自己什么都知道一样。我不懂，让我觉得自己，天哪，好像谁都不认识，我没朋友。我想说，打断一下，你这是什么意思呢？"

再听听密西西比州一群九年级孩子的讨论。我问："看到一个我们都不认识的漂亮女孩走进教室，我们会有什么感觉？"

"我们立刻就会讨厌她。"凯莎立刻说道。

"我们会感觉被冒犯了。"图瓦娅说。

"她是最有魅力的人——"梅丽莎说。

"她是新来的，会抢风头。"酉卫说。

"我们希望她别那么自信，这样她就不会跟我们班的男生说话了，"凯莎说道，"新来的本身就是个威胁。你看她，做这个做那个。她会抢走我的好朋友，会抢走我的男朋友。"

我问道："总的来说，女孩乐意看到其他女孩充满自信吗？"

"**不乐意。**"大家齐声说。

"不乐意。"凯莎又说一遍。

为什么不乐意呢?

"因为那种人对我们来说就是个威胁。"

每个班、每所学校都拼出了各自的定义,判断怎样的女孩自以为了不起。"了不起"的概念视具体情况而定,学校文化扮演着重要角色:在经济条件普遍较差的学校,"了不起"一般指买得起奢侈品,如有钱买丙烯指甲油、接发、买新运动鞋。在富裕的校区,也许更侧重于打情骂俏和自负。在不同阶层和种族中,这个标签有不同定义。无论走到哪里,无论我是否主动提及,总是能谈到这个话题,且会引发孩子的极度热情。

尽管对"了不起"的定义有区域性差别,但始终存在一条底线。自以为了不起的女孩打破了一些规矩,这些是关于女性特质的规定:女孩必须谦虚,自我克制,沉默矜持;女孩必须友善,先人后己;女孩的权力源自他人的喜爱和肯定,来自人脉圈,而非自身能力。打破这些规则,就会给人留下"自以为了不起"的印象。

人们在衡量"自以为了不起的女孩"时有一个共同标准,而且从未改变过:这类女孩往往流露或闪耀着坚定自信的光环。她也许对自己的性感程度、独立个性、身材或口才充满自信,她拥有野心和欲望。自认为了不起的女孩通常是否定自我牺牲和自我克制的女孩,而自我牺牲和克制正是"好女孩"的标准。她的口头和肢体语言乃至穿着打扮,都在说明自己并不会将他人放在首位。

这种"了不起"标签会让女孩产生困惑。一方面,她们明白自负、自认为比他人强并不是一件很酷的事情;另一方面,她们发现自己会嫉妒这么做的女孩。"要是你认为自己很苗条,那真的不是好事,是自大。但如果你很胖呢?那就算很糟糕了。"玛丽芒特八年级的学生萨拉说道。

我们的文化教女孩说起了绕口令,陷入越来越紧张、越来越不自然的境地,在其中纠缠不清。我们既要求女孩大胆,也要求她们胆小;既要求她们雄心勃勃,也要求她们有所节制;既要求她们性感,也要求她们矜持;我们既教导女孩迅速行动,也希望她们静待时机。但这种绕口令终将导致玩家在痛苦的旋涡中走向崩溃。

游戏结束。在这种不确定该怎样培养女孩的文化环境中,孩子们被迫承担我们的困惑。面对我们含糊不清的教导,女孩决定迂回行事,她们推断:进行暗中操控——结合权力和被动——是获取权力的最佳途径。媒体巩固了这种迂回的文化,鼓励女孩表里不一、绕弯回避。

这种间接文化反映了兼顾两者的愿望——既给予女孩一切,也要对她们进行限制,也就是"可以,但是"模式:**可以**,你可以成为自己想成为的一切,**但是**,必须在可接受的范围之内。**可以**,女孩可以竞争、可以获胜,**但是**,必须保持谦虚、自我克制、矜持。走得太远,打破平衡,哪怕并非有意为之,都可能让你被列为自以为是的女孩。

这种间接文化渗透了女孩生活的每一个角落。媒体将欺骗色情化，看到他人一本正经的外表之下藏着更真实、更危险的欲火，就会挑逗我们的神经。想象一下，羞怯的图书馆员束起头发，将胸部、臀部藏在过时的裙装之下，双眸在一副大眼镜下躲闪。这就是"努力掩饰"的女孩，看似甜美，实则在表面之下酝酿罪恶。这种不直接表现性感的女孩将"好女孩、坏女孩"的二元对立演绎得淋漓尽致。

伊丽莎白·沃策尔（Elizabeth Wurtzel）说，我们中最性感的是那种"小镇甜心，如蜜糖般甜美，实际上却欲火中烧、充满罪恶……充满恶毒和可怕的想法"。[50] 将真实形象藏于虚假表象之下，是这种女孩性感价值的直接来源。而引发众人欲望的正是这种欺骗性。影片《姐妹会》（Sorority）的宣传语写道："如果她们很坏，那就非常——非常好。"

操纵，尤其是在性方面的操纵，常常被当成掌权的途径展示给女孩。这种女性无法通过努力去争取自己想要的东西，所以只能通过欺骗和控制周围的人来达到目的。沃策尔称，典型的女性大反派"很少是抢银行的，她颇具魅惑力、无比甜美，直到某个诡异瞬间你发现她并非如此。她暗中勾结、有控制欲、诱惑他人、背信弃义"。

美化女性表里不一形象的并非只有好莱坞大片。一个价值几十亿美元、以女孩为主要消费者的市场也开始利用这种表里不一的形象牟利。2000年7月的《青少年》（Teen）杂志上，出现了同一名少女的两张不同照片：左图，戴着耳环，穿着皮裤，口红浓艳，烟熏妆，穿着有蕾丝胸罩的紧身黑背心，双手抱在胸前，红唇微张。右图，同一个女孩严严实实地裹在针织衫中，矜持地抱着课本，脸上挂着秀兰·邓波儿（Shirley Temple）式微笑。在挑逗性的照片上方写着："3:00——商场"，另一幅上方为："3:15——在妈妈面前"。这是什么产品的广告？Jane Cosmetics 卸妆液，保证能够"洗净你的所作所为"。

其他广告也将表里不一视作一种美。这些图像暗示，完美女孩应该是迂回或表里不一的。坚定自信的女孩不够吸引人，广告更是强化了这一概念。一些女权主义者认为，性感诱人的形象是赋权表现之一，因为它赋予女性选择，让她们表明自己在何时何地愿意与人亲热。然而，这种形象依然在暗示，女性权力仅从性爱角度来看才是令人愉悦的，即使它被视为不真诚或具有操控性的。

嫉妒和竞争

将间接文化内化的女孩会产生沉重的心理负担。女孩相互侮辱对方"自以为了不起"，让我们看到一种摩擦，它源自混乱的文化，源自一边禁止女孩传递自信的肢体语言和意见、一边提倡她们这样做的世界。

15岁的塔莎·凯勒告诉我一个故事，她一位有魅力的同班同学引发了小团体愤怒，因为她和男生交流总是很直接。"看见她直接走向男孩,(女孩们)被吓到了……(在电影中)你看过女孩直接走向男孩,但你自己从来没跟男生那么直接地打过交道。现实和电影不一样,现实绝不会这样。"

"人们说你应该自己拿下男生,但最可能追到的就是采取实际行动的人啊,可按理说你不应该主动采取行动。"

"现在人们都说女孩要主动,要拥有力量之类的话,但你接收的信息很混乱。媒体说女孩应该掌控一切,比如耐克(Nike)广告,"她继续说,"拍电视的会让你看到这些场景,但不会告诉你现实生活是什么样的。"

现实生活是怎样的呢?我问她。"现实生活就是一场竞赛,"她沉思着回答,"在学校没有这种完美的世界……很多人容易嫉妒,特别没有安全感。"

前进两步,后退一步。教女孩敢于仰望星空,我们做得并不差。如果美国女孩就读于一所采取积极教育态度的学校,立刻就能数出一系列耳熟能详的强大女性形象:阿梅莉亚·埃尔哈特(Amelia Earhart)、索杰纳·特鲁斯(Sojourner Truth)、里戈韦塔·门楚(Rigoberta Menchu)、莉萨·莱斯利(Lisa Leslie)。她们知道了法学院女性人数多于男性,其他领域的男女比例也在日趋平衡。她们会想:"在我有生之年,谁会成为美国第一位女总统?"

问题在于实现梦想的途径。我们为女孩做梦的权利激烈斗争,却忽视了通往梦想的现实道路布满荆棘。实际上,我们本末倒置了。

何出此言？害怕被人说"自以为了不起"、将坚定或自信的女孩妖魔化，打压的正是女孩走向成功最需要的行为。信心和竞争是成功的关键工具，但它们会打破女性应遵从的规则。公开竞争有损"好女孩"人格。例如，思考一下争强好胜的女孩为何会给人以"不友善"、针锋相对的感觉。竞争意味着渴望比别人优秀，竞争和制胜关乎不让别人得到你想要的东西。

这样一来，竞争成了"两个女孩之间一场无声的战役，她们不会告诉朋友'我更棒'或'我要和某某比一比'，但却会互相挑战，像是通过眼神和行为来'取胜'……她们当着竞争者面这么做，这样竞争者就会看到她们有多棒了"。一个六年级学生是这么对我说的。想找到学校里受欢迎的女孩吗？如果有人耸耸肩说"没什么受欢迎的小群体"或坚持"大家都是朋友"，那她就是你要找的人。和攻击、自负一样，竞争违背女性规则，因此在他人面前有必要精心隐藏起来。[51]

嫉妒亦是如此。嫉妒，是因为不满足于已经得到的东西，希望索取而非给予。嫉妒是一种不羁的欲望。女孩会痴迷于朋友所拥有的——身材、头发、男朋友、皮肤，希望自己也能拥有，这种嫉妒会将自己的朋友物化。一群九年级学生告诉我，在闲暇时她们会比较身体。"如果我们没事干，"一个女孩说，"我们会说'我想要她那样的美腿''我喜欢她的身高'还有'我真爱她的头发'。"

女孩隐隐约约明白，嫉妒感违背了社会对她们的期望：女孩必须保持完美和自我牺牲精神。一对一的嫉妒"让我们烦恼"，一位里奇伍德九年级孩子告诉我："如果我们嫉妒谁，我觉得是因为她们值得羡慕，也许我们想有她们那样的身体特征，或其他什么的，我们不希望别人觉得我们不接受自己。"对一些女孩来说，嫉妒就是自私，是不愿像成熟的女性那样关爱他人。"好吧，（当我嫉妒别人时）我觉得自己很不成熟。"一名九年级的孩子告诉我，"你觉得有点——你不应该有那种感觉，你感觉那样特别幼稚。"

正如女孩会压抑攻击的冲动一般，她们也会压抑自己对嫉妒和竞争的感受。可是同竞争与攻击一样，嫉妒是不会消散的，只会转化成"可以接受"的形式。和表达攻击一样，表达嫉妒和竞争要在"好"和"友善"的条件下进行，女孩必须采用密码。换言之，她们学会了间接表达竞争和嫉妒。

"了不起"就是破解密码的核心，女孩们用这个说法表达竞争、嫉妒、愤怒和渴望。"有时，"一个九年级孩子告诉我，"我会因小事生气，然后，"她转而用假惺惺的声音尖叫道，"我会说'我只是嫉妒你呢！'"她的同班同学解释道："她的意思是，你不会到处说'她真美'。而是会说坏话，让自己舒服一点。"

用代码说话

我发现女孩的生活中到处都是代码。这些代码通常用来设置行为标准。比如说，"了不起"就为女孩的坚定自信设置了界限。这是社交雷区，用这个代码发电报，即告诉女孩她们违背了社会认可的女性气质，这是女孩们用于互相监督的工具，如果女孩超出界限——换言之，过于坚定自信，就应该用这个说法让她们收敛点。

让女孩获得"自以为了不起"称号的言论通常并没有明显表露出这层意思。"我这双鞋好看吗？"在听者看来也许是自夸。"我不知道周末该去哪个聚会！"可能会被解读成自负。"我的头发怎么样？"或"我的指甲可以吗？"——甚至频繁询问妆容或头发是否整洁，都会被当作是在自以为苗条或美丽。还有其他更直接的标志：自以为了不起的女孩也许敢于暗示自己长得好看，也许不会和每个人都说话，不会冲所有人微笑，也许这种女孩吸引男生、和男生调情，甚至会和其他女生已经公开表示过喜欢的男孩说话。

讨论这些并不是为了证明"自以为了不起"的女孩与自负绝缘，许多可能的确自负。与其说"自以为了不起"是一种固定身份，它更像是女孩存放愤怒、嫉妒和竞争带来的不适感的秘密贮藏室。从"自以为了不起"到惹人嫉妒通常只是程度问题。

实际上，被排斥的女孩常常拥有大部分姑娘梦想的一切：美貌、男友、金钱和酷酷的衣服。问及女孩们嫉妒什么，一位密西西比的高一女孩总结道："她们和谁约会、穿什么、有多少钱、谁追她们、谁和她们一起玩，有时也看成绩怎么样。"真正让人觉得"自以为了不起"的，是高调地**表现出**你拥有上述部分或所有事物，而不是默默拥有。

高二学生杰奎琳解释，自认为了不起的女孩"什么都要炫耀。她聪明，你懂的，她就会在老师跟前抢答，她知道自己总是会被表扬什么的"。当我问及为何女孩们对这个问题如此介意,她说道:"你有很多东西,心里清楚就可以了……我妈妈常告诉我谁都不比谁好到哪儿去。"我追问,为什么这会让女孩感到不安全?"因为我们都想要那些,可她都有,我们不高兴。我们都想那样……你成绩好,用不着让全世界都知道,那会让其他人难过。"

"调情"是女孩喜欢使用的另一个代码。女孩按理说应该会希望自己对男孩有吸引力,但说某人喜欢调情绝不是恭维之词。许多女孩认为与男孩调情等同于生理上发生关系,如果女孩碰巧被人看见和其他女生公开表示喜欢的男孩调情,那她的社交生活可能就危险了。

问题在于,没人可以解释清楚什么是调情。和"自以为了不起"一样,什么都可能被算上,只要是和男生打交道的。就像斯蒂芬妮所发现的那样,女孩也许会和男生说话,注视男生,与男生合作,回复男生,给男生写纸条,发短信,一起玩——或者会被人看见做这些事。调情的定义不是调情者定义的,而是由旁观者定义的。一位九年级学生讲了一个故事,从中我们可以看出"调情"的模糊性。

"我们学校的一个女孩喜欢某个男孩。他总是走过来跟我说话,我不喜欢他那样做,我们只是朋友。有一天我跟他说话的时候,他搂住我的腰推推搡搡,我尖叫起来,但那个女孩以为我在调情,第二天她在我头发里滴涂改液。我问她为什么,她说'因为你和我喜欢的男孩调情'。我说'没啊'。她过去问男孩,他说'没啊，我们是朋友'。然后她道歉了。"

无须多言，从"调情"到"荡妇"只有一步之遥。尽管大部分成年人认为被骂荡妇的女孩生活混乱，但现实常常与之相反。被骂的女孩一般只是坚定自信，并非在性爱方面表现得活跃。如果女孩穿紧身衣，和男孩打交道毫不扭捏，那就会被贴上"荡妇"标签。这种骂名并非由性行为招致，而是因为她偏离了女性在性方面应当羞怯这一规范。

不愿每时每刻对所有人都"友善"相待的女孩也可能被骂作荡妇。她可能会同已在和别人约会的男生调情，或爱上其他女孩公开表示喜欢的男生。正如琳恩·迈克尔·布朗在对女孩的愤怒的研究中所观察到的那样，"'荡妇'不是性爱方面活跃的人，反而是脱离伴侣或其他女孩的人"。[52] 心理学家德博拉·托尔曼（Deborah Tolman）写道："女孩的性爱活动需从关系的角度来解释：女孩的亲密行为服务于关系。"[53] 如果女孩只为取悦自己就轻易示爱，就是违规逾矩。

在密西西比州，女孩常常用"贱货"（skank）一词表达此类意思。"贱货"和"荡妇"一样表示在性爱方面厚颜无耻，但它还有骄傲自负之意。"（贱货）只知道说她自己的事情，"一个九年级学生模仿道，"'好吧，我可以的，我可以追到任何人。'""贱货"会分开双腿坐，会穿宽松衣物、溜冰服，也许还会穿紧身服或"淫荡"的衣服。她说话可能带着俚语，不用标准英语，也许会吵架，也许她会在公共场合和男友过于亲密。

一些代码可能有多重含义。"我太胖了"这句哀叹至少会被解读成三种意思。刚开始和女孩们见面时，来自中产阶级家庭的学生们不停抱怨滥用这个表达的同龄人。实际上，有学者展开了一项"说胖"的研究，研究者指出，大部分说"我太胖了"的女孩一点儿都不胖。[54]

首先，"我太胖了"常被用作间接表达自己略胜一筹的工具。"女孩互相问自己胖不胖是一种竞争方式，"一个八年级学生向我解释道，"如果她们很苗条，问别人自己胖不胖，对方会怎么想呢？这是一种说另一个人不够苗条的消极攻击。"在"说胖"研究中，女孩描述了"她们的朋友们如何'控诉'她们的苗条，'好像这是我的错似的'"。

"我太胖了"同样也可用作寻求同龄人积极肯定的迂回方式。"说这句话就是在求赞美，" 13岁的妮科尔说道，"女孩希望别人注意自己。"研究者确认了这一点。"对许多女孩来说，说'我太胖了'的动机源自渴望听到别人对自己的评价。女孩真的很喜欢竞争，但她们表面上不会直接竞争。"玛丽·杜克解释道，"比如她们说'我太胖了'其实是为了赢取关注。"

最后，女孩用"我太胖了"来避免被贴上"自以为了不起"的标签。研究者发现，如果一个女孩不说她觉得自己胖，那可能是在暗示自己很完美。"换言之，说自己无须节食就等于承认自己无须改善形象了——她满足了。"研究者发现，"好女孩"必须贬低自己，因此寻求恭维时要采用峰回路转的方式。

另一种代码词是谴责别人"模仿"。在玛丽芒特，一位八年级女孩穿了受欢迎的女孩莉萨的同款名牌短裤，激怒了莉萨，后来这个女孩哭着扔了自己的短裤。随后就是抱团，整个年级都在说闲话，"模仿者"给莉萨写了一封信表达痛苦之情，然后躲在了辅导员办公室。看到一个女孩模仿另一个女孩的外观或行为能在小圈子中引起如此狂怒，我感到无比吃惊。无论是8岁还是八年级，大家对此的反应压倒性地一致，认为"模仿"隐藏着别的意义。

正如"自以为了不起"那样，"模仿"是一种谴责，女孩们有时会将竞争和嫉妒隐藏其中。女孩常常说自己讨厌模仿者，因为她们想拥有自己独特的风格。追问后你会听到这样的答案："如果她模仿我，别人会觉得她比我好看。"一名六年级学生在邮件中解释道："感觉她们偷走了我的想法……我想也许是因为我们在竞争吧。"谴责一个女孩模仿，会令对方不再处于守势，让她对嫉妒和竞争感到不适，并改变冲突的用语。现在，被模仿者可以理直气壮地表示愤慨了，可以将人们的注意力从引发她回应的混乱感受上转移开，将愤怒转移到别人身上。

那么被模仿者激怒的受欢迎女孩呢？谴责对方模仿行之有效。"模仿"指控让圈内受欢迎的女孩有了具体的攻击目标。它将注意力从真正的问题上转移开了：模仿者在试着进入受欢迎的小圈子。谴责对方模仿能够对一个女孩的社交地位造成重创，受欢迎的女孩能够借此彻底击败威胁自己地位的人，彻底将模仿者孤立出群体。

被动的女孩

人们既希望女孩被动，又希望她们强大有力。在一个女孩领导力工作坊度过一下午后，我对此有了更加清晰的理解。班上共有28个13岁到17岁之间的女孩，四分之一不是白人。我站在木画架上摆放的书写板前，28双眼睛盯着我，现在开始。

"卡罗琳"——我指着一位年轻的辅导员说——"现在请你当一回万那·怀特（Vanna White）。*"女孩们咯咯地笑了。"我想请你们说出自己心目中理想或完美的女孩有哪些特点，然后告诉我这种女孩的反面形象——那种大家都不想成为的女孩是什么样的。想一想自己认识的女孩，或者在媒体中看到的那些女孩。"我向卡罗琳点点头，她摘下一支红马克笔笔盖。我在下页列出了她们的回答（加粗部分为作者强调）。

首先，我注意到的是理想的女孩**身体**完美，好像典型的白人芭比娃娃：苗条、高挑、漂亮、金发碧眼、胸部丰满、皓齿、皮肤白皙——换言之，一切如你所愿。片刻之后，我发现这些女孩对完美的要求不仅限于身体完美无瑕，还有间接迂回的性格。对她们来说，理想女孩最完美的一点是不动声色，通过操控来表达自我。

再看看这些列表。理想女孩愚蠢却擅长操弄，依赖他人、无助，却会使用性感和恋爱关系来获得权力。她受欢迎却肤浅，

---

* 美国著名猜词电视节目的常驻主持人。——编者注

理想女孩	反面形象
非常苗条	**刻薄**
漂亮	丑陋
金发	过于欢快
虚伪	体格健壮
愚蠢	**有头脑**
高挑	**固执己见**
蓝眼睛	**争强好胜**
胸部丰满	肤色暗
健康	不够苗条
昂贵的衣服	不完美
有曲线	淫荡（荡妇）
裸体	专业
时髦	没有安全感
受欢迎	笨拙
男友	郁郁寡欢 / 压抑
微笑	**男性化**
快乐	严肃
无助	坚强
打电话（有朋友）	独立
小冲突（能轻易解决）	同性恋
看起来老成	装艺术家
女人味	经前期综合征似的
依赖他人	无所节制
不实用的衣服	以自我为中心
善于操纵他人	不爱社交
性感 = 力量	难以相处
富有	书呆子
皓齿 / 皮肤光滑	
聪明	
完美	
与有地位的男生谈恋爱	

健康但不健壮，也不坚强。她很快乐却没有过于欢快。她很虚伪。她会踮起脚尖绕过"自以为了不起"雷区的导火索。

反面女孩缺乏理想女孩精于世故的一面，是"友善"、以他人为中心、讲求关系的对立面。那些不理想的女孩刻薄、固执己见、争强好胜。她以自我为中心、自私自利。她不是人见人爱的甜美女孩。她不开心，没安全感。她不爱社交，不会控制情绪。她喜怒无常，难以相处。

反面女孩不合群，不愿表示赞同，不愿随大流。然而，在女孩的成长过程中，她们羡慕的女英雄却都坚持不懈，擅长独立思考，极富斗争精神。这些矛盾的信息转化成了应成为怎样的女性的冲突。那一天，我感到困惑和沮丧。

美国文化建立在独立和竞争的双立柱之上，而这与女孩之间亲密、关爱和友好的价值观直接对立。给女孩成功的机会，意味着给她们完整、平等的参赛工具：允许她们参与竞争行为，允许她们产生追求卓越的渴望，告诉她们人际关系可以与竞争和卓越共生。如果竞争和渴望不能通过健康的途径表达，如果要求女孩将照顾他人和关系摆在首位，怨恨、困惑和报复就会紧随其后。

在过去的25年中，越来越多的心理学家研究了不同文化中男孩女孩的玩耍和分工。他们依然继承了不愿触及女性攻击的科学传统，结果导致研究呈现的女性关系过于理想化。男孩"强调地位和等级……女孩强调构建亲密度和联系。女孩认可团结和共性，展现的是所谓的'平等主义者伦理'"。可悲的是，这类研究强化了女孩闲适恬静、对不受束缚的竞争和欲望毫无冲动的形象。

需要学会坦然面对竞争的不只是女孩。我们的文化会污蔑坚定自信、富于专业精神的女性，认为她们是冰冷僵硬的可怕女人，个人生活注定失败。我想强调的是，这种特定的刻板印象触及了女孩最深的恐惧：无论以何种形式，展露出坚定和自信都会终结她们的关系，并贬损她们的首要社交资本——温柔和照顾他人的特质。

我们给女孩施压、对她们心存更高的期待，而女孩使用的代码则会加深彼此之间的隔阂。这些代码的意义令人迷惑、含糊不清，它们建立在隐藏在假象之下的第二层真相上。它们让女孩对所说内容的真实意图充满怀疑，猜测谁会是下一个被贴标签的人，引发彼此之间的信任危机。"有的人可能算得上非常要好的朋友，"一位八年级学生告诉我，"但她不会为你开心，而是会嫉妒，她不会说出来，可你能感受到。"友谊在沉默中被腐蚀了，这种沉默是所需表达之物的弱化形式，是真实的人之常情的弱化形式——但恰恰是这些真情实感让女孩产生了罪恶感。女孩对竞争和欲望的污名化让她们无法拥有健康的情绪疏导口，也无法赋予她们直截了当、实话实说的权利，而这是每个人本应享有的。

觉得我们生活在文化转型、不断变化的时代中，生活在竭力为女孩争取平等的世界里，这是一件好事。但在女孩适应社会时,我们并未教导和支持她们健康地表达欲望和参与竞争,我们把她们丢到了一个拒绝把筹码放在桌子上、赌赌看女孩会成为怎样的人的文化之中。我们在让女孩们承受一种矛盾:"理想的成年女人和女性气质要求她们'无私奉献',做一个成年人和走向成熟却要求她们学会独立和分离。"[55] 我们到底是否愿意将男孩享有的自由赋予女孩?如果我们的文化尚未确定风向标,绝大部分女孩自然也无法确定。如果女孩无法明确自己想成为怎样的人,就会对彼此释放她们(和我们)的焦虑,互相控制,画地为牢,自行通过互相惩罚、欺压和争吵来寻找答案。

第6章

霸凌者的反思

受欢迎和数学中的三角学一样,是我始终没能透彻理解的。就像去床底下找一只失踪的鞋子、让手指去够关节或弯曲指尖一样,我再怎么尝试都做不到。我的确有很多机会和受欢迎的女孩交朋友,一起坐在午餐桌上、传纸条、参加聚会,但我们之间总有一道隔阂。这是一种难以名状、看不见摸不着却无比明显的界限。这个问题像沙包一样压着我,如影随形。我就是小圈子的多余者、外围女孩。我不愿付出某些代价或做出某些行为来进入到圈子里。

一天晚上,安妮和我在华盛顿小酌,当时我并没打算提起十多年前突然不和她说话那件事。安妮是我五年级时最好的朋友,我们对彼此的友爱无法抑制。我们是卡茨老师关禁闭的常客,在那儿几乎默默笑到晕厥,尖叫"没用的东西!没用的东西!"

来控制情绪。我们一起组成"鼻屎双胞胎"（Booger Twins）组合，改编自动画片《神奇双胞胎》（Wonder Twins）。我们传纸条，上面标满了骷髅和海盗标志，写上了"BBL"，意为"鼻屎味长存"（Booger Breath Lives）。

安妮住在华盛顿的克利夫兰公园，为了见她，我第一次坐地铁。我们在她的大床上过夜，一起听《十点头十条》（Top Ten at Ten）节目，成天用橡皮筋和串珠别针做手链。那一年她和我一样，小心翼翼地在受欢迎圈子的边缘徘徊。然后有一天，她被吞没进去了。

九年级时，安妮、丽贝卡、桑迪和朱莉成了当时最具"权势"的四个女孩。她们很典型：穿得最美、最漂亮、吸引最多的男生。我和她们一起玩，就像前四年那样。丽贝卡和安妮都喜欢杰弗里，一个长雀斑、姜黄色头发的高二男孩。一天，放学铃声响起前，有人递给我一张纸条。"哦，天哪！"上面写着，"丽贝卡抛弃了安妮！"

那天，丽贝卡决定与安妮绝交，午餐吃三明治和果汁的时候她也告诉了安妮。几分钟内，受欢迎的小圈子就不再同安妮说话了，我也不和她说话了。

我对那天之后发生的事记忆不多。有一段时间，安妮在走廊之间游荡，面色蜡黄，眼神空洞。最终，我们看到她在午餐时或校车上和其他女孩坐在一起，当然，那些都是不受欢迎的女孩。那年年末，她和丽贝卡和解了，但我们之间的纽带已经断裂。最后一次见她时，她在清理柜子。下一个秋天，她没有来上学。三年后,大学开学第一周,我撞见她在枫树下乘凉。几年之后,我们才会不那么尴尬地聊上一会儿。每次见到她,我总会感到内心冻结成冰。我记得这一切,就像半夜从噩梦中惊醒一样,都是不完整的片段,但仍让我感到不安。毕业后,我们都选择了政治相关的工作,并重新成为朋友。我感到莫大的安慰,觉得自己赢得了放下旧事的权利。

如今,我们都长大了,25岁,在华盛顿一家优雅的酒吧里小口抿着饮品。我无比放松,深深沉浸在今日的友情之中,欢快地说起我的女孩霸凌研究项目,丝毫没想到我们的过去。安妮心不在焉地摆弄着烟灰缸。"记得九年级吗?"她问道,我在椅子里僵住了。她一边说,我一边拿出了录音设备。我把它放在桌子上,她点了点头,我听着。最后她说道:"我那一年都像**受伤的动物**一样,好像就是不知道该怎样振作起来。这真是……天哪,感觉就是没办法保护自己,感到没有人会帮忙,就像在房间里一丝不挂,周围的人都在指指点点嘲笑你,却没人愿意递给你一条毯子遮羞。当时一直就是那种感觉,这种脆弱无助感。那个年纪,我找不到什么办法让自己振作起来。"

沉默许久。"你当时也参与了,你亲眼看见了,"她说着抿了一口饮品,看着我,"**你说这算什么?**"

感觉有人在我心里放了一块石头似的。我怎么会做过这种事情?我总是充当旁观者,也被人当过靶子,怎么会——我怎么会做过这样的事情?

轻而易举。

我开上林登的马蹄铁形车道时,梅甘正在和朋友闲逛。她挥手跳进后座,另一个女孩也跟着溜到副驾驶座上。"嗨,我叫泰勒。"她说道。"我可以一起来吗?音乐很酷。"她补充道,冲着我的吉尔·斯科特(Jill Scott)光碟表示赞许。

我们去星巴克找了张桌子,等她们匆匆和那里的其他女孩打过招呼后,我点了一份小食,然后梅甘开始说她的故事。

五年级,梅甘在小小的天主教教会学校第一次进入了独特的小圈子。尽管她喜欢受欢迎的感觉,但这绝非自然形成的天堂,需要格外努力。"我总是担心她们会不会做什么事情不带我,"她说道,"我怕自己被抛弃,我不是小圈子里的重要人物。我不是男孩都喜欢的那种。"她渴望得到年级"皇后"杰姬的特别关注,因为杰姬喜欢的女孩会很安全。显然,一切总是如此。

梅甘停住了。我知道她要开始告诉我自己当霸凌者的故事了,她在邮件中已经说了很多。我盯着自己的咖啡,好让她讲故事的时候更好受一些。我在想,她是否会和其他许多女孩那样,停下叙述,否认自己的所作所为,称自己忘了,然后装聋作哑。"我是那种挺友好的人,算是吧。我算不上特别。"她说道,把注意力从自己身上移开。

"有个叫利亚纳·沙潘的女孩。"她轻轻说道。小团体始终认为这个女孩很古怪,五年级时利亚纳表现得好像和小圈子里的某些人很熟一样。"她真是个跟屁虫,"梅甘说道,"她什么都要和我们一样。"利亚纳模仿了她们,她们很是烦恼。

有一天,放学后玩耍时有人出了个主意。她们打算瞎编一个摇滚乐队，看看利亚纳会不会装作自己也知道，看看她面对这个谎言是否也会模仿。"所以我们说：'利亚纳，你听说过"风骚坏姐妹"（Jawbreaker）吗？'她说：'知道啊！'我们说：'真的啊！'"从此女孩们开始给歌曲填词，在她面前唱，她总是努力跟着唱，那时大家就会偷笑。"她会说：'是啊，昨天在广播上听到了。'我们会说：'真的吗？'"

这是大家乐此不疲的玩笑，对梅甘来说是一个绝妙的机会。她殷勤贡献自己的力量，写了几首歌，杰姬非常喜欢。那年年末，"风骚坏姐妹"乐队的歌曲多到可以出一张专辑，还冒出一段半成品编舞。这是梅甘距离小圈子中心最近的时刻。"这让我感觉——我写歌的时候她们会说：'耶，这真有趣！'让我感觉：'哇，我也可以刻薄，算是有点儿刻薄吧。'"

这种感觉非常顺畅，就像会溜冰的人开始玩轮滑一样。大家都说你会学得很快，但要等你滑行起来，才会相信她们的话，这就是刻薄的感觉。除此之外，女孩们从没对利亚纳说过一句过分的话。与之相反："我们会对她特别好，我们会在她面前表现得很好。但在她背后拼命说坏话，我们完全毁了她。"控制利亚纳很容易，因为她早就把梅甘当作好朋友了，去年她们一起参加了夏令营，那时梅甘还不算特别受欢迎。

一天，梅甘突然感觉哪儿出了问题，就像毛衣挂在钉子上似的。梅甘告诉我，在她原来的学校，最好的朋友安娜曾经用她当诱饵进入受欢迎的小圈子，然后当众抛弃她、侮辱她。说着这些，梅甘努力用吸管捞塑料杯里的冰块。"那次太厉害了，"

她平静地回忆道,她放弃捕捉冰块,开始啃指甲的角质,"太可怕了,我没有一个朋友。我会看着镜子感觉:'哦,我真丑,丑到骨子里,我真令人讨厌。'好像一切都变得灰暗。"回忆完自己的受害经历后,梅甘说,欺负利亚纳既轻松又艰难。"我们会当面嘲笑她,我觉得安娜背后就是这么对我的,我现在是报复。"

但杰姬才是太阳,其他女孩都围着她转,每个人都想方设法接近她。在女厕所里,梅甘和杰姬在梳理头发,梅甘情不自禁地从小隔间底下瞟了一眼,发现平台那边是第二受欢迎的女孩珍妮,此刻杰姬开始数落珍妮的种种不是。梅甘默默纵容了杰姬的斥责,她悄悄望着石头一般的平台。"我没阻止她,"梅甘解释道,"因为我知道珍妮在听着。"

正如梅甘所料,谈话引发了女孩之间长达六个月的战争,敌意从未消散。梅甘的沉默引发了她们社交世界的板块运动。"每个人都在问:'发生了什么?'我会说:'哦,天哪。'我可以随心所欲地夸大。那天我和最受欢迎的杰姬、珍妮一起在厕所,这是大事。"甚至连不认识梅甘的人都来问她。"如果某件事你在场,"她告诉我,"你就知道发生了什么,就是知情者。"就这么简单。

但梅甘亲眼看见、亲身经历的背叛让她充满了社交焦虑感。"我感觉是这样的,"她说道,"我感觉很惊恐,我感觉每个人都在讨论我,所以我看到别人说悄悄话时,我会看她们的嘴唇,偷听一部分谈话。大家都在谈论我,我特别讨厌别人做什么事情不带我一起,我感觉:'哦,我会错过这些小圈子的玩笑,她们也可能是在讨论我。'我们都还有另一个共同好友,如果我和她们一起去哪儿,我更会感觉:'该死,我会错过小圈子的全部笑话。'"

泰勒听着朋友的访谈,不住点头,然后描述了她和莫妮卡上个月为梅甘准备的惊喜聚会。泰勒一直在悄悄策划,聚会前一天,她试图在足球训练期间和莫妮卡讨论细节。梅甘走近,这两个女孩就不说了。梅甘看着她们,僵住了,然后冲向衣帽间,拿了东西跑回家。"我哭了,我感到惊慌失措,我感觉:'哦,天哪,我一个朋友都没有了。'"泰勒不好意思地笑了,翻了翻白眼。

在这样的社交世界中,愤怒莫名其妙地爆发,焦虑是常态,安全感成了稀有之物。对梅甘来说,被最好的朋友突然抛弃让她明白,人与事并非总是表里如一。不知道别人是否真正喜欢自己,让她产生了排斥他人的需要。"我想我当时就想让别人不好受。"她简单地说道。

常言道,一个女孩成不了气候,三个女人一台戏。因为女孩总是以团体身份进攻,排斥及残酷的陷阱正是巩固友谊的好机会。落单女孩就是这么来的,她被排斥是源自多人联手。一旦发生,世事难料,边界难以预测。任何有胆量的人都可以通过攻击特定目标来赢取地位,被小团体接受。对梅甘来说,写歌、投身一场战斗就是出人头地的机会,这是走进圈子和晋级的阶梯。也许这只是转瞬即逝的机会,但非常真实、非常安全。

但倘若满足感和残酷都是源自一时冲动,我们不禁要问:是什么让女孩屈服于这些冲动的?背叛安妮,让她一蹶不振,对我来说有什么好处?

如果说女孩霸凌者和目标有一个共同特点,我认为那就是二者均会从这些亲密关系中汲取权力和安全感,她们害怕孤身一人。关系的不稳定性就像阴云一般,布满女孩日常社交生活的天空。对一些人来说,她们始终无法摆脱这种恐惧感;对另一些人来说,这不过是情感的白噪声。受人欢迎这件事如同万有引力一般,势不可当地吸引女孩采取常人看来反常的行为。但在一些情况下,受欢迎的勃勃雄心也许只是次要原因,甚至与霸凌行为毫不相干。我采访的女孩描述了另一种同样强烈的动机——避免孤独带来的凄凉感。

孤独破坏了女孩身份的本质。女孩们知道,成人期待她们成为善于社交的人,身处和谐平静的关系中,尤其是在与其他女孩相处时。如果总是觉得孤立迫在眉睫、一切悬而未决,女孩会感到绝望。没有充足的社交安全感,在校时女孩会为生存竭尽所能——只要能够熬过年级教室、午餐时间或走廊集合的时刻就好。在这些场合下,排斥他人可以让女孩明白自己是群体的一员,明白自己不是被抛弃的那个人。

的确,一些女孩表示在排斥自己人时会产生兴奋感,令人担忧的是,这种感受与密切友谊带来的快乐很接近。在第三章,米歇尔描述了第一次和埃琳见面时,埃琳对她催眠术一般的影响。埃琳"就像毒品一般……她会说你希望她说的话，表现得非常要好，让你感觉你是她生命中最美好的人，你会感到兴奋，因为你碰巧没有安全感，但她让你感觉你是她的全部。这就是人们通常想要的，谁都希望被人重视"。

随后，米歇尔用几乎一样的措辞描述了小圈子对埃琳的报复。"别人都在释放愤怒的时候，跟她们一起发泄的感觉特别好，这样就不算自己一个人在做。你觉得自己好像能控制她，这种感觉是最美妙的，"她补充道，"我知道这是拥有权力的感觉，我以前从未感受过这种权力……我感觉这好像就是，能找到和我生气的理由了，我是个称职的朋友，问题不在我……我有了她以前认为自己拥有的一切，感觉有了掌控感，我不需要任何人，我有了自己需要的一切。"

米歇尔的叙述强调了她和其他女孩之间似乎坚不可摧的联系带来的狂喜之情，被孤立的妖魔看似远在天边。此时此刻，她们感到友谊很纯粹，没有威胁，没有不安全感带来的折磨。

抢椅子游戏

莉萨来得挺早，碰巧看到我插钥匙打开房门时洒了咖啡。她体格健壮，有一双黑眼睛，梳着乌黑的马尾辫，末梢卷卷的，她静静地看着我发出乒乒乓乓的声音。我们坐下，在她大学校园的会客间聊天，她的话语和眼神一样简明锐利。

莉萨上学的前三年，大家都故意无视她。从在新泽西一所小小的天主教幼儿园开始,她就一个人在操场上。课间,她会停在大金属盒子后面,盯着自己的倒影,用不同角度摆弄外套。"如果我的衣服着地了,"她回忆道,"那我就是公主;如果没有,就不是。这就是我的整个世界。我要么是公主,要么什么都不是。"二年级快结束的那段日子里,莉萨一回到家就在自己的房间里哭。她成绩很差,老师警告她父母说,这可能是发育迟缓的症状。

莉萨说服父母把她转到一所公立学校,随后成了全A优等生,在社交方面也缓和了。两年后,她进入了一所规模较大的初中,那里对口接收几个区公立小学的学生。一天还没结束,莉萨就已经胸口一紧,那是一种熟悉的心结。"我看到同样的事情再次发生了。女孩们对其他女孩刻薄。但这次,"她盯着我平静地说,"我要做那个刻薄女孩。"

第二周,莉萨假装借纸巾,成功地将贾森的纸条传给了卡伦,两个女孩就这样认识了。卡伦感激地回了一张纸条,写着:"谢谢!你原来是哪个学校的?"还画了笑脸和泡泡字体。那天两人吃午餐时坐在一起,不难看出,卡伦在以前的学校很受欢迎。你无法抵挡她的独特魅力,莉萨产生了一种很不舒服的感觉——是什么?运气?带着内疚的快乐?——只要她们在一起,她都会有这种感觉。

"我一直觉得她比我酷,我们总是一起做刻薄的事情,"莉萨告诉我,"这让我们的关系比其他人更好。"两个女孩在午餐桌和自习室传纸条,说闲话,偷笑,狡猾地偷看其他女孩。她们组建了"我们都讨厌薇姬俱乐部"(We All Hate Vicki Club),起草了一份请愿书,说服整个学校的孩子签名。接下来的靶子是合唱团一个有点婴儿肥的女孩,她们写了一首歌,说她胖、没有人爱,说她是妓女,轮到她唱歌的时候不愿意看她,这个女孩春假过后就没回来上学了。

对莉萨来说,刻薄和食物、晨会一样,是初中生活的一部分,和污浊的空气、课堂上恼人的时钟一样,令人压抑却必不可少。然而,莉萨需要紧紧抓住卡伦,她们的关系充其量只是蜘蛛网。她相信别人一定也会在背后议论她,背后的评论、悄悄话、纸条还有恶意的眼神,交织在一起充满空气。就算她不再刻薄,显然也会有人替代她。正如莉萨解释的:"班里大概有20个女孩,每个都在背后说其他人坏话。你感到大家都是朋友,但如果每个人都和我一样,那她们一定也在背后说我什么,因为我会说她们的。真的很可怕。我记得自己始终有种很糟糕的感觉。因为我知道朋友们在说我,我也在说她们。"

操控和结盟行为始终都存在,任何一个女孩都不是表里如一的,那种不安的气氛令人眩晕。在她背叛和不真诚的疯狂行为中,莉萨始终不知道谁是她真正的朋友,甚至不知道是否有真正的朋友。

刻薄是莉萨的社交护身符。尽管如此,她还是说道:"其实我只是希望有朋友,有一个我能依靠的朋友,但我没有这样的朋友。"虽然她很努力,但她的关系越来越不稳定。她解释道:"那段时间我感觉除了那些一起刻薄待人的女孩外,我谁都没有。"

她无论如何都赢不了。"我总是觉得自己肯定有什么问题,我感觉自己是个坏人,要么像个傻瓜一样被当成靶子,要么就是刻薄、欺负人的贱人。"要是当傻瓜,谁都可以欺负她。她的母亲曾苦苦哀求让她别欺负人。"但我做不到,"她简洁地说,"因为我不想做被欺负的傻瓜。"

八年级毕业时,莉萨感到筋疲力尽。用她自己的话说,她坚信自己是个"傻瓜、失败者、贱人"。她们班同学开玩笑似的投票说她适合当修女,但她被这个一本正经的标签打垮了。

两年后历史重演,她拒绝了约她的男孩,于是被称为女同性恋。消息扩散开来,莉萨感到自己故态复萌。她在诗歌写作中寻求安慰,那年春天应邀在一次大会上朗读了一首原创作品。第二天,她被人贴上了女权主义的标签,在她的学校,这个称呼相当于女同性恋。从此之后她再也不提笔写诗。

如今,莉萨自称"非常注意保护自己,这一切让我不愿与他人分享自己,让我很难交到朋友"。大一那年,许多人喊她"冰雪皇后",因为她从不跟人说起与自己相关的任何事情。大一快结束时,她遇到了鼓励自己信任他人的人:她的男友。"虽然我不想这么说,"她告诉我,"但拯救我的的确不是他,而是我自己。他爱我本来的样子,这与我在学校是贱人还是傻瓜无关,我就是现在的我。"

莉萨的中学经历很像抢椅子游戏,赢家和输家风水轮流转,也没有什么令人信服的理由。我采访的一些成年女性和女孩都描述,自己被朋友们抛弃时,正难过着,下周就发现又轮到了别人。"关键在于让谁'落单',"玛吉回忆道,"如果有三个人一起出去,两个人就会计划'一起开溜',说一些只有你们知道的笑话,引另一个人好奇,让她感到难受。"轮到谁落单毫无规律。正如一位学校辅导员所评价的那样:"以前因为欺负人来过我这里的同一群女孩,又会跑来哭诉别人是怎么对她们的。"

莉萨的故事很能说明复仇和以牙还牙的强烈渴望是许多霸凌受害女孩常有的念头。"每次被排斥、哭泣,我都想让对方也尝尝哭的感觉。"九年级的埃米莉告诉我,"我对这个人特别生气,看她难过我就开心,因为她以前见我难过就开心。"六年级的杰茜卡说:"我想报复她们一下,我想让她们体会下没人理睬的滋味。"预设的惩罚依然是孤立,旨在打破对方与他人的联系。

研究表明,被欺负过的女孩成为霸凌者的可能性明显较高。[56]实际上,愿意将自己视为霸凌者或表现刻薄的女孩,都对自己落单的经历记忆犹新。[57]莉萨就是一例。这些女孩之所以欺负人,是为了避开伤害,让安全感最大化。换言之,她们欺负人是因为感到自身受到了威胁,她们认为除此之外别无他法。

关于背叛的记忆

那是个周四,凯茜·刘忘了我们约定的采访时间,又忘了。显然,我在她的任务清单上处于"按字母表顺序排列罐装食品"和"开始集邮"之间。我认为这是个不错的开始。

终于,她出现在位于华盛顿的家门口,手里抓着纸巾,穿着一件法兰绒衫。啊哈,我明白了。病得太厉害,都没精神捉弄我了呢。凯茜让我进去,微笑着道歉。她现在是乔治城大学(Georgetown University)一名大四的学生,她居住的地方紧挨着女孩联谊会公寓。墙上到处贴着独立电影海报,我猜地毯以前应该是绿色的,但也说不准,毛茸茸、乱蓬蓬的,现在接近棕色了。厨房乱七八糟地挂着生锈的锅,还有一大堆瓶瓶罐罐和盘子。简陋的椅子上随意挂着一件乔治城大学惊叹队(Hoyas)的运动衫,椅子里的填充物已经开始往外冒。"太乱了,不好意思。"她不好意思地笑着。"哦,没事!"我说道,不由得想起了自己大学时代的公寓,"我家也是。"

凯茜是第一代美籍韩裔,采访时她 23 岁。"那,"她说道,扬起眉毛,"如果你把我写进书里,我要退学吗?还是可以赚很多钱?"我们都笑了起来,她抽出一支烟。

凯茜在南卡罗来纳州长大,父母在韩国出生,婚后移居纽约。凯茜的父亲被南卡罗来纳的学校录取,学习工程专业,毕业后在当地找到了工作。

他们是小社区中唯一的亚洲人家,当地很多人以前从未见过亚洲人。三四岁时跟母亲去超市,凯茜就注意到别人会指指点点,回头看她们,然后用胳膊肘推推同伴,窃窃私语。到中学时,人们都觉得当她面开侮辱亚洲人的玩笑没什么大不了的。

人们甚至叫她"苏丝黄"（Suzy Wan）*。在走廊，常有人跟在她后面尖声发出侮辱亚裔的声音。大多数人都认为这很好笑，她的朋友也这么认为。

凯茜不觉得好笑。对她来说，融入群体是重中之重。她觉得自己有些问题，看起来很滑稽，不太正常。她喜欢去朋友家玩耍，也会恳求母亲别当着朋友们的面做韩国菜。她的朋友会觉得厨房味道古怪，食物特别奇怪，她不喜欢这样。凯茜很时尚，漂亮精致，用她的话说，她会穿"合适的牌子"。她会在发型和妆容上花费许多心思（在20世纪80年代的南卡罗来纳，这是一笔不小的开销）。她的受欢迎程度处于第二级别，B类：离最受欢迎就差一点点。换言之，她潜力无限。

八年级时，凯茜和南希已经有了三年交情，是彼此最好的朋友。她们关系非常亲密，上课时都在互相写长长的纸条，折成各种形状塞进对方的柜子。

一天下午，南希写了一封信，说某个受欢迎的女孩傲慢自大。"我同意。"凯茜开始草草写道，可一句还没写完，她停笔了。她告诉我："我突然意识到，等等，如果我告诉受欢迎的女孩们南希说了什么，她们就会喜欢我。"凯茜把南希的纸条给了那些女孩，受欢迎的女孩们保证不会告诉别人。

第二天早晨，礼堂到处都是等着上课的学生，南希走进来，

---

* 出自电影《苏丝黄的世界》（*The World of Suzie Wong*）。欧美社会长期将影片的女主角"苏丝黄"当成亚洲女子负面形象的代称，用以形容这些女性自卑、肤浅、虚荣。——编者注

手里握着几张皱皱的纸,她脸涨得通红,眼睛肿了。凯茜问到底怎么了。"虽然我非常清楚到底发生了什么,明白她为什么会哭、为什么会难过。"南希用空洞沮丧的眼神看着她。

"她们怎么会知道这些的?"她问道。

"我不知道。"

"她们怎么会知道这些的?"她又重复了一遍。

凯茜的声音丝毫没有底气,她突然感到自己造成了无比严重的伤害。"我承担不了这么重的责任。"她告诉我,把腿盘起来,深吸第二支烟。"如果告诉她'是我背叛你的,这是我做的',我受不了。"那一天,大家都在走廊里对她狂轰滥炸,问她发生了什么。她假装什么都不知道。"我试着摆脱责难,编造不存在的第三方让自己脱身。"她边说边擤鼻涕。

当然,两人的友谊结束了。"这完全是背叛,"凯茜叹了口气,"简直不敢想象,受欢迎、被接受的欲望为什么会让我做出这么恶毒的事情,让我背叛那么亲密的人。"她清了清嗓子,声音变得更加深沉。"我——我确信——我确信这件事让她受到了很大的伤害。"凯茜说她想忘了发生的一切,"但你伤害别人这么深,根本忘不了。"

她开始沉默,香烟的烟雾在我们之间缭绕。"说起这件事真的很痛苦。"她在一只装满烟头、有个缺口的碗里弹了弹烟灰。这是她第二次向人说起此事,我问她,为什么受欢迎那么重要。

"我觉得这代表被接受,有归属感,被人渴望,"她说道,"被欺负的时候,我感觉自己地位很低。如果我被她们接受了,那就能让我自己摆脱这种地位。我倒不是真的很想和她们做朋友。只是觉得要是被接受了,我是亚洲人这件事就不算什么大问题了。"

凯茜欺负的不只是南希一个人,她还因为嫉妒一个引人注目的闺蜜而常常侮辱对方。"我记得我想过:'我为什么不能住手?为什么我不能静静看着,让她享受被人关注的快乐呢?'"回望当时的情形,她说道,"我感觉自己在万人之下,哪怕能在一人之上,对我来说都是一种安慰。"

凯茜再次问我,是否确定会在书中使用化名,我向她保证一定会的。"好吧,"她嘟哝道,"如果有人能从我的故事里明白点什么……"

"你希望别人明白什么?"我问道。

"我想让他们明白,他们也许会对别人的生活造成很大影响,"凯茜答道,"我想告诉他们,我和被自己伤害过的人再也做不成朋友了。我会质疑自己对他人的忠诚。我会想:'哇,如果我这都做得出来,我也完全可能为了讨好根本不关心我的人去背叛亲密的人。'我完全出卖她了。我抛弃了自己真实拥有的东西,去追求自以为更美好的东西,可能是社交地位或其他什么的。"

尽管凯茜拥有正确的价值观,但曾经冷酷伤害朋友的经历令她很是不安。"我现在长大了,能分清是非。我感觉那时自己好像失控了。"她说道。

"对这件事,我有着说不出的愧疚,"凯茜继续道,"我不知道怎样才能弥补自己的过错。我总是希望我的愧疚感会随着时间褪去,但这种感觉并没有减弱。我感觉在某种程度上,我就像那些20年前在某个村庄烧杀抢掠的士兵,现在回去向曾经伤害过的人还有他们的子孙道歉。也许未来我会做些什么,比如和她谈谈这件事。"

我们访谈的几个月后,她采取行动了。她主动联系南希,对方倍感惊讶。凯茜在给我的邮件中这样写道:

曾经,这个人对我来说非常重要,但我失去了她的友谊和信任。我们现在重归于好,却已不再像曾经那样信任对方,况且我们很久都不是朋友了。我自己欠考虑的行为造成了无法弥补的损失,如果我当时明白自己的行为会让我们的关系变成今天这样,我一定不会这么做。我从未料到自己会毁了与最好朋友的情谊,就算我当时能意识到,可能也料不到这对我多年后的生活会有如此重大的影响。

凯茜认为这段经历让她更具有同情心和同理心了。无论如何,背叛的记忆从未消退。"事后道歉有什么用呢?"她反问道。

控制

第二章我们提到了安妮的朋友萨曼莎,一些女孩像她那样,可能没意识到自己的残酷行为。刚开始为本书做采访时,我是从身边朋友开始的。我大学遇到的朋友罗玛说了自己被童年一位最好的朋友虐待的经历。简的攻击形式多种多样，从诅咒罗玛在火灾中丧生，到组建不让罗玛参加的小俱乐部，还打恶作剧电话捉弄她，说她衣服便宜，说她妈妈是个嬉皮士。简常常指使其他朋友跟罗玛翻脸，还拿罗玛对朋友的深切感情开玩笑。但与此同时，罗玛回忆道："她很有魅力，那是天生的，她喜欢你的时候，太美好了。她很有趣，傻乎乎的，真的非常甜美。"这种折磨长达八年之久，九年级时两人终于分开了。

罗玛23岁时，简的母亲给罗玛的母亲艾伦打电话，请她告知罗玛的电话号码，因为简想找罗玛聊天。艾伦说女儿没兴趣。"这话什么意思啊？"简的母亲难以置信地问道，"她们关系那么好。"艾伦告诉简的母亲，她女儿曾经有何表现，对方大吃一惊。

没多久，罗玛和最好的朋友萨利放假回家，在咖啡馆时简走了进来。罗玛回忆道："她开始和萨利说话，好像我不在场一样，大概说的是：'我现在住在旧金山，你最好的朋友不是住在旧金山吗？'"最后，罗玛问简到底要说什么。简转向罗玛说："为什么你告诉你妈妈我们从来就不是朋友？"她开始哭泣。"如果我们从来不是朋友，"简喊道，"我为什么知道你睡觉时喜欢把脚放在毯子上，知道你讨厌花生酱？"简开始细数罗玛的个人喜好，罗玛僵硬地听着。两个女人回忆起了友谊中的一段段故事，说法完全不同，罗玛不知道该说什么好。

林登的高二学生丹妮尔在午餐时与我碰面，向我讲述了自己三年级到七年级期间是如何控制两位女生好友的。她努力描述自己的行为。"我不知道该怎么……解释,"她犹犹豫豫地说道,"我想控制她们,想控制她们和谁一起玩。我想确保她们跟其他女孩的关系不如跟我近,确保我不在场的时候她们也不会跟其他女孩玩。"

丹妮尔希望自己是其他女孩唯一的朋友,尽管她自己可以有很多朋友。她害怕其他女孩比自己更讨人喜欢。"我想这就是为什么我想控制别人吧,"她说道,不自然地低声回忆起杰茜卡,这时她听起来比15岁老成得多,"她真的很友善,大家都喜欢她。我觉得我得控制一下。"

随后,我们的访谈中不断出现长长的沉默,令人十分尴尬,丹妮尔承认埃玛也让她心生嫉妒了。"我记得我们出去玩时,别人会对她说:'天哪,我喜欢你的头发。'我特别嫉妒,我那时的感觉是'真烦人啊'。"

然而,丹妮尔最深刻的记忆是自己控制他人的需求。"我不想她自己一个人做事情,我想和她一起做事情,比如出去玩。我不想她丢下我去别人家借宿。最主要的问题是,"她解释道,"我希望有人在那儿等我,总是有人等我,永远不会说'哦,我要和谁谁一起去做什么'。"

丹妮尔和从事专业工作的父母住在富裕的东北部社区,父母对她的社交生活非常关心,父亲尤其在乎。她告诉我:"我感觉他总是希望我在社交方面比他强一些——我当然比爸妈都要外向。所以我觉得,嗯,他们总是希望看到我有一大堆朋友,希望我开心。"

沉默许久,她补充道:"如果和朋友闹矛盾,我不会告诉爸爸,因为我觉得他会对我失望。我害怕他看不起我,说为什么你们闹矛盾呢?或者问为什么我不跟某某做朋友了。"

我从未看过活跃的丹妮尔如此安静。"现在回头看看,当时我又刻薄又残酷。"她说道。随后,差不多六年级结束后,她称自己的性格"完全变了"。很简单,因为她明白了控制并非交友之道。"我应该依靠友善相待赢取朋友而不是……"她话没说完。如今,她也难以想象自己会那样做,回忆那些时光也让她很受煎熬。

丹妮尔的话又让我们回到了这个问题:人际关系和联系在女孩的生活中位于中心地位。对被孤立的恐惧会让女孩维持不健康的友谊,还会诱发丹妮尔那样的控制行为。阿德里安娜·里奇写过,不说实话的人"活在对失控的担心中,没有控制的关系对她来说甚至是难以想象的,因为对另一个人敞开心扉意味着她自己失控"。[58] 如此一来,惧怕被孤立或被抛弃也许正是理解一些另类攻击行为的关键。

压抑的代价

"父母离婚时,我特别狂躁。"莫莉说道。我们坐在她初中外面枯黄的草地上,面对面坐着晒太阳。她瘦瘦高高,面色苍白,扎着一把蓬乱的棕色辫子,绿眼睛,正在矫正牙齿,五官平淡而舒展,正是一个处在生长期的女孩会有的模样。"我对朋友们发脾气,"她解释道,"因为,你知道的,大家都有爸爸妈妈,可我不是。"

莫莉上八年级,和妈妈住在里奇伍德,妈妈患有退化性疾病。虽然莫莉妈妈没有坐在轮椅里,但是行走能力已受到损害,长期受到慢性疼痛的折磨。每隔一周,莫莉会在周末见爸爸一次,爸爸住在另一个城市,母亲患病让父亲的抛弃更显残酷。

莫莉觉得朋友们常常吹嘘自己完整的小家庭,她们会提到自己和妈妈去逛商场,这是莫莉的妈妈肯定做不到的。最近,一位朋友举办生日会,邀请所有女孩和妈妈们一起去采购。莫莉去不了,每当莫莉的朋友问起为什么她母亲不能去教堂做义工或参加母女活动时,她都感到自己被抛弃了。"我会说'好吧,那对我来说有点难',她们会说'好吧,这我们也做不了什么',我说'好吧,我也做不了什么'。"莫莉看着我说,"这不公平,好像她们在嘲笑我或什么的。"

我问莫莉,朋友们会不会当面笑话她。

"我觉得她们并不是在笑我,"她思考着慢慢说道,"我相信大多数人同情我。我觉得也许我说这些的时候,她们互相看看,东张西望,想转移话题什么的,但这很伤害我的感情。"

莫莉说,自己生气的时候会尽量试着忽视这些,不去想。"我努力看光明的一面,"她说道,"我想,至少我还有妈妈,有的人连妈妈都没有。"她列出了可能更糟糕的事情。但在愤怒难以平息时,她会成天想这些事,"直到被逼疯了",然后大哭一场。

她说，这些时候，她最需要父亲，但是父亲不在，所以她会冲朋友或她们的家长发火。"这不是他们的错，"她说道，"但是这种愤怒就是没地方发泄，然后就发泄到了我周围的人身上。"

莫莉只冲妈妈"爆发"过一次，抱怨她的病如何限制了自己的生活，尤其是抱怨妈妈到现在都不找个新男友。"我不是故意的，"莫莉说着将一股草拧成绳子，"我现在挺后悔自己那么做了。"莫莉大喊大叫后，妈妈沉默许久。"她说：'好吧，我也没办法，我残疾了，没人想要我，你知道的。'"一定有人想要的，莫莉恳求道。"她看着我，觉得这个想法很好笑。"这次冲突"差不多就过去了"，她说道，因为她们再也不提这个话题和这次争吵了。

平时，莫莉尽可能在母亲近旁。如果房间海报冒犯了母亲身为浸礼会教徒的信仰，莫莉总是会取下来，连后街男孩（Backstreet Boys）的照片也不可以挂。莫莉妈妈不会给她买摇滚音乐，在家更喜欢放基督教音乐。一次和朋友出去时，莫莉提到妈妈看到她翻阅摇滚海报会不高兴。"她们看我的表情，好像我疯了似的。这让我特别生气，因为我感觉，是啊，她就是这样，我什么都不能说。"

莫莉说，多年来，她都在取笑别的女孩："她们的衣服、头发，所有能想到的我都会说。"此后她觉得难过，努力试着交朋友但都失败了。有时她还会陷入争斗之中。"我特别生气，"她解释道，"我想打一架。"她威胁了一个女孩，两个人一起出去了，但什么也没发生。和她与母亲的争执一样，"差不多就过去了"。

我问莫莉生气是怎样的感觉。"你感觉恨某人,努力不去恨,但感觉愤怒在拉扯你,如果有人在拉你,自己就很难停下来,"她说道,"你不停地想啊想,想得越多,感觉越糟糕。"她最后决定付诸行动:"冲着某人来,就是想让她们难过。你的感情堆起来,好像想把对方打倒。你感到怒气冲冲,心里满是怨恨,很多时候就想直接冲她们发泄。很多时候就是控制不住自己。想停住,但就是停不住。一旦开始就很难停下来。"正如安妮·坎贝尔在女性身上所观察到的那样,莫莉的攻击毫无征兆,当她无力抑制时就会爆发。

莫莉非常珍惜她最好的朋友,但最近两人关系紧张。"她冲我发火,为了和好我什么都愿意做。"她急切地说。但凯特不直说为什么要冲莫莉发火,所以莫莉只好开口询问,耐心等待,"客客气气地写信"。然后,她解释道:"只隔一天,她又开始和我说话了,我们又开始聊天了,一切烟消云散,我就不再想了。"

"我什么都不能说",这是莫莉的原话,也是对她生活的概括。她面临着更多的限制,更多的压力,而这些连理智的成年人都不一定应付得来:父母离异、母亲残疾、经济困难、宗教禁忌——还远不止这些。莫莉克服重重阻挠,努力做一个"好女孩",努力"看光明的一面",努力关心生病的母亲,在没有父亲的帮助下与生活抗争,努力理解令母亲变得衰弱、成为她自身羁绊的病症,而这种病让日常拼车、玩耍、买新衣服都变得很困难。

像许多女孩一样,莫莉只有无法自控、愤怒突然爆发时才会发泄，但大多数时候，正如她所说的那样，冲突一般"差不多就过去了"。她的被动态度源自亲身感受到的现实：实际上，她没有直面冲突、表达愤怒和强烈情绪的权利。莫莉的妈妈要求她表达同理心、关爱他人，无法承受莫莉沮丧的重负；她父亲也无法承受，莫莉还必须珍惜爸爸短暂的陪伴，讨好爸爸。在这种情况下，攻击必然会渗透出来，与朋友在一起时，很可能是莫莉最真实、最不受限制的时刻。

莫莉像涂鸦画一般热情激烈，迫不及待地告诉我，她想比其他人都优秀，成为学习最好的学生和最漂亮的女孩，还要做"其他那些最好的"。她竞选班长和返校节女王（后者比较令人沮丧，她从没赢过，因为她一点儿都不受欢迎）。尽管莫莉告诉我自己会削弱竞争对手、捉弄其他女孩的家人朋友、四处传播谣言、背后说人坏话，但她还是表示："我尽力善待每一个人，我想和每个人都成为朋友，我希望大家都喜欢我，如果我做了伤害别人感情的事情，我希望他们理解我不是故意的。"

在我采访的人中，也许莫莉正是这种女孩形象的典型代表：成人期待她对攻击一无所知，但她不可能不知道。她不是典型的小霸王形象，这让她的故事更有力度，充分展示了为何让女孩远离自然的愤怒情绪反而会导致残酷或不当的行为。对莫莉来说，愤怒感既陌生又亲切，这种复杂的感情让她变得盲目，淹没其中。

每当邀请成年女性和女孩谈论自己是怎样欺负其他女孩或

待人刻薄时，她们都会突然不自在起来。这时她们就要去清理柜子、写作业或补牙了。有个女孩读了我的采访问题后，直接把我从邮箱联系人中拉黑了。

起初，我认为无法追踪女孩霸凌者将成为研究的致命漏洞，但随后这却成了研究内容本身。如果女孩会费尽九牛二虎之力来隐藏自己的攻击，那她们也会想方设法地避免与我讨论这个问题。女孩认为待人"刻薄"——公开、个体化地表达消极情绪——和肥胖、丑陋或者不够酷一样可怕。因此，大部分成年女性亦是如此。"刻薄"有损女性身份的核心：女性应该友善，关爱他人，表示赞同。最后我发现，自己面临着早期攻击研究者同样遇到过的问题：女性不愿意剖析自身的攻击行为，不代表不存在攻击。

现在，我能更清楚地看待这个问题了。有些女孩欺负过好几个目标，那些被霸凌者要和我一对一长谈几小时才能讲完故事。可大部分被公认为霸凌者的女孩都明确地告诉我："我生气的时候就会读《圣经》"或"我一生气，就会难过，感觉生气不是好事儿"。我等待的大揭秘时刻似乎永远不会到来。

第一次与自愿探讨待人刻薄的女孩们讨论时，也发生了同样的事情。这些女孩以白人中产阶级为主。她们会盯着我，那眼神好像是我在让她们生吞金鱼一样。第二次，我换了种办法。我让女孩们玩角色扮演，虚拟情境中的女孩霸凌者和目标是她们不认识的人。话匣子打开了，只要不是说自己本人刻薄，她们就会畅所欲言。

最奇怪的是，我自己也欺负过别人。刚开始与女孩们打交道时，我从未把自己认定为曾经表现出刻薄行为的女孩。三年级时别人欺负过我，这件事成了我的挡箭牌，轻松地植入了我的个人经历叙述中。别人听到我写作本书的理由时，都会沉重地点点头。"哦，原来如此"，他们会这么说，眼中带着严肃和同情。实际上，计划写这一章时，我和从容漫步到华盛顿酒吧见安妮时一样，丝毫没想到自己的残酷之举。我想，那不是我，**我**只是不得已而为之。我只是同谋，不是肇事者。我和阿比不一样，和丽贝卡不一样：**她们**才可恶呢，**她们**才邪恶呢。

写完凯茜、梅根和其他人的故事后，我感到有点不对劲。我不能提笔写自己，但我最终明白了：我释放不了心中的魔鬼。这些故事中没有坏孩子，没有不可救药的恶人。这些女孩都很善良，但曾经因为可以理解或可能不太好的理由做了不好的事情。她们并不是传说中冷漠狡猾的女霸王。

坚信自己只是霸凌目标或只是霸凌者，这种想法令我们对女孩刻薄问题的回忆和讨论失真变形。这种信念也让我们许多人忽略了自身行为的复杂性，结果就是将"我们对抗他们"变成了"我们对抗我们"。

否认自己具有伤害他人的能力，会进一步巩固刻板印象，让我们认为女性没有攻击性。我们在文化中成了帮凶，抑制坚定自信的女性，将攻击行为病态化、私人化、隐性化。这同样也压制了对女孩刻薄原因和途径的公开讨论。更令人担忧的是，这种态度让我们彼此之间产生隔阂。如果任由这些小片段局限于私人和情感领域，继续想象霸凌者都是胆大包天、堕落无比的小霸王，相信我，这样一来，我们就根本无法客观公正地看待另类攻击行为。这还会剥夺我们女性享有真诚姐妹情谊的权利，因为开诚布公意味着我们首先要承认，我们内心都有刻薄的一面，都有具备攻击性的一面。女性朋友们，我们**的确如此**。

"哦，是啊，"我在咖啡馆、聚会还有商店排队时都会听到，"我经历过。"我遇到的所有人差不多都有话可说，都会回忆起那些不幸的时刻。但刻薄、愤怒、冲动和欠考虑的行为皆是人之常情。就连良知也无法抢在我飞速的刻薄之前：我曾沉迷在共同的秘密中；曾沉迷于眼神交流或悄悄翻白眼；我曾在生气的时候说过不生气，然后在别人背后说坏话；我说过闲话；我曾经以落单女孩的痛苦为代价，享受被接纳的狂喜。你呢？

这个问题有待回答。

我们该承认自己的感情了——用罗莎琳德·怀斯曼（Rosalind Wiseman）的话说，坦白承认。[59]现在我们要严肃地剖析自己内心深处的霸凌者。

隐藏竞争、嫉妒、愤怒和怨恨这些人之常情，就是欺骗他人和我们自己。我们的友谊会为此付出代价，这是我们许多人都明白的。我和闺蜜兼大学室友珍妮刚开始合租时，我们的第一次大冲突在狭小的公寓内不断发酵，却没有发出任何声响，直到有一天突然爆发。"你让我感觉很糟糕，因为我每天早上一般11：00才起床！"她说道。"你男友晚上来的时候太吵了。"我回敬道。我俩你一言我一语，把对方逼向绝境，最终两人都开始举棋不定。我在愤怒和惊恐之间摇摆，我知道这是在自我防御，明知不理智，却难以按捺愤怒之情。"我不知道这个问题能不能解决，"她平静地说，语气听起来疲惫又难过，"我不确定我们还能不能一起住下去。"

我感到脑子里乱成一团糟，屏住呼吸，被恐惧刺痛。"到底怎么了？"我终于吼了出来，"到底有什么事能糟糕到让我们结束友情？"

然后，她很突兀地问道："你不觉得自己太傲慢了吗？"我僵住了，这是个陷阱吗？

"的确是？"我半信半疑地问道，心里默默祈祷。

"很好，"她说道，"因为如果你不这么说，我就无法信任你。"

现在我们开诚布公了：我嫉妒她，我嫉妒她美丽的身体和别人无法抗拒的性感，我嫉妒她平和的精神状态，她爱别人，也被人爱；珍妮也嫉妒我，嫉妒我坚定的自律精神，嫉妒我对当下的把握，嫉妒我的社交生活，嫉妒我能定时去健身房。

就这样，两个年轻女人战战兢兢地来到了伟大的奥兹魔法师面前。帷幕拉开，我们之间的嫉妒和排斥一目了然。现在我们面对面承认，把这些情绪从躲藏之地揪出来，嫉妒没什么大不了，并不是无法控制的大问题。实际上，当我们彼此对视、毫发无损地坐在那儿时，嫉妒似乎只是一桩小事，根本没我们想得那么严重。

那一天的经历让我回忆起学皮艇的暑假。教练指导说，身体要倾向河水激流的一边，但我第一次尝试那样做时退缩了，

第6章 霸凌者的反思 | 231

肌肉紧张。绝不能这样：会翻船的。我的身体本能地靠**对抗**水流的力量来保持平衡。但教练警告，如果那么做，船就会翻。

嫉妒亦是如此：我们感觉必须得把它隐藏起来，如果拿到光天化日之下友谊就会终结。但拯救了珍妮和我的，正是将嫉妒和愤怒变成了我们的共有之物——不是我的，不是她的，让它再也无法躲藏于我们的内心，无法像肿瘤一样默默腐蚀我们的友情。我们承认它，说出来，它就不再是一个庞然大物，不再那样黑暗和有害。我们让这种感情在友谊中占有一席之地，成为我们的一部分，祸福与共，于是便释然了。

当时我差点脱口而出，说自己并不傲慢，而是谦逊温柔、无比尊重他人。忘了安妮，让背叛从记忆中淡去，真是再简单不过了。我们的文化让女孩认为说实话、表达愤怒以及其他"不太友善"的行为都是错误的。从小父母长辈教导我们，得体的回答最不伤人。正如布朗和吉利根向我们证明的那样，对女孩来说，学会如何将最令自己感到不适的感情暴露在"友谊的光天化日之下"非常重要。[60]愤怒与渴望这些自然的情感是我们的核心，也正是这些混乱和令人不适的真相令我们、我们的关系、我们的朋友和爱人无法完美。

否认这些感情会让我们远离真实的自己，无法与他人形成真诚的关系。否认这些感情无法让它们烟消云散，最多只能将其搁置别处，让周围的人不确定我们真实的意图、真实的人格以及真实的感受。否认这些感情会将我们带去一个只能凭借感觉却无法目视的地方。没有哪个女孩合该至此。

第 7 章

受欢迎的女孩

我曾应邀参加一个生日借宿聚会。这些女孩都来自东北部的一所女校,进门时她们几乎没注意到我。她们像花瓣似的分散在寿星的卧室地板上。每个人都尽职尽责地带了一个化妆包,里面满是闪亮的发胶、口红、眼影和唇彩。有的坐在朋友面前,心满意足地任由对方替自己编头发、抹亮闪闪的发胶。她们还没吃晚餐,但有的已经换上了睡衣。大部分女孩穿的都是软棉布背心和卷边的短裤。孩子们留着吹直的长发,指甲精心修剪过,涂过指甲油。

晚餐后孩子们去了客厅,开始为脚趾涂抹指甲油,电视在闪耀着,嗡嗡作响,小寿星为大家提供了泡沫分趾棉。当马克·安东尼(Marc Anthony)和克里斯蒂娜·阿奎莱拉(Christina Aguilera)闪过屏幕时,一个女孩尖叫道:"他真帅!""绝对的!"沙发上几个声音应和道。一段马特·达蒙(Matt Damon)主演的电影预告出现了。"他又单身了！我太激动了！"一个女孩停止涂指甲，激动地喊道。

一个苗条得像芦苇似的女孩几乎是刚做好指甲就跳上了动感单车，大喊道："我要把晚餐的脂肪运动掉！"另外几个也跳了起来，喊着待会要轮到自己运动。接下来的一个小时里，女孩们在单车上爬上爬下，一个个争先恐后地宣告自己平时锻炼会燃烧多少卡路里。

这群女孩才9岁。

研究者已经大致摸清了一些关于女孩为何受欢迎的看法，但这在我看来就像是我母亲去餐馆时忘带了老花镜：能看见招牌，却看不清菜单上的字。一个知名研究团队在俄亥俄公立小学观察到了受欢迎现象中最为明显的性别差异。他们总结道，对女孩来说，成功就等同于有钱、好看、"社交能力发达"，他们将其定义为"早早习得成人社交特点"。[61]大部分母亲无须正式研究，就能得出同样的结论。

父母凭直觉就知道，受欢迎的女孩成年后会收获更多战利品。酷酷的女孩最先开始探索化妆品和男孩，她们的父母好像生来就没有监督聚会、安排作息时间和控制信用卡的基因。这些女孩的外貌举止同美妆产品目录里的模特们一模一样，所做的一切都是为了模仿女人味。

但在女孩和受欢迎的背后远不止这些：这是一场残酷的比拼，女孩会投入大量精力，备受焦虑折磨。这是一种毒瘾，一种危险的诱惑，一些女孩为了获胜会不惜任何代价。对人气的追求改变了女孩，许多人为此不惜说谎、欺骗、偷窃。她们说谎是为了被人们接受，欺骗朋友是为了利用她们，盗窃别人的秘密是为了转手卖给他人以换取更好的社交回报。这是生活常态，一位11岁女孩告诉我："如果女孩有机会变得受欢迎，她们就会抓住机会，她们才不在乎会伤害谁。"

很长一段时间以来，女性都是依靠与他人的社交关系来加强社会地位的，而人气的核心就是一场针对关系而展开的冷酷无情的竞争。那些无法凭借自身努力获取权力和平等的女性尤其倾向于要"嫁得好：嫁一个更高、更有钱、更年长、更强大，至少更有社交影响力的男人"。[62] 尽管"女孩力"的概念声势浩大，但许多女孩还是以受欢迎为标准选择友情。莱克茜回忆起拥有一个受欢迎的朋友是多么激动人心。"这对我和我的自尊心来说是件大事，"她告诉我，"和朋友聊天时我会提到她，或把她的名字写在我的课本上，因为我希望别人知道酷酷的女孩苏珊·K喜欢跟**我**交往！"六年级的杰茜·约翰斯顿解释道："你自己会给自己加压，我希望她是我最好的朋友，因为她真的很受欢迎，这样我也会受欢迎的。"一位高三学生更直白："你想利用别人爬上社交高层。"

女孩会用科学计量般的精准语言描述自己的社交形势，她们用看起来很专业的图表描述结盟关系、监控权力平衡。在一位六年级学生的图表中，同龄人被列在数轴上，从A（"熟人"）开始，以BF（"最好的朋友"）结束。莉莉·卡特把自己的七年级日记借给了我,她对自己的生活描述总是围绕着友谊展开。"写写我的生活可能不太容易,"她如此开场,"但是我还是想试试。"

今天阿琳聊到了阿西娅,说她根本没有自己的个性,这让我开始反思自己。朱莉娅在她的犹太女孩成人礼后就不跟我说话了,这让我很是苦恼。利兹对我挺和气的,但是她从不给我打电话,都是我给她打,这让我感觉低人一等。不管怎样,我一直觉得利兹对我也许没有学年刚开始那会儿好了。

女孩处于波动的关系中,她们迫使同龄人评估友谊、外貌和性格。埃米莉的朋友每周都会主持一个仪式,让小圈子的女孩们围坐一圈,然后以百分制给每一个女孩评分。这种仪式肤浅无用,可在女孩的世界中,关系是不稳定的,她们迫切希望确认一些事,这种数字也许就是她们唯一可以确定的绝对值。

"别人会问,你觉得谁是你最好的朋友?我还是某某?"阿什莉·弗农说道,刚才她害羞地告诉我自己是年级里最受欢迎的女孩。她告诉朋友,她谁都一样喜欢,那个女孩回答说:"你肯定会更偏向我们中的某一个,你肯定有一个很好很好的好朋友。"一次,有个女孩得知比起另一个女孩,阿什莉在小圈子中更喜欢她本人,扬扬得意地往那个"没那么喜欢"的女孩柜子里留了一张字条。阿什莉的朋友们会争着坐在她身边,常常让她选一个数字,猜得最接近的人就能幸运地坐在她身边。"她们觉得这个座位是特权什么的。"她不好意思地说道。

在受欢迎竞争中,女孩们会尽可能多地争取朋友,并平衡与这些朋友的关系,好像托着许多茶杯的摇摇晃晃的茶托一样。美国在线(America Online)开发了"即时通信"(Instant Messenger)技术,并因此大赚了一笔,这种技术让女孩可以与同龄人进行实时网络对话——实际上,这就使得众多在线伙伴全都聚集在一块屏幕上。女孩们的好友列表可以有100人或更多,可以同时给五个人发送信息,可以在家里有朋友来访时继续用手机聊天,这样就能同时管理多重关系。"这和打电话差不多,但可以同时和六个人分别聊!"八年级女孩谢利·麦卡洛说道,"这是扩展朋友圈的好办法。"Instant Messenger 的缩写为 IM,使用者中女孩居多,这一点都不让人意外。这种工具完美符合了女孩开展社交投机活动的需求。也许这就是一位高三学生欢快地告诉我"即时通信是上帝赠给青少年的礼物!"的原因。

莉莉的日记跟踪记录了随着结盟变动带来的恐惧。"今天太可怕了,"她在1998年1月的日记中写道,"朱莉娅这个礼拜对我都不太友好,我不知道为什么。朱莉娅开始控制利兹,她俩彻底排斥我。阿琳和朱莉娅也这样对阿西娅了。"足球训练时,她紧张地注意到利兹和阿琳很神秘地坐到了另一排。"比赛后,利兹和阿琳都不等我和阿西娅了……**整场练习阿琳一直都背对着我!啊啊啊啊啊!**"

女孩对朋友的深切依恋展示了友谊在她们生命中的重要影响,等她们越来越精于人情世故,女孩间的友爱就会让她们进入迷人的新世界。但对于在人气大赛中不停竞争的女孩来说，友谊远不止是友谊，而是入场券，是一种工具，是机遇——但也可能变成重担。倘若没有选对朋友，哪怕拥有阿伯克龙比（Abercrombie）*创造的一切，都会一文不值。

在1989年的电影《希德姐妹帮》中，由关系而展开的威胁和承诺是影片中的人物们争当"希德1号"的驱动力——这是全校最受欢迎的女孩才能拥有的头衔。贾森·迪恩是新来的黑暗男生，引诱主人公韦罗妮卡误入歧途，帮助她将自己压抑的愤怒发泄到朋友们身上，实施了一系列暴力的复仇行为。他利用希德姐妹帮中一名女孩与全校最落魄的"女同性恋"玛莎的合影进行威胁，逼迫她帮忙。这个希德女孩惊恐万分，与"小人物"终结已久的友情足以让她被扳倒，她心里很清楚。

一次大学聚会上韦罗妮卡吐了，这让希德·钱德勒非常难堪，这个小圈子头头把她逼到角落怒吼："认识我之前你什么都不是，你那时候在和贝蒂·芬恩玩芭比娃娃，那时候你太嫩了，是个天真的小丫头，是个卖女童子军饼干的，你很幼稚。"她尖叫道："没有我，周一早上你就什么也不是了，我会告诉所有人你今晚都做了些什么。"

关系就是女孩社交关系的罗塞塔石碑。不足为奇，关系常常引发怀疑："她为什么要和我做朋友？""她为什么要给那个女孩买那个礼物？""她希望从我这里得到什么？"或"我希望

---

* 美国休闲服饰品牌爱芙趣（Abercrombie & Fitch）的创始人之一。——编者注

从她那里得到什么？"人气大赛让许多女孩开始怀疑同龄人的意图。丹妮拉沉思道："你和朋友独处的时候，她们会说：'哦，你比（其他人）好多了，你做某某事情太棒了。'你会得到各种赞美，但这种赞美不一定是真心话。或者（她们）会说你头发更好看，你比其他人好多了。但她们都不是在说真心话……这是为了争取你做她们的朋友。"

在玛丽芒特，埃米莉列出了她和朋友们交友的小心思。"她会应邀参加下一场聚会，所以我要和她做朋友。或者因为她有钱，我要和她做朋友。"这种策略也可以反向使用。一位密西西比五年级学生解释道："她们会先让你觉得自己是最重要的人，然后再离你而去。你最需要她们的时候，她们会抛弃你……等她们足够受欢迎了，就会继续找其他朋友。"杰茜·约翰斯顿说道："我宁愿绕开受欢迎的小圈子，因为如果发生了什么，可能突然间你就连一个朋友都没有了，她们的影响力可以让你瞬间坠落谷底。"

在人气大赛中，女孩关系的真诚度是最先被抛弃的。要想受欢迎，就需要使用策略和计谋，选择性地表达感情，有些感情不能流露出来，有些只能私下交流，规则每天都会发生变化。"这不是竞争，而是战争。"华纳兄弟推出的火爆电视节目《受欢迎》（*Popular*）的广告如此警告道。

偶尔算朋友

我观察到的最痛苦和最常见的经历之一,是被人气大赛猛地抢走亲密的朋友。事情经过很简单:受欢迎的机会之窗向某个女孩打开了,她跳了进去,丢下了密友或最好的朋友。被抛弃的朋友发觉自己孤身一人,明白自己不可能变得那么酷。

这种变化的余波无比复杂。这种绝交的过程通常不够干净利落,而是渐行渐远,经历各种小插曲。一些女孩在众人面前表现得很刻薄,但私下却很友好,还有的则正好相反。一些女孩直接无视朋友的存在。

然而,如果被抛弃的女孩紧紧抓住没有彻底决裂的朋友不放,痛苦更甚。和这些女孩维持友谊会让被抛弃的女孩明白,自己只能时不时地受到关注,且对局面毫无控制。这种行为,尤其是随之而来的困惑和悲伤难以言表。当她们对友谊失控时,也会因此自责。

任何一位目睹过这样场景的父母都知道,这不只是时断时续的友谊,而是一种虐待。在这样的环境中,女孩会感到无助、无力,会丧失判断施虐言行的理智。一位女孩如此描述这种局面:"好像一段新友情开始了,三小时过后友情结束了。然后下周又开始,再过三小时又结束了。"但如果一个女孩是否被爱取决于她是否符合他人的条件,就毫无自尊可言了。她们情愿让他人控制友谊,这一点与在暴力关系中甘愿维持现状的被欺辱者存在相似之处,令人担忧。如果我们不趁早教会女孩识别、抵制这种互动方式，也许就会导致她们在成年生活中忍受暴力，对此我深表担忧。

对孩子来说，被亲密好友抛弃几近亵渎。她们的年龄正处于身心发展的关键阶段，已经足以做出这样的推测——朋友是友好的，关爱是相互的——而被朋友抛弃则会推翻这些假设，这种损失的影响不容小觑。

萨克勒学校的露西娅和黑利从三年级开始就是最好的朋友，五年级那年，两人被分到同一个班级，班里的大部分学生是受欢迎的女孩。开学第二周，黑利感到不安，觉得露西娅正无视自己的存在。她决定问问露西娅，几次邀她课间休息时一同玩耍，露西娅很明确地道歉并拒绝了，告诉黑利自己要和其他人一起玩，她的新伙伴总是某个更受欢迎的女孩。没多久，露西娅明显变得受欢迎了，午餐时踢足球，课堂上和其他女孩搭档。

四月的空气清新怡人，黑利和我坐在她家门口潮湿的木秋千上轻轻地摇着。她用球鞋踢起一小堆泥土，我晃着腿靠在扶手上。她的皮肤苍白，衬托得眼睛下面的一堆小雀斑更明显了。黑利一头咖啡色的直发，金属丝镜架后的一双眼睛盯着泥土，看起来很严肃，我觉得她有点像间谍哈丽雅特（Harriet the Spy）。我问黑利当时有何感受。

"我感到很受伤，"她慢慢地小心说道，"我感觉她有其他事情可以做，我不如其他人重要。有时我想摆脱这种感觉，但我就是不能，我总感觉，你知道的，我们的友谊快结束了。我们从不吵架，但是她突然在另一个圈子里了，她再也不关心我了，我们不说话了，友谊结束了。"

我明知故问道："你和露西娅聊过这件事吗？"黑利瞪大眼睛，伸出下巴，对这个愚蠢的问法感到愤愤不平。她当然说了，但露西娅否认她们的友谊发生了变化。

"那……到底谁说得对？"我犹豫地问道，准备好了再次接受她责备的眼光。黑利的声音充满沮丧，备受压抑。

"有时我知道我是对的，因为我知道谁在伤害我。但我转念一想，到底是谁呢？按理说我知道是谁在伤害我的感情的！我说'你那样伤了我的感情'，别人会说'你在说什么呢？我什么都没做啊'。所以我听到了很多'我没有啊！'"

片刻之间，我们都沉默不语，只有潮湿的秋千在吱吱呀呀。"我想也许我对自己的感受不太确定，"她客观地说，"我不知道！我会怀疑自己的感情，我会觉得：'她真的这么说了？'因为我确定昨天她真的在无视我，或者确定她课间不和我说话等等。我真的会怀疑自己。"

很多女孩都说过类似的话：觉得自己像"疯了一样"，无法确定自己的真实感情或到底发生了什么。黑利明白自己被无视了，但她喜欢、信任的那个女孩却告诉她没这回事。对黑利来说，就好像自己看到天空是蓝色的，但露西娅却一口咬定是棕色的。尽管如此，黑利就是无法确定到底谁是谁非。露西娅让黑利远离对自我、自身感情以及生活的感知，让她怀疑上述一切的价值，转而让露西娅代她确认。露西娅伤害了黑利，同时却否认自己的伤害，让黑利觉得一切都是自己的臆想。

总之，露西娅还是好朋友，黑利边蹬地让秋千摇晃，边告诉我。

"什么时候？"我漏听了什么吗？

"有时候，每周四下午放学，我会等到5:00上舞蹈课，6:30结束，所以这样就有一个半小时，那段时间我们就是朋友。"我静静地坐着听秋千摆动，不知该说什么好。

"你看，"她说道，"我一定要克制住，不能毫无理由地冲她们吼，不能犯错。"

"为什么？"我问。

这就是黑利不敢追究的原因，这是许多女孩在关系中都面临的恐惧：害怕正面冲突会导致关系受损。"因为克制不住，我就会失去朋友——她们会说：'没有啊，你为什么要这样对我？也许我本来就不应该交你这个朋友。'然后你就会失去朋友。"

"她们可以把你打垮，"她解释道，"直到你感觉：'哦，我不该找人说话，课间我应该蜷在角落里，不跟任何人说话。'有时你会觉得，就算有朋友，却又跟没朋友似的。有时候这会让你伤害别人。"

正如黑利所见，她有两种选择：或尽可能忍耐，或大声说出来，然后失去一切。她宁可维持不愉快的友情，因为这比起没朋友要好得多。10岁的黑利从与最好的朋友露西娅的交往中，学会了尽量减少纠纷，但也会产生任人摆布和被利用之感。她和很多女孩一样，学会了在这种关系中为自己创造一小片空间——每周一次的90分钟舞蹈课——那时可以开心一会儿,告诉自己也许她只能享受这片刻友情,她会为受到这种待遇而感到自责。

黑利告诉我,她是有底线的,如果露西娅私下不友好,才是真的出问题了。"我是说,我知道她是我的好朋友,我可以跟她说话。只是我们在班里或……"她说不下去了,"我不知道,我说不清。"

黑利依然不确定,她在自己了解的事实和露西娅希望她相信的事实之间摇摆不定。"也许她感觉和我在一起的时间太久了,需要和其他人玩玩。我只是不想——我只是——我只是害怕——我不想试探——不想拿友谊冒险。我只想先不管这事儿,因为我还有别的朋友可以一起玩。"她深深叹一口气,沮丧得语无伦次。

许多女孩像黑利一样,直接用"糟糕"来描述偶尔的友情。从她们的声音中,能听出一丝无可奈何的顺从,一种阴沉的默许,认为自己的世界就应如此。正如杰茜卡告诉我的那样:"尽管你感觉其他女孩也许只想和你做几小时朋友,但也能理解她们要想受欢迎就必须(那样做)。"

受欢迎的代价

为了受欢迎,许多女孩会付出一定代价。你可以说它是嫁妆,也可以说它是下马威,可以说它是保护费,也可以说是表忠心的祭品：无论怎样看，有时一个女孩会牺牲朋友，不择手段地爬上高位。女孩们给我说了这个故事的两个版本：在第一个版本中，那些卑微的恳求者（我这样称呼她们）会公开欺负朋友，但私下对朋友很好。在她们对这类故事的描述中，我发现霸凌者只会对着一小朵蒲公英拼命吹，那就是她的朋友。少数友谊的蒲公英绒毛仍残留在茎上，还有的则吹散一地，留下一根光秃秃的茎秆，却一息尚存。第二个版本，则是将目标当作战利品献给受欢迎的小圈子，这种情况下友谊荡然无存。

40多岁的珍妮特如今和伴侣一起住在西北部，她说起自己常常想到谢里尔，她三年级到八年级之间最好的朋友，常常也是唯一的朋友。每天放学后，两个女孩都会煲电话粥或一起玩耍。她们晚上在彼此家中举办精心设计的舞蹈比赛，两人住处仅有两个街区之隔。冬天，她们一起滑冰，画出穿过伊利诺伊大学城的水系图。

但年级教室铃声响起时，珍妮特始终无法确定谢里尔是否会继续做她的朋友。谢里尔想跻身受欢迎的小群体，可与身材矮小、戴着厚厚眼镜的珍妮特做朋友就是一大障碍。谢里尔比珍妮特高大，跑起来也像闪电一般。在学校，她总是只关注珍妮特的衣着。如果酷酷的女孩们在场，谢里尔会辱骂珍妮特，会让她走开。她给珍妮特起了"瓶底眼镜"的外号，命令其他女孩偷她的眼镜。珍妮特满心恐惧，什么都看不见，跪在柏油操场上摸索着找校门的时候，谢里尔笑得最开心。等酷酷的女孩们离开后，谢里尔会立刻跑向珍妮特，而珍妮特从不抗议。

珍妮特成绩很好，这让她感到欣慰，并以此支撑自己渡过难关。珍妮特常常是班里唯一一个举手的孩子，她深切感受到要好好学习，做正确的事情。尽管珍妮特成绩优异，但她承认"学习好并不能改变什么，她主宰我。她想要控制一切"。谢里尔问珍妮特为什么能考好，珍妮特回答说："我觉得我比你更专注。"谢里尔因她用了"专注"这个词无情地取笑她。在珍妮特的初中毕业纪念册上，谢里尔写道："致我认识的人中最蠢的那个。好吧，也许你以后就不蠢了。你的朋友，谢里尔。"珍妮特很崩溃，但始终保持沉默。

最终，谢里尔的攻击扩散到了学校之外。她掏空友谊，在两人的关系中注满刻薄和憎恨，而此时几乎没有旁人注意到。在任何一个从窗口望向后院的人看来，两个女孩都呈现出一幅友爱的图景，但实际上谢里尔正在外面的草地上操控珍妮特，命令她顺从自己的一切心愿。两人在珍妮特卧室里轻声细语，听起来就是女孩们常常发出的那种窃窃私语，但实际上谢里尔正在地毯上斥责珍妮特的鞋子很蠢，逼迫她第一次穿戴胸罩、连裤袜或其他"酷酷的"装饰。珍妮特筋疲力尽却一声不吭，为了留住唯一的朋友甘愿忍受情感虐待。

现在，在接受心理咨询时，珍妮特很确定解开她和谢里尔这段友谊的心结，有助于解决一直伴随着她的自卑问题。不难理解，最困难的部分是将这段友谊正视为虐待。"直到今天我都很难说这段友谊是虐待，"她告诉我，"有时我在想自己一定出了什么毛病，我活该。我一直把她当作真正的朋友，我以为友谊就应该是这样的。我仍然在努力，让自己别那么想。"

"我好像从来都没想过，她不该那样对我，这不是朋友应该做的事情。我真的不知道，"她说道，"我接受朋友愿意跟我玩的一切游戏，她对我刻薄，我以为自己活该，因为内心深处我觉得自己是个伤人的坏蛋，如果别人对我发火或伤害我，我感觉自己活该。"

儿时，珍妮特遭遇过性侵。如今回顾过去，她在性侵的经历中看到了与谢里尔的友谊带给她的阴影。她说，两件事都剥夺了她的权力和掌控力。"他人有权对我为所欲为，但我没想到要拒绝。我感觉这些事情发生在我身上一定是有道理的，因为是别人在做。"她说道。

珍妮特无法解释为什么从一开始就忍受了谢里尔的虐待。"我现在还是想不通。"如今回忆起谢里尔，她记得"谢里尔用尖刻的眼神看着她，再清晰不过"。然而，她同样记得那是自己深爱的最好的朋友。

珍妮特放弃了自己眼中的事实，让折磨她的人做最终判断。她维持友谊的需求是有害的，她付出惨痛代价让自己相信这种友谊是友好的。一些女孩的第一反应是不惜一切代价维持不健康的友谊，这个问题值得我们关注，它与霸凌的关系依然有待探索。

伊丽莎白毫不犹豫地告诉我戴尔德丽不是她的朋友，说她毁了五六年级的生活。伊丽莎白发邮件告诉我自己想聊聊这件

第7章 受欢迎的女孩 | 247

事，所以某天在印第安纳时，我打电话联系她了，她在那儿读心理学研究生。伊丽莎白说自己三年级时被排斥了，虽然只是受欢迎的女孩们不喜欢她。尽管她在夏令营和课后活动中总是讨人喜欢，但在学校还是成了主要靶子。每年九月，伊丽莎白都希望有转学来的新生。"那是我唯一的希望，"她悲伤地大笑道，"只要学校有新生，我就会拼死坐在她边上跟她说话，争取在她们拉拢那个女孩之前接触她，因为那样我就能证明自己会做她可靠的朋友，在她觉得我不够酷之前让她了解我。"

六年级，伊丽莎白有幸遇到了戴尔德丽。戴尔德丽第一天就溜到了伊丽莎白边上的座位。她们成了相见恨晚的朋友，随后一个月都过得很开心，频繁借宿，午餐课间都一起玩耍。啤酒节那天，戴尔德丽午餐时和两个受欢迎的女孩坐在一起卖烘焙食品，从此，她和伊丽莎白短暂的友谊开始走向终点，同她们建立友谊一样突然。

"她一定是明白了和我一起玩，就会阻碍自己成为受欢迎的女孩，"伊丽莎白告诉我，"她发现和我一起就是不够酷，她开始意识到这对她的发展没好处。她突然变了，一夜之间她就开始和受欢迎的女孩们一起折磨我，她成了折磨我的小圈子的头头。"

戴尔德丽向新朋友炫耀了各种残酷的折磨方法。她午餐时会指指点点，大声嘲笑，课间时会侮辱伊丽莎白，常常利用自己对伊丽莎白的深入了解伤害她。受欢迎的女孩们都围绕到了戴尔德丽身边，如同花瓣聚在花蕊周围一般。伊丽莎白震惊沉默地看着这一切。她在学校故作坚强，不让其他人看到自己的崩溃，每晚回家却瘫在沙发上向母亲哭诉。"我没有自尊了，我谁也不信任，大部分晚上都哭着入睡。"她说道。

戴尔德丽在小圈子中站稳后就放松了折磨，但小圈子的蔑视依然像磁场一样挥之不去。伊丽莎白说，她八年级毕业时，"好像把自己围在了一英里厚的围墙之中，我的自我防御意识很强，没人知道我在想什么。每个人都伤害我了，我曾经信任过的人都抛弃我了，我感觉自己糟糕透顶。我信任别人、把她们当朋友看，但她们反过来背后插刀"。伊丽莎白开始过上双重生活，编造自己的生活故事说给新邻居的孩子听。"我在想，如果他们不知道我到底是怎么样的人，就会喜欢我。"

伊丽莎白和我采访的其他成年女性一样，坚信这种经历永久地改变了她。"我以前是一个快乐随和的人，突然变得充满敌意、尖酸刻薄。"她说道。我几乎可以看到她在电话那端无可奈何地耸肩。"遇到这些事之前，我从来没那样过。"伊丽莎白现在学习心理学，部分是为了想要了解自己的变化及其原因。"为什么有人要这样做？这样真的不对，我就是理解不了，根本预料不到。"

高中时，伊丽莎白突然受欢迎了，这让她很震惊。别人会因为她本来的模样喜欢她，这让她感到无比惊讶。无论如何，她讽刺地说："这些经历至今让我受益匪浅。"她现在20多岁，才重新开始与女性交朋友。伊丽莎白感到和男孩交朋友更安全，用她自己的话说，因为——"没有乱七八糟的事情，没有阴险、没有竞争，没什么吓人的。"我采访的无数成年女性都提到了这一点。她选择了一所女子学院，想避开男生们，结果发现自己对其他女性的恐惧依然强烈。"我会保持距离，我不会立刻就信任她们，总感觉别人可能会有秘密计划。"如今，她依然无法摆脱"自己是个外人的感觉，没有真正的归属感，也不想有归属感"。

秘密和谎言

人气大赛将刺眼无情的闪光灯聚焦在竞争者身上，让她们所说所做的一切都冒着更大的风险，让说出的每句话和穿出的每件衣服都成为同龄人奖惩的对象，更糟糕的情况则是被同龄人漠视。林登的一位女孩解释道："女孩们每一秒都在对我评头论足，仔细观察到底该不该和我做朋友。"她的一位同学补充道："你不会按女孩本来的样子去评价她们，而是按她们的服装、和谁一起出去玩来评价，要看她们的全套包装。"这种不时被人细细打量的感觉催生了无法预测的社交图景，常常导致她们的行为突然发生变化，因此许多女孩和不同人群在一起时会展现出不同的模样。

克洛艾·卡普兰是萨克勒日校五年级的一名女孩。一天下午，我去她的卧室和她聊天，我们坐在她高高的四柱带篷床上，脚下是床幔白色的褶皱和毛绒玩具。她书桌上方的墙面贴满了超级男孩（*NSync）和后街男孩贴画，都是从杂志上剪下来的用胶贴上去的，边上有点翘曲。屋里还有一张藤制梳妆台，摆满了闪粉打底霜和唇彩盒。我们脱了鞋盘腿坐着，面对面剥着泡泡糖。

虽然克洛艾只是一个10岁的孩子，但她对受欢迎和背叛关系的理解极其深刻。她是经历痛苦后才明白这些的。三年级头几周，阿莉莎和她说话，说希望成为最好的朋友。克洛艾很开心地答应了。她告诉我，那时"我在三年级里朋友并不是最多的，我尽可能多交一些朋友"。克洛艾和阿莉莎每天都一起玩耍，课间也在一起玩耍，聊天、打牌、交换贴画，她们最喜欢做的事情就是比赛在单杠上翻跟头。

几个月后，克洛艾发现阿莉莎在编造关于她的谎言，并把她的秘密告诉给受欢迎的女孩们。克洛艾说她感到"非常糟糕，好像有人看到你的日记，并告诉了她的朋友，然后她的朋友们又告诉了其他朋友"。如果那是你无比信任的人，就会感到很受伤。克洛艾不敢说一句话，她说因为"我大部分朋友都是她介绍的，如果我失去了她，也就失去了其他人"。

两年后，克洛艾仍感觉很悲伤，也感到困惑，看起来如此关心她的人居然也会冷酷地背叛她的信任。但在不得不面对这一切的时候，她弄明白了几件事。

其中一个，克洛艾说，就是她发现一些女孩和不同人群在一起时表现不一样。她的妈妈是家长教师协会主席，如果妈妈带她去冰激凌聚会，那么受欢迎的女孩们"言行举止完全不同——好像她们跟你是老朋友一样"，但在学校看到她时，"就好像不认识你、不关心你一样"。她告诉我，自己有一个受欢迎的同学，在学校表现得残酷、尖酸刻薄，但在露营时"像变了个人似的……在那儿非常友好"。

另一件事，克洛艾告诉我，那就是她现在明白了当时自己所做所说的一切都被阿莉莎分析汇报过了，那毕竟是能够出卖给受欢迎女孩的资本。那一年，她发现被人不时审视的感觉如影随形，让她很不舒服。其他女孩会观察谈论一切：她吃什么穿什么，她和谁一起玩。"她们什么都在乎，就是不在乎你的真实个性。"她阴郁地说。我问她这指的是什么。好吧，她说道，班里有个女孩穿带着心形的紧身长裤和成套的T恤。"大家都会记住那个样子的，"她解释道，"因为那感觉很幼稚，这下大家都会知道那是童装，受欢迎的女孩都不会和她交朋友的，这会让她们感到尴尬，受欢迎的女孩要穿时髦的衣服。"

克洛艾告诉我，五年级就是地雷阵：走错一步就完了。"如果你做了一件蠢事，"她解释道，"大家都会永远记住，然后她们就觉得你永远都不会成为酷酷的人了。如果你变了，她们也不会承认，因为她们记得你做过的蠢事。"后果严重。

我请她举个例子，说说什么算得上"蠢事"。

"比如说一句蠢话。"她边说边吹泡泡。

"比如？"

"比如我们在学校开玩笑什么的，如果大家都在说刻薄的笑话，但你却说了个很傻的笑话，比如小鸡为什么要过马路。或者是我们都在上音乐课，老师离开教室，大家都说'这首歌真傻'，你却说'有些地方还不错'，她们就会觉得'好吧，我们在说它傻，但你觉得它好'。所有人都会一起说你。"

"很奇怪，"她边捏豆豆娃边解释道，"你越低调，日子就越好过，因为没人可以发现你的小秘密，也没法给你编造谣言。越安静，别人越是发现不了你是怎样的人，你就越好过。因为沉默低调，别人就发现不了你暗恋谁。你什么都不说，这样就不会有谣言了，她们只会觉得你是个低调友善的人。"

她把手背到后面，仰起头望着天花板。"好像每个女孩都有个人档案，你穿的衣服——如果你穿错一次衣服——被记入档案了，"她说道，"她们就不再关心你了，她们会把你的档案扔走。"

克洛艾告诉我，最好的朋友的欺骗彻底改变了她。在她刚开始发展出建立亲密情感关系的能力、第一次分享真心话的时刻，她被背叛了。她与阿莉莎分享的一切都暴露在光天化日之下，并为其他所有人嘲笑。她再也不能相信朋友了，哪怕对方表现得很像朋友。

女性主义中的一种观点认为女性的关系和联系导向——即养育和照护他人——让女性得以拥有独特的处世智慧。然而，对受欢迎的追求让这种现象歪曲了。在成为酷女孩的竞争中，一些女孩将友谊转化为一系列交易和算计，将摧毁关系作为建立其他关系的手段。关系不再是单纯的结果，反而成了手段。

如果将受欢迎视作关系竞争，那么社交进步就意味着形成新关系、解除摒弃旧有关系。林登的九年级学生朱丽叶如此解释自己和两个最好的朋友为何要用代号称呼她们在五年级时嘲笑的同龄人。"我们想和朋友在一起，不想有人来打扰，我们不希望我们不喜欢的人跟我们一起玩。我们三个人非常了解对方，我们不希望失去朋友什么的,我们不会从伤人中获取乐趣,但我们要保护自己。"

倘若说分享秘密和亲密无间是女孩关系的显著特征,那么努力争取受欢迎的人——或用女孩自己的话来说,那个"想加入的人"——就会披着关系的"外衣"来为自己牟利。在关系竞赛中,赢家会将亲密关系当作"迫击炮",把自己紧紧嵌入"合适"的人群中。她会用言语或行动表明,自己值得信赖、值得依靠。她也许会抛弃其他关系,以表忠诚,从而做出公开场合刻薄、私下友好的二重行为。为了巩固自己的地位或逼迫另一个女孩,想加入小团体的人可能会将自己与其他人的关系最小化,甚至抹去这段关系,故会在受欢迎的女孩面前折磨自己原来的朋友,出卖她的秘密。一名密西西比九年级学生解释道,在复杂的青少年交谈中,"也许很多人真的都很喜欢梅丽莎,但也许正在和(某个女孩)聊天的人不喜欢(梅丽莎)。为了维持两段友谊,她会对不喜欢(梅丽莎)的人说梅丽莎的坏话"。

在友谊中,女孩分享秘密本是为了增进亲密度。关系竞争则腐蚀了这种过程,将秘密变成社交资本,随后成为军火库。这些女孩说闲话:她们出卖别人的秘密,她们散布谣言,她们编造关于他人的秘密。她们利用秘密情报,精心谋划接触他人。

尽管想加入小团体的人梦想成就辉煌,但大部分还是害怕正面冲突。一个女孩会像坦曼尼协会(Tammany Hall)*的普伦

---

* 美国因腐败而臭名昭著的政治组织——译者注

基特（Plunkett）那样，"看见机会就赶紧抓住"，甚至可能会因此毫无理由地放弃地位较低的朋友。她们不会直面尴尬的冲突，向众人宣布自己想爬上高位，而是会告诉老朋友们什么都没发生。因此，露西娅不停否认，而黑利怀疑自己疯了。

被最好的朋友或亲密朋友欺负的女孩常常发现自己会陷入这种境地。许多父母请我解释这些女孩到底是如何影响自己女儿的。我只能给出一种答案，这是一个女孩告诉我的：霸凌者通过控制目标对事实的理解来实现控制。比如，米歇尔对埃琳发出抗议，埃琳却总是说米歇尔做了错事，或称是米歇尔的错，或直接否认。"她总是会生气，"米歇尔回忆道，"如果你跟她生气，她总是会反过来说是你的错。总是我的错，我的错，我的错。"

我建议纳塔莉当面质问里斯，纳塔莉反驳道："如果你跟她说，她就会说一个不同的版本，然后她会给一大堆解释，听起来好像很有道理！"对这些女孩来说，相信别人的说法比相信自己的判断要容易点。如果她们认为自己有错、认为自己才是需要被原谅的那个，就可以继续信任这段友谊，不至于感到遭到朋友圈的抛弃。

关于受欢迎的真相

这可能会令人感到意外，但是对一个女孩来说，在得到梦寐以求的地位后，想继续受欢迎可不是什么信手拈来的事。竞争和不安四处蔓延。那些受欢迎的女孩在谈及自己的社交生活时，很多人都觉得迷失了自我。心理学家提及的女孩自尊缺失的症状恰能在她们的感受中得到映照。

六年级的科琳娜因一位亲密好友加入受欢迎的小团体而抛弃她感到无比痛苦。那个女孩和她的新朋友会"无比亲密地一起聊天、走路，如果另一个好朋友打招呼，她们不会听、没听到或装听不见"，她回忆道。科琳娜努力加入受欢迎的小圈子，最终如愿以偿。等科琳娜成了排斥受欢迎的圈子外的老朋友的那个人，她感到有点儿不对劲、很奇怪。"我知道自己好像在排斥（那些不那么受欢迎的朋友），我也不想那样。但感觉小圈子很像一个泡泡，你被吸进去了，要是走出来就显得很奇怪，"她停顿了一下，"好像你进去了，她们都在说那些事情，也没什么别的。她们都在说男生还有其他事情。她们还有自己的小圈子里的笑话，我并不是很懂。"

我问在泡泡里感觉如何。

"其实感觉不错，因为她们接受我了，但我知道她们做不了我最好的朋友。"她解释道。这时科琳娜的话验证了琳恩·迈克尔·布朗和卡萝尔·吉利根的观察：她牺牲了与自己真实感受的联系，以维持与她们不那么真实的关系。[63] 在此过程中，她离自己的本心越来越远。

"我是这个圈子的，却没有归属感，"她继续道，"我感觉在很多圈子里，但不属于任何一个。课间我就自己一个人走走。有时感觉好像有很多朋友，但有时感觉一个朋友都没有，有时感觉好像大家都爱我，但有时感觉也许她们只是表面客气而已。"

有时,她随后补充道:"尽管我是个乐天派,但有时我会很难过,缩回壳里。"

林登无比受欢迎的高一女孩亚历克西丝承认,与其他女孩维持关系非常难:"你不能相信任何一个人,完全没有安全感。大家都说你看起来很棒,但那都是装的。"她的朋友萨拉表示赞同:"你和我做朋友是因为我这个人,还是因为我认识那个男生?大家一直都保持着虚假的友谊。"

莉莉·卡特现在上高二了,她告诉我:"在那个圈子里比不在里面要付出更多努力,因为那个圈子里太紧张了,好像每一天每一秒都需要完美。你需要完美,化妆要完美,要穿完美的衣服,整个人需要完美,别人要觉得你完美,自己要觉得完美。你知道,我的意思是,你说的话,所说的一切,男孩怎么对你,一切都需要**完美**……(可最难的是)你并不完美,你并不是每一件事都能做到完美,某一天起床你也许会发现自己不受欢迎了,然后就没有那群朋友了。"

对一些女孩来说,离小圈子中心越近,就越要被迫压制自己的真实声音。交谈中一些女孩睿智地告诉我,希望自己不要显得太"亢奋"了,还有的提及朋友们的忠告,说打打闹闹的状态是不对的,不够吸引人。这些女孩感觉无权"做自己"。

《希德姐妹帮》是第一批刻画受欢迎的女孩圈的秘密关系的电影之一。然而,20世纪90年代,形式发生了变化。新式童话开始涌现,这一次,王子已经不再重要了。在《她是我的全部》

（*She's All That*）和《危险性游戏》中，受欢迎成了新式奇遇，里面讲述了校园无趣女孩跻身小圈子成为女神的故事。受欢迎这件事如此受欢迎，甚至值得华纳以此为主题推出节目。在电影《风骚坏姐妹》中，有点像仙女教母、但大部分时候更像女巫的考特妮为费恩提供了难得一遇的机会："你一文不值，我们光芒四射。你是影子，我们是太阳。但现在我要给你一个机会，你做梦都想不到的机会，那是你绝对想不到的。我们要让你成为我们中的一员，美丽动人，大受欢迎。"

无论如何，受欢迎已经被研究者和学校视为孩子们进入不同社交圈的工具。但仅仅是从受欢迎竞争中冒出来的攻击事件，就足以引起我们的进一步研究调查。为何我们那么多人都敏锐地意识到将女孩的理想形象描述为苗条美丽是有害的，却忽视了人气大赛的潜台词呢？——女孩必须被同龄人喜欢，乃至崇拜，而这通常要以牺牲真实关系为代价。有女孩会为了苗条而禁食，同样会有女孩为了受欢迎而摧毁他人。如此说来，受欢迎以及随之展开的竞争与苛求体重、外貌和性感一样危险。

当受欢迎权术摧毁女孩关系时，带来的打击是多重的。此时女孩是被自己深爱深信的朋友抛弃的，这种损失会贬低她的社交价值，令她自卑。她会因此自责，还会从中发现将关系用作工具的黑暗新规则。如果这种抛弃是公开的，那残酷言行也会随之而来，她还会遭遇公开嘲笑和羞辱。而对新晋的受欢迎女孩来说，走进"泡泡"并在内部攀升的过程中则会面临失去自我的危险。

受欢迎自有一套规矩，要求女孩像小圈子中其他人那样严格要求自己，以维持地位。认为受欢迎就能得到快乐和满足是一大谬误。离受欢迎圈子中心越近，就越危险。"尽管看起来很安全，但这是世界上最不安全的地方，"埃琳告诉我，"这里一切都变了，你每天都要与另外五个人竞争：谁先发现潮流、谁最美。这是艰难的，充满竞争。因为你很自私，所以更没有安全感，争斗更多。"

16名八年级女孩围坐一圈，和我随意聊着被他人评价的感觉。莱丝莉躺着，头枕在合拢的双手上，她受够我了，我看得出来，她的棕眼睛都快翻得只剩眼白了。莱丝莉猛地坐起身来，喊道："你看啊，我们一说起别人就停不下来，明白吗？"她说道，"我们很上瘾！一走出这间屋子，我们又要开始讨论大家都说了什么。"

布朗温是一个受欢迎的女孩，她安安静静地坐了半个小时，最后终于举手了。"我真心希望大家别互相评头论足，说某某不够好。有些人坐在那儿嘲笑别人的衣服，我也在场。我坐在那儿听，是因为我觉得这些人是我的朋友，但真的很烦。她们这样说别人，那也会这样说我吧？"

没人作声，她们都陷入了沉思。

第 8 章

对抗

对一些女孩来说,沉默和间接迂回的方式既没有吸引力,也算不上解决方案。她们反会将其视为懦弱的标志。我发现这对生活在压迫中的女孩来说尤为如此。在她们看来,坚定和愤怒都是精神力量的工具。这些年轻女性也许需要应付来自家庭和邻里的厌女情绪、老师的种族歧视或居住在有暴力威胁的环境中。在经济困难和无权发表意见的环境中,坚定和攻击成了社交图景的一部分,同操场和冰激凌车一样必不可少。在这个世界中,沉默就意味着人微言轻和危险。

琳恩·迈克尔·布朗和卡萝尔·吉利根发现,因种族或阶层问题处于学校社群边缘的女孩"更可能坚持自己的思想、感受,发展亲密、值得信赖的关系"。[64] 一些研究者对工薪阶层和有色人种女孩的自尊和情感健康进行了研究,结果发现她们对损失的理解与白人中产阶级女孩中流行的观念截然不同。

的确，如今声名显赫的美国大学女性联合会在 1990 年发布的报告中宣称，整个青春期阶段，黑人女孩在自尊指标方面得分最高。[65] 心理学家尼俄柏·韦（Niobe Way）在访谈城市青少年时发现了他们在与人相处时"大胆说真心话"的独特倾向。她采访的女孩主要来自工薪阶层的美籍非裔家庭，在她们的描述中，正面冲突不会结束关系，反而能够巩固关系。[66]

这些女孩不同寻常。她们对抗的核心似乎在于说真话会让人更轻松，她们愿意承认并说出负面情绪。当女孩选择尊重自己的情绪，那就是在尊重自己。她们说实话，是因为在敌意的文化中大声说话也许事关生存。

女孩的愤怒还会呈现怎样的面向呢？为什么？并非所有女孩都会将另类攻击作为释放负面情绪的首要途径。本章中，我会探索讲真话为何能成为对抗沉默和压抑的方式，以及要如何使用它。本章最后，我会以一个故事作结，讲述一位被霸凌者是如何在绝望中忍无可忍而进行反击的。

我自己是白人中产阶级家庭出身，这让我在和弱势社群中的女孩说话时格外注意自己的不同之处。有时，我会被一些女孩的勇气和直白鼓舞，这和我自己的风格完全不同。尽管如此，我不停告诉自己——现在也要和读者们分享——贝尔·胡克斯（bell hooks）*的话，她告诫我们别将实话实说的非裔美籍女孩浪

---

* 贝尔·胡克斯为作家格洛丽亚·琼·沃特金斯（Gloria Jean Watkins）的笔名，来源于其外曾祖母。她刻意使用小写，以便与她外曾祖母的姓名有所区别。——编者注

漫化。她称，实话实说和坚定自信"不见得是与树立自尊相关的必要特质，敢于直言的女孩可能还是会因为自己肤色不够白或皮肤质地与众不同而感到没有价值"。

胡克斯告诉我们"每位非裔女孩都有不同经历"。[67]的确，既然单纯以白人中产阶级经历为研究对象是一种排他研究模式，那我们就更应谨记胡克斯的教导了。去假想一种统一的少数族裔女性经历，就是在重蹈排他研究模式的覆辙。来自各种背景的女孩都有不同的经历，并非所有白人中产阶级背景出身的女孩都会回避正面冲突，其他背景的女孩也并非都能坦然面对正面冲突。每个女孩都有自己不同的人格和独特的生活境遇。

实际上，主流的中产阶级女性概念对许多白人女孩来说都是很陌生的。"我知道自己是从哪儿来的，"作家、评论家多萝西·艾利森（Dorothy Allison）写道，"但那里的规则并不适用于我。"[68]研究证实，一些中产阶级白人孩子的父母会鼓励他们在社交中使用肢体攻击，保护自己免受同龄人伤害。琳恩·迈克尔·布朗在缅因州的曼斯菲尔德研究一年后，发现她研究的女孩们并不接受中产阶级的女性标准，而是欣然接受了其他观念。

> 尽管这些女孩是未来的照顾者和养育者，但她们常常骄傲地展现出自己敢于直言、直白的一面，了解并表达出深切而强烈的愤怒，即使那一面可能接近无法控制的狂怒……虽然她们对自我的体验以及对关系的感知与典型的

白人中产阶级母亲及女性的无私、纯洁概念相抵触，但照顾、关爱和家庭责任依然处于她们生命中的核心位置。

尽管布朗和我一样发现，许多工薪阶层背景的女孩不愿将愤怒带入亲密关系中，但她总结道"她们这么做，并不是因为愤怒在文化大环境中不算合理情绪，而是因为她们需要朋友"。[69]而曼斯菲尔德的女孩会立刻承认并逃避愤怒，为我们呈现了一幅截然不同的关于女孩与攻击行为的图景。

选择肢体冲突

2000年元旦后不久，我收到了这封邮件。"我是一名白人女性，以前常和非裔、墨西哥裔美籍女性发生肢体冲突。**我不是攻击者。我只是保护自己，两个姐姐也会帮我。我们绝不容忍被人欺负，会狠狠揍那些欺负我们的女孩。但是请别误会，我绝不找事，绝不想打架。**"

28岁的邦尼在中西部一所大学攻读社会工作硕士学位。"我打了许多架，"她在邮件中写道，"我被县里所有学区都开除了，高中教育彻底完了。1989年，我终于从就业训练团（Job Corps）*拿到普通高中同等学力证书。"她在南加州乡村长大，有

---

* 美国劳工部于1964年启动的计划，为16—24岁青年提供免费教育和就业培训。——编者注

两个姐姐、一个哥哥，她是最小的。哥哥过世后没多久，他们举家迁至圣何塞一个工薪阶级社区，"我们住在市区，"她指出，"但是对我来说不像（市区）。"

邦尼的母亲养家糊口，她曾遭受多名男性的家庭暴力，其中一任丈夫会打邦尼和她的姐姐们。邦尼高一那年，两个姐姐已经是高年级学生了，她们对邦尼来说就是一切。如果说在这段暴风雨一般的阶段邦尼有真正的精神支柱，那就是神圣的姐妹情谊。"如果出现什么危机了，"她解释道，"我们都会告诉对方，随时准备互相帮助……不管我们多么生气，总会配合得很好。"她回忆道一位姐姐是守护天使："我遇到麻烦的那些奇怪时刻，她总是会出现。"

邦尼的新学校奇怪地融合了美国20世纪80年代典型的小团体文化和狂热的音乐亚文化。非裔美籍学生热爱嘻哈文化，而邦尼则是沉迷于利塔·福特（Lita Ford）式的摇滚文化。照片中，邦尼一头金发向后蓬起，身上的李维斯（Levi's）牛仔裤紧紧包着腿。第一年她过得很艰难，一月份，她几乎全科不及格，逃学时间比上学时间还长。

邦尼常常和非裔美籍同龄人发生冲突。她们在走廊里使不怀好意的眼色，互相辱骂对方的衣服和风格。回忆起敌对故事，邦尼对自己在冲突中扮演的角色毫无悔意，拒绝承认是自己招惹别人的。"我从来不觉得自己是欺负者，"她坚持认为，"也不是骚扰或侮辱别人的家伙，但如果有人欺负我，我会保护自己，维护我的尊严。"

邦尼承认自己的社交技巧不怎么样,但她也迅速指出自己持友谊至上的态度。"有件事情我们都会很骄傲——交朋友。被人接受,"她说道,"我明白要怎样对待别人,人不犯我,我不犯人。"

一天,在学校南边,摇滚重金属小圈子在街区聚集,那是他们的地盘。邦尼的一个熟人跑过来,上气不接下气。她拒绝了一个喜欢她的非裔美籍男生,这让某位喜欢该男生的非裔美籍女孩特别生气。

20分钟后,女孩们就看见一群非裔美籍女孩从榆树街走来。"白色垃圾!"那些女孩喊道。其中一名女孩离邦尼很近,特别危险。她告诉我记不清谁先抓住对方的,"我记得是我们——我们抓住她,把她推到地上,然后跳到她身上。"接着混战开始了,邦尼抬头看到她的一位姐姐被三个女孩围在一起,有一个已经开始挥拳。

这次她同样不记得接下来发生了什么。"我脑子一片空白,我一定是疯了,"她告诉我,"我朋友说我把那些女孩推到篱笆上,疯狂地揍她们。"

邦尼被开除了,去了另一所高中。如果她半年不打架,就能返回原来的学校。在新学校,她下定决心要回到姐姐们身边,所以没有打架。但她因为青春期惹事又转学了,用邦尼的话就是:"又惹了一堆破事儿。"邦尼更生气了,逃了更多课。

卡特两年来都是邦尼最好的朋友,她好斗、粗暴,总是喜欢违反规矩,屡教不改,常常引发周围人的怀疑。邦尼也不例外,尤其是当她终于第一次认真谈恋爱的时候。"我说：'你可以为所欲为，你可以和任何人在一起，但是不要惹我，别抢我男友……'听着，如果你敢和我男友睡，我会狠狠揍你，我会的。'"

当邦尼得知卡特和她男友厮混时，她在学校走廊里走向卡特。"我不想那样的，"邦尼告诉我，"但大家知道我说过那话，我得说话算话。我不得不那样。我别无选择，只能揍她。我说：'你他妈的知道自己在干什么吗？我不想揍你的，但现在不得不揍你。'"邦尼把她带出学校，以免再次受到违纪处分。

"我知道如果我不揍她，别人就不会尊重我了，"她说道，"那样我就会遭到更多威胁和不尊重。我反反复复告诉她'别这么做，不然后果严重'。"她补充道，也许是便于我理解，"我想我是在欺负人，但我只是在告诉她这么做的后果。"

邦尼知道，如果不和卡特打架，就会辱没姐姐们的名声，这是她绝对无法忍受的。"我们真的声名在外，绝不能忍受被欺负，"她解释道，"如果我退缩了，大家都会随意走过来揍我们。"邦尼面对卡特，最后重复了一遍条件，卡特违规了。邦尼抓住卡特，向她胸口塞了一拳，卡特没有还手。邦尼又对着她的胳膊肚子打了四五拳，卡特软绵绵地倒在那儿，一声不吭，不愿还手。

"你没听懂吗？"邦尼吼道，"你这么做，后果就是这样。我告诉过你了。"

卡特不回答。

"我不想伤害她，"邦尼说道，"但我可能下手太重了。"

许多白人中产阶级女孩会通过隐秘的方式来伸张正义，但邦尼描述了一个愤怒和复仇深深根植于校园文化的环境。在这里，攻击没有被忽视或避开，而是成了获取或维持社交地位的工具。更重要的是，对邦尼和姐姐们来说，冲突是维护尊严的基本手段。

生活的艰难让邦尼习惯了采用肢体攻击，其中包括不停目睹家庭暴力的童年。她对女性社交规则的蔑视并非有意识、上纲上线的对抗。她凶猛的性情被谨慎、甚至有时避免社交的个性中和了。她告诉我："没人帮你的时候很不好过，不需要任何人也不好过。我很独立，很坚强。什么都想自己动手。我不想对人做自我介绍，不想让别人了解我，也不想真诚相待……我看人很清楚，之所以那样看待别人，是因为我受生活条件限制，我生活在充满敌意的环境中，我得看清潜在的威胁。"

许多工薪阶层和有色人种女孩都表现出邦尼这种自愿承受的孤立，尤其是那些视流露感情或脆弱为懦弱标志的女孩。"即便是那些更自由地表达愤怒和对权力或性爱的兴趣的人，"吉尔·麦克莱恩·泰勒（Jill McLean Taylor）和她的同事们写道，"他们的主导动机依然是'保持自我''别和任何人说话''把感情藏起来'或'什么都别跟人说'。"[70]而长期的孤立状态会阻碍认知和感情的发展。

保持真实

在里奇伍德初中等待下一次访谈时，我注意到一个高高瘦瘦的非裔美籍女孩笔直地坐在大门边上的石凳上。她一动不动，好像屏住了呼吸一样。最后一辆黄色校车离开停车场后 20 分钟，一辆白色皮卡出现了，停在大门正前方，扬起一阵淡棕色的沙尘。一位年长的非裔美籍女性走下车，看起来高大威猛。她大步走向坐着的女孩，扬起粗粗的胳膊。

"我早就告诉你了，丫头。有人揍你，你也揍他们！你应该脱掉球鞋甩在她脸上！"祖母穿过校门时，女孩直直盯着前方。皮卡车的客座车门开了，另一个女孩跳了出来。她冲向第一个女孩，大喊着："我要揍她！我要揍她！"

"你这样学校会开除我的！"高个子女孩喊道，突然站住了，"你希望这样吗？"

"那等放学以后，"另一个姑娘回答，"没人管得着。"

高高的女孩坐回板凳上，带着蔑视抿紧嘴，球鞋轻轻拍打着地面。女子足球队慢慢走进停车场，校长助理帕姆·班克突然悄悄出现在我身旁。她道歉说迟到了，扭头看看那对姐妹，一言不发。"有个男孩找她弟弟麻烦，她打算揍那个男孩的姐妹，结果自己被揍得很惨，现在她还想打。我告诉她，姑娘，你看看你衣服都扯破了！"

大门甩开了，丝丝缕缕灰白头发向后梳起的校长信步走出，后面跟着在高一讨论组发言积极的女孩凯莎。凯莎丰满强壮，穿着时髦的黑色紧身裤和紫色衬衫，领尖被纽扣钉着，还有一双与着装相称的凉鞋，其中一只鞋拎在手里。她走路的样子正符合我祖母对我的要求，昂首挺胸。

"那就是揍她的女孩。"帕姆低声道。

凯莎跟着校长走到一辆厢式轿车跟前,轻车熟路地打开车门。

帕姆叹了口气:"校长送她回家。"

我在里奇伍德第一周就遇到了凯莎。她似乎很喜欢我们的小组讨论,她让屋子里充满欢笑,还说了很多故事。她的小组是由驾驶培训和自习室随机抽取的女孩组成的,大部分是非裔美籍姑娘。"如果你对某人感到生气,你会告诉对方吗?"回答这个问题时她毫不犹豫。"我会,"她说道,"我会让她知道的。如果我难过,我会表现出我很难过。我不愿意假装微笑,好像每天都特别完美似的。我不高兴的时候,别和我说话。小心点。"

"是啊,你最好别那样!"她的朋友布里特妮确认道,一边窃笑一边假装退缩。

"是啊,如果我跟你生气,我会告诉你是哪件事惹我生气了,"凯莎继续道,"我不会憋着不说。那样很幼稚,呆呆坐在那儿,生闷气,甚至都不——我的意思是,我不知道怎么说。"许多女孩点头表示赞同。我问她们,跟谁学到和惹自己难过的人当面对质时,回答差不多是异口同声的:"妈妈。"

非裔美籍母亲"会在贬低黑人女性的社会中塑造健壮、自我实现的女儿",她们在这方面拥有强大的决心,且以此著称。研究表明,许多父母培养女儿将独立和自信当作抵抗潜在压迫的手段。学者贾妮·沃德(Janie Ward)评论道:"父母会为孩子示范思考、观察、行事的方法",这种"心理脚本"会在代际遗传，旨在让子女更强大。女孩学会了通过努力和受教育来获取权力。[71]

这些母亲知道，"如果女儿在限制黑人女性机会的环境中过于安逸，就会继续承认自己的从属地位"。像一些工薪阶层女孩一样，黑人女孩需要学会看清融入集体和开口发声之间的界线。沃德还发现，许多非裔美籍父母会使用自己的亲身经历和自身情感向后代介绍种族问题。一位家长告诉研究者："我不会告诉孩子这是公平的竞技场、人生来平等、好人有好报。"[72]

非裔美籍家庭通常有强大的亲戚网络，一些孩子有"干妈"，女性共同养育孩子。这些女性实践着"一种更为广泛的关爱伦理，黑人女性有责任关爱黑人社区的所有孩子"。[73]克拉拉·巴顿学校一位高一学生告诉我，一个女孩让她很是苦恼，她试图忘了这些事情，但她的同辈亲戚塔尼娅无法忍受。"塔尼娅会说'跟她直说！'，我会说'不行，我不想，我不想'。她说'告诉她'，然后走上来说如果你不告诉她，我就打你屁股。"

她解释道，身边的女性长辈"会告诉你，你应该这么做那么做，她们只是在教你，像教比赛规则一样。这是一场更大的比赛，你不得不参加，比赛还有别的选手，这是选手的比赛"。

养育方式上的明显差异令一些黑人女孩至少在两个重要方面有别于白人中产阶级同龄人。首先，心理学家将女孩自尊较弱同回避真实的关系和感受联系起来。而许多非裔美籍父母显然对自己身为黑人公民所遭遇的痛苦和愤怒直言不讳。因此，他们的女儿在某种意义上避开了"理想化关系"，正是这种关系预示着一个女孩开始疏远真实的自我。这些女孩的家长要求她们与人类行为的现实进行正面斗争，尤其是采用攻击形式。

其次，有色人种女孩日常面对着种族歧视和压迫的威胁，将关系放在第一位、"友善"对待所有人会令她们的处境很不安全。我见到的非裔美籍姑娘，不论是中产阶层还是工薪阶层，都会用自己的语言划清自己和他人的界限，因此避开了那些最终会损害许多女孩友谊的社交状况。在小组和一对一访谈中，她们把"朋友"和"伙伴"（associate）区分开来：前者是相互信任的同龄人，后者是关系一般的熟人。她们用这些词明确划分出谁值得信赖，谁不值得。另一方面，我也和布朗和吉利根一样，听到了白人中产阶级女孩会"区分'非常非常要好的'朋友、相信不会在背后说自己坏话的朋友以及'一般'朋友——可能在背后说自己的人"。[74]

"伙伴"的概念点明了那些尚未证明自己能做真正朋友的女孩的地位。这个概念回绝了女孩必须成为所有人的朋友的期望：她们应当友善并接纳遇到的每一个人。"伙伴"允许女孩选择关系而不是假定关系存在，让她们更具自主权。

非裔美籍女孩会进一步区分"伙伴"和"两面派"，后者指会说谎或做出其他欺骗行为的人。对一些女孩来说，被人揭发是"两面派"足以成为正面冲突的理由。白人女孩对频繁出现的背后议论感到无可奈何——"一旦走出这间屋子，我们就会讨论每个人说的话！"而许多非裔美国女孩则明确表示自己会避开这种人，并表示母亲一直教她们这样做。

我和克拉拉·巴顿学校的丹妮拉谈话时，她告诉我，与在背后说自己坏话的人当面对质很重要。"我是从街上学到这一点的。我是在两个……国民住宅计划中长大的。两个地方都让我学会为自己说话，你不能被别人推倒，要对人们说出自己的感受。"里奇伍德一位五年级黑人学生告诉我，当她听说有人背地里说自己坏话时，"我会说：'如果你想说什么，当面说。'"

其他女孩将这种两面派行为视作友谊违规者，或当作红色警戒。六年级学生塔米卡说道："如果跟朋友在一起的时候要用两种方法做事才能做自己，那么你的朋友就算不上朋友。"她的同学伊夫琳表示赞同："如果一个女孩在另一个女孩背后说坏话，被说的女孩不知道另一个说了她什么，那我就不想和她做朋友了。"里奇伍德高一学生查妮尔评论道，"一个女孩背着另一个女孩说她，我觉得就像偷了她男朋友或做了其他特别伤害她的事情一样。"

不同阶层背景的非裔美籍女孩通常会用"真实"一词来描述值得信赖的真朋友。真实的人不会做两面派的事情，而是会直接和你摊牌，摆出问题寻求解决方案。

我见到的许多非裔美籍女孩有效地创造了关于女孩关系的词汇。她们让我们看到了女孩相处方式的另一种选项，关系是可选择的，正面冲突是有必要的。在协商日益复杂的关系时，一种共同的语言为女孩提供了依托，帮助她们说出那些常被藏掖起来的背叛。除了在文化上允许女孩公开表达攻击性，语言还充当了社交压力的缓冲带，让女孩不必迫于压力陷入与人毫无冲突却虚假的关系中。语言能够提供一种表述途径，让女孩始终感受到真实的自己。

在一些市区的拉美裔和黑人社区中，描述关系的语言很常见。倘若一个女孩在冲突中失败或逃避冲突，可能会被叫作"窝囊废"，更容易遭遇暴力。"像窝囊废一样躲闪"指的是被袭击时不愿反击，即"打不还手"，这在一些地方可是大罪。"我敢肯定，如果有女孩打我，"波多黎各裔高二学生尼迪娅告诉我，"我不会打不还手的。如果我打不还手，那所有人都觉得可以挑衅你。"里奇伍德六年级的黑人女孩劳伦解释道："有时人们会骂你说'哦，你长得真丑'，你不能说'好吧，谢谢'，你得说'好吧，你妈妈太胖了，都进不了车门！'"

15岁的杰奎琳·鲁伊斯是索杰纳·特鲁斯的一名波多黎各裔高一学生，她说窝囊废"不会为自己说话，不会思考，不敢捍卫自己，别人冲她吼或骂她，她只会始终一声不吭"。尽管杰奎琳时而会有避免正面冲突的冲动，但她还是总结道，从长远来看，直白会更好。"经验告诉我，"杰奎琳解释道，"你得说出来，有很多办法可以说。如果一开始就想办法解决问题，以后就会少很多麻烦。一声不吭，人家就开始说你是窝囊废，你自己可能也会感觉自己像个窝囊废。你不对那个惹你生气的人说，她就会继续那样对你，这样只会让事情更糟糕。"

文化碰撞

能够意识到自己的感受、区分不同级别的友谊以及大胆直言的意愿并不能让黑人、城镇或工薪阶层女孩与青春期的自卑感彻底绝缘，她们也无法彻底克制采用另类攻击的冲动。研究者指出："在一些场合下大胆直言，并不代表在各种关系中都会自信自愿地大胆直言"。[75]例如，成绩优异的非裔美籍女孩在心理层面也许并非表里如一，慢慢进入主流白人学术文化圈后，她们可能会越来越沉默，努力不让他人对自己的成就产生怨恨。其他黑人女孩也许会诉诸对自己有害的对抗形式，让这种坦率行为危及自身和未来。[76]

我遇到的中产阶级非裔美籍女孩称在白人社交世界中很难获得成功。这些女孩的经历出奇地一致，都承认尝试实话实说的时候曾受挫乃至被惩罚。"我试着说实话，"米歇尔举例时向我解释道，"但她们都觉得我是个贱人。"这些女孩身处社交沙漠之中，要么保持"友善"，不表露丝毫的怒气，要么就被人骂"贱人"。她们有着自信和讲真话的女性认同，而这种认同被文化环境和大多数女孩视为"刻薄""贱"或"惹人嫌"。

我遇到的一些城镇拉美裔女孩表达了参与正面冲突的意愿，而这在一些拉美社区是不被推崇的。拉美女孩的社交生活与白人中产阶级同龄人差不多，拉美文化以家庭为中心，父母按传统性别界限教导孩子适应社会。妻子和女儿应该是不具攻击性的，应该尊重男性权威。"理想化的传统女性就像圣母玛利亚一样,纯洁、具有自我牺牲精神",女孩的行为规范非常严格。[77]

我遇到的多米尼加和波多黎各女孩大部分来自工薪阶层或较为贫困的第一代移民家庭。她们的父母英语不太好,或一点儿都不会说,学校通知和报告发下来的时候,孩子们需要翻译给父母听。这些女孩生活在两个世界中:一个是更为传统、有父母庇护的世界,另一个则是与之截然不同的青少年世界,规则不同,诱惑不断。她们的性格受到不同文化力量的影响:一面是自己族裔施加的传统的顺从美德,一面是在低收入社区中生存所必需的自我保护意识。

13岁的贾丝明来到了一个条件更为优越的世界中,与她工薪阶层的成长环境形成鲜明对比。她赢得了全额奖学金,就读于阿登日校,我去该校调研时,贾丝明坐在我近旁,常常举手发言,积极参与。放暑假几周后,我们在学校附近一家比萨店碰面了。贾丝明有着一头长长卷卷的黑发,圆润的脸很美,她每天都会化精致的妆。贾丝明之前在她家附近的非裔学生公立学校读了七年,她是该校唯一一名拉美裔学生,随后转入阿登读七年级。

贾丝明的妈妈是一位多米尼加共和国移民。"可以这样描述我的家庭,"贾丝明哀怨地告诉我,"像一个结维系起来的一股绳子似的,那个结是我祖母。"从前,全家人每逢周末都会去祖母的小公寓聚会,吃饭聊天。祖母过世后,贾丝明说"这团线散开了,分离了,整个家庭分裂了"。祖母过世前,贾丝明与她日益亲密,她去世后贾丝明非常痛苦。

贾丝明悲痛欲绝，她和维系这个家的祖母有许多相似之处。贾丝明告诉我，她自己的母亲"优柔寡断"。这与贾丝明本人的果断截然不同，让她感到很不舒服。"她总是听别人的。"贾丝明认为自己母亲是个反复无常的人，一时允许她做某事，随后可能又会毫无理由地禁止。两人达成一致后，母亲可能又会反悔，说她不配得到她想要的东西，贾丝明对此非常反感。

"我觉得自己（配得上）很多东西。我早上 5:00 起床上学，晚上 6:30 回到家，我做作业、熨衣服、洗澡、睡觉。我常常一两点才睡，早上 5:00 起来。"贾丝明抱怨说，母亲周末让她用于打扫房间的时间太长了。"她忘了我刚满 13 岁，她总是觉得我很成熟，她设想我很成熟，觉得我可以承担很多事情和责任。"

母亲无法做主让她很沮丧，尤其是需要处理很多事情的时候。也许正因如此，贾丝明告诉我："我妈妈不如我的朋友了解我。"

从某种意义上，贾丝明的抱怨是典型的青少年苦恼——妈妈不理解我，她让我做得太多了。然而，贾丝明的沮丧更深，她的愤怒指向一种隔阂，自己和母亲生活在两个平行的世界中，而这两个世界存在隔阂。她的母亲不会说英文，贾丝明小心翼翼地说道，她认为"这是停留在多米尼加共和国的文化，她不了解这里的形势"。贾丝明在学校学到的价值观讲求的是竞争、有志向、争取个体成功，而母亲努力给她灌输的价值观是相互依靠，二者发生了冲突。为了忍受这种困惑，贾丝明独立自主地坚持自己的声音。

贾丝明告诉我,从来到新私立学校的第一天起,她就决心要坚持几件事情。"我有自己的态度,这就是我,你喜欢我很好,不喜欢也罢,我不会因为不喜欢我的人改变自己。"她吸引了非常多的朋友,多到令她惊讶,但也有女孩会带着敌意看她。"我不会为了让别人喜欢我而去讨好他们的,我觉得我比较坚定自信、敢作敢为,也许这吓到别人了。我觉得我不是优柔寡断的人,我觉得自己很强大,这让别人感到害怕,因为她们不是那样的。"

贾丝明认为,在公立学校"你不能示弱",而私立学校则是情绪的温床。然而,她对同龄人的不安全感和表里不一感到困惑。"许多人特别虚伪,"她告诉我,"她们假装是你的朋友,假装什么都没发生,这更糟。"如果她试着告诉别人自己的感受,她们常常觉得那是"刻薄",她们被贾丝明的直白冒犯了。"她们为什么接受不了自己就像我说的那样?"贾丝明评论道,"别试着改变事实,我只是说实话。"

贾丝明对莫名其妙的抛弃感到难过,也曾被最爱的女孩们折磨得沉默不语,有一小圈朋友的所作所为让她质疑自己。她迷惑不解,非常难过,竭力维持友谊,她记得自己思考过:"我到底做了什么让大家不想理我?为什么我的友谊总是失败?我总是错在哪里?如果生活中出现特定模式,你就会从自己身上找原因。"然而,她最终意识到单方面的努力、期望和渴望还是不够。"友谊中你只能管好自己,"她简洁地说,"不能是一个人真心付出110%,另一个付出5%。"她告诉我,一些不和她说话的朋友承认是因为嫉妒。

贾丝明很讨厌这种事情。"我生活中的一切都是努力争取来的,对我来说,没什么可以伸手就拿到,但这里许多女孩可以。这是私立学校,我用的是奖学金,我没付学费。好像她们就是不明白你必须努力才会收获,不是想要什么都能伸手拿来的。"她随后告诉我,"我经历了很多事情,现在我明白了,有时候人就应该好强,不那样的话就会被人利用。"

贾丝明显然是依靠自己在争取一切,这让她与朋友们的关系更加复杂。她发现与其他女孩竞争非常不愉快,所以她更乐意和男孩交朋友。说起憎恨她优异成绩的女孩,她很反感。"我必须考得好一点!"她抗议道,"我必须这样,不然就不能留在(这所学校)或上其他好学校,她们就是不明白。"

贾丝明对女生朋友之间的相互依赖感到迷惑不解,尤其是她们需要不停询问对方自己看起来怎么样,到底该怎么做。"我不需要那种感觉,'天啊,我得天天活在朋友的意见中'。我的确会询问意见,我会问,你怎么看?但我不会因为别人不喜欢什么就改变,如果我觉得我应该做,我就会去做。"

不管是以前的公立小学还是在阿登,贾丝明都是少数族裔,在这所几乎全是白人的学校中,她对自己的身份感到很自在。然而,她发现"人们容易忘了自己是谁,会做出一些事情"。在学校,少数族裔学生很少参加为有色人种学生举办的聚会。"不知道你能不能理解?"她问道,"他们好像忘了自己的文化遗产,有点迷失了,我的朋友雷就是多米尼加人,令人难过的是,他不会西班牙语。"她告诉我自己只能用西班牙文写一点点东西,这让她很羞愧。"你希望成为怎样的人呢?"她反问道,"不能忘了自己的身份。"

她注意到自己的白人同龄人会试戴大方巾这种"贫民窟"潮流,模仿她的西班牙语俚语和多米尼加口音。一位同学把贾丝明的地址告诉其他人,警告说贾丝明"住在贫民窟",她默默想象,也许这个同学常常到自己家附近溜达。贾丝明说,在那里不能戴大方巾的,因为那代表帮派结盟。

我问贾丝明她会向谁求助,她的回答和研究者采访的许多城市女孩一样。"大部分时候我谁也不告诉,有时我说说,但大部分时候自己解决。"

贾丝明是工薪阶层拉美裔出身,生活在白人中产阶级文化中,这让她对两个世界都有点陌生。她被夹在中间,自我调节,避免让泛滥且相互矛盾的信息扰乱心绪。贾丝明坚持自己的立场,牢牢记住祖母的形象。如果接受的不同信息发生冲突,她就会选择依靠自己,倾听自己的声音,这是她唯一清楚的。

在我与城镇女孩的讨论中,父母显然在努力让孩子变得更强。许多父母都教育孩子必要时采用肢体方式进行自我防御,这让我很震惊。在一些情况下,女孩们会因为挨同龄人揍而被父母打。一个非裔美籍女孩打架输了,但妈妈表扬了她。"我妈说至少你努力了,她不希望我被人捉弄,谁都不傻。"需要强调的是,这些女孩的家长普遍都不希望女儿被人捉弄,只希望她们遭遇挑衅时奋起反击保护自己。她们的话证实了研究者的观察,一些家长在训练孩子维护自己的尊严。[78]

马丁·路德·金小学的孩子们主要是非裔美籍和来自波多黎各及多米尼加家庭的孩子们。我每周去开展两次小组讨论,每次到那里时,一楼总是沉浸在放学后的混乱中,栗色的球从体育馆飞出来,撞在柜子上,孩子们去参加活动时一路欢声笑语。

学校的课后活动负责人尼托扎克选了一些已知的霸凌者和目标与我交谈。这些五六年级的女孩围坐在教师会议桌边上。昏暗、雾气蒙蒙的光线从百叶窗透过来,女孩们在超大的椅子中晃来晃去,紧张地看着尼托扎克。

"在我们学校,"尼托扎克难以置信地摇着头说道,"女孩们总是打架,有时比男孩还多。"我们碰面的第一天,她站在全体学生面前,问了一个简单的问题。她说她也和我一样,很想知道答案。我心存感激,因为她在场,女孩们非常配合。"为什么,"她眯起眼睛尖锐地问道,"大家总是喜欢打架?"

"我们总是打架,是因为有人散播谣言,得告诉她们要当面说,这些人到处瞎编乱说,说你妈妈坏话,说你家亲戚死了。"罗莎说道。

"我们打架有时就像是说,如果想说闲话,当我面说!"玛丽索尔补充道,"我姐姐告诉我'如果有人骂你,骂回去。如果她们乱说,别放心上,因为那不是真的'。"

"我妈说如果别人揍你,你就揍他。"蒂法尼主动说道。

"你不能打不还手地挨揍,"拉托娅解释道,"如果你不还手,她们会说:'哦,你这个窝囊废,怎么还不还手?'"

罗莎向尼托扎克示意道:"虽然你告诉我们别打架,但我们爸妈总说不能打不还手任人揍你。"

"三年级的时候,"杰茜卡说道,"我就是个窝囊废。有个男孩揍我,我不愿意还手。我回家哭,妈妈会说:'怎么了?'有次他对着我的嘴打了一拳。我妈说:'如果你不打他,我就会打你。'"女孩们爆发一阵欢呼,分享着原则相近的家庭教育。

随后讨论结束,有几个学生逗留,罗莎走过来。"我不想打,"她说道,"但我感觉我不得不打。我爸说:'把她们打得屁滚尿流。'但我不想。如果我回家时身上青一块紫一块的,我爸会冲我吼,所以我还是得打。"

一些女孩之间的肢体冲突和第三章探讨的非暴力结盟有着惊人的相似之处。密西西比九年级非裔美籍女孩蒂法尼解释,女孩之间的斗殴往往会延长,因为需要别的女孩加入支援,这和女孩间的结盟行为颇为相似。

"她们要叫来小圈子,"她解释道,"她们需要时间,女孩要找来小圈子,因为……她们会突然加入支援你,就那样。"值得注意的是,尽管东北部和密西西比的女孩描述自己会站在朋友一边支援,但她们说观战者很少亲自动手参战。

不过,蒂法尼解释道,这些女孩的在场"能告诉你真正的朋友是谁",并补充道,朋友在身边"你会感觉自己更强大"。蒂法尼引用节奏布鲁斯歌手吉尔·斯科特的视频《挡路》(Gettin' in the Way)来举例,其中斯科特决定自己必须诉诸肢体暴力,来说服她男友的前任不要再破坏自己和男友的感情。斯科特冲到那个女人门前,后面跟着自己的闺蜜(还有一大堆围观的邻居),扯下那个女人的假发,大家哄堂大笑。

杰奎琳解释道:"如果你的朋友在场,你就是在威胁对方。如果你自己一个人找惹你生气的女孩当面对质,她可能说话时就不会那么紧张。或者说她不会感到是件大事。但如果有朋友在场,你就占上风了,因为你们是两个人。"就像使用感情结盟的中产阶级女孩那样,这些女孩会达成肢体支援协议。

我问14岁的阿曼达波多黎各社区男孩打架时是什么情况,她分享了自己的深刻见解。阿曼达看过男孩靠赢取一对一打斗爬上社交高位。"如果他赢了,就比被打败的男孩强大……他们会说:'哦,我把他揍扁了,下次他就不敢说什么了。'"男性的规则需要展示出个体力量。女孩之间的打斗,她告诉我,有着不同的目的。女孩"会继续争吵。一般女孩那样做的时候……就会挨揍,会害怕另一个女生,或者让更多人参战。男孩们,打一架,有人赢了,就完事了。要是女孩打架,就会打很多次"。打输的女孩常常等下一次机会再打,"好像总是反反复复的"。

第一章中提及的珍妮,为了向当年欺负自己的女孩报仇等待数年,和她一样,斗殴后伺机报复的女孩也能积怨多年。蒂法尼解释道:"斗殴后的女孩想报仇,谁打赢了,就要不时提防那个打输的。"

和结盟差不多,中间女孩也可能会引发争斗,肢体打斗的女孩同样描述了教唆者。"有人会挑事,她们会说'哦,她这么说你',生气的女孩就会当面冲别人去了。然后,你知道的,她

第8章 对抗 | 283

们根本不打算听人解释。"

凯莎解释道："她们会挑事情的,然后打斗就发生了。"

出乎意料的对抗

通常在我们走投无路之际,内在力量会在意想不到的时刻爆发。对一些女孩来说,跌落谷底正意味着找到出路。来势汹汹的霸凌行为会将人逼向绝境,但这种极端情况同样也可以激活不同寻常的个人力量,好比一位惊愕的父亲将汽车从被压的孩子身上托起一样。

这些决定反击的女孩面对的似乎就是这种时刻。和生活在经济或社交压力之下的女孩一样,被逼入绝境的女孩也会发现自己别无选择。然而,这些女孩通常并不像其他人那样是有意为之。与之相反,这一切源于自我保护和维护人格尊严的直觉,只能算得上是半清醒反应,更多源于绝望而非渴望。

她们曾经从朋友那里汲取自尊和力量,而遇到的孤独催生了新的视角和自我意识。正如我朋友阿斯特丽德所回忆的那样:"这一切抽走了我所有的外部自信来源,我只能从内部汲取自信,这时候我发现自己实际上拥有强大的力量和人格。"谢利·麦卡洛从中明白了自己的局限性,其中之一便是需要从与他人的关系中汲取力量。这个意识对她今天的交友理念有重大影响:"我知道该怎样面对问题了,我更了解自己了,我知道该怎么处理事情了。"

阿莉扎发现受欢迎的女孩们的残酷运动显然不会停下，于是她从加州搬到新泽西和父亲一起住。当其中一名女孩偷了她的球鞋并不愿归还时，她最终忍无可忍。阿莉扎当面对质，那女孩还是不愿归还，阿莉扎把这个女孩推到柜子上，对方称阿莉扎抽出了一把刀。阿莉扎被停学了，此时她无比愤怒，愿意去任何地方，哪怕远在3000英里开外。

在新泽西，阿莉扎决定重塑自己的形象。她精心整理衣柜，希望融入新环境。差不多15年后，在跟我说起上学第一天发生的事时，她依然可以详细地从自己当时穿的外套细数到衬衫领子的角度。"你的鞋怎么了？这是我爸穿的那种鞋。你买不起袜子吗？为什么她屁股上有一个三角形？写着Guess是什么意思？为什么衬衫上有一匹马？"

阿莉扎说道："这时候，我什么都做不了了，我已经用尽全力了，在这里我一点儿机会都没有。我在想，去你的，我爱做什么就做什么，爱穿什么就穿什么。"第二天阿莉扎穿了自己喜欢的迷彩印花裤和黑色紧身无袖衫，她把头发束起来。"那些女孩说我耳朵上有鱼饵，我就瞪她们。"

阿莉扎在餐厅里交到了朋友，那是一个与她看起来有共同点的女孩。"大家都说她从保温杯里喝漂白剂，因为她不想活了。我坐下，自我介绍，就这样。我想，既然她和我一样被排斥，那么我们一定能好好相处。于是我们成了最好的朋友，直到今天都很亲密。"

正当我努力弄明白是什么引发了这些改变时，阿莉扎解释道:"我觉得我就是不在乎了。我想,我不打算努力做谁的朋友。如果你喜欢跟我玩,那很好,但我不会拼命展示自己、告诉你我的小秘密,我不打算冒这个险。"

在加州,阿莉扎拼命讨人喜欢,都没空参加学校活动。她的整个世界都围绕着如何赢取他人喜爱。后来她变了。在高中,她开始自己做衣服,加入新闻社、校报社和戏剧社团。她成了第一个编辑校报的低年级学生。

"我成了我自己,我决定不能再失去自我了,我不想再经历那种痛苦。我想,如果我不能交到很多朋友,那就让自己忙一点,做自己喜欢的事情。我就是那样通过参加活动结交朋友的,而不是到处跟别人转、跟风做事情。"

对一些女孩来说,被排斥反而是否极泰来,因为她们中许多人因此成了更专注于真实自我的人。成为落单女孩,帮助娜奥米摆脱了渴望和失望的重负。"我感觉没什么压力了,不管我怎么做都好不起来,因为没人在乎。那我就不必按别人期待的标准生活了。我看着那些受欢迎的女孩,她们的男友很普通。我感到——这些女孩,必须保持漂亮和光鲜,又不能太性感。她们希望被人追,又不能让人感觉太放荡。她们需要完美,可完美真的不太现实。而我什么都没感觉,我很自由,可以做真实的自己,因为怎么做都没人看。"

对12岁的阿利克斯来说,被欺负让她得以明白,要在关系中寻求尊重,需要别人尊重她本来的模样,且不会苛求于她。"这教会我做我自己,我希望别人因为我本来的模样尊重我,而不是看重我假装的模样。"露丝现在20多岁了,她说:"我的沟通方式更勇猛了,因为我需要努力争取,"她补充道,"这教会我同情和独立,我可以孤身一人,也没有不安全感。"

被人欺负过的女孩会带着新力量从这段经历中站起来,她们长大后会选择健康的关系,避免虐待的关系。她们自己的经历会催生辨识有害人群的能力,能够在被伤害前就识别出这些人。如果文化环境在女孩经历痛苦时能够重视她们的感受,她们中会有更多人得以脱离困境并从中受益。

如果女孩进行公开攻击,就会被病态地称为不够女人味,或被贴上更可怕的标签。人们常常对少数族裔和低收入家庭的女孩产生刻板印象,认为她们具有攻击性、吵闹、容易扰乱秩序,从而产生她们"很危险"的偏见。"那些吵闹的黑妞"就是用来贬损豪爽的非裔美籍年轻女性的典型措辞。在吉尔·麦克莱恩·泰勒和她的同事们邀请城市女孩填写的问卷中,有一问是:"什么会给我带来麻烦?"她们发现过半女孩都回答"我的嘴"或"我的大嘴"。这些女孩回答起来"好像在重复某个上级领导赐予的符咒一样"。[79]

男孩之间的打闹虽然会立即遭到惩罚,但人们仍然把这种情况视为男性青春期时可预见的"副作用"。而女孩发生肢体打斗,则会被视作偏离常态的行为。这种双重标准会导致严重后果,暗示女孩只有进行间接或隐性攻击才能被接受。更糟糕的是,肢体攻击主要出现于工薪阶层和有色人种女孩中,所以她们会遭受更多惩罚，官方也会因此对她们形成刻板印象，暗示只有这些群体的女孩才会打破规则。毫不奇怪，学者们在研究这些有色人种女孩时，常常是为了研究高危行为、离经叛道或社会问题。

我们的文化病态地将黑人母亲视为霸道的女家长，认为黑人母亲教唆孩子不守规矩，是刚愎自用的规则制定者。文化对黑人女性的愤怒，实则很大程度上可以追溯到她们的嘴上。黑人女性清晰呈现了文化对女性力量、声音和攻击的压制：她们愿意在公开场合发声，捍卫自己，维护家庭，且不顾是否有男性在场，她们敢于说出所思所想——这一切都有悖于社会的社交和性别秩序。

我们对女孩关系的有限了解主要基于对白人中产阶级女孩的研究。的确，本书大部分故事同样来自该群体。其他种族、少数族裔、不同阶层背景出身的女性关系丰富多彩，但长期以来都被研究者忽视了。

那些参与正面冲突的女孩也许并没有实际的社交权力，这算是一个可悲的讽刺。一些少数族裔女孩表现出的强硬态度反映出的并不一定是自信心，而是身处社会大环境之中的脆弱，她们的声音的确与本书其他章节描绘的间接性攻击图景形成鲜明对比。然而，更多情况下她们的直白源自这种意识：只有通过肢体暴力或危险言论进行表态，才能让别人听见自己的声音。这种直白源自她们边缘化的地位，因此也很难成为对抗女孩无力感的范例。

能否有效地处理无力感，对于防止女孩丧失真实的自我来说至关重要。毫无疑问的是，我们从那些坚定自信的女孩身上学到的东西，对于制定对策、打击令女孩丧失真实自我的现象是非常有用的。我们对这些女孩的了解越多，对她们的声音越是尊重，就更有可能制定出对抗各类女性霸凌行为的具体策略。

第9章
家长大声说

正当苏珊·科恩准备与6岁女儿的老师进行紧急约谈时,她突然感到一阵不安。她站在教室紧闭的门前,思考着要怎么和老师谈论女儿的同学的虐待行为。"我突然意识到我要把这个孩子描述(成)极度具有控制欲、竞争欲、不诚实的人。用这些来描述一个6岁女孩——听起来就像疯了似的。"

她说的一点没错。在一个拒绝将此类行为归类为实质性攻击的体制中,人们对关于间接攻击、社交攻击和关系攻击的投诉不以为然。因此,直面女孩霸凌问题的家长从一定程度上和自己的孩子一样沮丧。在没有用来讨论霸凌行为的公开语言的情况下,讨论时一不小心就会掺入"撒谎精""狡猾"或"操控者"等蔑称。正如女儿们对问题公开化和潜在报复行为充满恐惧一样,父母也害怕被学校贴上"歇斯底里"或"过度溺爱"的标签。在女儿必须克服社交地位低下的尴尬时,父母可能会默默担心自己犯下的错误会让女儿的生活雪上加霜。

在本章的女孩霸凌故事中,最强大的潜台词之一便是父母试图降低对老师的要求。在与四位常常聚在华盛顿一家咖啡馆聊天的母亲们坐在一起时,我请她们解释这一点。

"我们家长明白,老师对自家孩子的生活有非常大的影响,"艾伦说道,"无论如何,你不希望损害这种关系。"她的朋友们点头表示赞同。克里斯蒂娜补充道:"我觉得父母会担心,生怕自己的行为方式会影响到老师对待孩子的态度。"由于抱怨另类攻击行为常常被视为对日常校园行为反应过激,许多母亲非常害怕自己被称作班里的"歇斯底里妈妈"。她们强调,保持冷静客观是关键。

相比孩子生活中遇到的其他事情,霸凌也许更是将每位父母都在努力权衡的问题摆到了他们面前:我应该代表孩子介入多深?——这个问题的答案要看孩子怎么想。她能够保护自己吗?让她现在就面临危险是不是太早了?——答案大多数时候取决于其他人会做何反应。其他家长会觉得是一种冒犯吗?学校会做出有效回应吗?或更糟,会不会惩罚自家孩子?考虑到大多数学校连基本的课外活动目标都完不成,想在忙碌的老师那儿推动此事免不了一番苦战。

为女儿讨公道的父母面临着文化和人际的重重阻碍。最令人心生畏怯的是,人们普遍忽视另类攻击行为,很少将其视为合乎情理的社会问题。更多时候,校领导会认为这是小问题,甚至会责怪被霸凌者。许多父母都表示,自己的女儿在没什么问题的情况下被送去接受心理咨询治疗；或是被建议接受昂贵的社交技巧培训，但实际上需要帮助的应该是攻击者；又或者因为攻击者十分隐秘而遭到忽视，最后双方各执一词。毫不意外，许多父母最终选择了沉默。

羞愧也是一个现实问题。发现自己的女儿在社交问题中挣扎叫人痛苦，但发现女儿不是肇事者也算不上欣慰。每个家庭的处理方式都有所不同。琳达承认自己感到羞愧，这既刺痛心扉，又荒唐可笑，承认这一点并不容易。"这就是那种让人不得安宁的事情，我从来没遇到过，"她告诉我，"说起来都很困难，但是我有时候还会想。虽然我从来没对（我女儿）说过，但我内心深处会想：'我的孩子不**受欢迎**？她难道不算是个酷小孩？'虽然我知道这些不是我真正想要的，但你希望孩子很棒。"苏珊·科恩下了不小的决心来克服对这件事置之不理的冲动。她回忆道，等待老师时，"我悄悄地想，会不会有人反过来说：'为什么汉娜自己不能说？为什么你不教她为自己说话？为什么她允许别人这样对自己？'"尽管这些感受对任何一位处理过孩子麻烦的家长来说都很正常，但倘若大部分人都将这个问题视为孩子成长过程中无足轻重的必经之路，家长的愧疚感会更加沉重。

倘若孩子被发现患有学习障碍，有专家可以诊断支着。怀疑存在这个问题的父母会利用可接触到的资源，向专业人士表达担忧，然后家长们会得到宽慰：这不是父母的错，也不是罕见的问题。没多久，孩子可能就会得到特殊照顾，相关部门会

第9章 家长大声说 | 293

为其提供满足不同学习需求的工具，尽可能激发孩子的潜能。

倘若孩子成了另类攻击的靶子，往往无人相助。没有规章制度可循，也没有能够描述孩子痛苦的语言，父母深知面对这种问题开局不利。正如苏珊所解释的那样："要是我在她的社交问题上说得太多，你知道，别人会说：'好吧，你家孩子都不能自己解决问题，她怎么了？为什么不能直接走开，不理睬这些？'我很尴尬——我会因为表露自己的真实感受而尴尬。"

沉默是美国家庭的另一面。我们会努力表现出最好的一面，然后在遇到问题时拉上窗帘不让人看见。而当孩子陷入困境时，我们会默默责怪他们的父母。中产阶级家庭尤其注意对孩子的社交、情感以及学习问题进行保密，特别是心理问题。一位母亲吐露了对女儿问题保持沉默的压力，她简单将其总结为："我们害怕孩子不够完美，孩子反应的是母亲的育儿水平，我们会担心别人说我们对孩子管得太多或管得不够，这些问题反映的是家教。"

展示孩子的机会越来越多，父母积极比拼，努力塑造孩子愉快社交和不屈不挠的健康形象。他们收集战利品，在生日会上自豪地炫耀。分享女孩霸凌行为带来的绝望之感，这对许多父母来说是难以承受的。玛格丽特·卡普兰解释道："如果我走到别人跟前，告诉他们发生了什么，他们还会告诉谁呢？会有多少人知道呢？这事会被传成什么样？这会变成'哦，卡普兰一家：**他们有麻烦了，我们就没有，我们都很完美**，我们过着田园牧歌般的生活'。"尽管苏珊·萨斯曼可以有力地组织父母们要求学校增加艺术课，但听我提议组织父母们对抗另类攻击行为时，她苦涩地笑了。"我没办法组织父母们对抗女儿天天遇到的残酷行为。"她说道。

苏珊·帕特森称，在里奇伍德，再小的事情都能成为午餐时的话题。采访时她41岁，女儿被一个亲密的朋友欺负，她决定不与镇上任何人聊起自己家的生活。她甚至不愿和我细谈，苦涩地把我打发走，流露出无尽的失望之情。"这地方谁都会成为话柄，"她愤愤道，"他们早上迫不及待地起床，就是为了知道谁离婚了、谁跟谁睡了。我是说，这里的生活永远都是这样的。"她努力施压，让女儿自己处理。"我希望她成为独立的女人，我一直在想，事情没有看起来那么糟。我不想把事情想得和看起来一样糟。但实际上情况真的真的很糟糕。"

在举国上下关于霸凌的对话中，父母仅仅被视为小角色。我们的注意力都集中在攻击者、目标和沉默的同龄人身上，评论者指责电视和电影助长了同龄人的暴力文化。而父母的角色却被弱化，仅出现在这场灾难的苦涩尾声中：他们不是做得不够，就是行动太迟或毫无作为。

本章中，五位妈妈将向大家讲述各自女儿遭遇的霸凌经历，并探讨老师在回应家长时遇到了哪些问题。每位妈妈的故事都独一无二，并且和女儿一样，在故事中保有自己的回忆和看法。这些故事展示了父母对女儿社交选择的影响，向我们揭示了父母在压制、不承认女性攻击的文化中是怎样回应孩子的痛苦的。

责怪

　　帕特里夏在里奇伍德经营一家小小的儿童看护机构。傍晚时分我去拜访，她身着一件长长的开领衫、皱皱的卡其裤。她高大结实，看起来能够摆平任何一件事，无论是系鞋带还是修整草坪。她的声音温和低沉得令人吃惊，眼睛扫视游戏室，其中一个孤独的孩子正在安静地玩耍，等妈妈来接。我们个子都挺高，在圆桌旁的小椅子坐下谈话时，膝盖都弓在胸前。她咧嘴笑了，耸了耸肩，脸有点红。

　　帕特里夏从未想到，和本还有他们的女儿搬到此地四年之后，人们还会像他们刚搬来时一样对待他们。本被聘用为高级药剂师，在职业生涯的早期就获得了难得的晋升。他立刻举家迁居里奇伍德，那时霍普三年级才上了一半。

　　霍普是寒假后转学的，她的突然到来让同龄人感到不安。其他女孩立刻就开始用怀疑的眼光看着她，并将她视作现存小圈子的威胁，最初的短暂回避发展成了长达一年的欺辱。霍普知道有人给她下马威是因为自己不是土生土长的孩子，但在里奇伍德住得越久，就越容易陷入自责。

　　五年级时，霍普加入了教堂的一群女孩，她们一起参加合唱团和周日学校。在学校，小圈子的领导者常常要求霍普去别的地方待着，或粗暴地评价霍普的外观和性格。帕特里夏问女儿为何还要跟她们做朋友，霍普坚持说她们一起在教堂时情况没那么糟。

六年级的一天，其中一个女孩通知霍普，小圈子不想再和她做朋友了。随后几周，她们都无视霍普的存在。"就是没人搭理她了，"帕特里夏含泪说道，"每天放学回家，她都会哭着回来。'她们今天不喜欢我，她们不想当我的朋友了，我该怎么办？她们为什么不喜欢我？我有什么问题吗？为什么不能和我交朋友？她们为什么不想做我的朋友？你觉得呢？'"她恳求一般地问。

"你是怎么做的？"我问道。

"好吧，她那时候很情绪化。"帕特里夏清清嗓子说道，声音不再颤抖。她靠向椅子，伸直长长的腿。"我敢肯定这和她正在慢慢长大有关系，你知道，像是青春期开始了什么的，情绪开始变得波动。"听她这么说，我怀疑帕特里夏是否在回避孩子的痛苦，将其归结于会影响孩子成长的"合理"因素。

帕特里夏问女儿，她小圈子尖锐的批评是否属实。"我问，她从心底有没有想改变自己的地方。"霍普想出了一些，然后反驳说她不知道自己还可以做什么。我问帕特里夏，她是否认为霍普应该改变自己。

"霍普性格外向，"帕特里夏解释道，听起来几近是在道歉，"她是个热情奔放的女孩，也会犯傻。可能不太好形容她的性格，但我觉得她也许会让人烦，也许那就是让她们生气的原因，也许她们会感到厌倦。霍普觉得自己应该冷静一点，你知道的，不要过于欢快或直白。"想不出女儿为何遭遇折磨，她只能怀疑是霍普的问题。她恳求女儿再找新的朋友，霍普拒绝了，说那是她仅有的朋友们。

帕特里夏试图通过劝女儿祷告来安慰她。"虽然现在很艰难，但我们知道上帝会把这件事变成你生命中的好事。也许过几天或明天就没事了。"她停下说，"我得克制自己，不然我要哭了。"

我们沉默地坐着。

"我想走到那些孩子跟前说：'你知道你们都做了什么吗！'我想告诉她们的妈妈，你知道，但是你会停下来想：'好吧，我只听到了女儿自己的说法。'我信任霍普，也相信她会跟我说实话，但你不能认为自己的孩子绝不会错。"

"如果当初我意识到霍普非常痛苦或沮丧，或者你知道的，真的出现生理或健康问题，我也许会换种方式处理。"帕特里夏说道，"大部分时候我觉得，生活就是这样。你得学会怎样应付那些对你不公的人。"此时，帕特里夏通过她的家教哲学表达了社会对待霸凌的态度，甚至在和我面对面坐着时，她都在小凳子上耷拉着肩膀，抹着眼泪，质疑自己的话语。

我问她可能会换哪些方式处理，她叹口气，看着我说道："我希望我多做点什么，努力让那些妈妈聚到一起喝个咖啡什么的，"她说道，"你知道，用一种不带威胁的方式，我绝不想让她们觉得我家孩子更好。如果我们一起努力，也许会帮助她们。她们的支持体系也许会强大一些。"

帕特里夏害怕激怒其他父母，这阻碍了她采取行动维护霍普，并将霍普遭受的折磨合理化。访谈中，大部分母亲都表达了担心，害怕其他家长回应时会非常愤怒。关于家庭教育，我了解到的第一条不成文的规则，就是没有父母希望别人告诉他们该怎样管教自家孩子；第二条是批评别人的孩子会让你深陷危机。许多人将他人批评自家孩子的行为视作含沙射影地攻击自己的育儿能力，因此会变得更具有防御性，有时会变得很不理智。许多目标的父母直接说自己"试都不会试"。

母亲们对参与直接冲突的恐惧最甚。在小社区中，正面冲突的代价非常高。母亲们可能是同事、一起在学校或教堂做义工的熟人乃至好朋友，父亲们也许彼此之间有现存或潜在的顾佣关系。联系另一位家长，很容易遭受女孩世界之外的余波震荡的影响。

有时，霸凌者和目标这层关系可能会从争斗的女孩之间上升到她们的母亲之间，引发第二层间接攻击和愤怒关系。出于本能，攻击者的父母自然会保护自家女儿，尤其在涉及秘密攻击时，这种指控常常遭到质疑。主动联系的母亲本来就心存怯意，担心自己也遭遇压制或欺负。

说起吉尔被欺负的经历，一大堆记忆涌上她母亲的心头。初中时，吉尔的朋友突然抛弃了她。对费伊来说，看着吉尔遭遇的一切，更让她坚信刻薄女孩无处不在、无可避免。吉尔有时被最好的朋友忽视，有时又重获她们的关注，这让她发生了很大改变。"她以前是最快乐的孩子，"费伊告诉我，"以前她是那么无忧无虑，她以前开心得飘飘然，那样真美好。"然后在一年级左右，吉尔变得越来越害羞。当她的第一个最好的朋友"狠狠地"抛弃她后，吉尔变得自卑起来。如今吉尔五年级的朋友私下对她还不错,费伊便不打算干预。她总结说,保护孩子不受这些事情困扰,这没有道理。这种事随处可见。

这次,欺负吉尔的是费伊朋友的女儿。据费伊称,这位女士强大、有控制力、社交圈子广。因此,那个女孩也有很多朋友。"我们讨论过(两个女孩友谊的问题),"她说道,"但是你不能告诉别人,说她女儿有问题。"由于吉尔不止一次陷入过友谊问题,费伊认为是吉尔的自卑吸引了这些伤害。"如果你自我感觉不够好,别人知道了,别人还知道这个人不喜欢你,那其他人也会跟着不喜欢你。"

我问她是否尝试过向女儿的学校求助,她退却了。"其他妈妈会给另一个妈妈打电话问:'怎么了?'我从没想过要那样做。从来没有。现在我会问自己:'我当初应该打电话吗?'我当时应不应该……嗯……看看发生了什么事?因为我妈妈根本没干预过这种事,她生活中遇到了很多其他事情,这不是大问题。我想,按 1 到 10 的紧急程度分级来看,这和有人在受癌症折磨比起来不算大事。你知道,她会长大,她会找到好朋友的。她会没事的。"

有那么几分钟,费伊拼命地将女儿的困境轻描淡写,她突然陷入绝望之中。"她这辈子都躲不开这些事,我们都躲不开。"她简洁地说。

恐惧

一个寒冷刺骨的二月清晨，我驱车在华盛顿特区一条算不上主干道的街上缓缓挪动，去和一位朋友的太太进行午餐访谈，我和那位朋友已多年没有见面。在地下停车场寻找车位时，我想起梅丽莎会带母亲一起来，她母亲正好从纽约北边过来看她。

走进餐馆时，梅丽莎抱着一大堆购物袋，站在吧台边上。她同我年龄相仿，有一头闪亮卷曲的黑发，肩膀窄窄的，脸上带着令人愉快的灿烂微笑。芭芭拉站在女儿身后，她是位身材矮胖的中年女士，有一头长长的花白卷发。两人都热情地和我打招呼，不过坐下后，芭芭拉就故意装作在研究菜单了。

点完健怡可乐和沙拉后，梅丽莎开始了。

"我承认受欢迎对我来说很重要，"她说道，好像在承认某种丢人的事情，感觉是在坦白，"我觉得自己总在受欢迎的那个圈子里。在外人看来，我在这个圈子里跟谁都是好朋友。人们总是——总是认为我属于这个圈子。"她迅速补充道，但现实并非如此。

卡米尔一直是她最亲密的朋友，两家住得很近，放学后一起拼车回家也很方便，女孩们还一起参加许多课外活动：游泳、体操、芭蕾、足球还有希伯来语。哪怕放学后没什么要一起做的，梅丽莎也会和卡米尔一起玩。

卡米尔漂亮、有魅力，一进屋就会吸引所有人的注意，这意味着会有很多女孩和她一起玩耍。梅丽莎不禁感到自己很渺小,生活在卡米尔的阴影中。她脑袋里总是听到嗡嗡的声音,说自己太粗壮、太平凡、不够酷,这让她很苦恼。如果梅丽莎喜欢某个男孩,这个男孩喜欢的肯定是卡米尔。当卡米尔和男生在一起时,她会表现得蠢呼呼的,当梅丽莎不存在。在希伯来语学校,如果其他学校更受欢迎的女孩在场,卡米尔就会甩开梅丽莎。梅丽莎常常因此感到嫉妒和羞愧。

卡米尔和妮古拉是最要好的朋友,她们两家之间只隔一条街,她俩只要在一起,就会开始说谎。她们会假装没有计划,所以梅丽莎问卡米尔打算做什么,她总是变着说法告诉梅丽莎"哦,还没定呢"。梅丽莎毫不气馁,她常常给卡米尔打电话。有一次,她骑车路过卡米尔家时,看见卡米尔和妮古拉正在车道上用粉笔涂涂画画。"哦,我们刚刚才碰上!"卡米尔坚持道,"我们没想到你也打算来。"梅丽莎告诉我,卡米尔会让人感觉"她会鬼鬼祟祟地做这些讨人厌的刻薄事情,你根本没法和她对质"。

七年级时分班了,除了卡米尔和妮古拉,梅丽莎的其他朋友都被分走了。这种变化让社交往来彻底改变了。到十月,两人已经开始针对她了。

"她们基本上就不把我当朋友了,但偷偷摸摸的,"梅丽莎边说边搅动苏打水,"她们做什么都不邀请我一起,放学后不会喊上我一起玩,有什么计划也从不告诉我。她们很恐怖,让我感觉像生活在地狱中一样。"

但两人一直维持着友谊的幻象,梅丽莎也一样在维持。若非火眼金睛,很难发现真相。"卡米尔的直觉是对每个人都要友善，绝不能说刻薄的话。她就是会躲着我，偷偷摸摸的。"所以梅丽莎依然和她们一起吃午饭，但用餐时没人会和她说话。她依然和这两个女孩一起上厕所，虽然有一次卡米尔发火了，突然冒出一句："梅丽莎，你为什么**总是**跟踪我们？"在电影院，她看到这两个女孩一起看电影，她简直想钻到座位底下消失。

"我本来很喜欢和人交往的，很外向，这简直是创伤。我每晚回家后都会哭。但另一方面，我感觉不得不留在那个圈子里面。"梅丽莎回忆道。

由于她总在两个一直无视她的女孩身边晃悠，她回忆道："我特别擅长仔细听对话，我记得我会四处探听形势，我会走在她们后面，听她们在说什么。我很擅长调查。"

"嗯。"芭芭拉清清嗓子说道，我回过头去，都忘了她在场。她一直在将鸡尾酒餐巾折成小块塞到高高的苏打水玻璃杯下面，盯着柠檬从底部浮出来。她的脸似乎僵住了。

"呃，说实话，"她说道，眼睛仍向下看，"是我一直怂恿梅丽莎和卡米尔友好相处的。我觉得，你知道，有个犹太女孩做朋友很好。"

梅丽莎迅速瞟了母亲一眼，好像告诉她"说得没错"。"我记得常常一个人回家，感觉非常非常孤独。我感觉不安全，觉得自己很丑，很惹人嫌，很沮丧，我躺在床上，想着这些可怕的念头，想着人们都不会在乎……"她说不下去了。

"我觉得我一定是个糟糕的人，连朋友都讨厌我，"她继续道，摇了摇头，"我一定很惹人嫌，说不出半句好话。她们觉得我很烦，我是这个年级里最烦的人。任何嫌弃自己的想法,我都能想到。"

"你处理得不错,"芭芭拉说,"每次你说起来的时候,我都想哭。"我还来不及转头看梅丽莎的反应,芭芭拉已经站起来走到桌边搂住哭泣的女儿,她自己也满脸泪水。

"我没事,"梅丽莎抽噎道,手掌稍稍从桌上抬起,"我非常了解自己的感受,我不得不说,这段经历让我成了更好的人,我学到了重要的一课,我真的明白了自己需要什么。"

"我觉得有这个酷酷的小圈子的朋友就是最重要的事情。从某种程度上来说,我愿意做任何事情来维持跟她们的友谊。我不知道为什么。"

芭芭拉回到了座位上。我们的菜上来了,梅丽莎擦着眼睛。我静静等着,努力显得漫不经心,我不想让梅丽莎尴尬。芭芭拉大口吐气,既像叹息,又像粗重的咳嗽声。这次她开口说话时与我四目相对:"梅丽莎说起这些时我非常痛苦,我觉得有点崩溃,说不出自己到底是什么感觉,"随着餐馆背景的白噪声响起,她停顿了一下,"因为我觉得这是我一手造成的。"

芭芭拉成长过程中患有肥胖症,朋友不多,她遭遇了许多女孩的刻薄对待。光是回想一下自己硕大的身躯与纤细女孩的对比,都会让她畏缩。她悲伤地看着女儿,"我不想让梅丽莎遭遇那种痛苦"。梅丽莎出生时,芭芭拉就决定要让她成为受欢迎的女孩。芭芭拉告诉我,等梅丽莎稍微大一点,"我就鼓励她和周围邻居的孩子交朋友,"她顿了一下,"是我把她推向这些人的"。

我问了一个无可避免的尴尬问题,她是否知道梅丽莎经历了什么?

"知道,"她说道,我看到梅丽莎的脑袋突然转向母亲,"我感觉自己太无能了,"芭芭拉的眼睛闪着泪花,"我感觉自己特别丑、特别胖,等我有了孩子,我原来的恐惧和不安都冒出来了,我得不停地告诉自己'梅丽莎不是我、梅丽莎不是我'。我想起了自己的童年,我不希望她经历那种痛苦,我希望她开心,希望她受欢迎。"

芭芭拉在社区游泳池遇到了卡米尔的母亲艾丽斯,那时两个女孩还很小。艾丽斯有四个惹人喜爱的孩子,散发着芭芭拉梦寐以求的随和与自信。然而,芭芭拉回忆道,"艾丽斯有时候控制欲也很强"。但芭芭拉非常崇拜这位女士,因为她成功地养育了几个适应能力很强的孩子,芭芭拉想取到育儿经。"如果梅丽莎和卡米尔一起玩耍,她就能受到很好的影响,"她推测道,"当然,梅丽莎本来就是个好女孩。"

我追问道:"你试着跟艾丽斯提过卡米尔怎么对梅丽莎的吗?"

"我想说来着,"芭芭拉嘟囔道,"我觉得艾丽斯是个非常友善的人,但她也可能在背后说人坏话。"片刻后,她补充道:"我感觉我需要艾丽斯的帮助,学做一个好妈妈。如果能回到过去,回到30岁重来一次,一切都会不一样。我觉得我不会……把梅丽莎推向那些事情。"芭芭拉没有找艾丽斯,而是去找了学校辅导员，辅导员推荐梅丽莎看心理治疗师，但治疗师告诉芭芭拉她女儿没问题。

"一方面，"梅丽莎说道，"我倒不是在怪你，妈妈，我难过是因为你问我：'你要做什么？卡米尔和妮古拉在干吗？你打算做什么？为什么你不和她们一起玩？'你会不停地问我。"她转向我说道："这些话都是亲妈对我说的，我不是想让你难受，"她说道，回头看着芭芭拉，"但真的是这样。"

"我现在能承受得了。"芭芭拉说。

"我不是怪你，"梅丽莎继续说，"虽然你只是想鼓励我，但我有时候总感觉你在拿我跟她们比较，觉得我不够好。"一次，梅丽莎回忆道，她和妈妈在咖啡馆看到卡米尔换了新发型。"你带我去剪头发了，你希望我看起来像她一样。"梅丽莎告诉母亲。

"是你想要那个发型。"芭芭拉说。

"不，"梅丽莎坚持道，"就是在我们遇见她以后。"

在我们相聚华盛顿共进漫长的午餐之前，芭芭拉和梅丽莎从来没讨论过她们的困境。看着她们，我立刻明白这是一大宝贵收获。父母在回应霸凌状况时，总是本能地将愤怒和责备倾泻在霸凌者身上。尽管区分此类困境中的情感非常困难，但芭芭拉的故事说明，父母有必要留心自己对女儿的社交选择产生的影响。

芭芭拉和梅丽莎也让我明白，父母与子女进行坦诚的交流颇有益处。她们的故事让我意识到，父母仅仅为孩子抹去眼泪、拍拍肩膀以示鼓励是绝对不够的。倘若当初芭芭拉愿意说出令自己将孩子推向受欢迎群体的压力，分享那种脆弱和痛苦，女儿的生活会因此大有不同。在梅丽莎眼中，芭芭拉看起来并不脆弱，而这让梅丽莎的负罪感更强了。

芭芭拉不惜一切代价让梅丽莎成为受欢迎的女孩，这显然是有意识的选择。然而，并非所有选择都是有意的。我们会不知不觉地创造机会重蹈覆辙，让错误像遗传基因一样传给下一代，传到我们最爱的人身上，这是一种苦乐参半的人之常情。

两代人

我通过一位大学朋友认识了唐娜和特蕾西·伍德，我和位于南卡罗来纳州的母女俩分别进行了电话访谈。特蕾西走出困境已经15年了，但两位女士在讲述故事时体现出了惊人的一致性，都非常开诚布公。

特蕾西幼年在罗利的一个大农场度过，大部分时间都在和兄弟或小马驹玩耍。父母离婚后，母亲唐娜赢得了监护权，带着孩子搬到镇上。她身边有一群喧闹的女士们，安慰她、保护她，为她的新家带来温暖，也会善待特蕾西。然而特蕾西去父亲那儿时，父亲会从肢体和精神上对她施虐，他的情绪会间歇性发作：有时把特蕾西当成掌上明珠，有时就当她不存在似的。每次无监护探视都让特蕾西觉得很伤脑筋。

四年级时，特蕾西开学第一周就完成了数学练习册，这让老师们大吃一惊，她很快就跳级进入了一个因刻薄而臭名昭著的班级。五年级第一天,女孩们不让她一起坐在午餐桌上,口口声声说她不算真正的五年级学生。她们迫使特蕾西一个人吃饭。她在餐厅孤身一人吃了几天饭,随后把指甲油带去自娱自乐,却被监督员训斥,于是又开始一个人默默吃午餐了。

午餐时间的孤立很快就成了受欢迎女孩们的消遣。初中阶段她们继续排斥特蕾西,说她很蠢,说她开玩笑不好笑,说她总是穿不对衣服。10 岁那年,这些女孩嘲笑她没有胸罩,说她平胸。一天在卫生间,特蕾西听到小圈子的领导者在隔间里警告她唯一的朋友别和她一起玩耍。特蕾西再见到这个朋友时,对方冷若冰霜。一个暑假,她和一个在当地农场骑马的人气女孩成了最要好的朋友。九月开学,这个女孩却假装自己不认识她。

多年来,特蕾西都默默承受着。"我记得每一天,"特蕾西告诉我,"真的很糟糕,没人喜欢我,我什么都做不好,做什么都会被调侃。包括老师在内,没有一个人有同理心或足够成熟,能站出来说一句这样不好,快停手吧!"

五年级开始的三年后,特蕾西坐在沙发上,和母亲讨论勇气的概念,特蕾西抬起头说道:"你不知道我每天上学需要多大的勇气。"

唐娜问女儿这话是什么意思。特蕾西答道:"别的女孩不让我和她们坐在一起。"唐娜很是震惊,她多年来都与学校保持联系,了解女儿的进展(但她对此并不知情)。20 年后她依然心痛,告诉我:"在这所小小的私立学校,他们甚至都不屑于告诉我,别人不允许我孩子课间或午餐和她们坐在一起。我感到非常震惊,我什么都没为她做。"

现在,秘密不再是秘密了。唐娜很自然地认为,转学会让女儿如释重负。

其实不然。

受欢迎的女孩们在残酷行为中掺杂着令人迷惑的善意信号,这让特蕾西陷入一个死循环,她总是认为自己能努力感化那些折磨她的人。有些日子,好像会有一丝希望:一丝善意的眼神,没有评论或嘲笑的一天,在饮水机边一起大笑。对特蕾西来说这就足够了。她向我解释道:"我感觉事情就是这样的,我得改变。从某种程度上来说,我觉得自己可以战胜困难,让她们喜欢我,然后得到那个年纪我想得到的一切。"转瞬即逝的友好和交朋友的希望让她留在那所学校,唐娜不得不努力应对执迷不悟、拒绝放弃的女儿。唐娜努力和女儿的老师们交流,同时也尽量不让他们感到为难。她努力听特蕾西诉苦,尽可能满足她的需求。而此时,她也惊恐地意识到,只有在家的时候,女儿才能感受到尊重。

但特蕾西的对抗最终变成了抑郁症。由于偏头痛,她平均每周会缺课三天,她不得不注射杜冷丁(哌替啶)镇痛。一天,她不停地反反复复读着历史课本的同一段内容。有三个月,她一会儿昏迷一会儿清醒,小狗蜷缩在她身边守着。

突然,周日晚上到了,她周一得回到学校。"我想,"特蕾西说道,"我宁愿去死都不想再去上课。"

特蕾西设了半夜的闹钟,醒来后走下楼梯,去厨房拿出刀具。

"很疼，"她说道，"我坐下，睡着了，早上却醒来了，心想我连自杀都死不成。"特蕾西去了母亲的卧室，妈妈说她不用去上学了。特蕾西住院几周，连打电话慰问的人都没有。

对于重度抑郁的女儿，唐娜说道："她非常无助，那真是一种挫败感，真的很明显。她以前绝对是古灵精怪、有趣的孩子，但那种感觉消失了。我会想，我的小宝贝到底怎么了？好像她在消失一样。她那么沮丧，都不是她自己了。她告诉我，虽然我说了关爱鼓励的话，但是我并不了解真相——说我不知道她其实既不聪明，也不漂亮，没有价值。"在试图说服女儿的过程中，唐娜感到一阵阵挫败感。"有时我想晃动她，但她就是不动，她几乎不说话，你只能看到她的沉默，看到她情绪激动地思考着。"

心理治疗几周后，特蕾西明白了，自己不愿离开这所学校的固执源自她与父亲的关系。"我觉得爸爸一会儿把我当成宝，一会儿又不理我，这让我走进一个循环，希望赢取别人的心，但是别人并不想接受我，"特蕾西解释道，"就像相信，如果我足够优秀、如果能穿对牛仔裤，一切都会好起来那样。"多年后，特蕾西仍然对自己在制造痛苦中扮演的角色感到震惊。"我当时根本没意识到，天哪，她们真是胡来！"她告诉我，语气中流露出吃惊。

唐娜当时并没有意识到这一点，但现在她认为自己忍受丈夫的虐待让特蕾西觉得，只要足够努力，什么都能适应，无论过程多么痛苦。"这就是特蕾西为什么会陷入虐待友谊却不愿意离开。"唐娜说道。她本人数年后才从离婚的创伤中恢复过来，许多朋友抛弃了她,她带着两个年幼的孩子挣扎,经济拮据,酗酒。对于自己为何不能从细节中看出问题,唐娜很现实:"当时我还没有从自己的遭遇和孩子的遭遇中恢复过来,还在处理我自己的事情。"她说道。唐娜自身的经历引发了深重的愤怒、沮丧和焦虑,而她用这些情绪去回应自己的女儿。

有时,父母会将夫妻之间的关系的状态转移到女孩身上。女孩会与承担照顾者职能的母亲产生认同感,这一点很明显。然而,我们可以看到,如果关系成了生活的主要资本,也会存在极大风险。本书中不惜一切代价忍受虐待友谊的女孩,和唐娜这样忍受家庭暴力的女性有惊人的相似之处。(我们将在最后一章进一步讨论霸凌和关系暴力的联系。)正如女儿也许会从母亲身上学到如何去爱一样,她们可能也会学到不去终结那些危险的关系。

无助感

谈论乔安娜和埃米的友谊问题时,乔安娜的母亲伊莱恩和女儿坐在一起。"我得告诉你,"伊莱恩前倾将胳膊肘撑在膝盖上说道,"太痛苦了,这是历史重演。我当时被自己最好的朋友背叛了,她真的是我最好的朋友,我知道(乔安娜)的感觉,我什么都做不了。自己经历一遍已经很痛苦了,但看到孩子又经历一遍,真的是世界上最痛苦的事情。"

她凝视着女儿,回到当下。"乔安娜(被欺负),我感到没有防御的力量,很无助,很受伤。我说不出什么安慰人的话。至少,你很想保护孩子使他们不受任何伤害,尽力保护孩子。把孩子喂饱,给他们温暖的家,给他们爱,还有所有自己可以掌控的事情。接过婴儿的时候,这是最令人难以置信的感觉,你爱这个孩子。"

无法帮助女儿令她惊慌失措。"你是妈妈,就应该能解决任何事情,"伊莱恩说道,"尽管你知道不可能解决所有事情。但从感情上来说,还是希望可以。也许这是我感到自己不能保护她的真实时刻之一。"泪水沿着她脸颊落下。伊莱恩说自己看到乔安娜接种疫苗时不由自主地流泪,因为看到女儿痛苦。想到乔安娜被埃米折磨的痛苦,她不禁去想女儿心里到底是什么感觉。"这些时刻会改变你的。"她激动地说道。

忧伤可以在母亲和孩子之间传递,毫无疑问,看到孩子在外受伤,父母会发自肺腑地感到痛苦。但被欺负的女孩的父母则表示自己对女儿的情绪很复杂,其中包括愤怒和沮丧。

母亲们会感到惊奇,我的孩子怎么能忍受被最好的朋友残酷地对待一周,周五却欢快地坐上车去朋友家过夜?她怎么能在我腿上哭得很惨,大口喘气,都快扯烂我的衣服了,现在却在电脑前咯咯笑着发送即时消息,把秘密输入网络空间?我的心都快碎了,看着她痛不欲生,半夜因焦虑睡不着,想象另一个孩子的残酷行径,简直想掐住那个孩子母亲的脖子,但今天孩子却会让我感觉我才是那个疯了、精神错乱、不理智、无情记仇的人?

被亲密朋友伤害的女孩，最容易让父母坐上感情过山车。在黑暗的日子里，家长会被女儿因悲伤而产生的额外照顾需求折磨得筋疲力尽。没多久，孩子又会擦干眼泪说自己明白了。孩子一脸微笑，表现得似乎什么都没发生。可以理解，母亲会产生冲动，抓住孩子领口，对她进行老一套的说教。这时反而常常是女儿感到母亲疯了。

随着女孩长大，在社交世界的迷宫中变得越来越自立，母女之间的隔阂也越来越大。母亲会难以理解女儿的社交选择，女孩愿意回到霸凌者身边、忍受刻薄——这在母亲看来显然是荒唐的行为——对女孩来说完全说得通，很奇怪。无论父母怎样苦苦哀求，对一些女孩来说，比起孤立，其他都不算糟糕。

对母亲来说毫无道理的事情，在女儿看来却一清二楚。13岁的谢利敲打着桌子，对母亲摸不着头脑的反应感到愤怒："她就是不明白，你不能直接走到别人跟前说：'我真不敢相信你会对我这么刻薄。'这不是处理事情的办法！"第三章中的埃琳与朋友和解时，母亲惊得目瞪口呆。"我真的很担心，我对那些孩子很生气，我不想让她们接近女儿，我不信任她们，我担心她们又会把她逼成从前的样子，"她补充道，"人们告诉我'你需要宽容一些'。我尊重的人这么说！我第一反应是，等等，当时你可没看到！你没有看到过她们眼中的恶意，简直像刀子一样能划破空气！"

说起女儿，琳达承认："她不听我的建议，真让我难以忍受。我逼得太紧了，她很被动。我希望她采取行动。看她什么都不做，感觉太糟糕了。我知道有人在伤害她,她也不会自我保护。但我什么都不能为她做。"

对一些母亲来说,女儿向虐待屈服就是懦弱的标志,这令她们愤怒。一位母亲被女儿的不理智行为震惊了,折磨女儿的两个孩子坚持说她们是同一天在同一间屋子里出生的。"丽贝卡知道她们生日不同,但她**还是**不相信自己的判断!"那些努力为女孩做出坚定自信榜样的母亲更是会感到强烈的沮丧。玛吉的妈妈安德烈娅解释道:"我试着推她一把的时候,她总是无助地说'我不能,我不能'。有时我对她感到很生气,因为我自己是直白的人。我从来没有不愿说话的时候,所以我希望她能大胆说话。我可以给她提供建议或其他什么东西,为什么她就不能这样呢!"困难时期,母亲和孩子关系的削弱,会让解决霸凌危机难上加难。

宿命

在应对女儿的困境时,一些母亲深受对女性和攻击行为的刻板印象的影响。一个被霸凌过的女孩在日后成为母亲时,会对女儿的同龄人感到多疑、充满焦虑和愤怒。这些女性透过自己的苦难去看待女儿的痛苦。玛丽的女儿被欺负时,她决定什么都不说,她解释道:"她遇到糟糕情况时,我没办法总是介入帮忙。但就算等你长大,这些事情也不会改变。总是有和孩子一样背后伤人的成年人。"我追问时她开始沮丧,当她的女儿看过来时,她爆发了:"我是说,女孩就是——我没多少女性朋友!因为你要判断可以信任谁,我觉得从长远来看,女孩没有男孩那么友善。她必须学会怎样选择朋友!"

一个周日清晨,玛格丽特带我穿过一群孩子,他们冲过来围在我腰边上,在走廊穿着袜子跑来跑去,然后尖叫着冲上楼。"这里有点乱,"她翻起眼睛热情地微笑着,"但愿我们能找到安静的地方。"我们走进一个看起来一年大概只用两次的房间。玛格丽特邀我过来谈论她的女儿克洛艾(见第七章)。我们坐下,她的脸布满乌云。

"我不知道到底是怎么回事,"她告诉我,手紧握在大腿之间,"我看到她,就像看到了清水一般,清澈明亮,每天都很美好,她对世界好奇,她喜欢与人交往,然后她和其他女孩发生奇怪的事情……这种背后中伤,这种嫉妒,我不知道到底怎么回事。"

玛格丽特的女儿美丽而活泼,她对此既敬畏又生疏。"我当年处于完全不同的地位。"她简单地说道。约30年前,她的小圈子每周都会选个女孩挑刺,几乎总是选她。有时她们假装她不存在,玛格丽特就会躲在图书馆吃午餐。这种受伤的感觉依然挥之不去。"要想得到认可,知道自己正常,你真的很依赖朋友,"她说道,"然后她们会突然改变你信任别人的方式,让你不再确定是否该相信别人。"她说,从那以后,她对结交新朋友非常犹豫。她不那么相信别人了,她更愿意与男孩交朋友。"你怎么知道谁和你站在一边,谁不是?"玛格丽特说她在人群中感到最孤单。即使是朋友来她家吃饭,她也会孤身一人洗盘子。

"所以我比较阴暗，"她告诉我，"不信任别人，我不开心。但我不想因为这种成见让我的孩子觉得每个人都很恐怖。"这很难。如今，女孩的规则也许更是捉摸不透。克洛艾被女生朋友惩罚了，因为她课间与男孩一起打橄榄球。"这两年，"玛格丽特说道，"打橄榄球可能还算正常，然后她是否错过了时机，没发现规则变了？规则总是在变，永远不知道什么算对，什么算错，谁时髦，谁过时，什么是好的，什么不算好。"

她对克洛艾正在成熟的身体也不是很乐观。"我女儿，"她说道，"会是个引人注目的人，我对她的自信感到吃惊，她昂首挺胸地走来走去，看起来很爱自己。我从来没有过这种感受。"她补充道。玛格丽特确信，克洛艾的自信和美丽会让周围的每个人都感到害怕。我问为什么。

玛格丽塔深受痛苦童年的影响，直到今天才结交了一些女性朋友，而这也影响到她对女儿未来的思考。她最常担心的是会被其他女性评判，始终摆脱不了这种感觉。"我们总是在看谁染的头发发根长出来了：'哦，她该做做头发了。哦，她变胖了。'我们总是在评判别人，因为我们总是拿镜子对着自己。她的发根该补色了，我的呢？我发根露出来的时候，有人在背后议论吗？"

女儿的社交生活也一样，她告诉我。"如果孩子学习遇到了困难，"她压低声音说道，几近耳语，"这就是家庭秘密。你和老师起了矛盾，你是唯一一个遇到麻烦的人。你不能告诉任何人。"随后她承认道，"我们都知道，大家都在观察别人，等着评判。"

玛格丽特认为，女性主义运动并没有让女性团结起来，比如职场妈妈常常以高人一等的姿态看待全职妈妈。在社交聚会场合，她总是感到自卑。她告诉我，一个朋友会惊讶地问她："你每天都在做什么呢？"她扮了个鬼脸。"我们做不到互相尊重，我们能不能别互相找碴了？我们应该一起努力，互相帮助。如果你是职场妈妈，我能帮助你，让我帮你！我们还要和男人竞争，"她说道，"为什么我们还在闹内讧呢？"

在思考父母和霸凌行为的关系时，我会联想到飞机上的安全指导：如果机舱失压，先戴好自己的氧气面罩，再帮助孩子。如今，父母在试图支援深陷社交危机的女儿时面临着巨大阻碍。他们需要一套新的话语体系来讨论女孩间的攻击行为。父母可以用这些词汇来和校方交涉，讲明女孩关系之间的真相，并重新获得对情况的掌控。如果女孩能明白很多同龄人都有这样的遭遇，她就敢大胆说话。如此一来，家长就能养育坚强的女儿，让她们既懂得自己的经历是普遍的，也懂得在成长过程中珍视其他女性。

第10章

帮助女孩应对闹剧、霸凌和介于两者间的问题

本章中,你会读到我与数万名女孩、家长和教师共事十年积累的宝贵经验。我收集了来自顶尖专业人士和经验丰富的父母的智慧和策略,还有女孩们的心声。他们告诉了我当自己需要帮助时,哪些方法有效,哪些方法无效。

接下来你要读到的一些道理看似不言自明,事实也的确如此。但请记住,倘若遭遇此类问题的是自家孩子,你可能会急得不知所措。在那种情况下,你也许会意气用事,忘记理智和深思。用本章内容帮助自己冷静面对问题吧,听从理智可靠的建议,反观自己的感受,寻求解决方案。

第一反应:表达同理心

采访时,我请每一位成年女性和女孩为父母对她们困境的

第一反应做出评价。结果很明显，那些积极倾听的父母最能帮得上忙。这些父母每天都会询问学校生活如何，在女儿哭泣时把她们紧紧搂住。他们会满足女儿的特殊需求，无论是晚一点去学校、放学铃声响起后立刻接走，还是准备特别的美餐。第七章提到的伊丽莎白向我吐露："要不是妈妈，我一定会疯掉。她尊重我什么都不想说的需求，也尊重我希望她安安静静陪着我的需求。（我只需要她）抱住我，搂着我。"

这些表示基于同理心，是每个父母在尝试和孩子感同身受时都会做的。同理心是你的女儿陷入社交斗争时最渴望得到的东西。请记住，你的女儿的同龄人文化常常拒斥或否认感受："你太敏感了""我没那样，你误会了""我只是开玩笑"。那么多人都说她的感受毫无根据，她需要你的帮助，才能认可自己的感受。同理心看似微不足道，却能发挥极其重要的作用。

然而在人们惊恐焦虑时，同理心往往是最先被抛在脑后的。首先，就像火警一响我们就去灭火一样，我们觉得自己可以靠让问题消失来让孩子好受点，这情有可原。从孩子一出生起，父母就习惯这么做：饿了就喂，困了就睡，哭了就抱。然而，随着孩子慢慢独立，同龄人对她的影响力会日渐增强，让麻烦"消失"几乎是不可能的。（依我的经验来看，大部分女孩比父母先接受这个事实。）解决问题的强烈愿望反而让同理心反应短路了。

其次，感同身受会令人痛苦。这需要父母慢下来，承认并思考孩子受伤、被拒绝或悲伤的感受。这对父母来说也许是种痛苦的体验。同这些感情联系起来，会让你感到无助和手足无措。

因此，如此之多的父母倾向于火速行动，这是可以理解的。琳达略带懊悔地回忆起自己对女儿的第一反应。事后想来，她说道："我真不该步步紧逼（让她反击）……那样就成了按我的需求走，而不是按她的需求，有时我会想自己之所以犯下那种错误，是因为太揪心了，看不下去。"

向霸凌行为的目标女孩表达同理心，语气大概是这样的：

"发生了这种事，我很难过。"
"听起来太可怕了。"
"换了我，我也会感到很＿＿＿＿＿＿。"
"听起来你现在很＿＿＿＿＿＿，可以理解。"

同理心和表露情绪不是一回事，这不是你分享自己感受的时候。如果父母在孩子最需要同理心的时候哭泣或倍感无力，会让孩子感到非常不舒服。她们会感到需要照顾的是父母，而不是自己。你的反应会影响到女儿继续倾吐秘密的意愿，她可能会觉得不该让你知道这些混乱的感受，这是为了你好，从某种程度上来说，这些不太适合与你分享。

苏珊娜·科恩总是很难将自己的感情与女儿的感情分开。汉娜备受折磨时，苏珊娜差点崩溃。"我分不清哪些是（我的感情），哪些是她的。"她告诉我说。在一位治疗专家的帮助下，她明白了自己不能代女儿受苦，她的行为让汉娜感觉自己需要安抚母亲。"我希望自己能做好，"她说道，"但某一刻我突然意识到，这不是说谁要做好什么，而是只需要静静听着。(我需要) 给她肩膀，让她发泄，让她将这种情绪释放出来，我是母亲，不能替她解决问题，只能给她关爱，而不是自己替她战斗。"最终，苏珊明白了她在女儿的经历中应扮演怎样的角色，如何既尊重孩子的情绪，也能保持自我。想起来容易，做起来难，她如是说。

常言道，控制你的情绪，否则就会被情绪控制。为了避免在女儿的情绪中迷失自我，你需要反观自己的感情。正如第九章提及的母亲们那样，许多人都和女儿一样经历过霸凌行为。你对女儿的反应，印着你的从前、恐惧和童年记忆。请思考下列问题：

- 成长过程中，我与同龄人相处时最艰难的是哪一部分？这可能会对我现在的反应方式产生怎样的影响？
- 这种情况下，我最怕什么？这种恐惧理智吗？这种恐惧会让我产生怎样的反应？这种情绪能让我有效帮助孩子吗？
- 如果是我最好的朋友在指导孩子渡过这种难关，我会给他或她哪些建议？

了解自己的感受，能让你脚踏实地。如果你知道自己会愤怒还是恐惧，就能更好地自我控制，并反思自己的冲动——更有可能扼制那些不假思索的破坏性冲动。如果你知道自己的情感从何而来，做决定时就会三思而后行。

若想在回应女儿时正确地保持镇定,可以回顾一下她当初是怎样学走路的。当她滑倒摔跤时,如果你表现出惊恐之情,她就会感觉到你的惊慌,号啕大哭。如果你笑着说"哎哟!没关系!站起来!"并平静地把她扶起来,她也会更乐意继续练习。在关心的同时帮助她重获信心,激励她坚持下去,这才是你现在应该为她做的。金·卡明斯基(Kim Kaminski)是一位资深学校心理辅导员,她督促父母从自己的惊恐中走出来,做女儿坚强的后盾。"家长就应该有家长的样子,告诉孩子:'有我呢,我会帮助你,我知道你能挺住的,我们一起想办法。'"如果女孩不相信自己,也不相信形势会有好转,这时父母的力量能给她极大的鼓励。女儿自己没有勇气时,你要用自己的勇气来为她加油。

陪伴他人熬过痛苦或不幸需要强大的精神力量,你需要照顾好自己。充分利用身边的资源来善待自己,无论是运动、朋友的支持、咨询、冥想还是吃块芝士蛋糕。作为父母,你的成就并非是根据怎样用尽可能少的资源活下去来衡量的,如果你自己很虚弱,就无法照顾他人。

记住,除了语言外,行动也可以表达同理心。思考并询问孩子,怎样帮忙会让她在学校和家中更好受。观察孩子的日常情况,看看怎样可以帮她减轻负担。想办法了解她午餐和课间时做什么:如果自己一个人待着,去哪儿比较好呢?可不可以每周安排她去图书馆、艺术课或健身房两次?这些都不是终极解决方法,她也不能习惯性地逃避学校的日常,但如果她真的很痛苦,也许你可以为她找到一个喘息的空间。

平时她有其他小伙伴可以一起玩耍吗?鼓励她午餐或课间时加入那些小伙伴。如果你好友的孩子能和女儿玩得来,找他们聊聊。不过要小心:别让女儿觉得你在逼她和别人交朋友。一定要和对方父母沟通好,确保两个孩子有可能玩儿到一起去。不管你孩子的情况多糟糕,都别误以为朋友的孩子有责任帮助你女儿。让另一个孩子放弃自己的社交需求来帮助他人,会再一次强化刻板印象,让孩子觉得关爱和自我牺牲才是自己的首要任务。总之,能否玩得来要看孩子们自己。

女孩为何不愿告诉家长

离放学还有十分钟,我和林登学校九年级女孩们的讨论即将结束。收讲义的声音像树叶一般沙沙作响,孩子们也开始坐立不安。"好啦!"我喊道,本不打算那么大声,"最后一个问题。"我问她们是否会把霸凌或其他女生对自己刻薄的行为告诉父母。

一阵"怎么可能!"和"没错!"的回答声在教室里此起彼伏,随之而来的是讥讽的哼哼声和小声嘀咕,一个女孩喷出了嘴里的苏打水。

"好吧。"我平静地说道,竭力保持镇定,"真的吗?为什么呢?"我愉快地鼓励道,"来讲讲吧,各位!"

莫莉尖声说道:"爸妈希望你和所有人都是朋友,如果不是,他们会失望的。"

"不希望爸妈认为朋友很糟糕,这些事会过去的,"莉迪娅补充道,"想维护朋友,是因为交什么样的朋友会反映你是怎样的人。"

"哦,没错!"里纳咯咯笑道,"我妈会说:'我一直都不喜欢你那个朋友!'"

"完全没错。"角落传来一个声音在小声嘀咕。

"我妈特傻,她会说:'哦,我可以当你的朋友啊。'"劳伦说道。

"我不想告诉她,因为她可能认为是我的错。如果她不站在我这边,就好像我失败了。这很恐怖,按理说爸妈应该站在孩子这边。"

"我不希望我朋友和爸妈一起跟我对着干。"

大家说啊说。

大部分女孩不会告诉父母有关霸凌的状况。这个问题男孩女孩都一样,被欺负是每个孩子深深的耻辱。由于社会对另类攻击行为的意识薄弱,沉默的负担会更加沉重。一些女孩可能没法判断出自己所经历的事情是不合理或错误的,反而会将问题埋在心底,认为都是自己的错,不愿意说出来。

孩子也可能觉得,既然没有规定能制止这种行为,老师也发现不了,那就不值一提,也无须追究。里奇伍德八年级教师费丝在学生时代曾自杀未遂,因为当时朋友都躲着她,她觉得很尴尬,所以不愿告诉母亲。"我觉得妈妈肯定没经历过这些,她从来没说过。不想告诉她,说有其他女孩找碴欺负你,真的很尴尬。"

和孩子谈论另类攻击行为至关重要。如果你用客观的方式告诉孩子自己了解学校生活——从某种程度上来说你"懂"女孩的隐性攻击文化，女儿就会感到安全，愿意告诉你最黑暗的角落。问的时候随意一点，比如在开车回家的路上、晚饭前在餐厅里，或看电视插播广告时。如下问题可用于引发讨论：

- 班里女孩刻薄的时候会怎么做？
- 老师知道发生什么了吗？为什么发现了？或为什么没发现？她有什么反应？
- 有的女孩待人刻薄，是不是更难被人发现？为什么呢？
- 朋友之间有时也会态度刻薄吗？有什么表现呢？

用第三人称引出问题比较有帮助，可以慢慢预热，让孩子与你展开讨论。

女孩在社会化时被教导要关爱他人，因此她们常常隐藏自己的感受，以免自己的痛苦影响到别人，所以青春期的自尊丧失可能会连同抑郁、自残和厌食等情况一并发生。沉默让斯蒂芬妮患上了胃溃疡，她解释道："我不希望（我爸妈）担心，我不希望他们觉得我是一个在年级里混不下去的怪人。"

话匣子打开后，我进行一对一或小组访谈的300多名女孩都激动地说起了父母们怎样好心办了坏事。下列为面对女儿困境时，父母最常做出的部分反应，并附上大部分女孩更希望听到父母说出的话（也列了我自己的几条好办法）。

不恰当的安慰：哪些话最好别说

不合适的说法："这是成长阶段"或"宝贝，每个人都经历过"。

这句评论本意是出于安慰，但听起来像是设法让女儿的痛苦大事化小。它传递的意思是"你只是许多人中的一个罢了"，而此刻女儿的感觉正好相反——她正经历着前所未有的痛苦，她认为自己是第一个这么痛苦的人，是唯一知道这种感觉的人。这可能的确是成长必经之路，但她还不明白。这句评论只会让她感到你对她现在经历的痛苦有多么不了解。

许多父母和孩子沟通霸凌行为时，就像孩子玩接线员传话游戏一样。你口中的"每个人都经历过",在女儿听来可能就是"你这种失败者都经历过"。对社交不够成功而感到羞愧是女孩不愿意告诉家长的最常见的原因之一。如果说女孩的社会身份建立在人际技巧的基础上，那么被孤立就可以说是一场灾难。如果家长的评论听起来是希望小事化了，女儿的挫败感就会加重。

更好的说法："哦，宝贝，这种事太可怕了。我很难过。"

尊重孩子的痛苦，就好像她是第一个经历的人一般。与此同时，你可以与她谈论另类攻击。许多父母都发现，自己告诉孩子的事情，她也许会不屑一顾；可如果换别人说，孩子就会激动地点头。你可以把研究者们的发现讲给孩子听，表明她不是孤军奋战。

补充:"我也经历过。"

你经历过吗?能回忆起来吗?如果你可以将该事件与自己青春期的经历联系起来,女儿可能更愿意倾听,更相信你。但别说过头了:一些孩子告诉我,她们特别讨厌妈妈坚持认为自己了解孩子的感受。"我妈常说'我理解你的感受',其实她不了解,"她们说道,"时代变了。"在这个充斥着网络霸凌行为的时代尤为如此。如今一条短信或邮件就能瞬间发起攻击,你成长的年代还没有这种情况,你和女儿的童年经历肯定是大不相同的。

不合适的说法:
"我一直就不喜欢你那个朋友。"
"当初你为什么要和她/她们交朋友呢?"
"我跟你说了多少遍(此处自行填空吧)?"

记得你的朋友们多反感你的某位约会对象吗?记得他们说这个人不适合你吗?难道你会说"对啊!太感谢了!"然后分手?道理是一样的。是啊,也许她的确在和你认为糟糕的女孩子一起玩耍,但倘若时机尚未成熟,她就不会发现,在此之前,这和你毫无关系。此刻,有必要明白女孩对关系损失是充满恐惧的,你的孩子可能正在想方设法修复友谊,而不是结束友情。

时断时续的友谊会让父母烦躁,的确令人懊恼。女儿可能时而兴奋,时而备受折磨,而你则是她情绪过山车上无助的乘客。然而,如果家长表现得过于愤怒或沮丧,女儿也许就打算隐藏发生的事情了。倘若她不愿告诉父母,那她就更脆弱了。

更好的做法:深吸一口气,拿捏作为父母和朋友的不同反应。

作为父母,看到孩子被这样对待,你有权表达不满,并告诉孩子健康的友谊应该是怎样的。与此同时,不能疏远女儿,以朋友的口吻告诉孩子自己的判断。有时在爱摆布人的朋友和失望的父母之间,女儿更乐意选择前者。记住:要让女儿愿意和你交谈。

有时,你可以做的最多就是提问,让她反思自己的消极友谊。如:

- 你希望好朋友是怎样的?这个人是这样的吗?
- 既然某个人让你这么难受,为什么还要跟她做朋友?
- 当你任由她这样做(指出具体行为)时,你会让她感觉你是个怎样的人?
- 当她这样做(指出具体行为)时,她会让你感觉她是个怎样的朋友?

记住,女儿可能会在某个阶段自动脱离这段友谊,另一个女孩也可能会换其他人做朋友。就像所有带来痛苦的关系一样,女儿会从中获取关于友谊和密切关系的宝贵人生经验。我知道，下面这句话可能算不上安慰，但请相信：总有结束的时候。

不合适的说法：" 想想是因为你做了什么吗？"

如果女儿被欺负或孤立出社交圈子了，很可能并非她的所作所为引发了某种问题，她就算改变自己也无济于事。某个女孩或小圈子决定要发怒或找碴，通常毫无规律或理由可言。即使存在规律或理由，往往也无法归咎于某一个人。况且，你女儿也许已经像电脑一般高速运转，将自己的错细数过一遍了。无论你的本意为何，我们再次面临着词不达意的困境。你说："你怎么样改变自己才会有帮助？"她听到的是："妈妈觉得是我的错，问题在我。"

娜奥米认为，妈妈将这些遭遇归咎于她社交技巧不够，简直是往伤口上撒盐。"我希望她像母狮子那样保护我，把我看成受伤的人，而不是把我当作问题少女。我希望她能看到更厉害、更直接的危险。"她需要母亲维护她，而不是质疑。让女儿做点什么来改变局势问题不大，但需谨慎行事。她向你诉苦时，这不应成为最先要问她的五个问题之一。

更好的说法：" 要不要我陪你一起想想为什么会这样？"

问题不一定是成长发展阶段带来的，让我们回忆一下埃琳的案例：她所有朋友都压抑了自己与她的矛盾，积怨数年，最终爆发。回忆与朋友之间的关系状态，埃琳明白了为何朋友们的怒火如此突然。这让她理解了怒火、竞争和嫉妒从何而来，以及朋友们为何害怕与她讨论或表达问题。和孩子一起回忆剑拔弩张的时刻，可能也比较有效。

你要做的另一件事：询问学校辅导员或老师。

女儿**也许**的确需要提高自己的社交技巧，她可能无法正确地解读朋友的信号，让同龄人恼火。也许她太小了意识不到，所以自己也无法告诉你。拜访女儿的心理辅导员或老师，听听他们的评估意见，也可以研究一下或许会有帮助的文献。提高社交技巧是帮助她改善状况的另一种方式。直接问她是怎样引起矛盾的并不恰当，正如我母亲常说的那样："关键不是说的内容，而是怎么说。"你应采用平衡、尊重而温和的方式，这样既能传递对孩子痛苦的同理心，又能帮助她获得社交成功。

不合适的说法："女孩就这样，你最好习惯。"

曾被当作霸凌目标的母亲们常常这么说。这是用父母经历压倒孩子经历的另一种表现。无论你想讨论的是谁，泛化地描述一群人绝不能为孩子做出积极的榜样。教她害怕或讨厌其他女性更是大错特错。生活中总有一些人难以相处，提议女儿放弃与女性朋友相处带来的快乐和安慰只会让她更受伤。况且，如果你根据她遇到的情况影射所有女性，那就是暗示这段友谊本身不存在问题。然而，为了今后能建立更健康的友谊，你女儿现在恰恰需要明白其中的问题。

更好的说法："你知道一些女孩生气的时候为什么这么做吗？已经有人在做研究了。"

告诉女儿女孩们是怎样社交的，向她解释，许多女孩迫于压力无法公开表达愤怒、嫉妒和竞争欲，而这对她们表达情绪的方式产生了影响。这不是让她容忍隐性攻击行为，而是帮助她理解这种行为从何而来，缓解孩子的孤独感。

引导女儿理解这点：人们在各类关系中都想避免发生正面冲突，不仅是在糟糕的关系中。帮助她看清自己面对正面冲突的恐惧，乃至承认自己的隐性攻击行为。

这是畅聊爱、损失和关系哲学的好机会。正面冲突在任何关系中都是无可避免的重要组成部分，这也是形成密切关系需要付出的代价："爱过也失去过，总比从未爱过好得多。"

不合适的说法："她只是嫉妒你。"

这是父母最喜欢说的话之一，但这与初中及以上年龄段的女孩真的没什么关系。欺负或伤害你女儿的，常常是看起来自信满满、魅力非凡又颇具影响力的女孩，或是个富家小姐。你女儿绝不会认为她嫉妒自己，她会想：这样又强大又自负的女孩，怎么会嫉妒我呢？

更好的说法："你觉得她为什么要这样呢？"

如果你问一个青春期的孩子，可能得到的回答就是"呃，要是我知道，早就告诉你了"或"因为她就是恨我"。没关系。

继续问，让女儿思考为什么对方要这样做。随着她慢慢回忆，可能就会意识到问题不在自己，而在另一个女孩身上。女儿也可能会渐渐看清，这段友情本来就是破碎的。看清问题，可能反而会让孩子如释重负。

不合适的说法：" 也许你太敏感了？" 或 " 但你们关系那么好！"

我祖母会说 " 哎哟喂 " [*]，成年女性对这句妙语的讨厌还是不减当年。也许你认为自己是在帮助女儿坚强起来，教她以柔克刚，但她会认为你的话是在粗暴地否认她的感情。

娜奥米的成长环境就是这样的：如果她摔倒了，祖母会大笑着说：" 但愿地板没被你砸坏！" 如果她告诉父母其他人怎么欺负她，父母建议假装什么都没发生。她回忆道：

> 不能哭诉，不能求助，不能反抗。我无权维护自己。不能流露痛苦，不能表现出有人对你做了非常糟糕的事。在这样的沉默之中，你什么都不能说。我觉得自己无权拥有任何感受，甚至无权做任何事……你有权做任何你觉得需要做的事来维护自己，你有权感受尊严。我觉得这是我曾经被剥夺的最宝贵的东西，直到今天我才开始努力夺回它。

切记，表象可能具有欺骗性。女孩很容易把攻击隐藏在友

---

[*] 原文为 Oy Vey，表失落或悲伤，多为意第绪人和犹太人所使用。——编者注

谊之下，令人难以发现。也许，孩子的倾诉或偶尔的沉默是唯一可见的迹象。费思解释，欺负她的女孩表面上很温柔，因此这些行为具有隐蔽性。"没人知道，利兹是优等生，大家觉得她和谁都是朋友。没人知道她会对一些朋友做出什么事。"如果你和女儿在这个问题上有争议，思考一下原因又何妨。毕竟，我们看到的是我们乐意承认的。如果女儿和这个人不是朋友了，你又有什么损失呢？

毕竟，你没有亲眼看见女儿描述的事件，说她过于敏感有失公允。这显然说明你既不理解她，也不理解她的生活，这也使得人们始终在否认女孩的攻击和沉默。

更好的说法："你是怎么看出她们不是在开玩笑的？你确定她们是想让你难过吗？"

如果孩子回忆情境时，说朋友们坚持表示那只是"玩笑"，你需要留心。正如我在第三章提及的，女孩会把幽默当作间接表达消极感情的工具，在做出伤人的事情后矢口否认也很常见。这会让你女儿对自己产生怀疑，甚至感到有点狂乱。如果总是由另一个女孩定义事情的真实性，你女儿就会妥协，放弃维护自己时不可或缺的自信和权威。

在否认女孩彼此泄愤和刻薄相待的文化环境中，证实孩子描述的事件的真实性是你身为父母的职责。也许你是唯一会这么做的人。这并不是说父母要反应过度或对孩子的痛苦倾诉完全感同身受，但你的确需要相信孩子。如果你不相信，也许她再也不会告诉你了。

表达同理心之后：培养女儿迅速恢复的能力

尽管父母的本能是保护孩子免受伤害，但她的健康发展还是取决于能否学会处理生活带来的挑战。友谊的压力能帮助她学习关键的应对技巧，而这些技巧适用于今后的各种语境中，能让她受益终生。剥夺女孩此类经历以及自己抗争的机会，并不能消除这种重压，反而会延迟它的到来，这很危险。正如心理学家马德琳·莱文（Madeline Levine）在著作《给孩子金钱买不到的富足》（The Price of Privilege）中所说，父母若剥夺青少年自我恢复的机会，孩子就很难处理青春期的挑战。这些青少年会出现明显的焦虑和抑郁症状，更容易做出自我伤害行为，如吸毒、自残。[80]

关系是第四个"R"*——或说理应成为第四个"R"。就像数学或拼写一样，成功的友谊需要学习和练习一系列技能，这些技能会随着时间的推移变得更加复杂。我们不能指望孩子进幼儿园时就已经会分式加法，也不能指望她们从小就拥有完美的友谊。女孩需要学习，我们要提供帮助。这个过程需要时间，更别提那些磕磕碰碰了。这还意味着要给孩子空间，让她们自己学习。正如帮她做数学作业会影响她的学习能力那样，替她

---

* 其他三个"R"指的是初等教育的三要素（the three'Rs），即阅读（reading）、写作（writing）和计算（arithmetic）。——编者注

做"友谊作业"同样也是有害的。

最好朋友之间的分手（或我所谓的"朋友离异"）能让孩子获取难得的经验，能让我们明白自己应在最重要的关系中寻找什么，理应受到怎样的待遇。回忆一下你曾伤心欲绝的时刻，不管是因好友还是恋人。这段经历极有可能让你变得更坚强，帮你积攒今后处理关系的经验。回想一下自己在黑暗时刻学到的宝贵经验，也许能让你冷静旁观女儿如何应对自己的成长问题。

女儿受伤或伤害别人，并不说明你是糟糕的家长，当然，也不能因此将她看作问题孩子或怪人。可以这样想：女孩约会时，大多都明白自己不会嫁给第一个喜欢上的人。她们明白可能会被甩，或甩了别人。思考女性友谊时，何不采取这种思路？教养女孩时，何不将友谊问题视为成长之路上无可避免的障碍？这不是为霸凌或严重攻击找借口。我们应该将其视为学习的机会，而非某种临时危机或教育失败的标志。

给女儿机会，让她们试着自己解决问题，能帮助她获得较强的自我恢复能力。恢复能力就是一个人克服压力、挑战或困境的能力。我认为一个在社交方面具有恢复能力的女孩能够判断出友谊中极具挑战性的情状，自行做出判断，在慎重思考后采取相应对策。

你可以鼓励女儿自行担负起在友谊中做决定的责任，以此来锻炼她的自我恢复能力。在表达同理心后，你可以询问："你打算怎么办？"她很可能会说："我不知道。"温和地劝她一下。

你可以说：“我知道这不好对付，但有没有什么你可以做的事情呢？”让她自行做出几种决定（顺便提一下，什么都不做也是一种选择）。

可以再进一步，和女儿一起尝试"女孩方案"（GIRL），这是你女儿可用来应付任何社会挑战的方案。具体步骤如下：

G—汇集（Gather）你的选择。

（列出应对该情形时你可能做出的所有选择。）

I—我（I）选择……

（做出选择，从上述策略中选一种。）

R—理由（Reasons）是……

（解释你的选择，列出选择该策略的理由。）

L—列出（List）后果。

（预想：做出该选择后可能会发生什么？）

以下为八年级女孩埃丝特完成的"女孩方案"。埃丝特面临着这样的情况：只要有其他女孩在身边，她的朋友就不理睬她。埃丝特问她的朋友为什么要这样，那个女孩否认自己的所作所为，说是埃丝特太敏感了。

第一步是 G，汇集你的选择。埃丝特列出了自己的选项："不再跟她说话，背后议论她，在网上问她，告诉她我的感受，与成人聊一聊，和其他朋友一起玩，问问其他人是否知道这位朋友为什么要忽视我。"

第10章 帮助女孩应对闹剧、霸凌和介于两者间的问题 | 337

第二步是 I，我选择。埃丝特决定在网上问她。

第三步是 R，理由。埃丝特说自己选择在线问她，是因为这比当面问更容易，也可以显得更轻松随意。

第四步是 L，列出后果。埃丝特预测朋友也许还会否认，或者可能觉得通过 Facebook 沟通更舒服。

我会建议埃丝特在 Facebook 上与朋友沟通自己的感受吗？绝不会的。但在 G 步骤中让女孩以实际的态度自由探索自己的选择很重要——即便你不同意她们的选择。当然，我可以质疑埃丝特，但让她独立走完这四个步骤也许更有用，这样她就能完全跟随自己的选择并承担后果。我发现，如果女孩选择的策略会伤害到自己或他人，到了列出结果那一步时她就会三思而行，那时她们通常会回看选项，另做选择。

"女孩方案"能够帮助她们磨炼一些关键技巧，而这些技巧能让她们在面对友情危机时做到冷静坚定，从而增强自己的恢复能力。首先，它为女孩提供了一个系统性方法，列出所有能解决问题的策略；其次，它请女孩自己做出选择，赋予她们自主意识和控制感，否则她们就会感到孤立无援或不知所措，又或者完全听任大人们替自己做出选择；再次，"女孩方案"期望女孩自己做出决定并论证其合理性，要求她反思自己的个人价值观。最后，该方案要求女孩从长远角度出发，思考自己选择的后果。这种可操作的思考方案对倾向于采取强攻击性、隐性或报复性应对方法的女孩尤为重要。比如，你可以选择背后议论某人，但如果想到也许会遭到报复，很可能就会三思而行。

你也可以口头使用"女孩方案",通过日常谈话来让女儿反思这些问题。更好的办法是将方案写在纸上,等下次女儿遇到问题时,让她和你一起填写。最终,你询问的问题应成为女儿自行思考的问题。换言之,"女孩方案"应成为你女儿应对生活中的挑战的思路。重点是培养女儿在面对压力时自主思考的内在能力。

在女儿和同龄人正面交锋时进行指导

如果女儿正考虑和同龄人正面交锋——或你希望她这样处理——可使用以下办法来指导她。关于女孩需要哪些技巧来应对棘手的谈话,详见我的近作《好女孩的诅咒:培养勇敢自信的真实女孩》。

正面冲突是争取理想结果的好机会。正如我们在本书中看到的,很多女孩将正面冲突视为友谊中的灾难。然而,正面冲突是改善重要关系的绝佳机会。与他人谈话是因为你对她有所需求:你需要她停止做某事或开始做某事。在和女儿探讨能做的选择时,分享一下你成功解决冲突的案例:那些你充满尊重地讲出真心话并得到回馈的时刻。尽可能试着消除她对正面冲突的负面联想。

如果没按你的计划进行,也不见得是损失。也许你的女儿已经竭尽所能地用真诚体贴的方式与同龄人当面沟通,但倘若另一个女孩态度恶劣,这不代表是你女儿做错了。告诉女孩她们只能对自己的行为负责，不必为其他人的反应负责，这是关键。许多女孩因为不习惯正面冲突，于是把任何具有挑战性的谈话都视作大灾难（哪怕你用平和的语气说出否定的话，这些女孩往往也会说"她冲我吼！"）。无论如何，此类女孩都无法心平气和地看待你女儿需要诉说的真相。

正如强烈的情感（如愤怒）可能意味着我们内心有郁结，朋友不愿倾听或回应时毫无同情心也是一个重要信号，说明两人间的友谊可能不够健康。虽然这种失望令人感到痛苦，但确有三大好处：其一，女孩有机会脱离不健康的友谊；其二，女孩会更明白健康的亲密关系应该是怎样的；其三，女孩能发现自己对亲密的友谊关系有何诉求。

请控制自己，别因为一个错误就催女儿结束友情。记住，此时女孩仍在学习该如何与人相处，她们对朋友的容忍度比你高。这是件好事：女孩需要有机会在没有成人指导的情况下共同解决问题。也许你会感到不太习惯，这种感觉可以理解。很少有父母乐意旁观孩子自行处理痛苦的事情，这有悖父母本能，但对她发展出健康友谊的技巧和标准却至关重要。显然，忍耐应该有一定限度。仍然要注意，你所担心的与孩子担心的可能有所不同。

熟能生巧。没有谁一夜间就能成为轻松表述真实想法的"成年人"，这有赖于勇气、技巧和练习。优雅地处理难以应对的谈话，这种能力并非是与生俱来的，学习沟通是一个持续性过程。

先通过角色扮演与女儿练习最难应对的对话，这是很棒的亲子活动。如果提议后女儿对你翻白眼，告诉她这并不"幼稚"。告诉女儿，成人都会事先演练难以应对的谈话，这很有道理：就像钢琴和足球会越练越好一样，练习沟通技巧也能帮助孩子更有效地沟通。

在面对危机时，心理治疗师艾伦发现通过角色扮演来帮助女儿罗玛非常奏效。罗玛和她的小伙伴都遭遇了简的折磨，艾伦让她们表演与简正面冲突的尴尬场景。"我鼓励她们说实话，"艾伦解释道，"不要害怕（简）会对其他孩子说什么，不能让这种恐惧控制她们。我会和她们一起练习很具体的内容——'对啊，但要是我这么说，她会那么说！'——我就会陪她们一起想下一步该怎么说，这是在练习如何控制场面。"

我们常常会像上下级那样建议孩子："告诉她这个！"或"你有没有试过不吃她这一套？"但角色扮演这个方法更平等，更具互动性，这会让你女儿的策略变得更立体、更真实可行，同时也会让你在她的社交世界中有了存在感，这对两人来说都是安慰。要是孩子的朋友或兄弟姐妹也愿意参与，就可以进一步为女儿提供精神支持，缓解她对孤立的恐惧。

你们可以在车里或厨房里玩角色扮演。让女儿告诉你，她认为另一个人在对话中可能会有怎样的表现，而你则按她所说的进行表演。也许女儿认为对方会否认问题、放声大哭、大吼大叫或单纯转身离开。请你严格按照女儿的描述来扮演另一个女孩，不要迅速屈服或放弃。让女儿瞬间尝到甜头并不能帮她解决问题。通过在角色扮演中呈现不同结果，你相当于在间接地告诉孩子人是无法预测的，正如前文所述，你只能为自己的反应负责。因为这是女儿自己的行动计划，她也会为取得满意的结果付出更多精力。

紧张是女孩避免正面冲突的一大理由。提醒女儿，紧张源自关心。足球赛前紧张，是因为你为比赛付出了很多；如果你不在乎，本来就不会让你烦恼。

干预

现在，你已经对女儿表达了同理心，让孩子自己思考选择并实践了部分选择。这还不够。该求助了。如果你打算联系学校，请继续阅读。在与管理者、辅导员和教师的交谈中，我听到了关于父母的各种故事，有的令人反感，有的鼓舞人心。以下为我从这些谈话中提取的经验和策略。可将本板块当成"内幕消息"，了解一下学校专业人士会对哪些沟通方式作出回应、对哪些沟通方式避之不及。

简单说一句：如果仅当孩子遇到麻烦时，你才和学校联系，那你已经处于极其不利的位置了。按理说老师应该在不同场合与你沟通过：日常寒暄（你也许不知道，听到父母简单的一句"您最近可好？"老师都会很开心的）、发短信赞扬或简单表示认可，以及在不同活动中为班级做贡献。如果没有这样的沟通，老师也许一想到与你谈话就会认为自己出了问题，会自动将你与不愉快的经历联系起来：他们可能让你们的家庭感到失望了。

提前做功课。三思而后行。你获取了所需的所有信息吗？急于联系学校是可以理解的，但若想高效地解决问题，父母必须要防止学校将问题重新推给家长。这需要你对孩子的发展状态了如指掌，请像记者那样从女儿那里收集信息：找出谁在欺负她，持续多久了，发生了什么，老师是否知道。

做一些侦查工作。孩子课堂之外的社交关系是怎样的？你和她的教练或其他指导老师聊过吗？其他人认为你女儿的性格是怎样的？对这些答案持开放态度。如果你听到了令你吃惊或失望的答案，请竭力保持镇定。虽说所有孩子都不应被人欺负，但故事往往比最初听到的要更复杂，尤其是在女孩的世界里。充分掌握此类信息，比一无所知要好得多。

可联系其他有过同类经历的家长。在自己的想法和感情中闭门造车很容易迷失方向。你的同辈也许能提供你没想到的策略、校内校外的联系人，还能让你明白自己并非只身一人。

倘若需要联系心理学家、社工或其他专业咨询师帮助自己或女儿，别犹豫。这么做并不意味着失败，如果女儿难以向你或校内人士吐露心声，那或许你们都该向客观局外人寻求帮助。

尊重她的选择。在给学校打电话之前，考虑下女儿的意愿。她希望你打电话吗？将父母的权威凌驾于孩子意愿之上是不公平的，除非孩子面临的是生命危险。除了自主权，她已经所剩无几，况且，那个每天要在教室里待八小时的人并不是你。娜奥米回忆起父母在她心烦意乱时流露出的惊恐："我好像真的很崩溃，压力太大了，他们想让我退学。他们想给学校打电话。

我说不行,我会死的,我会被杀掉的,你们不理解,别把事情闹大。我不能退学——我怎么才能让他们明白,对我来说这是**真实的**呢。这是孩子的世界,成年人无权掌控。每天我都能看到成人束手无策,而孩子在掌控局势。"

哪怕你让老师保密,你也无法预测会发生什么。一位老师向一名女孩保密不会在班里提及霸凌的事,然后却将欺负她的小团伙拉到走廊上,让她们保证对那个女孩好点。结果这些女孩玩起了一个游戏:在这个学年佯装对该女生无比友好。多么令人痛心的结果。

当然也有例外。但倘若孩子的利益已经遭受严重损害,从她的根本利益出发,你可能不得不做出强硬决定。倘若选择这么做,行动时一定要高度警惕,谨慎处事。

尊重学校的规章制度。学校和其他所有组织一样,本质上是讲究政治的。从根本上来说,学校领导需要同时保证孩子和教职员工的安全。从某种程度上来说,气急败坏的父母往往是站在"另一边"的人。谨记,一个组织的人事关系及特征和事情本身一样重要,在联系学校谈论孩子在校被欺负的情况时更是如此。作为父母,你需要保护孩子,也需要采用让你和孩子都有尊严的方式来保护她。你的表现和言语同等重要,而你处理关系的方式将影响事件的最终走向。

不要突然"马力全开":别一上来就给校长或其他高管打电话。先打给学校辅导员或校长助理,如果孩子在上小学,先找班主任。要是家长先找领导,老师会被激怒的,这完全可以理解。

因为这让老师觉得自己无权管理或被忽视了。更糟的是，要是发现家长不打招呼就去找领导，大部分老师会认为自己要被批评了。寻求最高权威，忽视学校规章制度，有可能会让你和学校教师之间演变成敌对关系，而你需要这些人的帮助。

请记住，大部分学校已为你所遇到的这类情况设定了某个体系（不一定有效，但多多少少存在）。"学校在接到霸凌投诉时，需要按流程办事，"北卡罗来纳州高中辅导员朱莉娅·泰勒（Julia Taylor）告诉我，"我们不能未经调查就处理家长指认的学生，要从不同角度了解每个问题。"

设定目标。当你和学校交流时，你想从中获得什么？开始行动之前，先定下目标。目标要尽可能具体：你希望学校调查问题，帮孩子换座位，在她独自用餐时帮忙安排个座位，还是与她的朋友沟通？做个笔记，在打电话或会面时做参考。带着这些笔记谈话，就能始终把握要点。

认真倾听他人的话。虽然你很沮丧，但还是要谈话。一位中学家长走进校长办公室，掏出一沓笔记，连续读了15分钟，不允许老师打断，别学那位家长。能有效解决问题的家长在难过时依然保持着对话的能力。弗吉尼亚州某学校的辅导员约翰·马格纳（John Magner）说："如果家长愿意倾听，与辅导员一起判断到底发生了什么，我会非常欣慰。"

为了调查问题，你联系的学校管理人员可能要求了解你女儿的相关行为。同意调查绝不是背叛女儿，也不代表她的遭遇是活该。这反映了你明白有必要收集事实信息，明白孩子之间的矛盾很复杂，全面了解情况需要时间。

面对这种情况，学校专业人士一般会表现出同理心。"解决问题效果最差的，是那些不理解自己女儿多多少少可能做了些什么的父母，他们认为事情已经黑白分明。"新泽西州学校管理人员布赖恩·盖滕斯（Brian Gatens）说。如果学校需要调查孩子在事件中可能扮演的角色，而家长立即为女儿辩护或出离愤怒，就会阻碍问题的有效解决。说"我女儿肯定不会那样"，实际上会让倾听者认为你不了解自己的孩子。学校辅导员泰勒说："女孩能做出任何一件你不想让她做的事，但至今我还没听到哪个女孩钻进车门或冲进家门，大喊着：'妈妈你信不信，我今天在学校一直特别凶猛！我先传播了一个女生的谣言，然后当面喊了她贱人，接下来我逃了代数课，而且我第四节课整堂课都在给朋友发信息。'"

在管理得当的学校，霸凌目标本身也有责任的事实并不会让攻击者的所作所为一笔勾销。然而，要对这种可能性做好心理准备：从学校了解更多细节之后，你设想的惩罚也许不再恰当。当事人最初可能没想到事情会造成怎样的影响，那个孩子不见得是故意要伤害你女儿的。这时，你提议的解决方案可能对缓解愤怒和难过没什么作用。

失去理智，再恢复理智。盖滕斯称，如果家长能够理解孩子遭遇的行为"在该年龄段很常见，却不恰当"，就比较容易沟通。理解这一点的家长既能意识到情况并不罕见，也懂得问题可以解决。

死缠硬磨的效果通常并不好，除非你刚刚为家长教师协会或学校基金捐了一大笔钱。学校管理人员经常遇见难过的父母——这是他们的日常工作——但难过绝不能成为无礼的理由。在与家长的互动中,最让老师和辅导员头痛的是无礼之举。不经预约就冲进办公室滔滔不绝,不留言就拼命打电话(没错,大部分学校都有来电显示),发送长长的邮件、学校未能迅速回复就发怒,这些都会让工作人员不舒服,引发他们的怨恨,而家长最需要的正是他们的帮助。一些家长更甚,言语粗暴,动辄威胁。

尽管这样的父母在社区中占比不高,但还是会占用学校和老师大把时间,也有损老师的自尊或专业自信。如果老师对难缠的家长感到紧张,他们就会明哲保身,尽量躲避具有攻击性的家长——也许遇到状况时会拖延搁置。

要是孩子身陷危险,你很容易因紧张和恐惧不知所措,这会影响到你与人沟通、理解信息以及待人接物的能力。情绪既可以是宝贵资产,也可成为武器。如果是后者,盖滕斯称:"虽然可以引起注意,但很难获得成效,因为必然会产生敌对关系。"为此,尽可能保持冷静和彬彬有礼吧,这很重要。

直白地说,被学校视为"疯狂家长"会让问题复杂化。做好准备,提供与问题相关的清晰事实细节,从你同女儿和她生活中其他成年人的谈话中获取信息,分享证据。描述行为和事件,撇开对其他孩子或成人的主观判断。

这并不代表要机械化。盖滕斯解释道:"解决问题最有效的父母,是那些失去理智后还能恢复理智的。"打电话前,判断一下自己的情绪。如果谈话效果不太理想，你能控制自己吗？要是你迫不及待想打电话，来不及想任何事情，那也许就不是恰当时机。

避开两件事：首先，请别等忍无可忍再行动。一些家长早早发现，却只是静静地看着，细数攻击事件，等到情形一发不可收拾才爆发。倘若等了很久才联系学校，这通常是因为你已经手足无措了。

其次，请别用愤怒之词开启对话。上来就指责学校不作为让孩子被欺负了，显然不利于促使学校携手解决问题。

"如果父母打电话告诉我情况，或电话问是否可以见面，并感谢我，表示他们信任我会尽力帮助她和女儿，我就能够更好地合作解决问题。"朱莉娅·泰勒告诉我。"同样，"她补充道，"有时家长只是想找人倾诉，那也没关系的。"

别攻击另一个孩子。描述事件时，请将重点始终放在行为上，对事不对人。别给她贴标签或质疑她的家教，所有负责的专业人士都不愿被扯进这种讨论。紧紧围绕你孩子经历的事情，以及你和学校该如何帮助她。

为了孩子，保持镇定。孩子每天去学校，是因为她明白你认为学校是安全的地方，那里是接受她、培养她的地方。如果你当女儿的面质疑或挑战学校，她对学校的信心就会动摇，也会动摇对自己的信心。不管对学校到底有何想法，都要让女儿看到你在与学校携手解决问题，除非你打算明天就让她退学。要是你和她一起在学校与人沟通，给她自我表达的空间。别反射她的情绪或大肆渲染事件，在必要时响应专业人士的想法或建议。盖滕斯说，这样做"会让孩子更信任学校解决问题的能力"。别将批评学校和支持孩子混为一谈，等孩子不在场时再发泄自己最强烈的情绪。

遭遇不称职人士，请绕道。和其他所有地方一样，学校也有不称职雇员。打回你的投诉，质疑你的反应（"也许你反应过度了……"）或将问题归结为"女孩儿嘛"，都表明你可能遇到了一个不称职的员工。这时，你应该接着寻找可以帮助你的学校工作人员。顺便说一句，人们很容易将令人失望的反应视为不称职。表达不满没问题，但最好别指责一位在其他方面都受到好评的专业人士不称职，这最终将影响到你在该校的声誉。

给对方家长打电话

这么做可能有风险，但也不一定。然而，需谨慎行事，这类谈话可能很容易迅速惨遭扭曲。主动联系的家长往往很难隐藏不满情绪和愤怒之情，接电话的家长则容易将对孩子的评论视作对自己育儿水平的质疑，或更糟，认为是针对自己的。因此，接电话的家长可能会生气并进入防御状态。罗莎琳德·怀斯曼在著作《蜂后妈妈和主心骨爸爸》（*Queen Bee Moms and Kingpin Dads*）[81]中讲了一个很能说明问题的故事：在沙坑玩耍时，一个男孩向她儿子撒沙子。她愤愤不平，出离愤怒。然而没多久，她儿子也做了同样的事情，她赶忙为孩子辩护说儿子累了。每位父母都对孩子怀有盲目之爱，你也一样。哪怕是怀斯曼这样理智可靠的研究者，看到孩子不得体的一面也会受不了。这是人之常情。

在与其他家长交涉时，有一些绝不能触碰的底线。正如之前所提及的，作为家长，你的榜样力量至关重要。绝不要与对方孩子发生正面冲突，无论你与那个家庭交情多好。在走道、停车场或餐厅等场合遇见另一个孩子时，千万别忽略或训斥她。别不打招呼就在公众场合与另一位家长对质，或在自己女儿面前贬损另一位家长或孩子。

给对方家长打电话时（应该打电话，邮件很难能有效展开此类对话，更别提信息了），要确保通话时另一位家长方便接听（避开晚餐时间或深夜），或提前邮件预约交谈时间。向对方解释你想讨论该怎样解决孩子之间的矛盾，并事先表明你自己只知道一面之词。打电话前先做好笔记，这样措辞就会谨慎。

尽可能冷静地描述事实。紧紧围绕观察到的或经历过的行为展开描述，说出自家孩子对此的感受。别讨论另一位家长的育儿方式，也别给对方孩子的行为贴标签（"无礼""不公平""伤人"）。给对方回应的机会，邀对方和你一起共商解决方案。

对此类回应做好心理准备："我觉得你也许反应过激了。难道我们不应该让孩子自己解决吗？"另一种："嘿，女孩不就是这样吗？你帮不了什么。她们自己会解决的！"听到这种话时，深吸一口气，注意语气，继续说：

这我理解，我也赞同让孩子自己解决问题很重要。不过，我觉得我们已经给了她们自行解决的机会。（你孩子的名字）已经尽她所能（如有可能在此举例），她现在仍然很难受，我请您帮忙解决这个问题，我们可以一起聊聊对策吗？

你也可以说：

想找您聊聊，是因为我希望另一位家长也能和我分享类似的事情。我知道您很关心孩子的生活，所以也许愿意了解一下孩子之间发生的事情。如果我的女儿做错了什么，也请告诉我。

如果对方说这只是因为"女孩就那样"，试试这么说：

的确，有些女孩子好像的确是这样的，但很多女孩这样做，并不代表她们不需要我们的帮助，也不代表女孩都应该这样做。如果她们已经竭尽所能自己处理了，但现在仍需要帮助，那我觉得我们应该插手了。

怀斯曼的《蜂后妈妈和主心骨爸爸》是一本探索如何与孩子生活中的其他成年人打交道的出色指南。

转学、结交新朋友

她想转学吗？我见过的几位女孩和成年女性都转学了，她们重新开始，再也不回头。这种变化看似会引发混乱，实则可能会带来改观。通常，女孩霸凌不过是特定气候条件下不同社交要素共同作用的后果，就像龙卷风的形成那样。龙卷风在堪萨斯比在加州更频繁是有原因的，女孩间的社交化学反应常常也是这样。倘若一个女孩并非总是在各种环境中都遇到麻烦或感到痛苦和挣扎，那转学可能正是一种解决方案。在我听到的一些故事中，那些在某个环境中备受打击的女孩，换了环境后反而活跃起来了。

如果转学会带来经济负担，也还有其他选择。伊丽莎白八年级陷入情绪低谷时，参加了一个为期一周的青少年项目。那时她满腔愤怒，疑虑重重，处于自我防御状态，差不多是被父母拖进去的。伊丽莎白回忆道，她惊讶的是："这些超棒的陌生孩子走上来拥抱我，说：'很高兴认识你，我是某某。'我想：'天啊，真的吗？你没开玩笑吧？'一周过去，我融入其中……他们想了解我，没有圈套陷阱，也不会在背后捅刀子。"

她回忆道，那段经历"完全让我换了种眼光看世界"。那年秋天，伊丽莎白走进了高中校园，她"被人接受，之前的经历也无所谓了，她很开心，因为无论如何，（青少年项目的）那些人因为我本来的样子接纳我"。对伊丽莎白来说，伤痕从未消失，但已经开始愈合。

补偿性关系能给女孩的世界带来很大不同。我绝不会忘记自己意识到这个问题的那一天。我和同事一起创办并运营女孩领导力学院多年，每天，我都执教旨在培养女孩坚定自信和健康友谊的工作坊，学生通常是初高中女孩。我毫不尴尬地承认，让这群女孩每年都回来的不是学习班，而是她们的友谊。我们会给予女孩一片天地，激发她们的勇气，让她们创造值得信赖的真诚友谊。正是这种联系，让她们得以在成长过程中完成新的飞跃。[82]

毫无疑问，对遭受排斥的孩子来说，参加全新的活动能够打开新世界的大门。较理想的选择是让孩子参加更看重自身能力而非外在形象的活动。这种观察角度的转变能带来很大的变化，能让她们的注意力从如何做受欢迎的女孩，转向如何做一名优秀的运动员、作家、骑手或看护人。可以让女儿参加运动队或俱乐部、校刊或课后写作班，让她唱歌、跳舞、做陶艺、摔跤、做志愿者。让女儿和那些同她的社交麻烦无关的人群接触。

但请注意：如果她肢体不协调，那就别送她去足球班，也别去可能会有刻薄小团体的体操班。在孩子参加活动前，先与负责人或其他家长交谈，评估一下社交环境。要让孩子能获得成功，或至少能融入并乐在其中。

在童年时代，活动是一种令人激动的门径，孩子们可以借此发现自己的爱好所在，就像恋爱一样，爱好会让生活中的其他方面没那么难以忍受。我知道，无论一天过得多糟，只要一进篮球场，我就全神贯注了，没什么能影响我。

大胆对掌权女孩说实话：培养勇敢的旁观者

你女儿生活中的同龄人文化有自己的条条框框。但你是家长，还是可以将家庭的价值观与她的同龄人文化做比较，不管你是否有能力去改变。你的声音和观点很重要，虽然女儿可能会翻白眼或说你没道理，那是她的事，但坚持告诉她是非曲直是你的职责。质疑她社交圈的规则，你就可以让她明白那些规则既不正确，也并非永恒。如此一来，你就能够引发她自行思考。

问问女儿是否旁观朋友做过让她内疚的事，但她却没提出质疑。为什么没有呢？让她大胆说，尽量别评论她的所作所为。如果你愿意倾听，她可能就会告诉你她害怕的结果。质疑有权力的女孩对社交来说简直是毁灭性打击。因此，大部分孩子不会阻止霸凌行为或攻击行为，她们担心会殃及自己。

可能你对此比较敏感，也应该保持敏感。如果你回到童年，会为社交圈里受欺负的孩子挺身而出吗？也许今天的你无比确信自己当初该怎么做，但这是事后诸葛亮，用你现在明白的道理回看童年记忆是很不公平的。记住，女儿可能内心备受折磨，和她聊聊拒绝沉默、维护没多少权力的小伙伴意味着什么。历史上乃至今天的头版头条上都有无数案例，讲述男性和女性如何义无反顾地对抗不公正行为。请向孩子指出，哪里都有旁观者：每天都有人站出来保护别人。

如果能记起自己孩提时代的经历，与孩子分享。你还记得自己想出手相救却没有出手的时刻吗？与孩子聊聊自己多么后悔，谈一谈你希望当初会怎么做。既然今天有机会为孩子做出旁观者的榜样，那就抓住机会。提醒孩子，当看到糟糕的状况时，哪怕只是径直走开都需要技巧和勇气。虽说站起来反击很难，但我们的底线是不能默许残酷行为。在霸凌行为面前保持沉默，即使感觉自己不是攻击者，却还是纵容了这种行为。

女儿若是目睹了让她不舒服的事情，沉默并非唯一选择。要是她觉得无助或困惑，可以改变话题、开玩笑或直接走开。她可以说："也许你本不想伤害她，但听起来很伤人。"要是她乐意，可以通过角色扮演帮助她练习。告诉她两个人的力量更大，如果能在小圈子里找到另一个与她站在一起的人，霸凌者可能就会住手。[83]

告诉成年人也是支持攻击目标的方法之一，且不会伤及自己。一定要让孩子明白"告诉"和"打小报告"的区别。打小报告是想给人找麻烦，而告诉则是替人寻求帮助。将同龄人不安全的状况告诉成人，是遵守学校和社区规范的表现，也是你作为人类的道德义务。

和女孩讨论为他人挺身而出时，要注意另一个问题：拉帮结派，或者说抱团行动。女孩之间的冲突常依据忠诚度来解决，也许女孩会将为某人挺身而出理解为"讨厌她所讨厌的那个人"。实际上，此类行为会让冲突更难解决，还会让其他女孩陷入事不关己的闹剧中。它会用忠诚的外衣包裹攻击行为，暗示真正的朋友会跟随自己一起和他人作对。

老爸出手

每年我都在美国各地的城镇给父母做演讲。不出意料，听众大部分是女性。会有一些爸爸来，但大部分父亲都认为这是"女孩的事情"，应该扔给妈妈处理。

这是不对的。也许爸爸的独特视角正是女孩所需的，男性能够远离女孩社交圈的纷纷扰扰，这让他们成了乱象中的完美观察员。正如之前提及的，许多妈妈因为自己的经历影响了对女儿体验的判断，这种情绪化的反应有时具有局限性。而在一些爸爸眼中，女孩的社交世界很陌生，也没那么吓人，他们新鲜的视角可能大不相同。

许多父亲会质疑女儿为何要避免正面冲突，默默积怨或是看问题对人不对事。虽然此类见解有时可能会让女孩沮丧（"老爸！你太不了解女孩了！"），但的确是在提供值得尊重的不同视角。女儿不一定会赞同采用你的观点，那些处于爱翻白眼的年龄段的孩子尤其如此，但这无论如何都不能成为你保持沉默的理由。

如果欺负人的是我女儿呢？

有一小部分来听我演讲的父母会在问答环节快结束时举起手，声音犹犹豫豫，很是窘迫。他们问："如果欺负人的是自己女儿，该怎么办呢？"我看见其他家长扭过头，急着看看这些勇敢的父母是谁。

每个人的女儿都有过"刻薄"的时候——没错,你女儿也是。正如我在第六章提到的那样,我们都具有攻击他人的能力。我至今还没见过哪个女孩从未做过后悔之事。假如女儿有霸凌行为或是身为攻击者,不代表你是糟糕的父母。实际上,勇敢承认女儿会攻击他人,正是该阶段做好教育工作所需要的,对自己敢于承认感到自豪吧。

如果父母坚持认为自己的女儿绝不会待人粗暴或刻薄,往往会教育出待人刻薄的女儿。研究表明,父母若是忽视另类攻击行为,孩子就更可能会这么做。这完全说得通:父母不阻止这种行为,女孩就认为自己可以此为手段来达成目的。

例如,许多学前班女孩常常会采取关系攻击手段。他们不让父母参加生日聚会,或者生气时说"不爱你了"。哪怕只有3岁,女孩威胁结束友情的杀伤力都堪比直接咬人或踢人。如果父母对这种行为不管不问,那孩子就明白了,这是实现愿望或表达负面情绪的可行策略。[84]

父母也许不会严肃看待另类攻击行为,因为他们和女儿生活在同样的文化中,这种文化将此类行为定义为成长阶段或"女孩就这样"。还有的父母就是见不得自己孩子有"问题"。

很多父母被如何应对女儿在家中的心理攻击行为难倒了,但答案其实近在眼前。先思考一下,你如何回应更明显或传统意义上的攻击行为,如打人骂人。你可能没意识到,自己每次管教女儿都有一套固定方案:你可能会先制止她,解释为什么不能这样，培养她对目标的同理心，告诉她行为的后果。现在你所面临的问题也需要制定一套类似的介入方案。

当你发现女儿采用另类攻击行为时，激活你的方案。举个例子，假如你发现女孩向妹妹翻白眼，晚餐时还不理睬她。可以采取如下方法处理：

珍妮弗，不理睬妹妹是不对的。（**制止行为**。）

如果你想说自己不开心，不理睬别人不是好办法，如果你翻白眼，就相当于给别人传递很糟糕的信息，虽然你没说话。（**点出行为**。）

妹妹试着跟你说话，你却像躲虫子一样躲她，你知道她会有什么感受吗？（**培养对目标的同理心**。）

你得换种方式表达，如果你很生气，我希望你可以礼貌地告诉妹妹。（**建议更合适的做法**。）

如果你不改一改，就得晚点儿再吃晚饭或回你屋里吃了。（**指出后果**。）

我知道你能做得更好。（**表达积极期待**。）

如果学校打电话来，说你女儿有霸凌行为，尽可能收集信息。别告诉来电者你女儿"绝不会做"他们提及的事情，别将这件事弱化或解释为"小孩就这样"。如果学校花时间打电话，那事情可能比你想得严重。道歉，然后对学校的通知表示感谢。

先问问女儿，她也许会先发制人地说出她那个版本的故事，以此回应学校对她的描述。如果她公开否认，告诉她你会继续关注事态发展，要是发现她说谎，惩罚就会更严重。再给她一次机会，重新描述。问问她，如果另一个女孩被问到会怎么说这件事。拒绝"让事情过去"并非是对女儿不信任，而是向她传达更重要的信息：你在关注她如何待人。同时，这还表明你尊重学校的权威。

如果有可能，致电学校预约见面。这类问题当面交谈总比电话交谈好得多，请别使用邮件。用在线交流的方式谈论任何敏感问题都很容易导致误解。

也许你不确定女儿是否有攻击性表现。不过，总有办法弄明白。首先，只是询问：与学校辅导员、老师、教练及其他在不同环境下见到她的成年人谈谈，让他们知道你真诚期待他们的反馈。其次，密切观察女儿如何与朋友相处。孩子们在厨房，你可以安安静静地刷碗；孩子们在看电视，你可以整理房间。你也可以当孩子们的拼车司机：孩子们有一项奇怪的能力，他们会忘记父母在开车，会坐在后座聊各种事情。我曾遇到过一位妈妈，问我如果听到女儿和朋友在说人闲话，可不可以急刹车。我说这至少是个开始。

言归正传，如果女孩就坐在你的汽车后座上，或在你家吃东西，你有权表明对她们说闲话或其他攻击行为有何感受。不过要谨慎：这么做会让女儿尴尬，从而使得教育初衷偏离方向。最强烈的情感，最好还是等到私下交流时再表露。

不见得是霸凌

孩子感到被同龄人拒绝,一定是霸凌受害者吗?到底是什么会让女孩"落单"?

即便不存在霸凌,也会存在排斥。当关系日益密切,对他人的排斥自然就会发生。虽然我们将排斥列作另类攻击的表现之一,但它不一定是霸凌。本书主旨并非对抗排斥。

每一个排斥案例都和涉及的儿童一样具有独特性,必须具体问题具体分析。如果孩子在哪儿都落单,或在特定群体中落单,那她的确是到处被孤立了——多多少少就是这样。如果她只是无法与他人形成密切关系,那不能急于判定她是霸凌受害者,需要进一步调查。如果她受到排斥,为自己和父母带来了烦恼,那么就需要审视这种失望缘何而起。渴望孩子受欢迎,也许会让我们戴上有色眼镜看待她的社交世界,让我们无法客观看待日常生活中友谊的起落。假如孩子需要帮助才能提高社交技巧,那她应该得到帮助,但弥补某个女孩缺乏的社交能力,并非其他孩子的责任。

女孩有时的确会将友谊作为武器,但这并不意味着不愿交朋友就是攻击。我们必须区分蓄意的刻薄行为与儿童世界的社交规则。和排斥一样,受欢迎的现象也始终存在,说这种规则不合理,只会让父母显得溺爱无知。

无视女孩自己的愿望,希望她与人人都成为朋友,实际上是在将我们试图阻止的行为强加给她们:这是一种"讨喜友善暴政"[85]，会扼杀女孩的真实心声，逼迫她们形成理想化的、异化的友谊，让她们认为自己的需求应服务于他人，甚至为此不惜代价。我们常常能看到一个女孩默默跟着另一个女孩，模仿她的行为和外表，似乎想借此潜移默化地获得某种自己无法独立塑造的特质。被模仿的女孩感到气愤，也很尴尬。她有义务和那个只是默默跟在身后、其他什么也不做的追随者一起玩耍吗？我觉得她没有义务这么做。

只有孩子被大部分同龄人躲着，或突然被曾经的伙伴疏远时，排斥行为才更有可能是关系攻击，而非社交规则。即便如此，管教也不一定合适。这并不是说一个女孩为了受欢迎而抛弃老朋友、结交新朋友算不上刻薄，的确算，但有人能"逼"我和安妮说话吗？恐怕没人能做到。总有些时候，要让女孩自己协商社交生活。我们能做的，就是尽可能为她们提供精神支持，让她们明白事情会好起来的。

"我希望女儿做出非常强烈的回应，"一位母亲告诉我，"我不希望女儿懦弱。我们都希望孩子比我们当年强大。"话虽如此，但绝大部分家长都会发现自己面临一个老生常谈的问题：何时让孩子自己放手一搏，何时干预？我总是告诉父母，相信自己的直觉。要是在经历了几天的不安之后，女儿的行为发生了改变——如饮食睡眠不规律、不言不语、手机不再响起或震动——那就出问题了，她需要帮助。家长问我，怎样做才是正确的，我会让他们假设，不作为会怎样：学校发现了吗？情况严重时会有人介入吗？学校重视此类问题吗？

滋养女孩隐性攻击文化的是沉默和孤立。正如玛丽·皮弗所写："我们需要让家庭政治化，而不是病态化。"这从一定程度上表明，为了对抗家庭之外伤害孩子的力量，我们必须先站出来公开表明我们的问题以及孩子内心的恐惧。女孩在被霸凌时觉得只有自己在受苦，但有这种感觉的不仅是她们，父母也是如此。父母们不说出来，就无法向其他家长学习，更容易默默自责。责怪父母意味着我们会更少关注到女儿的同龄人文化，这将阻碍整个社会形成集体意识，并意识到一些制度性问题和社会规则有待我们抵制和矫正。

专为女孩准备（但不仅限于女孩使用）的方案：日常生活中的实话实说和正面冲突

在改变小群体和友谊文化的过程中，女孩自身扮演着极为重要的角色。毕竟，我们绝大多数人都讨厌生活在这种文化中。数不清的女孩曾告诉我，比起被忽视或精神折磨，她们宁愿被痛打一顿。我们不能再视这种情况为天性或无可避免的，并非如此，我们可以改变。

这就像儿时坐在汽车后座一样。你没怎么注意到司机在做什么，你不需要明白。但直到某一天，你开始考驾照，坐到了驾驶位上，你走的是同一条路，却要重新研究每一段路。曾经看别人拐弯，现在要自己转。你要注意别撞到路牙子上，注意别熄火，还要关注视觉盲区。

论及关系也一样：我们要坐到驾驶位上，重新学习更正常的转弯方法。不满时，我们不必屈服于向无关者诉苦的惯性冲动，而是可以立即告诉真正惹我们生气的人。

不敢告诉彼此的首要原因，是因为我们害怕失去彼此的友谊，或更糟糕，怕对方会聚集所有人一起反对自己。恐惧形成了一堵墙，阻止我们互相吐露心声。我们也知道，这样做的后果就是说闲话、散布谣言和彼此怨恨，以及随之而来的其他糟糕状况。

女性朋友和小圈子成员之间的练习：反转我们的文化

"我特别讨厌非得这样做不可。"一个下午，坐在星巴克的时候，谢利对我说，"不能告诉某个人你很生气，你不知道会发生什么，整个人懵了一样。要么就是明明只和一个人生气，最后却和六个人产生了矛盾。"

当然不必非得如此。如果我们与朋友敞开心扉，告诉她们自己害怕因畅所欲言而失去对方，往往会发现她们和我们一样担心。在与多组女孩的无数次交谈中，我注意到一件事情，当她们发现朋友们和自己有同样的想法时，心中五味杂陈，既如释重负，又倍感惊讶。在为写作本书做研究的三年中，我自己经历了许多戏剧性变化。我突然意识到自己会多么频繁地避免直接表达愤怒，注意到自己常把事情藏在心里、冷战或默默积怨。和珍妮闹矛盾时，我发现如果朋友间相互悄悄嫉妒、竞争会发生什么。我算不上专家，不过你可以尝试以下方案，也许会有所收益：

1. **找时间和一群或某位好友谈心**。选个安静舒适的地方，你们自己挑。

2. **聊聊对正面冲突的恐惧**。问问对方："我让你生气或难过时，你告诉过我吗？"如果没有，谈谈取而代之你做了什么。

3. **聊聊自己压制或隐藏情绪时发生了什么**。让情绪沉淀比当场处理更好吗？讨论具体情形。可以是已经解决的问题或仍在持续的问题，但回忆一下自己害怕说出来的一次。乔安娜评论完你的牛仔短裤，又说自己开玩笑，可你感觉她不是，是那次吗？利看到喜欢的男生时忽视了你，是那次吗？试着告诉对方，并努力信守诺言，尊重彼此的愤怒，让怒气成为你们友谊的一部分。

4. **直视自己，看到自己具有攻击性的一面**。聊一聊自己感到生气、刻薄、竞争或嫉妒的时刻。既可以是生活中你体会到的感情，也可以是针对彼此的感情。像我的室友珍妮和我那样，把事情摆明了说。摊牌，不要再藏掖，开始承认自己的感受，它们其实无法像曾经那样对你的生活造成伤害。不苛求完美的自己，便会如释重负。

5. **如果朋友中有一些或所有人都害怕失去彼此或被小团体攻击，做一些承诺**。说你们不会那样做，说无论如何都是朋友，说不管怎样都会找出对策。如果你也有那些担心，大胆说出来。这就是友谊的承诺，我们都习惯做的事情。这和承诺保密、承诺永远做最好的朋友或答应帮忙抢座位一样,这方面我们很擅长的。

愿意的话,可以谈谈社会文化是怎样要求女孩不能生气、不能具有攻击性以及不能直接说真心话这个问题。如果你们想探讨何为"女孩力",也可以从这里开始。讨论这个问题,即从分裂你们的力量中夺回自己的声音和友谊。当女孩们迫使彼此沉默,实际上就印证了这一点。她们会告诉彼此生气是错误的,她们不配拥有这种感受。

6. **互相安慰**。再次向朋友保证她们的感受很重要,正面冲突会拉近你们的距离,你们**希望**直接谈论,因为你们都清楚把愤怒藏在心里、默默积怨有多么痛苦。

在健康的免疫系统中,身体能分辨生存所需的细胞和威胁生命的问题细胞。免疫系统若是出现问题,身体就会将健康的细胞误判为危险细胞,展开进攻,让人变得虚弱。令人伤心的是,这就是我们大部分人学到的处理冲突的手段:我们把它当成会威胁我们身体的有害细胞。但这种恐惧是一种荒唐的谬论,让我们从心底开始崩溃,让我们互相反目,让我们的矛盾急剧恶化。为了强健体魄,我们需要学会将正面冲突视为关系和生活的健康部分,它能让我们成为更强大、更真诚的个体。

在和一群女孩谈论了数周对正面冲突的恐惧后,一位女孩开始说自己对好友积怨的经历。"我决定找她聊聊,我真是鼓足了勇气,说的时候我在想:'哦,如果她不想跟我做朋友了怎么办,如果她恨我怎么办？我会失去一个最好的朋友。'可我说完后，她也说出了我让她感到刻薄、令她烦恼的事情。我们解决了矛盾，还是最好的朋友。不一定有想象得那么糟。"

霸凌：困境对策

"如果你能回到过去，在那些最沮丧的日子里和自己聊聊，你会说什么？"和每一位受霸凌伤害的成年女性和女孩交谈时，我都会问这个问题。若不是一小部分的自我还停留在八岁，还站在黑暗的社区中心剧院，听着远去的咯咯笑声和逃离我的脚步，我就不会写这本书。我猜自己这样做，是想要知道当时可以做什么，其他人会怎样开解我。所以我问了她们。

1. **求助**。

别孤军奋战，寻找可以帮助你的人。11岁的迪娜建议："如果出了问题，自己撑不住，那就应该和能够信任、能够站在你这边的人做朋友。如果你没有朋友，就告诉父母，他们应该了解发生了什么。也许他们经历过，他们知道是什么感觉。他们可以给学校打电话，告诉学校发生了什么。你不应该只是站在角落，想着怎么自己解决。"

同为11岁的苏茜·约翰斯顿很后悔没告诉父母自己感觉多糟糕。"我不敢告诉父母，因为我怕他们告诉其他家长，让我的日子更难过。我没什么都没说，"她说道，"但有时我真希望自己早点说，因为那样也许就能早点转学。"一转到新学校，她就结交了更多新朋友，完全出乎她的意料。

和老师谈谈。也许有老师能理解，明白这种感觉多糟糕。也许她放学后或午休时会和你聊聊。看看能不能请她安排你在美术室或图书馆吃午餐。

黑利说："你应该和可能经历过这些或真正要好的朋友聊聊，会让你好受一点的。"被欺负后最糟糕的感觉之一就是孤单，有时你觉得自己是世界上唯一经历过这些的人。随便翻翻这本书，你就会明白根本不是这样。许多女孩都认为，看到现实中有人能理解你、**懂得那种经历**，感觉会好得多。

2. 与她们结束友情。

如果你因为追求受欢迎或朋友的折磨而感到痛苦，放弃吧。如果你认为受欢迎就能开心，那就错了。第五章提及的斯蒂芬妮说："唯一能开心的办法，就是找到你喜欢的朋友，而不是根据其他女孩在学校的地位找朋友，不是因为她们最漂亮、最受欢迎或所有的男孩都追（她们）。找到在一起能让你感到开心的人，有共同兴趣的人。"如果其他女孩忽视你，不约你一起玩，给你最糟糕的座位，不与你分享秘密——如果她们只是利用你让自己显得更酷——心领神会就好。和她们在一起的每一分钟，都是将自己置于感情险境。

3. 宣泄情绪。

写日记，记录自己的感情。绘画、舞蹈、拳击、在雨中跑步、打沙包、写歌、打鼓。别憋在心里，别踢小狗。我们的文化环境总是教育我们面对痛苦时要忍气吞声，直到窒息，释放感情就是反击方式。

"宣泄情绪很有帮助，"11岁的吉尔说道，"大多数时候写下谁对你刻薄或怎样待你都是好事，在旁边画上等号，接着写出解决对策。"

4. 做些有趣的事。

加入校刊、参加学习班、加入运动队、上美术课、当志愿者、找份兼职、加入女孩在线聊天室，最好别像球一样蜷缩在毯子中，至少别一整天或每天都蜷缩着。认识不同群体的人，就能带来很大改观。找到自己的兴趣爱好。

不见得一定要和别人在一起，当你找到所爱之事时，就离找到自我更近一步。你开始为别人营造某种氛围，带来能量。阿莉扎就经历过，这对她的高中生活产生了巨大影响。她说道："你可以独自探索喜欢做的事情，我真心相信，力量在自己心中。人们会因为你本来的模样被吸引过来，我相信我们都有自己的天赋。"

5. 总会结束的。

试着告诉过一个尖叫的3岁孩子，她妈妈五分钟内就会回来吗？比起五分钟是多久，她能更快弄清楚43位美国总统都是谁。如果有人下决心要毁了我们的生活，我们可能也同样会觉得时间在变得漫长。不过——要相信我——总有一天，醒来后不用再跟这些人一起上学了。

"信不信由你，"娜奥米说，"跳过去就好了，要相信真实世界不是这样的，这只是学校，这种关系结构以后就再也不存在了，再也不会有了……一切都会好起来，我是怎样的人，绝不会由这群人说了算。"

好像世界末日降临，但并非如此。罗玛说："会好起来的，现在是这些人在你身边，眼下她们的意见对你很重要，可以后就不是了。努力倾听自己心中最重要的事情，努力看清有各种各样的可能，有许多有趣的事情你可以做。你可以努力着手做这些事情。做这些时，坚持最重要的事情，因为你的真实想法才是最重要的。"

第 11 章

在数码时代养育女孩

我曾遇到过一位女士,她的女儿正处于青春期。睡觉时她会把女儿的电脑藏在自己枕头下面。"我不想让她半夜偷偷拿走,这是唯一的办法了。"她翻了翻白眼告诉我。我们都笑了起来,但她是认真的。对于父母来说,在数码时代养育女孩让人百感交集:神秘、困惑、沮丧、不知所措、惊恐不安。拿着科技产品的女孩就像消失在兔子洞里的爱丽丝一样,躲进了一个父母无比陌生的世界。女孩只需轻点鼠标,就能转战于电脑、手机和 iPod 之间,她们在网上去哪儿、做什么、和谁一起玩都瞬息万变。

青少年配备的科技产品越来越多,立规矩也是难上加难。本章将探讨父母如何才能有效引导孩子探索"永远做最好的朋友 2.0 版"——即女孩和朋友们栖身的虚拟世界。尽管社交媒体看起来令人一头雾水,但禁用绝非明智之举,你需要积极介入女儿的网络生活。在网上,她更可能说现实生活中绝不会说的话、做现实生活中绝不会做的事——许多女孩会竭尽全力避免与朋友们在现实生活中发生冲突。女儿也可能会对社交媒体上瘾,因为女孩对关系和联系非常上瘾。因此,她在使用科技产品时无法自控。社交媒体也会让她的青春期常见的感情加剧,如不安、自我意识、嫉妒以及竞争意识。

女儿对社交媒体的需求强度往往与她遭遇危险的可能性相关。如果一个女孩竭力向父母争取尽可能多的社交媒体使用时间,她可能已经上瘾了,正陷入一场无休无止的联系竞争之中,急于获取最新消息——或更糟糕,卷入到网络闹剧中去。这个世界会让女孩情绪波动,下意识、不健康地为了别人对她的看法而投入大把时间。

不过,也有好消息。许多女孩受够了社交媒体无情的折磨,感到疲倦。你的孩子也许**看起来**很乐意连续几个小时弓着腰、安安静静地坐在那里,笔记本电脑不停发出提示,手机不时显示来信。她也许的确是这么做的。但实际上,迫于压力需要回复的信息源源不断,还需仔细解读其中内容,这可能已经让你女儿不知所措了。许多女孩一整天都沉浸在焦虑中,因为她们必须随时知道短信和社交媒体状态,避免失宠或失去地位。她们开始用联系的频度衡量关系的质量,她们就像轮子上不停奔跑的小仓鼠一样,陷入永不满足、无止无休的信息消费循环。许多女孩告诉我,如果没有社交媒体,她们的友谊会更美好,这么说的女孩人数多到令人惊讶。正如一位中学女孩2010年告诉一位博客作者的那样："如果大家都不用，我也不用了。"另一个女孩说道："我只是不想落伍。"

在数码时代养育女孩，有三条指导原则。第一，你是家长。你有权说不，有权设定限制。沟通此类问题时，你女儿不是平等的合作者，你可以自行选择协商余地。她能享用科技，也并非什么21世纪的应得权利。虽说你的孩子住在你家里，但这并不代表她自然而然地拥有免费智能手机或创建Facebook账户的资格。

第二，父母的职责不仅是保护她免受伤害，还要引导和规范她的行为。还记得吗？儿时父母会这样解释你讨厌的规矩："不是我不信任你，我只是不信任其他人。"但我要给出一条不同的建议：你不能完全信任女儿。这不意味着你要把她当罪犯来看，只是说明你很现实，明白社交媒体的诱惑会让我们展现出最坏的一面，成人也难以幸免。青少年的大脑额叶仍在发育，她们的确不善于反思，更习惯凭冲动做事。她们成长于一个偶像崇拜、沉溺于媒体的文化环境中，这里几乎没有什么东西是私人的，"百无禁忌"。我们假设她们会犯错，就是在帮助她们。正如我在第四章所提及，她们绝非人们口中的"数码原住民"。

第三，有些人认为父母需在这方面具备前沿、神秘的"数码专家"技能，才能高效管教孩子，这是一大误区。你不断给孩子灌输的价值观——凡事适度、安全、负责、尊重他人、有礼有节等——同样适用于她的网络生活。切记，在"永远做最好的朋友2.0版"中引导女孩，保持镇定理智非常重要。这方面，我们不可言弃。可以这么想：在现实生活中，如果女儿遇上了一个你不太了解的问题，你绝不会因自己感到困惑就放手不管。

当然，虚拟世界与现实生活还是有区别的，对社交媒体有一定了解会有所帮助。但养育孩子从本质上来说还是让孩子懂得如何与人相处：养成健康习惯，帮助她在家门之外的世界获得发展。这一部分，我将概述如何将家教的基本价值观延伸到虚拟世界之中，我也会提供一些策略，帮助你女儿探索网络霸凌和网络攻击的危险。请注意，本章不涉及网络捕猎者、网络色情以及其他由技术带来的问题。

以身作则。孩子会说"请"和"谢谢"是因为我们要求她们这么说，我们自己也是这么做的。同样地，她们学会在吃饭和谈话时看手机，是因为我们也会这么做。上课时，我曾让五年级的女孩子们练习请朋友放下手机并聆听别人说话，一位女孩举手献计献策。"我妈妈忙着玩手机的时候，"她告诉同学们，"我就这么做。"证据随处可见：比赛时父母坐在看台上，痴迷于手机无法自拔，许多父母自己沉溺于Facebook，或无法抵挡开车时发短信的诱惑。显然，论及科技使用礼节，孩子并非唯一有待学习提高的群体。你的榜样力量同样会延伸到虚拟世界，假如你要求孩子在家体现出健康的科技使用习惯，但自己却无法以身作则，那孩子就很难遵从，更别提感到父母虚伪了。

明确自己是家长。做父母在任何时代都并非易事，但在21世纪，为人父母还需面对独特的两难境地。新型媒介和各种科技产物狂轰滥炸，许多父母为此感到困惑。除此之外，父母的工作比以往任何一个时代都要繁忙，讨论育儿问题的时间也越来越少。许多孩子乘虚而入，他们告诉父母，如果小孩不了解最新科技或电子设备就会成为失败者，就会遭受排挤或遇到更可怕的情况。父母害怕孩子的预言成真，或不希望难得的家庭团聚时间中出现"第三次世界大战"，因此宁愿顺从孩子的说法。他们违背自己保护孩子的直觉，来换取家中平静，帮助孩子跟上潮流。

在全国各地做调研时，总有自认为是"刻薄妈妈"的女士，即那些会说"不"的家长把我拉到一边聊天。这是我们时代令人担忧的标志。如果人们将家长权威等同于刻薄，那么为孩子立规矩的父母就会被视为极少数或违背常理。"刻薄"正是家长需要的态度，我不会在这方面多费笔墨劝说大家。实际上，如果女儿赞同你的科技使用政策，你也许就做错了。这么说可能比较笼统，但在科技使用方面，孩子的确需要受到管教，无须多言。

对于那些不愿表现"刻薄"的父母，我只想问两个问题。第一，你还记得成长过程中见过的最纵容孩子的父母吗？孩提时代，你对他们有何想法？如今已为人父母，回忆起来又怎么看待他们？拥有一对极度纵容孩子的父母，在你幼小的心灵中也许是天堂，但等到你为人父母、心智成熟后，就会明白那样其实很危险。

第二个问题：回忆父母是否曾经逼迫或禁止你做某件事，你那时很生气，如今却发现父母的决定很明智？也许是在某个晚上要求你参加家庭晚宴，或逼迫你坚持练琴。这类问题的关键在于，孩子无法理解这些决定。女孩了解科技，并不代表她在如何合理使用科技这方面也具有同等权威。她认为正确的——晚餐吃茶杯蛋糕、熬夜一宿、穿特别短的超短裙——对她来说不见得有益。这就是育儿面临的挑战：立规矩，说不。这么做不是为了让孩子感谢你，而是因为他们从长远来说需要这些规矩，日久才见效。

听到"不"和"现在还不行"是成长必修课，有些事情纯粹就是不可协商的。这些令孩子失望的规矩，同样也应约束各种科技和网络产物。冲突——该话题有许多值得讨论之处——本身就是一种联系的形式，是一种爱孩子的方式，规矩出自关爱。

将科技使用设为特权。 使用科技产品，应和熬夜、开车、自己与朋友出门一样，被定义成需要争取的特权——一经发现滥用，即刻剥夺。奖励使用特权的具体条款通常由你和孩子自行商定。如，要想熬夜，你女儿需要保持 GPA；要想开车，必须遵守限速规定和青少年特殊交规；要想和朋友出门，必须先给父母打电话，告知去向和地点变化。

要想使用社交媒体，你女儿必须同样遵守条款，在网上安全、负责、有道德感。[86] 这一切都有赖于你向她传达。对此，罗莎琳德·怀斯曼有一段精彩描述：

> 技术用起来很有趣，让我们了解世界，令人惊叹。但它是一种特权，不是普通权利。由于它是特权，我们就需

带着责任感和道德感使用。在我看来，道德地使用科技，就是不使用它做下列事情：侮辱他人，让人尴尬，公布个人信息，呈现关于自己或他人的虚假信息，未经允许使用他人账号，分享关于他人的尴尬信息或照片，捉弄贬低别人（小学），发送自己全裸、半裸、戴胸罩的照片（初高中）贬低自己的形象。记住，事态很容易失控。你我都清楚。因此，我将保留监管你网络生活的权利，从短信到Facebook 主页。如果我发现你违背我们的协议，我就会没收所有科技产品，直到你重新赢回我的信任。这就是我坚不可摧、不可动摇的规矩。[87]

一些父母选择书面列出各项义务条款，让孩子签订协议。网上很容易找到关于合理使用的协议模板。无论你决定怎样操作，都有必要进行对话，如果你还没有和孩子谈过这个问题，完全可以对没有早点开展讨论表示道歉，甚至可以承认自己仍在不断探索该如何引导孩子。底线就是绝不能假设孩子天生"知道"在网络世界该如何表现，必须告诉孩子，能否接触科技产品取决于她本人的自控能力。

根据年龄调整使用规定。大部分父母是逐步放开特权奖励的，视孩子自控能力的发展而定。在科技领域更是如此。给五年级孩子 iPhone 很难说是父爱母爱，她的第一部手机应该只能拨打家人的电话或报警，既不能发短信，也不能拍照。随着孩子安全负责使用手机的自控能力增长，你可以慢慢增加新的特权。

记住，手机不只是手机，而是电脑。[88]许多女孩用手机发短信的频率远远高于打电话。她们还会用手机拍摄、接收和传送照片，用手机上网。父母给孩子手机时常常会忽视她们在这台设备上还能使用其他互动功能。一定要了解孩子手机的功能，和电话公司谈谈监督女儿手机使用的方式，激活与年龄相关的限制。

小学女生的卧室不必放电脑（说实话，电视也没必要），这个年龄段乃至初中的女孩也没必要登录Facebook。我发现，如今人们认为中学女孩用Facebook账号很"正常"，但实际上并不见得合适。10岁到13岁之间为霸凌行为的高发阶段，这绝非偶然，该阶段女孩的自我意识、不安全感以及融入群体的迫切渴望（随之而来的还有对无法融入的恐惧）正不断蔓延。正如我在第四章所提及的，Facebook等网站能让女孩感到融入了群体之中，但同样也会激发焦虑不安，更别提那些瞬间失控的网络冲突事件了。

如果小学或中学女孩已经注册了Facebook，那就更需要加强监督。你应该知道女儿的登录密码，加她为好友，每周检查一次主页状态。倘若她看似不活跃，也许是背着你藏了一个秘密主页。记住，孩子初中（以及高中早期尤甚）阶段时父母需要格外监督社交媒体。

立规矩。那些不受限地使用电子设备的青少年更容易陷入网络闹剧中，也更有可能浏览少儿不宜的网站。对科技使用说不，是父母需要面临的最大战役之一。尽管你需要选择战斗方向，但这方面值得一战。

对孩子影视、饮食或穿着有所限制的父母，只需将这种健康的节制意识扩展到科技的使用上即可。也许不用"科技"这个词更好，那样听起来让人感到恐惧和陌生。最好用"社交媒体"来统称女儿在网上和用手机做的事。实际上，监管社交媒体与你长期以来在孩子现实生活中监管其他媒介是一个道理：某类书籍、电视节目、电影和杂志，这些都是慢慢放开监管的。接触社交媒体及其附属产品，也必须慢慢放开权限。必须靠孩子自己**争取**。倘若孩子使用不当，就需要承担相应后果。

当然，社交媒体与看电视节目等还是存在很大区别的。观看节目等行为只是单向活动，而社交媒体却能让孩子与他人形成联系。从某种程度上来说，就像踢足球和骑马的区别。你可以随心所欲地踢球，随便怎么踢。但骑马就需要保持敏感，你骑在马背上时要与它互动，关系就是这样的。使用社交媒体亦是如此。允许使用设备或访问网站绝不是简单的是非题。孩子会获得越来越多的特权，这不仅是按键，而是与人互动。这种娱乐方式承担着更高的义务，因此需要设定不同的责任衡量标准。

解释你的选择。我们需要向孩子解释，为何希望她们在网络世界中安全、负责、讲道德。直接立规矩或拒绝，告诉孩子"我说了算"很难奏效。用心的父母在说"不"的同时会向孩子解释清楚"为什么"，用尊重孩子的方法进行沟通，把她们当作有权明白决策理由的个体。而且，明白规矩背后的真正原因，女儿也会更乐意去执行。话已至此,还需说明一下,解释规则的原因并不代表有协商余地。解释完毕,便无须重复。没错,也许你是周围人当中唯一立下这些独特规定的家长。但没关系,这是你家,不是别人家——在这里,"我说了算"完全行得通。

解释某些限制时,你可以说:"任何事情都不能过度,健康生活讲究的是平衡。所以我们只是偶尔吃甜点,不是每餐都吃。我们尽量避免无间断的工作,这样才能腾出时间休息,我们也不能一直和朋友在一起,那样就没有自己的时间了。网络生活也一样,我们也要有节制地上网,这是平衡生活的一部分。"

解释为何重视网络文明时,你可以说:"在我们家,尊重是核心价值观,尊重是打造安全和人性化社区的前提——不论是在家里、在学校、在我工作的地方还是在网上。缺乏尊重,人们就不能学习、发展,甚至不能做自己。在网上,你也是社区成员,我希望你在网上和现实生活中表现得一样,社区中每个人的行为都很重要。"

社交媒体带来的危险是需要设限的另一个原因,向女孩解释这些同样很重要。网络安全专家洛丽·盖茨(Lori Getz)建议父母向孩子解释,青少年大脑额叶发育尚未完成,因此尚不具备成熟的理性、逻辑和冲动控制能力。她这么说可不只是开玩笑。

持续进行对话能够让对方确认你对这些规矩的态度很严肃,让它们成为家庭教育的一部分。你可以选一则名人在网上陷入尴尬境地的例子来谈论社交媒体带来的危险,也可以和女儿讨论人们的网络言行，以此开启对话，别忘了问问她为什么喜欢社交媒体！问问她发短信或打字的速度有多快，享受你们之间的聊天。用此类问题开始对话是个不错的选择：

- 你最喜欢它（从她喜欢的社交媒体中选一种）的哪一点？
- 你觉得人们在网上的言行举止和现实生活中一样吗？
- 为什么人们在网上更容易刻薄或粗鲁？
- 科技让朋友们更近了，它会不会也让你在友谊中更没有安全感呢？
- 科技会引发误解吗？
- 如果没有科技，你觉得友情会更美好还是更糟糕？

打开话匣子后，引入规定就更容易了。以下为规范家庭科技产品时可以采用的一些措施。

将电脑摆在公共空间中。这样做自然可以限制使用，既能保证一定程度的私密性，也能让你足够近距离地观测情况。尽管这对大一些的孩子来说可能有点困难，但小学生的确不需要将电脑摆在卧室里。如果你走向孩子时，她在将窗口缩小，那可能是在做不太妥当的事情。你完全有权问她在做什么，让她打开窗口给你看。

将电脑摆在公共空间中还有其他好处：你可以看见孩子。"如果我们把电脑和电视放在他们屋里，"网络安全专家洛丽·盖茨说道，"他们就会沉溺其中，与我们疏远。"

打造家庭手机"停车场"。在家中打造一处空间，提前设定好一个时间段，让所有手机摆在那里充电（如果可能的话，让手机静音）。可以是事先规定的写作业时间、午餐时间，或两段时间都这么干。尽管这种做法刚开始有点困难，但大部分人会发现在特定时间不用手机非常放松。没有外部刺激，家庭成员就可以专注于彼此和手头的重要任务。

禁止带手机入眠。女孩没理由带着手机入眠。一些女孩在睡觉时将手机藏在枕头下或放在胸口，这样如果有人发信息就能及时醒来。倘若闹剧发生了，那些深夜发来的信息常常是不理智、爆发性的。除此之外，这还会让女孩失去宝贵的睡眠时间。要求你女儿睡前把手机放在指定位置（如果她受不了睡觉时将手机留在楼下，你也许可以像一些父母那样把她的手机藏起来）。如果你不确定女儿晚上用手机在做什么，可从最近一次的手机缴费单上找到答案，她接收、发送短信的每一个号码及联系次数都很容易查到。

用餐时限制电子产品的使用。在餐馆很容易看到这样的场景：成人在聊天，两个孩子沉迷于科技产品无法自拔。等待上菜的时间也许的确无聊，但这是家人间沟通交流的好机会。"关掉"现实、在电子设备中避难，会阻碍孩子发展管理急躁、不适或其他尴尬情绪的能力。若是家长不引导孩子学习寒暄聊天，也会延缓孩子该类技能的发展。如果家人允许孩子在家用餐时不参与谈话，孩子日后在别处也会如此行事。

让在家或下馆子的家庭用餐时光成为不容科技侵犯的神圣时

刻。在此期间不许回电话或用电脑发送信息，别在餐桌使用电子设备，尽量挨个询问每位家庭成员一天过得如何——每位家庭成员都应简单描述一下这一天最棒和最糟的事情。你可以将其变为晚餐仪式。

做作业时限制社交媒体的使用。2010年，凯泽家族基金会（Kaiser Family Foundation）的一项研究发现，半数8岁到18岁之间的孩子会在写作业时偶尔或长时间使用互联网、看电视或使用其他形式的媒介。[89]手机振动或网络对话窗口闪烁不停，孩子会时常被打断，这不利于坚持长时间学习，不利于培养孩子维持长时间工作、专注和连续思考的习惯。学习数学或阅读是要求更高的思维任务，科学家将这种学习时间称为"集中学习"。如果在写作业时使用社交媒体，孩子就会同时处理多个任务，或者在不同任务之间迅速切换。

多任务处理不利于集中学习，也会导致严重分神。高一学生艾莉森·米勒（Allison Miller）每月发送接收27,000条信息，她告诉《纽约时报》自己在社交生活和学业之间不停挣扎："我正在为写作业做阅读，突然来了一条短信，我暂停阅读放下书本，拿起手机回短信，20分钟后我突然想起来：'哦，我忘了还有作业。'"

杜克大学（Duke University）的研究者发现，如果家长不监管电脑使用，孩子会选择玩耍而不是写作业。2010年，仅有十分之三的青少年家长限制孩子对科技产品的使用，相比没有对应家规的同龄人，这些青少年使用媒体的时间平均少了3小时。[90]父母需要给孩子设定此类限制。尽管青少年做某类作业时更依赖网络，但据我所知，至少没有哪类作业是需要发短信的。让孩子写作业时将手机摆放在固定位置，仅允许指定时间使用（如每隔45分钟休息15分钟，这时可查看手机）。这一做法能够让孩子在做作业时减少干扰。

洛丽·盖茨建议让孩子尝试一下：某天晚上做作业时允许使用社交媒体，第二天晚上不允许使用。两晚后，问问女儿在学习、效率和有效度方面有何体验。在家实行这些举措时，切记改变习惯需要一定时间，孩子差不多总是会带有一定的抵触情绪（"那我就不知道发生什么了""如果我能发短信注意力就会更集中"）。经历完最初的愤怒后，许多女孩会发现实际上定时禁用科技会让人如释重负。她们长大后，也许会感激你当年为她们带来的孤独安静的作业时光。

保护女儿安全上网：采取措施

如果孩子不打算在你的监护之下去某处，她需要知道如何保证自己的安全。同理，她在数码世界也需要安全指导。我们需要对这两种情形有所准备：网络霸凌或同龄人的持续骚扰；网络闹剧，即朋友间可能会发生的日常争执。在这部分，我将列举一些可以借鉴的防范措施，并分享如何与女儿讨论安全上网的策略。

知道密码。一旦允许女儿接触某项新科技，无论是设备、软件还是网页,都要知道她的密码。她设密码时你一定要在场,从一开始就表明你会在她的数码生活中扮演监管者的角色。告诉女儿你会当着她面随机抽查手机、社交网络主页或电脑。但请不要滥用监管特权,否则女儿会诉诸其他秘密手段,让你无法发现。

如果允许女儿使用 Facebook,请执意加她为"好友",或请家中另一位值得信赖的成年人加她。

查看手机缴费单。这件事值得长期追踪:了解她在给谁发短信,发了多少次,何时发送出去的。无线电话公司对儿童使用的手机有安全监管政策,打电话咨询包括哪些功能服务,并与女儿谈谈是否要启用这些监管功能。

不时检查询问。洛丽·盖茨建议父母询问孩子的虚拟生活,就像了解她们的现实生活那样。"平时你总是想知道她和谁在一起、去哪里、待多久、做什么。"她说道。网络生活中的这一切你也需要了解,了解一下女儿的手机应用:她最常用哪些?让她给你看看自己上传的照片或别人上传的她的照片。要求查看她的好友列表,看看最近在和谁发信息。这些都是她现实中认识的人吗?也许她不会告诉你每一个问题的答案,但你有权了解。如果她沉默不愿作答,也许就该远程监控了。

如果选择监视,开诚布公。随着各类间谍软件的兴起,父母得以远程监控孩子的一举一动,从短信、网页到输入内容。想知道她发了什么、去了哪里是可以理解的,但家长监管孩子网络生活的密切程度不应与现实中的育儿风格有太大偏差。"如果你是那种会问一大堆问题，但不见得会拿起手机听孩子聊天的父母，那你就可以问一大堆问题，但别拿起孩子的手机看短信。"盖茨说道。

倘若你监视女儿但没告诉她，她知道后就会感到你背叛她了——完全可以理解。无论你的动机如何，监视都会发出这样的讯号：从某种程度上来说，你不信任她。本章之前提及的那句话——"不是我不信任你，我只是不信任其他人"，此时并不奏效。采用如此极端的手段之前，请思考是否还有其他方式。

换言之，别让间谍软件成为你做父母的第一选择。给女儿一个机会，也许她会证明自己可以负责地使用社交媒体，让你骄傲。你可以告诉她，这正是**不用间谍软件带来的效果呢**！最开始可以随机检查女儿的手机、社交网络主页和电脑（在她使用的时候）。如果你还是感到紧张不安，可采用第二步措施。记住，你有权监管，女儿也有权知道有人在监视自己。

高中并不代表一切皆为隐私。无论女儿多么费劲地劝说，她日益增强的独立性并不意味着她有完全不受父母网络监管的资格。在"现实生活"中，更多的自由会带来更多问题：她刚开始自己开车或与他人一同开车时，你会问她去哪儿、和谁一起。如果她遇到与自身价值观不合的难题，你要告诉她无论发生什么，都可以给父母打电话求助。网络生活也一样。无论她如何劝说你——青少年在给父母施压、让家长放弃网络监管方面非常有天赋——你都不能在数码家教监管方面放手。

让女儿远离可进行匿名评论的网站。禁止女儿使用人们可以匿名发表评论的网站。正如我在第四章中提及的,像Formspring.me这样极具伤害性的网站上,到处都是初高中女孩。在Formspring上,女孩可以注册账户,拥有自己的个人主页。匿名或已知评论者会在女孩的个人主页上随意询问各种问题,女孩们往往也会答复。

Formspring上可以进行匿名评论,因此成了任何人都能发表残酷言论的地方。在这些网络场所,女孩注册后会遭到熟人的贬损或骚扰,却无法确定是谁。对于使用此类网站的女孩,我会这样告诉她们:

> 人们匿名发表评论时,所作所为不计后果,也无须付出代价。人们会写出现实中绝不会说的东西,还会说谎,只是因为在这里他们可以。他们会为了引起你的注意说一些话。我们不能信任匿名评论者,因为你不知道他们的动机是什么,也不知道他们是谁。匿名并不能赋予人们勇气让他们说出真心话,只会让人们更加口无遮拦,说出来的话或真或假,所以我们不能信任。

> 邀请别人对你说伤人的话,然后阅读回复,你就让他们得逞了。不论你想出多么巧妙地回击,回复的举动都会让人觉得他们的话值得回复。

> 没有谁是真正人见人爱的,所以别抱这种幻想了。这

就是为什么那么多女孩会注册任人评论的网站，她们认为也许自己就是那个人见人爱的女孩，这显然是浪费时间。别关注想打垮你的人，关注那些为你带来快乐和安全感的朋友吧。如果你在乎别人对你的看法，问问值得信赖、了解你的人，别问那些躲在匿名外衣之下伤害你的人。

保护女儿安全上网：措辞

关于如何安全上网和做一个数码公民，你需要告诉女儿如下重要问题。

网络中无隐私可言。无论你只在邮件中讨论，还是分享对象承诺会保密，都无法绝对保证隐私。内容一旦数码化，就可以无限地转发分享。想象一下吧，如果你拿着一个填满羽毛的枕头站在帝国大厦顶层，割开枕头倒出羽毛，然后坐电梯下来冲到街上，你只能找到一部分羽毛，但无法收回所有羽毛。这些羽毛会随风飘散，跟着车辆和匆匆的步履分散开来，消失在你不知道的地方。发表在网络上的言论或图片也是这样。一旦被转发，就像这些羽毛一样，失控了。

问问女儿，在你面前扮鬼脸与拍下她的鬼脸发送给朋友有何区别。前者在她掌控之中，后者则不是。她对你扮鬼脸，只能由她本人复制，但朋友若将照片转发到他人的手机或邮箱中，就可以被反反复复重新修改，邮件、聊天记录和短信也一样。

最重要的是让女儿上传或发送前思考：如果这些出现在我

们当地报纸的头版头条上,会对我造成不良影响吗?如果会,发出去就是冒险。记住,网络内容无法彻底删除,申请学校和求职时也许会有损她的声誉。

阻止,屏蔽,举报。[91] 网络安全专家为应对网络霸凌提供了三步对策。首先采取第一步,阻止。别通过报复来回应网络霸凌,如果是匿名攻击,别试图跟踪霸凌者。这场战役孩子"赢"不了,回复只会挑起攻击者的兴趣。第二步,屏蔽网络霸凌者。对短信、邮件和聊天也可以采取同样的措施(如果不知道该怎么做,可谷歌搜索"怎样屏蔽[输入网站、手机或软件名称]用户")。如有必要,可注销旧账户,为孩子重新注册新账户。第三步,举报网络霸凌行为。鼓励孩子将冒犯她的言论保存或打印出来,和你讨论。无论你多么沮丧,都不能鼓励孩子报复,否则孩子会将攻击视为正当防卫,这样更容易陷入危险。

无论发生什么,你都能和她共同面对。比遭遇网络霸凌更可怕的是孤身一人面对一切。有的孩子在成为网络霸凌对象后不愿告诉父母,因为他们担心父母会不经商量就做出过激反应,或不再让他们使用科技产品。保持冷静是关键,惊恐万分的反应——大吼、痛苦或威胁学校——都会让女儿更难过,也许此类事件再次发生时她会保持沉默。关于如何处理这种情形,请参阅本章。一定要让女儿明白,如果她成了靶子,手机是不会被没收的(不过必要时也许会暂时拿走让她冷静),要让她明白无论发生了什么都可以向你求助。告诉女儿,你会采用恰当的回应方式和她一起解决问题。你无须承诺自己绝不产生情绪,你可以说作为家长，有时要做出艰难抉择。最重要的是，你需要让孩子敢于放心地找你求助。

别和他人共用密码。许多女孩可能通过共用一个密码表示关系要好，但滥用密码权利的往往就是这些朋友。闯入对方账户假冒朋友发邮件、照片或信息这种事太常见了。建议女儿将密码视作信用卡，换言之，有些宝贵的东西我们连最亲密的朋友也不可以共享，无论我们多爱这些朋友。假如女儿拒绝，你可以告诉她，下次再有人要她的密码，就说是你不允许。你也可以告诉孩子，如果她把密码给了别人，之后可以告诉你，这时你就能把密码直接一起改了。总而言之，这是女孩学习如何与朋友划清健康界限的好机会。

帮助落难者。也许你已经教导过女儿，既要照顾好自己，也要关心他人。在虚拟世界中，这种公民义务同样存在。转发伤人的信息同样也是参与网络霸凌，与十人分享伤人的邮件或图片，和写十张纸条分别传给不同的人会产生同样伤人的效果。在网络上，你其实可以通过什么都不做来支持他人——你可以拒绝转发那些令人尴尬的信息。

可以让孩子回忆在"现实生活"中为朋友或同龄人挺身而出的时刻。网上也是如此：如果她在网上看到了骚扰信息、令人尴尬的照片或其他不良行为，你也希望她做出同样的善举。女儿作为目击者该怎么做是你们之间协议的重要部分。

从糟糕的网络情形中"走开"。任何人——不管是你女儿、你还是美国总统——都不该在大哭、恼火、惊恐或产生其他强烈情绪时打字。我们都会无可避免地说出词不达意的话语。

如果女儿沮丧的时候拿着电子设备，你需要把它拿开。当然你会遭遇强烈反抗，孩子会发狂地坚持说打字是解决冲突的唯一办法。你有两个选择：第一个选择是把手机或电脑拿走，让她先冷静一会儿，然后邀请她给冲突当事人打电话。随后你可以提出带她去对方家中，或建议她与对方约定时间，第二天在学校当面聊聊。第二个选择是让她完成对话，随后与她探讨难过时打字的危险性。无论采取哪种方式，都别放过这些时刻。

另一种有毒的打字诱惑来自结盟，即小团伙。女孩常常迫使彼此加入与己无关的冲突。网络世界同样如此，甚至更简单，敲几个字就可以了。我会这样建议被朋友要求加入他人冲突的女孩："你遇到这样的事，我真的很难过，但我觉得我不应该干涉。我保证我也不会和（冲突另一当事人）谈论这件事，不管你们之间发生什么，我俩的友情不会受影响。"也可以采用一些更柔和的回应方式，如"我觉得这么做不舒服（或'我觉得这样不妥'）。咱们回头再说"。如果可能，直接转变话题也可以。

如果有人与女儿发生直接冲突，建议她输入此类内容："我真的不想在网上讨论这些，我现在可以给你打电话吗？"另一种选择："我们可以明天（建议时间）在学校当面聊吗？"

如果你现实中不会那样说，别发送。难过的时候，女孩总是会打出当面不会说的话，随后矛盾便无可避免。惊慌、不安全感、愤怒、嫉妒或恐惧让她们在冲动之下发送信息，对友谊造成损伤。监控女儿的每场对话是不现实的，事已至此，找机会和女儿聊聊，问她是否感到一种诱惑，希望自己在网上和现实中是两个人，再聊聊这样做的后果。

为了让女孩避免这种错误，我会给她们两条建议。首先，如果你发信息上瘾，那么在情绪激动、发信息（或聊天等）停不下来的时候千万别打字。如果你非常难过，很可能说出词不达意的话。放下手机，或远离电脑。

其次，如果你在发短信或上网时觉得与某人产生了冲突的苗头，冷静一下。发布状态或发送信息前大声读一遍，思考一下：我会当面对那个人这么说吗？如果会，点击发送即可。如果不会或不确定，请重新编辑。然后再读一遍：你会当面这么说吗？有些话你在现实生活中也许不会提高嗓门说，但在网上是否用了大写字母来冲人"吼叫"呢？如果不确定想写的内容在现实中能否说出口，别发送。

别和朋友在网上吵架。如果你想有效引导孩子，思考一下女孩在网络冲突中可能会做什么。首先，网上争执无须直视对方的眼睛，也听不到她的声音。其次，面对网络冲突，人们有足够的时间思考怎样回复更妥当。把这些观察结果告诉孩子——然后理清头绪。

如果无须看着对方，你就会不再思考她的感受。离开了眼神交流，我们对是否会伤害对方就没有那么敏感，只专注于发泄自己的情绪，那种情况下我们很容易词不达意。一时间，我们会因为虚假的信心而膨胀，可这种信心片刻之后就会消失，留下我们面对冲动带来的一团糟。

如果听不见对方的声音，我们就很难知道对方的语气。以该句为例："我从没说过她偷了你男友。"重复几遍，分别强调不同的词语。这个句子听起来或愤怒，或像自我防卫，或迷惑不解——这下你明白了吧。[92]误解时常发生：我们只能读到文字，但也许会在不知情的情况下认为对方在发怒。不必要的闹剧可能会由此而生。

告诉女儿，在网上解决争端听起来似乎很棒，但操作起来很快就会变得一团糟。科技永远不能替代坦诚真实的关系。尽管面对面听着对方的声音解决争端很艰难，但这是带着尊重、成熟解决问题的最佳途径，也是唯一途径。如果小心谨慎地使用，在一些情况下，邮件或许是个可以实现有效沟通的例外。然而，如果它也沦为愤怒短信或聊天的发泄渠道，就不再有效了。

别用社交媒体发泄对关系的不满。社交媒体有状态更新功能，这是即时的公开声明，可以告诉别人自己在哪儿或感受如何。遗憾的是，正如我在第四章提及的，许多女孩在更新状态时会冲别人发泄，会邀请整个社交媒体圈子围观评理，或更糟糕，直接参与其中。也就是说，中学生的一条状态更新会被几百个亲密"好友"看到："你不在我生活中了，太高兴了！没有你我过得更好！"这些几乎毫无例外地成了闹剧导火索，这条状态讨论的对象会感到尴尬、生气或认为有必要报复反击。和女儿探讨一下，在状态更新时分享哪些内容比较妥当，哪些内容最好私聊。

谈论性爱短信。尽管发送性爱照片或短信并不属于霸凌或攻击领域，但倘若令人尴尬的照片流传到了不该去的地方，就会成为伤人利器，男孩女孩都有可能做出这种事。正如我在第四章所提及的，男孩可能会问女孩要裸露照片调情。糟糕的是，很多男孩要女孩照片是为了向朋友炫耀。对男孩来说，有一张同龄人的裸照或半裸照是确认男性魅力的证据。许多女孩担心，如果自己不发送照片，男孩对她就不再感兴趣了。为了维持关系，女孩会满足对方的要求。

坦诚地和女儿聊聊，如果有人要求她发送这样的照片，她会怎么做。如果你能做到在批判性爱短信的同时不反对调情（如果你不反对用这个词的话）或约会，她就能够怀抱信任与你谈论此事。罗莎琳德·怀斯曼睿智地写道："现实生活中，一个理智的15岁女孩绝不会站在喜欢的男孩面前脱光衣服问：'这下喜欢我了吧？'也不会同意让一个男生把所有朋友都喊来替他判断……"[93]问题不在于她是否吸引这个男孩，而是她在按下发送键时赋予男孩的权力。尽管男孩保证了不会给别人看，但还是有很多看似可靠的男孩称同龄男孩抢走了他们的手机，把女孩的照片传到各自的设备上了。

如果她的确发送过此类信息，且图片或信息失控，她必须向家长求助。如果她在网络世界被羞辱了，要让她专注于度过危机，帮助她重返校园。等后果平息后，再介入并提出自己的建议。

我和全国各地的家长都讨论过在数码时代教育孩子需要面

对的挑战。每当工作坊快结束时，我都会给家长留出时间，分享使用对策，共同分担困难。家长们就像微波炉里慢慢爆开的爆米花一样，会先发出试探性的声音。一位家长说了发现女儿半夜发短信，另一位承认说他自己都忍不住要不时查看黑莓手机。许多人点头表示赞同，他们都笑了起来。大家开始分享自己的家规（或如何缺乏家规）。离开时，父母们都自信满满，打算回家尝试新对策。

  无论科技多发达，我们人类的习惯和直觉不会变。我们只要互相交流，就有机会互相学习，形成互相认可、互相安慰的社群。别低估其他家长的力量，他们可以帮助你确认家长权威，尽管你那痴迷科技产品的女儿可能在努力否认你的权威。最重要的是，记住你是家长。如果家庭成员能从一开始就坚持贯彻育儿时的核心观念，科技就没那么吓人了。没有什么网络问题是你不能帮助孩子解决的，没有哪种科技产品、网站或应用可以改变你身为家长的事实。聆听自己内心的原则，便是参考最棒的育儿手册。

第12章

教师和学校管理层前路漫漫

最初写作《女孩们的地下战争》时,我只是个观察者,一点课堂经验都没有。本书问世后,一切都发生了改变。我开始和学校合作制定减少霸凌行为的对策。我走入了"战壕",给小学和初高中的女孩们授课。我创办了女孩领导力学院,编写了发展女孩社会情感学习技能的课程。如今,我自己成了其中一名老师。

改变女孩隐性攻击文化的最大希望之一正是教师。教师可以打造理想的班级文化,洞悉女孩的攻击行为并对此采取零容忍态度,邀请女孩在私下和公开场合进行探讨,尽可能寻求解决方案。正是在教室中,女孩能够有机会明白另类攻击行为是不够坚定自信的表现。教师可以教导女孩,间接攻击和操控他人都不是表达负面情绪的恰当方式。

学前班开始,男生和女生就开始慢慢学习该怎样排队,老师要求时应如何保持安静，怎样照顾宠物荷兰猪，怎样耐心等待，他们同样也可以明白另类攻击行为是不可接受的。我们会教育学生们，通过打人实现目的是暴力之举，也应教育他们通过威胁结束友情达到目的同样是暴力行为。这些教育需要早早开始，并年复一年地持续下去。因为在另类攻击行为中，攻击者只是叹息，不会吼叫；只是嗤笑，不会公开嘲弄；只是翻白眼，不会语出讥讽；只是转身离开，不会动手打人，但这并不代表着它们应当被容忍。禁止此类行为，教育女孩远离它们，应成为和性格教育中的其他内容同等重要的一课。

然而，我们不能指望教师独自担起重负。我们的文化不仅将家中的一切错事都归咎到父母头上，还将学校中的一切错事归咎在教师头上。如果没有同事、校领导和学校监管者的支持，教师就无法成为持久性变化的促成者。从日常教学层面来看，教师不应感到处理这些事件纯属浪费时间，而应感到它们对学生成长发展的重要作用。本章将从教师的视角出发审视女孩霸凌行为。我将探索教育工作者面临的障碍，以及目前为学生打造安全学习环境可采取的策略。

干预的障碍

对女孩及其家长来说，发生在教室里里外外的另类攻击行为变幻莫测，难以追究，对教师而言也是如此。教师面对着家长和监管者的各种要求，在反霸凌政策模糊不清或压根不存在的情况下进行教学，还要努力满足极高的要求和锐减的预算，每日筋疲力尽，回报甚微，此时他们往往倾向于忽略隐性违纪行为。公立学校中一个班塞满35名学生并不少见。正如佩姬·奥伦斯坦在《中小学女生》中指出的那样，教室中难得有秩序井然的时刻，有的话也都归功于女孩。一直以来，女孩都是班上的捣蛋男孩身旁的配角；根据美国大学女性联合会记录，中小学女孩的声音被更喧闹的男孩压了下去。正是女孩讲文明懂礼貌的名声为她们的隐性攻击提供了完美的保护伞，让她们在探测雷达之下自由自在地活动。[94]

更为复杂的是，女孩之间的争斗并不像男孩之间那样划有清晰的界限。女孩的冲突常常深入地下，盘根错节。对此类行为缺乏认识令许多成年人在面对女孩间的关系冲突时更加焦虑不安。"女孩的关系让我紧张，"一位资深教师吐露道，"提供心理辅导建议我还不够格。"

许多教师本乐意伸出援手干涉，但苦于没有纪律规定或描述女孩行为的通用语言，只好望而却步。执教小学20多年的玛丽莲解释道："我的意思是，你怎么能告诉家长'你孩子是屡教不改的撒谎精'呢？他们不想听到这种话！"学校社区需要一套不具有污蔑性的新的话语体系来报告孩子的行为。家长可以把诸如谣言、结盟或非语言表态等描述成关系攻击、间接攻击或社交攻击行为，如此一来，教师在联系家长时也不至于那么害怕了。

让教师们立场如此不坚定的原因之一是女孩攻击行为的隐

性特质。许多教师不愿处理自己没看清的行为。玛丽莲解释道："阻止肢体攻击很容易,因为你可以看见,如果遇到打架,如果看到一个孩子伸出腿、打人或把同学椅子抽走,质问起来都很容易,因为显而易见。而谣言或冷落——你必须在场看到,必须立刻捕捉才能确认。"

即便教室中装有摄像头,教师也不能随时回放小动作,那些不确定的行为依然令人难以判断。"如果我理由充分,一定会毫不犹豫地质问学生。但如果你不确定发生了什么,就不想冒险。"玛丽莲说道。随后她补充道:"家长一直在看着老师,他们既可以成为你最好的盟友,也可以成为你最可怕的敌人。"

的确,哪怕是看到收件箱有一条家长的留言都足以让老师恐慌。一位小学老师描述了自己因学生的问题而和家长对峙时感到极其焦虑:"收到一条留言,我回家就(很紧张),然后整夜睡不着,只好和老公聊天。老师们走出教学楼就会为这种事情放声大哭。"玛丽莲总结道,向父母告知孩子的不良行为一般无效。"毫无理智可言,这不是大脑反应,而是母狮子护小狮子的本能。当老师的,"她说道,"可不想碰这个问题。虽然我不是家长的敌人,"她指出,"但从某种程度来说,那时候你只想退步,不想管它。"

如今教师都在埋头苦干,让学生在高要求的课业中保持进度。一位执教于顶级公立学校的老师解释道:"女孩之间的霸凌是我们最不想插手的事情。对不起,但我真的不会留心这种事。它不会发生在课堂上的 50 分钟内,我不会注意到,我也不会刻意留心，我忙着上课，我没时间管那些。"

"没人训练我们去管那些事情，"她补充道，"教师培训是为了让我们确保孩子完成学业。"教师应该注意学生的肢体语言，这个想法让她情绪激动，"一直观察他们太难了。你需要掌控一切，会被各种事情轰炸。现在，你在掌控一切的同时还要留意他们的各种状况，留意肢体语言——所有肢体语言！"

在学校，教师们往往会误读问题，这并不奇怪。同为有着20年教龄的资深教师玛丽安告诉我，有时女孩会"误解"其他女孩。"两个女孩可能有她们的小秘密，"她向我解释道，"有好秘密，也有坏秘密，她们就是不想告诉别人。"她给我讲了一个三年级女孩的故事，每次她一走近，她的两个最好的朋友就会停止交谈，这让她"歇斯底里"。她悲痛欲绝，认为最好的朋友孤立她了。

"我不知道她们到底该怎么通过不伤害她感情的方式解释（排斥她的必要），哪怕她们说'你看这是我们之间的隐私'，她还是会感到被排斥。"玛丽安把三位女孩带出去，向被排斥的女孩解释，别人也希望有自己的秘密。

我追问玛丽安她为什么允许女孩们这么做，她承认她不知道秘密是什么，所以认为女孩们有权保密。"她们说是私事。"她解释道。然而，两人之间私下保密和炫耀两人之间有秘密是两码事，区分此类问题对理解女孩之间微妙的攻击至关重要。

教师和学生之间还有一层更黑暗的误解有待探讨。教师找不到描述女孩攻击的中性语言，许多人也尚未意识到压抑愤怒会产生的社交和心理影响。这将导致教师更倾向于憎恨女孩的行为,将其归入残忍的刻板印象。一位曾教过我的老师单纯地总结道:"我宁愿和男性打交道,他们更直白、更诚实。和男性一起的时候,两人关系怎样你拿得准。"这一评论我听到了很多次。这种态度对教师课堂工作造成的影响仍是未知数。

上述一切并非旨在说明教师倾向于忽视女孩的攻击行为。三年级阿比击溃我的时候,我曾对学校辅导员林恩哭诉,此时我又给她打了电话,她非常激动。她身材纤弱,有一头棕色卷发,脸上长着雀斑,在我眼中她就是有力的中锋。她拥抱了我,询问我兄弟最近怎样(他是办公室的常客),然后坐回椅子。"我遇到的最大麻烦,工作中最大的困难,就是女孩彼此之间做的这些可怕的事情,"她交叉双腿皱起眉头,说道,"我等了25年,希望有人能给我解释一下。"

尽管这个话题被沉默遮掩着,但一些教师还是会和林恩一样,选择对抗另类攻击行为。让安布尔采取行动的是她自己受欺负的经历。她在密西西比任小学教师,一天,我们坐在她的教室中,她对我说了这段经历:"我当时很矮,一口龅牙,戴着眼镜。我知道这种感觉,而且这种感觉不会消失,20多年了,从来没消失过。我是全世界最没有安全感的人,但我们班没有人知道这一点,因为我总是告诉大家,我们什么都可以做到。要知道,我现在还能听到当时那些孩子骂我的声音,因为我的长相、我的外貌,他们不接受我。"

安布尔在班级中强硬禁止残酷言论。一个男孩和一个女孩互相辱骂后，安布尔把他们带到走廊，直白地告诉他们自己的经历。"很伤人，不是吗？"她说道，"我经历过，我以前是龅牙，也许现在不是了，但（取笑我的话）还是很伤人。"她把女孩带出去时，通常也会给她们时间，说自己的经历。

在肢体暴力很常见的学校，心理攻击也许很容易被忽视。学校教师需要根据轻重缓急处理学生的争斗，他们会更关注那些最暴力的争斗。很遗憾，这就像等房子完全被大火吞噬后再给消防部门打电话一样。正如我在第八章提及的，女孩的打斗也总是源于那些躲过探测雷达的小事件，她们采取的是关系攻击、说闲话或消极肢体语言等等形式。也许看到推推搡搡就能明确是攻击行为了，但攻击绝非从此开始。

打造安全的校园文化

如果教师可以公开探讨不同形式的另类攻击行为，整个班级就会对这种举动更为敏感。教师可以讲述孩子经历过另类攻击行为的故事，可以公开讨论自己经历过的霸凌，可以利用教学时间讨论班级的社交动态，可以和同事共同努力分享有效的管理策略、讨论年级的社交环境，可以花时间表扬班级中的实话实说和坚定自信之举。

只有管理者表示支持授权，上述这些方法才能持续实行下去。打造安全校园文化的决定必须列在社区的重要议题中，并融入社区的每个部分。下一板块中，我将列出校园预防霸凌行为需要进行的结构性调整。这部分的许多想法受丹·奥维斯（Dan Olweus）和苏珊·林贝尔（Susan Limber）的《奥维斯霸凌预防计划》（Olweus Bullying Prevention Program）指引，这是一部经过精心调研和评估而完成的校园反霸凌行动指南。从教师在走廊中应该站在哪里，到如何让所有人都享受到安全的午餐时间，这项计划涵盖的范围十分广阔，和学校社区各个层面紧密合作，并努力重新定义与霸凌本身相关的规则。

制定反霸凌政策。 不制定反霸凌政策，学校无据可凭，这就像连消防安全计划都没有一样。尽管许多州现在要求公立学校制定反霸凌政策，但有几个州还没有做出相应要求；私立学校更是不在监管范围之内。

制定政策的目的既是象征性的，也是实践性的。政策的存在本身就能向社区清晰传递学校的核心价值观和首要任务。有政策，教师就有权自信地根据自己的判断管理班级。良好的政策还会规定相应的方案——即如何行事的系统性方法——这让社区明白事情会按实情裁决，对所有人一视同仁，无论家庭、社会地位、种族或性别的差异。

在对学校反霸凌政策和手册进行修订时，应该反映出另类攻击行为的最新研究成果。学校需要清晰定义**所有**学生都可能会出现的攻击性行为，包括传播谣言、结盟以及非言语攻击。例如，可明确说明蓄意破坏另一个孩子的人际关系是一种攻击行为，需要承担责任。

政策制定应由可代表学校不同群体的个人共同完成：学生、

家长、教职工和管理层。一套强大的政策不仅需要明确不可接受的行为，还需在整个社区声明学校的价值观和期望学生做出的行为。

最优秀的学校政策还会涉及数码攻击。在21世纪，不让学生为网络霸凌行为负责就无法保证学生在校安全。大部分学校拒绝干预这些问题，因为数码攻击往往发生在校园之外。然而，只需在学校待五分钟，你就会知道校园外发生的事情第二天就可以反弹回学校并扰乱社区。冲突加剧，学生不能集中注意力，学校辅导员和管理层就要收拾残局了。无法让学生为自己的网络行为担责，学生就能在监管的真空地带肆无忌惮地相互攻击。

虽然这里需要将关于言论自由的重要法律问题纳入考量，但认为反霸凌政策只适用于校门之内，这令人无法接受。网络霸凌改变了游戏规则，它实际上打破了校门和家门的界限。学生无处可逃。正如"编织安全网"（Wired Safety）的创始人帕里·阿夫塔卜所言，网络霸凌会阴魂不散地纠缠着你：无论是在祖母家、体育场还是餐桌。

越来越多学校开始表示，学生须为自己校园之外的行为负责，因为处理网络霸凌的余波需要动用学校资源。这种思路是正确的。

为教师制定连贯一致的干预协议。如果一个社区在何为霸凌问题及其应对措施上没有达成共识，在执行政策时的情况可能并不稳定。对女孩——实际上对所有学生都是——采用连贯一致的干预方式，对打造安全的校园氛围至关重要。正如丹·奥维斯和苏珊·林贝尔所写:"学生需要感到学校里的成年人在处理霸凌问题时采取的方式大致相同,采用同样的规章和相近的指导方针,对学生进行奖惩。这样……受欺负的学生就会相信成人会采取行动制止霸凌行为。"[95]

如果只有部分学生得到惩罚,就会让学生们认为有的孩子可以凌驾于规章制度之上。在南方一所公立高中就发生了一起典型事件:在随学校外出途中,有人发现啦啦队长包里藏了大麻,在该校任教的领队要求校长助理把这名女孩开除出队。官方声明迟迟没有发布,管理层最终拒绝了这一要求,因为这个女孩的父亲是社区重要人物,也是一名重要的俱乐部赞助人,而女孩的兄弟则是橄榄球队的四分卫。

如果学校在政策执行上时断时续,学生将不再相信学校可以保证自己的在校安全。这毫无疑问会让学生备感紧张和焦虑,或是认为自己可以和某些成年人一样打破规则,导致孩子们普遍对学校的成年人失去信心。管理层不应讨好人,最具权威的校领导应当甘愿冒着失去显赫家庭的风险来确保社区安全。

政策执行上的不连贯也许是因为教师不知道该如何对同龄人的攻击做出回应。教育学的研究生学院很少在这方面为教师提供培训,因此管理层绝不应该假设老师们"知道"该怎么处罚管理学生。[96]将此归结为教师无知或不愿处理霸凌行为有失公允。在这种情况下说什么、怎么说,这些都需要进行培训。如果教师认为自己无力干预,他们就会发出信号,让学生觉得霸凌是可以接受的行为,学校权威人士对此不管不问、不加约束。

去学校调研时，教师一直都在向我咨询对付具备攻击性的女孩的灵丹妙药，许多人似乎都认为需要特别的秘方或教育诀窍才能进行有效干预。这是谬论。实际上，对女孩隐性攻击的处理，与大部分教师已经应对过的传统攻击形式或违纪行为的处理方式并无二致。

假设你目睹了一起看见过好几次的攻击行为——比如恶意评论或一个学生撞到另一个学生身上——你会怎么做？你很有可能会遵循自己在类似情况下习惯性采取的步骤。也许你会制止行为，查看被欺负的学生是否安全，将违纪学生送到校长助理办公室等等。

回应可见的另类攻击行为，我建议教师采用以下几步，结合使用：

1. **制止行为，查看目标是否安全**。正如我在本书中其他部分所提及的，一些最具攻击性的女孩在成年人身边会表现得如同小天使一般。被质问时，许多女孩（还有不少男孩）都会否认，或称自己"在开玩笑"。奥维斯计划建议教师不要给学生反驳或解释事件的机会。别问"你在干什么？"或"你说了什么？"毫不犹豫地说："我看见你做了什么，这种行为在学校是不可接受的。"如果女孩回答说是开玩笑——有时甚至连攻击目标似乎也会表示赞同——坚持立场："你的'本意'并不重要。你现在说的话毫无意义。"

2. **对违反规定下定义**。论及另类攻击行为，你也许首先要解释为什么这种行为是错误的。比如，一些学生可能不明白为什么威胁结束友情、让其他人别和某个同龄人坐在一起属于攻击行为。如果你将这种行为和他们已经清楚认识到的问题进行类比，会比较有效。"每次她举手时你都翻白眼，这就是攻击，这和骂她没什么两样。"

面对一群女孩时，请别同时找她们一起谈话，而是一个一个叫进来了解情况[97]，也别让她们堆在办公室外一起等（否则就会给她们"统一口径"的机会）。

3. 列出后果或将学生带到纪律管理人员那里。每起事件的情况都有所不同，而事后采取的举措则取决于情形的严重程度。除此之外，后果不见得一定是惩罚。可以要求学生写检讨，让她们解释自己的行为、这些行为带来的影响以及对自己的行为有何感想。你也可以让学生给目标写一封道歉信。重点在于不能放纵不管，学生应该明白攻击行为是有代价的。

由于女孩的攻击行为通常不会受到惩罚，否认不良行为的做法很猖獗。然而，在对质无果的情况下，你不见得要退步。例如，有人暗示某个学生使用恶意代号描述另一个女孩。没有证据，但你认为确有此事。你可以告诉学生，你现在跟她谈话不是要责怪她，只是要说一下这种行为本身的性质："使用恶意代号说别人很伤人，这是我们学校不能容忍的行为。你能想象那个女孩发现之后会多么尴尬、多么难过吗？"

随后，你可以提及如果发现某个学生参与此类行为后"可能会"有哪些结果："我只是想告诉你，如果有人这么做被我发现了，那个人一定会受处分，我会告诉家长的。"

如果有女孩否认自己的所作所为或隐瞒"罪证",新泽西学校的辅导员金·卡明斯基会问一个很机智的问题:"如果我问另一个当事人,你觉得她会怎么说?"卡明斯基说,这个问题对那些一言不发或执拗的女孩来说会产生神奇的效果。

如果教师不确定他们的干预权限,应询问学校管理纪律的高层管理者。学生会看出教师的犹豫。青春期女孩在找借口摆脱干系方面很有天赋,教师很可能被迫退让。如果被授予全权处理的权限,教师就会更加自信。

4. 沟通对未来积极行为的期望。如果接受处罚者感到无助或羞愧难当,就很难真正起效。给学生重新开始的机会非常重要,教师可以肯定学生之前展现出的良好性格,也可以建议学生在特殊情境中如何修复消极行为带来的影响。

这时,女孩们很有可能会被要求对另外一个女孩"友善点"。与其这样,倒不如强调尊重的必要性。"友善"对女孩来说是一个负担很重的词。对成年人来说,"友善"意味着体现礼貌和尊重。对女孩来说,"友善"则是和所有人成为朋友,这个要求常常是不现实的(也不公平)。更重要的是,让女孩维持"友善"形象的压力正是驱使她们采取隐性攻击行为的动因。这是与女孩讨论尊重及其具体做法的好机会,女孩不必和所有学生成为朋友,但需要向所有同龄人展示出尊重。

5. 汇报或记录事件。研究表明如果教师汇报霸凌行为,这件事就更可能得到处理。如果所在州的法律没有硬性要求,请教师将攻击性行为汇报给学校辅导员或校长助理。标记霸凌和攻击事件，并将其列入管理者的要务之中，这一步至关重要。如果汇报和干预之间隔了太久，也许就太晚了，很难产生效果。

可以在每周的教职工会议上传阅书面形式的霸凌事件总结报告。报告不一定意味着要采取行动，但可以在教师中形成信息共享机制，共同为身陷麻烦的学生提供帮助。例如，如果一位美术老师读到自己的学生遭遇霸凌事件的报告，也许就会帮助学生，留心表扬她的作品，或给她机会参与一些特别的活动。

每一次教师或团队会议都应花时间回顾"严重问题"或身陷麻烦的学生。这种评估应同时涉及霸凌者和霸凌目标。如果有更多教师明白了谁需要帮助，他们就会携手努力提供支持或维持纪律。

1. **培训学校全体成员**。学校所有雇员，无论是餐厅工作人员、校车司机还是清洁工都应接受培训，清楚霸凌的表现以及目睹事件发生时该如何处理。大部分霸凌和攻击都是在缺乏成人监管之处发生的，即老师可能不在场的任何地方，包括卫生间、停车场小路、餐厅、校车和走廊等。学校安全需要社区中每一位成人努力维护。

2. **确保学生了解规定**。学校的每一位学生都应明白霸凌是什么、目睹时应怎么做以及参与此类行为将面临怎样的后果。我们应在课堂讨论中传达学校规定（本章后文将提到），也可以在其他场合进行学习，如学校大会。单纯制定规章制度，或权威地告诉孩子"我们说了算"，对他们绝无说服力。孩子们需要明白规定存在的合理性，应有机会反思为何遵循这些规定有利于他们自己的身心健康。

3. **区分辅导员和纪律管理员的职责**。学校辅导员和医务人员不应同时承担心理疏导和处分学生的双重职责。遗憾的是，在人手不够的学校，这正是常见的安排。学生与辅导员沟通的时候应该感到放心，不用担心吐露某些内容会遭到惩罚。让辅导员承担双重角色，会让他被迫妥协，使其辅导学生的作用受到极大限制。在这些情况下，学生更不愿接触辅导员，必要时无法得到帮助，导致情形进一步恶化。

4. **认真对待社会情感学习**（Social Emotional Learning，简称 SEL）。社会情感学习的核心技巧包括"识别并管理我们的情绪，发展对他人的关爱，建立积极关系，做出负责的决定，建设性地、道德地处理难以应对的情况。这些技巧能让孩子在愤怒时平复情绪，结交朋友，带着尊重解决争端，做出道德、安全的选择"。聚焦社会情感学习的活动会让学生练习如何分辨情绪，探讨怎样才是在做好朋友或真朋友，并发展阻止霸凌的策略。[98]

社会情感学习所涉及的不仅是课堂教学或技巧，它还能表明何为学校的核心价值观和首要之务。如果管理层在领导过程中注重社会情感，安全问题就能上升为学校的要务，并嵌入到学校的校园文化和具体流程之中。这样的校领导不会随意安排午餐时间的座位，而是会在午餐时间和座次安排上刻意将霸凌者和目标分开。他们会监督辅导员将易受伤害的学生分给那些对学生关怀备至的任课老师。他们会分开那些在搭档合作时会引发更多麻烦的学生。在这里,感情安全是一种生活方式,而不只是灾后重建;采取的措施是连贯且具有预防性的,而不只是为了应对危机。

随着社会情感学习领域的成功案例越来越多,它终于开始受到广泛认可,实至名归。许多研究发现孩子的社会情感学习情况与他们的学业和社交潜力直接相关。尽管已经得到这些研究结果的证实,但很少有学校会将社会情感学习列入学生的日程表。正如我在第十章提及的,关系就是第四个"R"。维持安全、道德关系的技能是教出来的,而不是与生俱来的。如果学生有了管理感情和关系的工具,他们就能做出道德的选择,参与霸凌行为的可能性就会减小。

5. **为家长和员工提供沟通方式指导**。霸凌事件有自己的生命周期,即眼下发生的事件只是一段漫长过程的开始。尽管学校管理层和家长愿意介入,我们依然需要达成协议,清晰说明对彼此的期望。构建体系在今天比以往任何一个时期都更重要。情绪激动时,原本能够确保所有参与者按规矩行事的学校家长关系规范很容易就会被抛在脑后。2010 年,因认为校方治理不力而组建的"家长治安会"(vigilante parents)成了一个流行词,这清楚地表明教育者和家长之间还是有必要保持界线。

学校可规定父母该如何与学校沟通,并说明学校将如何做出回应。有私立学校试着引入了"家长契约",家长每学年都要签字,然后孩子才能上学。文件指出"在我们这里注册的不仅是学生,而是家庭",并解释"我们对彼此的合理期望"是什么,在完成学校任务方面，学校和家长是合作伙伴。家长要对学校做出的承诺包括：

- 学校会选择最有利于整个社区且考虑孩子个体需求的做法，家长应尊重学校这一责任……
- 通过合理渠道解决问题、核实信息，可联系教师或辅导员，如需要进一步商讨，可联系校长助理或校长……
- 与教职工、学校管理者以及社区其他家长交流时难免出现不同意见，此时请以身作则，展现出尊重、诚实和专业客观的态度。

家长契约还会进一步要求，无论在校内还是校外，家长言行都应体现学校的品行目标。

在每一所学校，标准做法都是给教职工留出 24 小时回复家长信息。也应建议家长在和教师讨论问题前事先预约，以便教职工尽可能做好充分准备。

有必要让教师明白，如果与家长交流时出现问题，高层管理者会提供必要支持，教师需要明白，寻求帮助并不代表自己的失败。与此同时，在家长会上，学校管理者绝不应该公开质疑或贬损教师。这会让老师感到尴尬，质疑老师的权威，也会让学校领导显得不够一致。最后一点，面对一些难以应付的家长，教师需要接受指导，我们也需要给教师清晰的指令，告诉他们与家长沟通时的界限。别想当然地认为老师生来就懂得可以和父母设定哪些界限,更别提他是否知道该怎么与家长沟通了。

课堂策略

教学工作给人带来很多乐趣,而其中对我来说最重要的,是能够在整个学年有幸带领整个团体一同前进,荣辱与共。这段历程不只局限于智识方面。一个班集体本身就是一个联系紧密的群体,具有强大的社会动力,而班集体内的社会情感氛围既能成就学生的学习潜能,也能摧毁学生的学习潜能。课堂既可能成为人人自危的危险之地,也可以成为充满关爱、让每个孩子得到认可的地方。在这一板块中,我将分享老师们可以用来和学生及其家庭建立联系和培养关爱的策略。

从一开始就设定积极的基调。学年开始时,花点时间给家长写邮件或打电话,向父母做自我介绍。应发展这样的家长教师关系:父母将你视作教育他们孩子的人,而不是只会通知家长孩子有麻烦或惹事的人。花几分钟寒暄或认可孩子的闪光点,对教师来说是稳赚不赔的事:当需要探讨尴尬问题时,这就是你的关系资本。

制定班级公约。学年伊始,花点时间和班上的同学一起制定班级公约,列出他们希望怎样被同学对待,怎样被老师对待,学生之间应如何相处。公约可以让学生明白自己在小小的班级社区中扮演的重要角色。这些规定确认了每个孩子都是集体的一员，每个孩子都担负着重要责任。

下列问题可用来启发学生思考："要想让你在这个班级中感到安全、受尊重，你们需要我怎么做？你们之间应该怎么做？"[99]你还可以问："课堂上哪些行为是不尊重人的？课前和课后呢？"把学生分成小组，让他们为班级成员如何约束自己出谋划策，然后让学生聚在一起，最终汇集成班级公约。完成后，将公约制成海报，让每位学生签名。如果有人违规，签名可以提醒学生，这是他们自己制定的公约，不是老师制定的。

打造亲社会的班级文化。创制一些班级仪式，赋予学生友好相待的机会。比如，创造一种手势，让学生们得以在课堂讨论阶段默默表示赞同或支持。比如，如果有人回答了很难的问题或勇敢冒险，就让学生们打个响指以表赞赏。这不是为了让每位学生感到"特别"——这种趋势近年来理所当然受到了人们的质疑。与之相反，这是在教师的示范作用下，在班级内建立起注重群体和表达善意的基调，每个学生都能从中受益。

玛吉·比特尔（Maggie Bittel）是一位资深小学教师，她指导学生相互"鼓劲"（put up）[100]（与"打倒"[put down]相反），这是引导学生们认可他人良好品行或个性的好方法。首先，如果学生们合作得不错，她就会有针对性地称赞整个团队。然后她会让学生列出自己身上有哪些自己欣赏的特点和特长，让他们为自己鼓劲。全班学生可以讨论自夸和了解自身优势之间有何区别，讨论称赞同龄人的外在品质和内在品质有何区别。

比特尔会朗读书中的故事，里面的人物通常自尊心较弱，然后让学生回忆难过时被人鼓励、重新振作的感觉。最后，她让班级中每位学生负责留意一位老师或同龄人一整天。快放学时，学生们在经被观察者和观察者同意后，在写出的卡片上分享他们注意到的事情。有时指定的观察者的身份是保密的，有时大家知道自己的观察者是谁。最后，比特尔在教室中布置出鼓劲墙，让学生们（经比特尔允许）贴出他们为同龄人写的话。比特尔会介入这项活动，暗暗鼓励学生们留意那些收到的鼓劲留言比较少的学生。

到了高中，班级人数较多，学业压力增大，老师们很容易忽略学生的身心健康。阿莉莎·伊夫（Alyssa Yff）是北卡罗来纳州罗利市的一位社科教师，她将学生的身心健康摆在首位。她请每位学生都完成一项名为"我的历史"的项目，将历史学的方法和原则与社会情感学习融合起来。每位学生展示时，伊夫都会表扬学生的创造力，重点提及与众不同之处。整个学期剩下的时间中，她都会将这些项目贴在教室里，如果学生出现分歧或"无法完全达成一致"，她就会参考项目里的内容。

伊夫认为，对教师来说，了解每位学生至关重要。她邀请学生吃午餐，亲自出现在体育和美术活动现场，鼓励学生课下来找她。"孩子信任你就会来找你，"她说道，"你需要从社交和学术两方面来培养他们，倾听他们的声音，不只是用耳朵听，要始终以身作则，创造安全的气氛。"伊夫明白，如果学生没有安全感，就不会好好学习，而尊重是相互的。倘若一个学生回答错了，别的孩子大笑，她会说："好，让我们看看你掌握得怎么样。"伊夫创造了感情安全的学习环境,她的学生可以将新想法付诸实践。

创造肢体语言词汇表。警惕攻击性肢体语言对社交和教学安全来说都很重要。怒目相视或恶意眼神交流会让学生感到紧张、受威胁,从而无法集中注意力学习课程。初高中阶段,回答错误或表达过激观点也许会被同龄人报以偷笑或白眼。如果这在班级文化中成为常态,学生在学习中就不太乐意挑战自我。感到自我表达不安全,或受到由少数具备攻击性的学生设立的不成文规定限制,都会削弱课堂学习的效果。

在发展成麻烦之前把问题解决掉必然是最佳选择。在课上花20分钟左右,请学生列出孩子之间不说话就能实现的无礼行为。向他们解释,尽管我们不说话,但身体还是能传达意思,这就像带着字幕的静音电视一样,我们的肢体语言也有字幕。请学生列出肢体语言,在每个边上写出"字幕",说明代表的意义:

刻薄的眼神——"我讨厌你。"

翻白眼——"你很烦。""你真蠢。"

大笑——"你是个傻瓜。""我简直不敢相信你会那么说。"

沉默相待——"在你身上花时间不值得。"

窃窃私语、瞪着别人——"我们说的就是你呢。"[101]

孩子列出的一些肢体语言可能与课堂无关,没问题。关键在于让学生承认自己的肢体语言别有含义。在课堂时间探讨此事，可以向学生传递这样的信息：老师对此绝非一无所知，你对待学生安全问题的态度很严肃。

将说闲话和散布谣言定义为暴力形式。学生们生活在轻视心理攻击影响力的文化之中，因此有必要明确损害同龄人关系是一种暴力。对同龄人关系造成伤害的最常见途径之一即说闲话和散布谣言。告诉你的学生这两种行为与失去友谊之间的关系。向他们解释说闲话会产生的连锁反应，两个人之间传的话会扩散，最终导致目标被排斥或遭遇他人骚扰。

想要解释清楚这个过程，可以在黑板或白板上画三个同心圆。在中间最小的圆圈里写上一些虚构的闲话，如："你听说她在聚会上做了什么吗？"请学生假想两人对话，然后让他们现实地思考接下来会发生什么。将他们的反应放进第二个圈子。继续下去，如有必要可添加更大的圆圈，直到闲话攻击目标遭受损失或关系受损为止。

这项练习旨在让学生明确，闲话和谣言不仅是话语。喊别人荡妇或同性恋不仅会伤害这个人，这些说法还会诱发更多人对这个人进行虐待。也许同龄人会带着奇怪的眼光看待那个人，窃窃私语或怒目相视，在网上骚扰他们，不和他们说话或直接当面侮辱。这一切发生的源头都在于两个人：在一开始的小圈子最先说闲话的两个人。霸凌和攻击并非总是直接发生的。

做一名"懂行"的教师。接受教师培训时，我懂得了即使时间紧迫，也要花五分钟和学生玩游戏，让紧张或疲倦的学生恢复活力，这样剩余的课堂时间才会更有效，虽然这样做意味着会失去宝贵的教学时间。同样的，花时间与学生谈论社交文化能够帮助你打造班级发展所需的安全和凝聚力。我发现有三类对话对学生奏效。第一类即探索我们彼此之间的社交义务，这样的谈话能够让学生思考处理社交难题的规则：

- 每位女孩（或学生）都要和其他人成为朋友吗？
- 尊重在你看来是什么意思？
- 在餐厅里，哪些行为是尊重人的？如果不是你朋友的同学在你身边坐下，你会怎么做？
- 在教室里，哪些行为是尊重人的？
- 如果你听到别人在背后说你好朋友的坏话，你会怎么做？应该告诉她吗？
- 与别人发生冲突时最好的处理办法是什么？
- 如果你被欺负了，你会怎么做？

第二类谈话聚焦于心理攻击和成年人时常忽略的行为。

- 女孩互相伤害的方式与男孩的是否有差异？（列出具体行为和相似或不同之处。）
- 人们不说话的时候怎样互相伤害？
- 当女孩（或人们）说自己只是开玩笑的时候，你认为她们是真的在开玩笑吗？如果你认为大部分情况都不是，那是为什么？

- 如果有人说"不想冒犯你，但是……"你觉得接下来对方会说什么？你怎么看别人用这个说法？
- 什么才能赋予女孩权力和地位？你怎么看？
- 朋友间会怎样互相伤害？这和被你不太熟的人伤害有什么区别？
- 人们怎么在网上互相伤害？
- 没有科技，你的友谊是会更美好还是更糟糕？

第三类谈话用于窥测学生对霸凌的见解。[102]

- 学生汇报霸凌行为的频率高吗？
- 学生对霸凌有何感受？
- 学校中的成年人是否会有效处理霸凌问题？
- 学校里哪些地方最容易发生霸凌或攻击？
- 学生们认为同学介入可靠吗？

在北卡罗来纳州，一位高中老师通过邮箱或 Survey Monkey 问卷调查网站提出这些问题。她会随机向学生提问："你觉得这里的环境安全吗？我做得怎么样？我需要做些什么？"学生可以选择私信回复或匿名回复问卷。

许多女孩认为成人对女孩的闹剧一无所知，人数之多让我感到震惊。请别低估使用"官方"课堂时间讨论这些问题的强大力量，这种做法能让你传达这样的信息：你是"懂行"的老师。

花点时间与学生讨论，快结束时告诉学生，有问题可以找你或其他可以提供帮助的人聊聊。

一些教师会先请学生通过邮件表达自己关心的问题，或设置一个"建议信箱"让孩子们匿名汇报问题。小学过后的阶段，邮件是一种理想选择。高中辅导员朱莉娅·泰勒建议教师引入话题时首先告知学生："如果你感觉在我的班级中不安全，或需要帮助，给我发邮件。我保证会对你所写的内容保密，除非你面临受伤的危险。我们可以聊聊这个问题，一起想对策。别心神不定地在我的班级里度过36周。"只要小心谨慎地调查被"提名"的霸凌者或攻击发起者，这种途径就会非常有效。一些学生会谎称自己被伤到了或受到了攻击，借此找同龄人麻烦。为了避免这种情况，应从不同角度调查被指控的学生，别急于下结论。

做孩子的军师。当女孩还小的时候，干预她们的社交危机很容易就能成功。对初高中教师来说，成功概率则小得多。青春期复杂的关系问题和冲突很难修复，作为教师，做一名愿意倾听、陪学生一起做头脑风暴、表达同理心的参谋会带来最持久、最直接的帮助。大部分青少年渴望的是有人愿意按他们本来的模样看待他们、倾听他们，还希望知道生活并非完全失控。

第十章我为家长介绍的"女孩方案"决策工具就是解决青春期麻烦的绝佳策略，它能帮助学生整理出处理社交问题的种种选项，这样就能判断出最有效的策略。从某种程度上来说，教师使用"女孩方案"会更有效，因为在这方面教师比家长更理智、客观。和学生一起分析，既可以帮助她找出解决方案，也可以让她明白你关心她。对挣扎中的学生来说，这是能感受到关爱的时刻。

对家长设定限制。如果与家长交涉时需要请一位高层管理者做伴，这并不代表你很失败。必要时应寻求帮助。谈话时有另一人在场，尤其是你的上级，可以强调你在家长面前的权威性，在谈话偏离方向时也可以得到支持。注意那些可能质疑你对事件描述的家长，别怀疑自己。尽管家长的否认也许并无恶意，且通常是出于保护孩子的欲望，但你要信任自己，保持镇定。

同样的，在必要时结束谈话。如果你感到没有受到尊重、缺乏安全感或不舒服，你有权表示："我觉得我们现在最好暂时结束谈话，改天再聊，这次讨论的气氛让我感到不太舒服，我们都应该休息一下，明天我们再联系。"你的教师职责并不包括充当出气筒。[103]

以身作则。教师研修班结束后，我常常被一两位老师拉到一边。"你记得你给学生做过的霸凌主题演讲吗？"他们问道，"你应该再给老师们讲一遍。"我们都笑了，但问题很严重：教师自身也难免会有攻击行为，他们的行为常常会损害学校关于善意和尊重的教导。教师本身也会组成特殊小团体、说同事闲话、排斥新老师，这些行为中有些很容易被学生观察或听到。在我曾任教的一所学校里，一位老师建议我，校长不在场时违纪没关系，因为她太严格了。此时，我们正站在20名九年级女孩面前。

我们并不指望每位教师都像天使一般。但如果我们自己不承担社区责任,就很难将我提及的这些反霸凌要求传递给学生。一些老师称自己的工作不包括做社工,只是教书而已,对此我不敢苟同。我们不仅要在智慧和学术探究方面为学生树立楷模,同样也要在良好礼仪和公民身份方面身正为范。

培训教师辨认和规范另类攻击行为并不需要费太大力气,关键在于我们是否希望他们采取行动。我问小学教师肯德拉怎样判断自己班级中的另类攻击行为,她说很明显。"(女孩变得)垂头丧气,她们的性格变了,面部表情变了。看起来似乎身处悲伤和恐惧之中……连她们的姿态也变了。听起来很傻,她们就是垂头丧气的——在老师面前这样,在一群朋友面前也这样……一下就能看出来了。我会让孩子冲我笑笑,很多时候我会说'笑一下',如果她们真的笑不出来,你就知道出问题了。"

诚然,即便是最关爱学生的教师也会错过隐性攻击行为。肯德拉警告说:"她们会努力不让别人看到自己在伤害别人,你需要认真观察孩子的脸,看看到底是谁被排斥了,到底发生了什么。"尽管我曾经的室友珍妮自己是老师,也曾被人当成霸凌对象,但她还是会沮丧地回到家,因为她实在看不出普琳西丝是在什么时候对脆弱的马娅施行心理虐待的。在这些情况下,只能指望孩子本人亲自解释。如果她认为老师会轻视或无视她的痛苦或敷衍对待这些问题,她也会保持沉默。

谁都不应依靠短暂的同情或个人经验来对抗传染病一样的霸凌行为,只有通过可操作的公共规则和系统的教职工培训,我们才能真正着手解决这一问题。如果我们不将管制另类攻击行为作为学校管理层的责任，孩子们依然容易遭遇霸凌和虐待。

结　语

　　写作这本书照亮了我生命中最阴暗的角落。列出另类攻击行为让我得以用全新的眼光看待自己和所处的关系。它给了我与他人探讨的机会，让我与曾经的记忆和解，也让我对现在的经历有了更深的理解。

　　我认为，现在我们的任务是给每一位女孩、每一位家长以及每一位教师带来共同和公开的语言，探讨女孩的冲突和关系。如果这个世界能承认女孩的隐性攻击文化，这不仅能够赋予女孩以协商化解冲突的能力，还能够让她们用全新的健康方式来定义关系。女孩将会明白，交朋友是一种选择，而不是强制命令。她们会明白，友谊是一种选择的结伴关系，关爱和冲突都是正常现象。

　　如果女孩懂得了关系是可以选择的，冲突很正常，她们在社交中就不会再纠缠于自己能维持多少份理想化的友谊。她们将不再感到冲突是打破关系的象征，而是视其为关系的附属品，甚至可以说是值得磨炼的社交技巧。冲突将不再是关系中努力排除的现象，不会像卡门·佩拉尔塔所说的那样，像是一颗要将友谊粉碎到难以修复状态的炸弹。

家长会告诉女孩，完全没有冲突的关系并不存在。女孩将不再认为冲突会导致关系结束，而会明白**没有冲突的关系很难存续下去**。女孩将学会如何摆脱恐惧的控制，理解关系的潮起潮落绝非一人之力所能控制。

如果这个世界承认隐性攻击文化的存在，女孩便将不再对损失关系充满恐惧。明白了冲突时有发生、友谊经得住冲突考验，她们可能就不那么倾向于打压他人、背后捅刀和结盟了，这些都是容易碾碎友谊的行为。本书列出的大部分行为——非言语性表态、结盟、背后说闲话、传播谣言、结成像《幸存者》节目那样可怕的小圈子、传纸条、沉默相待、私下友善但公共场合待朋友刻薄——都是由于逃避正面交锋而引发的。如果女孩明白自己的愤怒和沮丧，她们的报复行为就会减弱，范围也会缩小。

如果这个世界承认隐性攻击文化，被欺负的女孩就会明白自己并非孤军奋战。她们可以拥有一套描述自己遭遇的语言，她们在学校就能受到保护。她们将会接受令自己痛苦的女孩霸凌行为，但也知道天不会塌下来。学校将会拨出资源来解决各类另类攻击行为、开展研究、制定策略。家长将会自信地联系学校，采取恰当的方式保护孩子。

另类攻击行为的代价

在写作本书的过程中，我目睹了另类攻击和冲突回避贯穿了女孩生活的三个方面：领导力、关系暴力以及有据可查的青春期女孩自尊缺失问题。

好领导，好女孩

在一个20人的女孩领导力工作坊中（参与者皆是中产阶级少女，其中三分之一不是白人），我们谈论了领导力让我们感到不自在的地方，我们将这些方面称作"危险区"。女孩们讨论自己的恐惧时，我惊奇地发现每个人的担心几乎都与他人将如何回应自己的言行有关。

看起来很糟糕或很蠢——或用她们自己的话来说，"遭人评判"——是最深的恐惧，她们反复表达这一看法。无论是与陌生人见面、在公众场合发言、朗诵还是辩论，女孩最害怕的是被"打压"，她们担心别人不会给她们解释自己的机会，担心别人会打击她们的自信心。因此，她们会害怕别人不喜欢她们，不愿和她们交朋友或背叛她们。

"女孩攻击的最明显的特点就是看似不存在，"社会学家安妮·坎贝尔写道，"女孩们没有学过如何用正确的方式来表达攻击，她们只学过如何不去表达。"[104] 例如，工作坊的许多女孩都将赞同和得到支持视为个人联系的标志，而将遭遇反对视为关系损失。值得研究的是，许多女孩对某些领导行为的恐惧正反映了她们提及的对个人冲突的恐惧。换言之，面对"良性"攻击（自信、竞争、坚定）时，许多女孩也会表现出面对"恶性"攻击（人际冲突、愤怒、隐性刻薄）时一样强烈的紧张感。正如女孩可能会因为担心失去朋友而不说自己生气一样，工作坊参与者也让我们看到，担任领导时女孩同样对关系损失心怀恐惧。

在工作坊中，更多相似之处浮出水面。活动中，这些女孩想象自己做各种事情，从课外项目到成年后的未来冒险。女孩们始终都存在的恐惧是担心别人认为她们自负，她们认为这是同事们不喜欢的。那些在交男友时竭尽所能避免被人形容为"自以为了不起"的女孩，在设想职业生涯时也怀有同样的恐惧。她们不会想着怎样做好工作，而是琢磨该怎样表现得谦虚，或让自己表现得没想象中那么优秀。

她们在竞争和渴望方面亦是如此，许多研修班参与者告诉我她们害怕工作中被人说有冲劲或霸道。在工作中，她们想的不是渴望什么或如何实现目标，而是如何在设法逼近目标时让他人觉得自己满不在乎。

最后一点是工作坊参与者吐露自己害怕因为说错话"弄得一团糟"或失控。这种焦虑会迫使她们谨小慎微，迫使她们避免冒险或大胆迈进，而胆识对职业成功非常重要。

在次年的工作坊中，30位中产阶级少女在娱乐室的垫子上分散着围坐一圈，其中四分之一不是白人。我们探讨了优秀领导者的特质。我请她们大声说出能描述自己的词语，然后在教

室前面的画架上写下来。我后退几步看看列表,内容如下:

一名优秀的领导者应该……

充满关爱	尊重他人
大声说话	思想开放
优秀的倾听者	善解人意
乐于助人	成熟
乐观	关爱他人
灵活	耐心
自豪	负责
有决心	细心周到
有责任心	表示支持
有奉献精神	平衡
敏感	独立
具有合作精神	诚实
有创造力	值得信赖
独特	活跃
表达能力强	积极
有天赋	友好
主动	善良
有胆识	有礼有节
外向	有洞见
有条理	

结语 | 429

表示顺服、礼让、关爱的词语（粗体）堆满了列表，而表现看似不太友善的特质（下画线标出）的在列表中仅有五个词，在她们眼中的"优秀领导"所需的特质里仅占不到10%。

对这些女孩来说，好领导即好女孩。

主动承担、说不、参与冲突都不是好领导的特质，女孩眼中的领导者是容易相处的，是友善的，是充满关爱的，是那种别人希望与其交朋友的人。回顾第五章中这组女孩前一天列出来的"反面女孩"列表，看看她们眼中女孩的错误表现，我震惊了："有头脑""固执己见""争强好胜""刻薄""专业""严肃""坚强""独立""以自我为中心""无所节制""装艺术家"。强大领导者的一些特质，同样也是坏女孩的特征。

遗憾的是，这一阶段仍未过去。在《像男人一样竞争，像女人一样获胜》(*Play Like a Man, Win Like a Woman*)中，美国有线电视新闻网（CNN）的执行副总裁盖尔·埃文斯（Gail Evans）探索了女性为何在公司中难以获得平等待遇。数十年来，埃文斯始终目睹女性遭遇晋升障碍，他总结称，部分原因在于女性陷入了过分关注人际关系的误区。

埃文斯称，女性听到同事或领导说不，就会将其视为人际冲突的信号。女性因此会避免提出可能被拒绝的问题，认为被人否定就是"我们和我们的高管之间关系不好的标志"。许多女性同样也会避免冒险，因为她们担心会遇上挑战自己能力极限或需要虚张声势的时刻。正如一些女孩担心被称作"自以为了不起"那样，女性员工也担心别人会认为自己有优越感。

埃文斯指出，等着"被邀请约会、被老师点名回答问题"的女孩，会成长为坐等领导布置任务的女员工，而不是自己主动去做事。如第三章提及的七年级女孩莉莉·卡特那样通过"暗示"与朋友沟通的女孩，最终会成长为"假设"老板知道她们优秀业绩的女员工。

由于无人教导女性将竞争视为体育比赛那般可接受的活动，埃文斯解释道："公平竞争这一概念对她们而言本身就是矛盾的，竞争不应该出现，如果出现，即为逾矩。"埃文斯看到男性和同事发生冲突后，下班后会为对方买杯啤酒言和，而女性则会将其视为针对个人的。她可能会怒气冲冲地离开，这反映了女性始终都将冲突与关系损失联系起来。儿时从未学习过该如何处理冲突的女性，成年后很难区分日常冲突和人身攻击。[105]

埃文斯的观察并不令人惊讶，女孩明白，间接表明立场或根本不表态，她们就会和成年人一样获取权力。因此她们可能成为帮手而非领导者，在幕后而非舞台中心工作，担任副手或副总裁，而不是首席执行官或总裁。

当然，公司文化并没有试图阻止这种态度。自信、敢言、坚定、爱竞争的女性常常被认为是"男人婆""荡妇""刻板""性冷淡"或"有攻击性"。她们的勇气并未被视为资产，而被当成不合理的表现。加州的"Bully Broads"项目即典型例子：导师们教女性管理者如何显得不那么坚定自信，建议她们在公众场合结结巴巴或哭泣，让她们的形象"柔和"一些。[106] 不足为奇，那些甘于淹没在人群中的女孩最终成了身处劣势的女员工。

结语 | 431

霸凌和关系暴力

听到第二章中瓦妮莎、纳塔莉和安妮的故事，读者可能会觉得"霸凌"这个词听起来有些名不副实。这些女孩遭遇了最亲密好友的长期感情虐待。她们不愿放弃友情，不惜任何代价维持与霸凌者的关系。与这些女孩和其他人交谈时，我不禁思考，有人伤害她们如此之深，她们为何还要保持关系。她们的回应听起来很像遭遇家庭暴力的成年女性。

一位女孩想离开朋友，但她害怕吃午饭和课间时只能一个人坐着。另一个女孩坚持认为朋友们明天或下周就会对她好些了。我想起了家庭暴力关系中的女性，有人不愿离开虐待自己的配偶，是因为害怕独自生活，或因为男方"道歉了"。学校应对传统霸凌的策略在这些情况下无法奏效，因为这些策略基于这一假设：攻击者和目标不是朋友。女性朋友之间的亲密正是女孩关系攻击的核心要素，目前关系暴力专家使用的策略对于帮助身陷此类麻烦的女孩来说也许更有效。

的确，关系暴力的一些危险征兆与最好朋友之间的霸凌行为高度相似。正如第七章的露西娅所言，施虐者"可以让你感觉自己是世界上最特别的人"。无论关系暴力的目标多么努力，她都永远无法满足施虐者的期望，从里斯和纳塔莉的关系中可以清楚地看到这一动态过程。正如安妮和萨曼莎的关系那样，施虐者可能会拼命让目标远离其他朋友、家人或任何想让她摆脱关系的人。施虐者会争辩说自己的目标"不值得信赖或不喜欢施虐者"。

若想认真教育女孩选择健康的友谊，就需要增强女孩对友情中顺从和攻击行为的认识。倘若我们没有用于描述施虐关系的动态的语言，无法通过正确的方式来疏导愤怒，我们就无法培养女孩识别虐待行为、让自己远离有害处境的能力。如此一来，女孩可能会紧接着将顺从行为直接植入成年后的亲密关系中。换言之，无法识别虐待行为影响的不仅仅是女孩阶段，而是存在长期影响。意识到这些行为的性质，十分有助于尽早预防遭遇虐待。

"百慕大三角"故地重游

初中被许多人称为女性青春期危机的"震中地带"。关于这种危机的故事如今已广为人知，常常被视为写给勇敢真实女孩的挽歌。最著名的例子来自心理学家玛丽·皮弗的《拯救奥费利娅》(Reviving Ophelia)、卡萝尔·吉利根和琳恩·迈克尔·布朗的《在十字路口相遇》(Meeting at the Crossroads)，书中描述的事件向我们展示了一个不时被描述为"百慕大三角"的时刻，在那一刻——"女孩的自我纷纷失踪"，这一阶段有时也会被描述成女孩接受成年女性文化洗礼的十字路口。

短短几年之中，女孩就意识到了自己所处的文化环境，她们突然被迫脱离自我。人们将不再容忍她们发出的真实声音，不再容忍她们无所畏惧说出想法的能力和对食物、玩耍和真相的狂野胃口。为了成功、为了被社交圈接受,女孩必须在性感、社交、口头表达以及外观方面换上有所节制的女性姿态。她们必须否认自己的所见、所知、所感。为了避免被排斥,她们必须走进粉饰之下的关系,回避公开冲突,被不允许她们了解自身真实情况、自己身体和自身感受的文化规则慢慢囚禁起来。正是在这种情况下,女孩眼中的真实与她们必须在他人面前假装感受、了解到的真实产生了越来越大的隔阂,让她们的自尊被削弱。

目前对女性青春期危机的描述大部分是从个体角度出发的,其人际上的后果被严重忽视了。[107] 实际上,她们损失的不仅仅是真实的自我,也是那个能够和同龄人热情相处的自我。布朗和吉利根称,这种危机从本质上来说是关系层面的。被迫否认**她们自己**的真实性剥夺了女孩之间彼此真诚沟通的能力。毕竟,女孩们在做浮士德式的交易,牺牲真实的自我换取残缺和虚假的友谊。她们与自身内部失去联系,在人际关系上感到崩溃,不断压抑冲突和愤怒,坚持"友好礼貌"的一面,努力争取那些否定人类关系事实的互动。她们失去了"判断关系暴力"的能力,即承认自己受伤以及对他人愤怒的感情的能力。"感觉是被感觉到的,想法是被想出来的",但它们"不再暴露于友谊的光天化日之下",反而被囚禁于"地下"。

如果我们将这一危机视为另类攻击行为加剧的时刻,也许就能从全新角度理解女孩自尊缺失的问题。调整一下我们观察女孩生活的视角,地下就不只是女孩隐藏真实感情的情绪终端了，它本身也许就是沟通冲突的活跃天地，尤其是另类攻击行为。进一步调研这种联系也许会打开新入口，为女孩渡过难关提供其他类型的帮助。如果另类攻击行为是女孩自尊缺失的主要症状，也许我们可以集中力量对抗危机的源头，将更多资源集中到对女孩人际关系的研究上。也许我们可以更努力地阻止女孩参与另类攻击行为，引导她们采用更坚定自信的方法：实话实说或直接攻击。

教女孩更具有攻击性？好吧，没错。让我们再次回到女孩自尊缺失的症状：期待理想化或毫无冲突的关系。如果我们引导女孩妥善处理"五味杂陈"的情绪，如嫉妒、竞争、愤怒，她们就更愿意在与他人的关系中接纳这些情绪。她们会乐于承认强烈感情，她们也会保持与真实自我的联系。她们也许不会那么倾向于压抑情绪，以致慢慢积怨，最终演化为残酷的报复行为。

莫名其妙的攻击和损失给一些女孩打上了永久的烙印。担心"友善"一面之下藏着另一种真相，会让女孩一辈子都不敢确认能否信任他人、信任自己。这些故事一直在我心中挥之不去。这些女孩似乎远离其他女孩，再也不愿互相帮助，长大后不信任乃至憎恨同龄人。

玛茜是我采访的第一批成年女性之一。"落单女孩"常常出现在小学和初中阶段，她承认自己如今与其他女性的关系依然是喜忧参半。现在20多岁的她评论道："我常常感觉是自己不能融入其他人。我知道这是内心深处的结,从某种程度上来说,我就是很难完全信任她们,我还是感觉她们随时可能会背叛我。"

玛茜的话,我在随后的采访中也多次听女孩和成年女性们说起。像玛茜这样童年遭遇同龄人欺负的女性,依旧会用儿时的眼光看问题,依旧还能感受到多年前的伤痛和困惑。她们想不明白,为什么身边最亲密的朋友会时而间接表达愤怒,时而毫无征兆地让她们感到不知所措、孤独和自责。

如果能够承认女孩可以生气,好女孩有时可以表现得很坏,我们就能开垦"友善"和"荡妇"之间的社交荒漠。如果我们能构建女孩互相说真话的积极话语体系,更多女孩就会大胆地表达看法。她们会提出并解答自己的问题,解决她们自己友谊的秘密。

赋予女孩实话实说、尊重同龄人说实话的能力,难道不是给她们最好的礼物吗?如果这个世界能够承认女孩的全部感情,而不只是一部分感情,她们就可以在坦诚相待的关系中享受令人欢欣的自由,她们将不再担心会被人抛弃。我希望她们,以及任何一位当过落单女孩的女性,都能重新振作、大胆说出自己的想法,她们会低声自言自语:"我最后悔的是当初保持沉默,**到底**有什么好怕的呢?"[108]

问题探讨

1. 在《女孩们的地下战争》的序言中，蕾切尔·西蒙斯多次将本书喻为一次"旅程"。她指的是一段怎样的旅程呢？作为读者，你经历了怎样的旅程？这本书带你去了哪里？是去了从未去过的地方？还是熟悉的地方？或是二者都有？请说说为什么。

2. 在《女孩们的地下战争》中，西蒙斯的数据主要来自与美国十所不同学校女孩们的访谈。判断、描述、讨论这些学校的情况，哪所更贴近你们学校的情况？哪些方面像？哪所最不像？为什么？

3. 第三章开头处，西蒙斯写道："女孩不需要通过霸凌行为来疏远伤害同龄人……用'霸凌'一词描述女孩之间互相伤害的行为简直是大错特错。"为什么作者认为这个术语不足以说明问题？你还能想到其他哪些词？思考这个问题时，回忆自己的经历和"另类攻击"的概念（本书始终在探索这一话题）。

4. 读完第四章后，思考自己与科技产品相关的经历，也许你可以思考一下西蒙斯提出的问题："问题变成了我们到底应该将女孩的网络行为视为充满勇气和创意的人格延伸，还是视为遥不可及的理想形象的幻觉。如果女孩只有通过网络才敢表达某些信念或感受，她还是'真实'的吗？这种二重性会让女孩为自身的诚实和正直付出怎样的代价？"二重性对女孩关系有怎样的影响？

5. 社交媒体在你的生活中扮演着怎样的角色？你认为怎样才能减少由Facebook、短信或Formspring等匿名评论网站给关系带来的闹剧？如果没有社交媒体，你认为友情会更美好还是更糟糕？

6. 这本书点明了"女孩隐性攻击文化"并对其进行研究分类，西蒙斯常常回顾自己的童年经历来说明问题、解释细节或举例，第六章《霸凌者的反思》最为明显，其中探索了西蒙斯与朋友安妮和珍妮的故事。她为那两段友谊中的哪些事情感到后悔？或者说，西蒙斯通过这些故事为我们带来了怎样的启示？书中还有哪些地方，作者通过揭露自己童年的故事展示了适用于所有女孩的普遍真相？

7. 阅读第七章《受欢迎的女孩》后思考一下，追求受欢迎同欺骗和攻击分别可能存在何种联系。

8. 阅读第八章的"文化碰撞"板块，然后公开坦诚地讨论你所目睹的不同民族或种族的女孩之间发生的另类攻击行为。你或你同龄人的经历，更接近是贾丝明、尼托扎克、蒂法尼还是杰奎琳的状况？抑或第八章提及的其他女孩？你们之间有哪些相同之处？

9. 第十章中，西蒙斯为家长提供建议，部分是因为"倘若遭遇此类问题的是自家孩子，你可能会急得不知所措"。哪条建议是你曾尝试过的？你过去的霸凌经历对你教育孩子或与其他家长、学校工作人员互动的能力有何影响？

10. 分小组，一起回顾西蒙斯提供的对抗另类攻击的策略，尤其是教师该如何改善校园氛围的部分。指出哪些看起来更现实、更实用、更具有可行性。你为什么认为这些策略似乎对你更有说服力、更可能见效？

11. 在结语部分，西蒙斯写道："本书列出的大部分行为——非言语性表态、结盟、背后说闲话、传播谣言、像《幸存者》节目那样可怕的小圈子、传纸条、沉默相待、私下友善但公共场合待朋友刻薄——都是由于逃避正面交锋而引发的。"请描述自己生活中站出来与某个人正面交锋的关键时刻，或后悔当初没有正面交锋的时刻。

《女孩们的地下战争》阅读理解小贴士

1. 访问西蒙斯的网站 www.rachelsimmons.com。观看她的"真实女孩小贴士"（Real Girl Tip）视频。这些小贴士是怎样加深你对女孩霸凌及其对策的理解的？哪些你认为最有用？为什么？

2. 若想了解日新月异的科技发展形势及其对策，可访问 www.rachelsimmons.com 观看西蒙斯的"永远做最好的朋友 2.0 版"（BFF 2.0）系列。你从中学到了什么？你会将哪些建议或知识融入自己的社交媒体运用中？

3. 回顾第五章西蒙斯帮助领导力工作坊女孩们做出的"理想女孩/反面形象"的图表，尝试画出自己的图表，同小组成员集思广益，一起列出这两类特点和品质，然后与第五章出现的图表进行对比和比较，你有何发现？

4. 采用全新的创造性的方式表达《女孩们的地下战争》的读后感，表现你对自己、女孩普遍情况以及年轻女性的新理解。将自己关于女孩霸凌的想法和印象写成一篇短篇故事或诗歌，绘成一幅画，或编一首歌，作为对本书直接而诚实的回应。请记住在里面用上阅读本书时激发的感情和想法（可能还有回忆？）。

致 谢

这本书源自他人的帮助，这一点再怎么强调也不为过。

从我们见面的那一刻起，R.K 就对我这个项目充满信心，她以自己的名誉为我做担保，为《女孩们的地下战争》打开了机遇之门。她成了我的导师、知己和朋友。林恩·阿伦斯（Lynn Arons）、伯尼斯·伯克（Bernice Berke）、塔米卡·福特（Tamika Ford）、拉比·鲁文·格林沃尔德（Rabbi Reuven Greenwald）、马蒂·赫斯科维茨（Marti Herskovitz）、鲁迪·乔丹（Rudy Jordan）、埃洛伊塞·帕萨科夫（Eloise Pasachoff）、丽贝卡·普力高（Rebecca Prigal）、雪莉·伦道夫（Sherie Randolph）、劳拉·雷贝尔（Laura Rebell）、凯特·萨斯曼-赖默（Kate Sussman-Reimer）、琼·范德·沃尔德（Joan Vander Walde）、托比·温伯格（Toby Weinberger）以及克莱尔·沃策尔（Claire Wurtzel）都为我提供了采访女孩们的重要资源和机会。

斯特拉·康奈尔（Stella Connell）和安德鲁·马林斯（Andrew Mullins）信任我的项目，介绍我进入里奇伍德，在那里的日子成了我一生中最特别的经历之一。非常感谢学校监管部门的工作人员 C. H、S. B 和 M. V 以及里奇伍德的老师们。M. F、P. P、S. P 和 G. P 让我体验了纯正的南方生活，我们还形成了要珍惜一辈子的友谊。

我本来只打算在哈考特第 26 街短暂停留，最终延长至六个月。也不知道为什么，这里热情的人们从未对此表示惊讶，他们的陪伴让孤独的写作更轻松愉快，我深深感激他们的热情款待。感谢苏珊·阿姆斯特(Susan Amster)、珍妮弗·吉尔摩(Jennifer Gilmore)、珍妮弗·霍利迪（Jennifer Holiday）、戴维·霍夫（David Hough）、阿琳·克里夫（Arlene Kriv）以及杰奎琳·墨菲(Jacqueline Murphy)的支持和努力。感谢肯特·沃尔夫（Kent Wolf）在我逗留期间带来轻松一刻。感谢出色的编辑助理，我很棒的朋友珍妮弗·阿齐兹（Jennifer Aziz），感谢超棒的文字编辑蕾切尔·迈尔斯（Rachel Myers）。

非常感激在这段旅程中支持我的朋友和同事们，许多人帮我联系自己的朋友，让项目得以进行。我要感谢伊莱恩和莉迪娅·阿默森（Elaine and Lydia Amerson）、彼得·安地列斯（Peter Antelyes）、朱莉·巴雷尔（Julie Barer）、吉尔·厄利茨（Jill Erlitz）、弗朗西斯·弗格森（Frances Fergusson）、戴维·格马什（David Gmach）、萨莉·弗里德曼（Sally Friedman）、佐薇·霍利迪·格罗斯曼（Zoe Holiday Grossman）、苏拉·哈里斯（Sula

Harris）、简·汉森（Jane Hanson）、朱迪丝·霍利伯（Judith Holiber）、金·沃索（Kim Warsaw）、珊德拉·赫什伯格（Sandra Hershberg）、卡里·洪（Kari Hong）、卡伦·麦克斯韦尔（Karen Maxwell）、朗达·克莱纳（Rhonda Kleiner）、阿莉扎和艾拉娜·洛厄尔（Alizah and Elana Lowell）、伊拉娜·马库斯（Ilana Marcus）、特里·麦卡洛（Terri McCullough）、霍华德·沃尔夫森（Howard Wolfson）、丹妮尔·梅里达（Danielle Merida）、诺亚·迈耶(Noa Meyer）、希瑟·马乔(Heather Muchow）、南希·尼德尔（Nancy Needle）、卡门·佩拉尔塔、锡德·普洛特金（Sid Plotkin）、玛乔丽·格卢克(Marjorie Gluck）、罗丝·波利多罗(Rose Polidoro）、艾拉娜·瓦克索·波斯纳（Elana Waksal Posner）、莉萨·萨克斯（Lisa Sacks）、罗伯特和斯泰茜·斯基托（Robert and Stacy Skitol）、弗里达·斯皮拉·斯莱文（Freyda Spira Slavin）、利·西尔弗曼（Leigh Silverman）、泰黑·西尔弗曼（Taije Silverman）、伊丽莎白·斯坦利（Elizabeth Stanley）、琳赛和凯莉·塔利（Linsey and Kelly Tully）、戴安娜·图尼斯（Diane Tunis）、安妮·韦斯曼（Annie Weissman）、苏珊·韦尔曼（Susan Wellman）、奥费利娅计划、罗莎琳德·怀斯曼以及"赋权计划"。

感谢塞米尔·辛杜佳（Sameer Hinduja）、简·伊赛（Jane Isay）、莉莉·杰伊（Lily Jay）、金·卡明斯基、朱莉·门切尔（Julie Mencher）为本书修订部分提出的精辟见解，感谢帕里·阿夫塔卜和布赖恩·盖滕斯（Brian Gatens）为2010年采访出谋划策，提供联系人信息，感谢詹娜·约翰逊（Jenna Johnson）娴熟编辑新章节。

特别感谢阿卜杜·阿齐兹·赛义德（Abdul Aziz Said）和美国大学全球和平中心（Center for Global Peace at American University）。感谢保莉特·赫维茨（Paulette Hurwitz）的慷慨的关爱和建议，赋予我冒险的勇气。感谢莫莉·尚利（Molly Shanley），你是我坚定的朋友、同事和导师，一次次帮助我走出理所当然的想法。感谢查尔斯·舒墨议员（Senator Charles Schumer）和艾丽斯·韦恩肖（Iris Weinshall）的友谊和支持，感谢桑迪·卡瓦列尔（Sandy Kavalier）为我捕捉下书中这张照片，感谢阿什莉·梅（Ashleigh May）、伊拉娜·西奇尔（Ilana Sichel）和弗吉尼娅·沃顿（Virginia Wharton）超棒的研究协助工作。

我对玛丽亚娜·伊斯坎德尔（Maryana Iskander）始终深怀感激之情，你帮助我做出了今生最艰难的决定，感谢你每次都信任我，尤其是在我没有自信时。在伦敦吃午饭时，杰里米·多贝（Jeremy Dauber）是第一位知道本书以霸凌和女孩为主题的人，回到纽约后，在我最疯狂的日子里，他精心指导我思考、做研究。

亲密好友们给予我无尽的支持，我的感激之情溢于言表。珍妮·本德（Jenny Bender）、乔希·米查姆（Josh Mecham）、玛吉·比特尔、卢克·丘萨克（Luke Cusack）、丹尼斯·格林（Denis Guerin）、艾伦·卡什（Ellen Karsh）、阿斯特丽德·科尔通（Astrid Koltun）、凯茜·莱文（Cathie Levine）、乔希·伊赛（Josh Isay）、莉萨·斯基托（Lissa Skitol）和丹妮尔·托波尔（Daniella Topol）与我情同手足，他们的信念、倾听、爱与欢笑有着强大的力量，指引我度过这一挑战性项目的每一天。没有你们，我就做不到。

若非亲人坚定支持，我就无法完成《女孩们的地下战争》这本书。我睿智的兄弟乔舒亚（Joshua）总是逗我笑，也是我一天可以打20次电话的好朋友。祖父伯纳德·西蒙斯（Bernard Simmons）迅速接受了我对自己生活做出的改变，立刻成了我忠实的新闻秘书，这让我无比惊喜。祖母利娅·西蒙斯（Lia Simmons）为我发送了许多鼓励性的即时消息和邮件，并留言恳求我"别再吃墨西哥卷饼了"。我的好伙计弗朗西斯·戈尔茨坦（Frances Goldstein）始终鼓舞人心，感谢阿姨西尔维娅·布罗达赫（Sylvia Brodach）一直惦记着我，感谢叔叔比尔·戈尔茨坦（Bill Goldstein）宝贵的支持。写作时，无与伦比的同辈亲戚谢尔盖（Sergei）和齐基（Ziggy）来到我们的家中，感谢你们带来欢声笑语。

最要感谢的是信任我、向我诉说故事的成年女性和女孩们，你们都是非比寻常的。我始终被你们勇敢的声音鼓舞着，毕竟，是你们在告诉本书读者，他们并不孤单。希望你们的故事点亮其他女孩的生活，就像你们点亮我的生活一样，希望《女孩们的地下战争》让你们为自己大胆发声感到自豪。

注 释

1. Michelle Anthony, *Little Girls Can Be Mean* (New York: St. Martin's Griffin, 2010).
2. 见 Marion K. Underwood, *Social Aggression Among Girls* (New York: Guilford Press, 2003)。亦参见尼基·R. 克里克(Nicki R. Crick)在明尼苏达大学儿童发展部(Child Development, University of Minnesota)的出版作品。
3. Lyn Mikel Brown and Carol Gilligan, *Meeting at the Crossroads: Women's Psychology and Girls' Development* (Cambridge, MA: Harvard University Press, 1992).
4. Adrienne Rich, "From Women and Honor: Some Notes on Lying," in *On Lies, Secrets, and Silence: Selected Prose, 1966–1978* (New York: W. W. Norton, 1979).
5. Anne Campbell, *Men, Women, and Aggression* (New York: BasicBooks, 1993).
6. Lyn Mikel Brown and Carol Gilligan, *Meeting at the Crossroads*.
7. Peggy Orenstein, Schoolgirls: *Young Women, Self-Esteem, and the Confidence Gap* (New York: Doubleday, 1994). 引言前半部分奥伦斯坦引用了琳恩·迈克尔·布朗和卡萝尔·吉利根的《女性心理和女孩发展》(The Psychology of Women and the Development of Girls), 这篇论文在1990年4月举办的俄亥俄州克利夫兰劳雷尔—哈佛女性心理和女孩教育会议(Laurel-Harvard Conference on the Psychology of Women and the Education of Girls)上宣读, 奥伦斯坦也建议读者阅读琳恩·迈克尔·布朗和卡萝尔·吉利根的《在十字路口相遇》(*Meeting at the Crossroads*)。
8. 更多案例参见 Beverly I. Fagot and Richard Hagan, "Aggression in Toddlers: Responses to the Assertive Acts of Boys and Girls," *Sex Roles* 12 (1985): 341–51; David G. Perry,

Louise C. Perry, and Robert J. Weiss, "Sex Differences in the Consequences that Children Anticipate for Aggression," *Developmental Psychology 25* (1989): 312–19.

9. Kaj Bjoerkqvist and Pirkko Niemela, "New Trends in the Study of Female Aggression," in *Of Mice and Women: Aspects of Female Aggression*, ed.K. Bjoerkqvist and P. Niemela (San Diego: Academic Press, 1992).

10. Kaj Bjoerkqvist, Kirsti M. J. Lagerspetz, and Ari Kaukiainen, "Do Girls Manipulate and Boys Fight? Developmental Trends in Regard to Direct and Indirect Aggression," *Aggressive Behavior* 18 (1992): 117–27.

11. Lyn Mikel Brown and Carol Gilligan, *Meeting at the Crossroads*.

12. Carol Gilligan, *In a Different Voice: Psychological Theory and Women's Development* (Cambridge, MA: Harvard University Press, 1982).

13. Adrienne Rich, "Compulsory Heterosexuality and Lesbian Existence," in *Blood, Bread, and Poetry: Selected Prose, 1979–1985* (New York: W. W. Norton, 1986).

14. Anne Campbell, *Men, Women, and Aggression*.

15. 举例详见 Patricia A. Adler and Peter Adler, *Peer Power: Preadolescent Culture and Identity* (New Brunswick, NJ: Rutgers University Press,1998)。

16. Nicki R. Crick, Maureen A. Bigbee, and Cynthia Howes, "Gender Differences in Children's Normative Beliefs about Aggression: How Do I Hurt Thee? Let Me Count the Ways," *Child Development* 67 (1996): 1003–14.

17. 针对关系攻击最优秀的研究综述参见 Nicki R. Crick, et al., "Childhood Aggression and Gender: A New Look at an Old Problem," in *Gender and Motivation*, ed. Dan Bernstein (Lincoln: University of Nebraska Press, 1999)。

18. Nicki R. Crick, "The Role of Overt Aggression, Relational Aggression, and Prosocial Behavior in the Prediction of Children's Future Social Adjustment," *Child Development* 67 (1996): 2317–27; Nicki R. Crick and Jennifer K. Grotpeter, "Relational Aggression, Gender, and Social-Psychological Adjustment," *Child Development* 66 (1995): 710–22; Nicki R. Crick, Maureen A. Bigbee, and Cynthia Howes, "Gender Differences in Children's Normative Beliefs about Aggression: How Do I Hurt Thee? Let Me Count the Ways."

19. Lyn Mikel Brown and Carol Gilligan, *Meeting at the Crossroads*.

20. 同上。

21. 同上。

22. Lynn Smith, "Hey, Poo-Poo Head, Let's Be Friends: Childhood Teasing Needn't Be Traumatic," *Los Angeles Times*, 6 December 2000, sec. E, p. 1.

23. Alice H. Eagly and Valerie J. Steffen, "Gender and Aggressive Behavior: A Meta-Analytic Review of the Social Psychological Literature," *Psychological Bulletin*

100 (1986): 309–30; Ann Frodi, Jacqueline Macaulay, and Pauline R. Thorne, "Are Women Always Less Aggressive Than Men? A Review of the Experimental Literature," *Psychological Bulletin* 84 (1977): 634–60.

24. Don E. Merten, "The Meaning of Meanness: Popularity, Competition, and Conflict among Junior High School Girls," *Sociology of Education* 70 (1997): 175–91.

25. Erica Goode, "Scientists Find a Particularly Female Response to Stress," *New York Times*, 19 May 2000, sec. A, p. 20.

26. danah boyd, "'Bullying' Has Little Resonance with Teenagers," November 15, 2010, 该博客发表于 www.zephoria.org 网站。亦参见 "Victimization of Adolescent Girls" by Amanda Burgess-Proctor, Sameer Hinduja, and Justin Patchin. Cyberbullying Research Center (2010), www.cyberbullying.us。在全国各地学校调研时，我也在自己进行的非正式调查中注意到了这一点。

27. 值得庆幸的是，情况正在转变。越来越多州立法要求学校将网络霸凌列入反霸凌政策中。

28. danah boyd, "Friendship," in *Hanging Out, Messing Around and Geeking Out*, eds. Mizuko Ito, et al. (Cambridge, MA: MIT Press, 2010).

29. "受欢迎算法"是莉莉·杰伊提出的短语，用于描述这种现象。

30. S. Hinduja and J. W. Patchin, *School Climate and Cyber Integrity: Preventing Cyberbullying and Sexting One Classroom at a Time* (Thousand Oaks, CA: Sage Publications/Corwin Press, 2012, in press).

31. 我最初在达娜·博伊德（danah boyd）博客上读到这一点，为独立陈述。

32. Jan Hoffman, "As Bullies Go Digital, Parents Play Catch Up," *New York Times*, 4 December 2010.

33. Generation M2: Media in the Lives of 8–18 Year Olds. *Kaiser Family Foundation Study* (January 2010).

34. The Nielsen Company, *US Teen Mobile Report* (October 2010)."皮尤网络研究中心和美国生活项目"（Pew Internet and American Life Project, 2006）也在他们的研究《青少年、手机和短信》(*Teens, Cell Phones and Texting*) 中发现了三分之一青少年月均发送 3000 条短信。

35. S. Hinduja and J. W. Patchin, *School Climate and Cyber Integrity: Preventing Cyberbullying and Sexting One Classroom at a Time*. 亦参见 Pew Internet and American Life Project "Cyberbullying" (2006). 可访问 www.pewinternet.org 网站在线阅读。

36. Cyberbullying Research Center, *Cyberbullying: Identification, Prevention, and Response* by Sameer Hinduja and Justin Patchin (2010).

37. 种族差距近年来明显扩大，据凯泽家族基金会称，相比较白人孩子而言，黑人和拉美裔孩子每天在媒体上花费的时间多出 4.5 个小时。最大的差别在于看电视的时间，电脑和手机使用时间差距小一些。2009 年，白人青少年平均每天发送短信的时长为 1 小时 22 分钟，而黑人和拉美裔青少年分别达到 2 小时 3 分钟和 1 小时 42 分钟。

38. *Teens, Cell Phones, and Texting*. Pew Internet and American Life Project (April 21, 2010).

39. Girl Scout Research Institute, *Who's That Girl study* (2010).

40. 同上。

41. 这段对话按照发送给我的原话出版，笔误和其他错误均来自原始对话。

42. National Campaign to Prevent Teen and Unplanned Pregnancy, *Sex and Tech: Results from a Survey of Teens and Young Adults* (Washington, DC: The National Campaign to Prevent Teen and Unplanned Pregnancy, 2009).2009 年的两项调查中，MTV 和考克斯通信公司（Cox Communications）分别发现仅有 10% 和 9% 的青少年收发性爱短信。

43. 参见 Sharon Lamb, *The Secret Lives of Girls: What Good Girls Really Do—Sex Play, Aggression, and Their Guilt* (New York: Free Press, 2002).

44. 显然，提交求助的女孩抽样不是随机的，寻求建议的女孩可能已经在与不安全感做斗争了。

45. 据该报告称，性感化的完整定义是：一个人的价值仅源自性感诱惑力或性行为，不考虑其他特征;（狭隘地）将外观魅力等同于性感，并以此为标准来判断一个人；一个人在性爱方面被物化了——成为他人在性爱中使用的物品，而不被视为同样具有独立行为和决定能力的人；和 / 或性感被不恰当地强加到某个人身上。

46. APA Study (link www.apa.org/pi/women/programs/girls/report.aspx). Report of the APA Task force on the Sexualization of Girls (Washington, DC: American Psychological Association, 2007).

47. 举例见 Jean Kilbourne, *Deadly Persuasion: Why Women and Girls Must Fight the Addictive Power of Advertising* (New York: Free Press,1999); Deborah L. Tolman and Elizabeth Debold, "Conflicts of Body and Image: Female Adolescents, Desire, and the No-Body Body," in *Feminist Perspectives on Eating Disorders*, eds. Melanie Katzman, Patricia Fallon, and S. Wooley (New York: Guilford Press, 1994).

48. Peggy Orenstein, *Schoolgirls*.

49. Patrick Welsh, "Bully-Boy Focus Overlooks Vicious Acts by Girls," *USA Today*, 12 June 2001, sec. A, p. 15.

50. Elizabeth Wurtzel, *Bitch: In Praise of Difficult Women* (New York: Doubleday, 1998).

51. 令人欣慰的一条例外为运动员，在运动中女孩竞争是被接纳、鼓励的。然而，赛场外的竞争自由仍有待推广。

52. Lyn Mikel Brown, *Raising Their Voices: The Politics of Girls' Anger* (Cambridge, MA: Harvard University Press, 1998).
53. Deborah L. Tolman, "Daring to Desire," in *Sexual Cultures and the Construction of Adolescent Identities*, ed. Janice Irvine (Philadelphia: Temple University Press, 1994).
54. Mimi Nichter and Nancy Vuckovic, "Fat Talk: Body Image among Adolescent Girls," in *Many Mirrors: Body Image and Social Relations*, ed. Nicole Sault (New Brunswick, NJ: Rutgers University Press, 1994).
55. Jill McLean Taylor, Carol Gilligan, and Amy M. Sullivan, *Between Voice and Silence: Women and Girls, Race and Relationship* (Cambridge, MA: Harvard University Press, 1995).
56. Nicki R. Crick, et al., "Childhood Aggression and Gender."
57. 其他人说出故事可能存在障碍，而这些受访者也许因为曾经受害的经历有了得以对抗这种障碍的感情缓冲物。
58. Adrienne Rich, "From Women and Honor: Some Notes on Lying."
59. 怀斯曼华盛顿特区的"赋权计划"（Empower Program）组织致力于结束青少年之间的各种暴力行为，在 www.empowered.org 网站可找到她的"坦白承认"（Owning Up）课程。
60. Lyn Mikel Brown and Carol Gilligan, *Meeting at the Crossroads*.
61. Patricia A. Adler and Peter Adler, *Peer Power*.
62. Carolyn G. Heilbrun, *Writing a Woman's Life* (New York: Ballantine, 1988).
63. Lyn Mikel Brown and Carol Gilligan, *Meeting at the Crossroads*.
64. 同上。
65. American Association of University Women, *Shortchanging Girls, Shortchanging America: A Call to Action* (Washington, DC: American Association of University Women, 1991).
66. Niobe Way, "Between Experiences of Betrayal and Desire," in *Urban Girls: Resisting Stereotypes, Creating Identities*, ed. Bonnie J. Ross Leadbeater and Niobe Way (New York: New York University Press, 1996).
67. bell hooks, *Bone Black: Memories of Girlhood* (New York: Henry Holt & Co., 1996).
68. Dorothy Allison, *Two or Three Things I Know for Sure* (New York: Dutton, 1995).
69. Lyn Mikel Brown, *Raising Their Voices*.
70. Jill McLean Taylor, Carol Gilligan, and Amy M. Sullivan, *Between Voice and Silence*.
71. Janie Victoria Ward, "Raising Resisters: The Role of Truth Telling in the Psychological Development of African-American Girls," in *Urban Girls: Resisting*

Stereotypes, Creating Identities, ed. Bonnie J. Ross Leadbeater and Niobe Way (New York: New York University Press, 1996).

72. 同上。

73. Patricia Hill Collins, "The Meaning of Motherhood in Black Culture and Black Mother-Daughter Relationships," in *Double Stitch: Black Women Write about Mothers and Daughters*, ed. Patricia Bell-Scott, et al. (Boston: Beacon Press, 1991).

74. Lyn Mikel Brown and Carol Gilligan, *Meeting at the Crossroads*.

75. Jill McLean Taylor, Carol Gilligan, and Amy M. Sullivan, *Between Voice and Silence*.

76. Tracy Robinson and Janie Victoria Ward, "'A Belief in Self Far Greater Than Anyone's Disbelief': Cultivating Resistance among African American Female Adolescents," in *Women, Girls, and Psychotherapy: Reframing Resistance*, ed. Carol Gilligan, Annie Rogers, and Deborah Tolman (New York: Harrington Park Press, 1991).

77. Ena Vazquez-Nuttall, Zoila Avila-Vivas, and Gisela Morales-Barreto, "Working with Latin American Families," in *Family Therapy with School Related Problems*, ed. James Hansen and Barbara Okun (Rockville, MD: Aspen Systems Corp., 1984).

78. Janie Victoria Ward, "Raising Resisters: The Role of Truth Telling in the Psychological Development of African-American Girls."

79. Jill McLean Taylor, Carol Gilligan, and Amy M. Sullivan, *Between Voice and Silence*.

80. Madeline Levine, *The Price of Privilege: How Parental Pressure and Material Advantage Are Creating a Generation of Disconnected and Unhappy Kids* (New York: HarperCollins, 2006).

81. Rosalind Wiseman and Elizabeth Rapoport, *Queen Been Moms and Kingpin Dads: Dealing with the Difficult Parents in Your Child's Life* (New York: Three Rivers Press, 2007).

82. 朱迪丝·乔丹（Judith Jordan）的一篇文章在这方面对我特别有启发意义。J. V. Jordan, "Relational Resilience," No. 57. Stone Center for Developmental Services and Studies, Wellesley, MA, 1992.

83. 关于如何让作为旁观者的孩子强大起来，参见斯坦·戴维斯（Stan Davis）的著作，尤其是 *Empowering Bystanders in Bullying Prevention* (Champaign, IL: Research Press, 2007)。

84. N. E. Werner, S. Senich, and K. Przepyszny, "Mothers' responses to preschoolers' relational and physical aggression," *Journal of Applied Developmental Psychology* 27 (2006): 193–208.

85. Lyn Mikel Brown and Carol Gilligan, *Meeting at the Crossroads*.

86. 网络安全专家洛丽·盖茨用这种说法来描述最重要的三种网络公民价值观。

87. Rosalind Wiseman, *Queen Bees and Wannabes* (New York: Three Rivers Press, 2009).
88. 同上。
89. Kaiser Family Foundation, "Generation M2: Media in the Lives of 8–18 Year Olds" (January 2010).
90. 同上。
91. 网络安全专家广泛推荐该协议。
92. 我是从纽约州拿骚县女童子军（Girl Scouts of Nassau County, New York）分发的材料中看到这一练习的。
93. Rosalind Wiseman, *Queen Bees and Wannabes*.
94. Peggy Orenstein, *Schoolgirls*.
95. Dan Olweus and Susan Limber, *Olweus Bullying Prevention Program, Schoolwide Guide* (Center City, MN: Hazelden, 2007).
96. 同59。
97. 同70。
98. 学术、社交与情感学习联合会（Collaborative for Academic, Social and Emotional Learning, CASEL）网站 www.casel.org。除此之外，还有几种致力于发展女孩这些方面技能的优秀课程：女孩领导力学院的课程"女孩遇见世界"（Girl Meets World），莉萨·索乔斯特罗姆（Lisa Sjostrom）和凯瑟琳·斯坦纳-阿代尔（Catherine Steiner-Adair）开发的"关注我们自己"（Full of Ourselves）课程以及朱莉娅·泰勒和香农·特赖斯-布莱克（Shannon Trice-Black）的 GIRLS（Champaign, IL: Research Press, 2007）。
99. 我是从罗莎琳德·怀斯曼的 *Owning Up: Empowering Adolescents to Confront Social Cruelty, Bullying and Injustice*（Champaign, IL: Research Press, 2009）中了解到班级公约的。
100. 玛吉·比特尔并非第一个发明"鼓劲"（put-up）一词的。
101. 在与玛吉·比特尔讨论她课堂上相似词汇的使用之后，我设计了这个练习。
102. Olweus and Limber, *Olweus Bullying Prevention Program, Schoolwide Guide*, pp. 34 and 37.
103. 若想进一步了解如何与难以沟通的家长交谈，参见 Michael Thompson and Alison Fox Mazzola's *Understanding Independent School Parents: An NAIS Guide to Successful Family-School Relationships* (Washington, DC: National Association of Independent Schools, 2005)，以及 *Dealing with Difficult Parents* by Todd Whitaker and Douglas Fiore (Larchmont, NY: Eye on Education, 2001)。
104. Anne Campbell, *Men, Women, and Aggression*.

105. Gail Evans, *Play Like a Man, Win Like a Woman* (New York: Broadway Books, 2000).
106. Neela Banerjee, "Some 'Bullies' Seek Ways to Soften Up; Toughness Has Risks for Women Executives," *New York Times*, 10 August 2001, sec. C, p. 1.
107. 举例详见 Lyn Mikel Brown and Carol Gilligan, Meeting at the Crossroads; Mary Pipher, *Reviving Ophelia*。
108. Audre Lorde, "The Transformation of Silence into Language and Action," in *Sister Outsider: Essays and Speeches* (Trumansburg, NY: Crossing Press, 1984).

参考文献

Adler, Patricia A., and Peter Adler. *Peer Power: Preadolescent Culture and Identity*. New Brunswick, NJ: Rutgers University Press, 1998.

Adler, Patricia A., "Dynamics of Inclusion and Exclusion in Preadolescent Cliques," *Social Psychology Quarterly* 58, no. 3 (1995): 145–62.

Allen, LaRue, et al. "Acculturation and Depression among Latina Urban Girls." In *Urban Girls: Resisting Stereotypes, Creating Identities*, edited by Bonnie J. Ross Leadbeater and Niobe Way. New York: New York University Press, 1996.

Allison, Dorothy. *Two or Three Things I Know for Sure*. New York: Dutton, 1995.

American Association of University Women. *Shortchanging Girls, Shortchanging America: A Call to Action*. Washington, DC: American Association of University Women, 1991.

Angier, Natalie. *Woman: An Intimate Geography*. New York: Houghton-Mifflin, 1999.

Anzaldúa, Gloria. *Borderlands—La Frontera: The New Mestiza.* San Francisco:Aunt Lute Books, 1987.

Atwood, Margaret. *Cat's Eye.* New York: Doubleday, 1988.

Banerjee, Neela. "Some 'Bullies' Seek Ways to Soften Up: Toughness Has Risks for Women Executives." *New York Times,* 10 August 2001, sec. C, p. 1.

Bell-Scott, Patricia, et al., eds. *Double Stitch: Black Women Write about Mothers and Daughters.* Boston: Beacon Press, 1991.

Bjoerkqvist, Kaj, Kirsti M. Lagerspetz, and Ari Kaukiainen. "Do Girls Manipulate and Boys Fight? Developmental Trends in Regard to Direct and Indirect Aggression." *Aggressive Behavior* 18 (1992): 117–27.

Bjorkqvist, Kaj, and Pirkko Niemela, eds. *Of Mice and Women: Aspects of Female Aggression.* San Diego: Academic Press, 1992.

Borg, Mark G. "The Emotional Reaction of School Bullies and Their Victims." *Educational Psychology* 18, no. 4 (1998): 433–44.

Bosworth, Kris, Dorothy L. Espelage, and Thomas R. Simon. "Factors Associated With Bullying Behavior in Middle School Students." *Journal of Early Adolescence* 19, no. 3 (1999): 341–62.

Brook, Judith S., Martin M. Whiteman, and Steven Finch. "Childhood Aggression, Adolescent Delinquency, and Drug Use: A Longitudinal Study." *Journal of Genetic Psychology* 153, no. 4 (1992): 369–83.

Brown, Lyn Mikel. *Raising Their Voices: The Politics of Girls' Anger.* Cambridge, MA: Harvard University Press, 1998.

Brown, Lyn Mikel, and Carol Gilligan. *Meeting at the Crossroads: Women's Psychology and Girls' Development.* Cambridge, MA: Harvard University Press, 1992.

Brown, Lyn Mikel, Niobe Way, and Julia L. Duff. "The Others in My I: Adolescent Girls' Friendships and Peer Relations." In *Beyond Appearance: A New Look at Adolescent Girls,* edited by Novine G.

Johnson, Michael C. Roberts, and Judith Worell. Washington, DC: American Psychological Association, 1999.

Brumberg, Joan Jacobs. *The Body Project: An Intimate History of American Girls.* New York: Vintage, 1997.

Campbell, Anne. *Men, Women, and Aggression.* New York: BasicBooks, 1993.

Chodorow, Nancy J. *The Reproduction of Mothering: Psychoanalysis and the Sociology of Gender.* Berkeley, CA: University of California Press, 1978.

Claiborne, Liz, Inc. "What You Need to Know about Dating Violence: A Teen's Handbook." New York: Liz Claiborne, Inc., 2000.

Coie, John D., John E. Lochman, Robert Terry, and Clarine Hyman. "Predicting Early Adolescent Disorder from Childhood Aggression and Peer Rejection." *Journal of Consulting and Clinical Psychology* 60, no. 5 (1992): 783–92.

Corsaro, William A., and Donna Eder. "Children's Peer Cultures." *Annual Review of Sociology* 16 (1990): 197–220.

Cott, Nancy F. *The Bonds of Womanhood: "Woman's Sphere" in New England, 1780–1835.* New Haven: Yale University Press, 1977.

Craig, Wendy M., and Debra J. Pepler. "Observations of Bullying and Victimization in the School Yard." *Canadian Journal of School Psychology* 13, no. 2 (1997): 41–59.

Crick, Nicki R. "Engagement in Gender Normative Versus Nonnormative Forms of Aggression: Links to Social-Psychological Adjustment." *Developmental Psychology* 33, no. 4 (1997): 610–17.

Crick, Nicki R. "The Role of Overt Aggression, Relational Aggression, and Prosocial Behavior in the Prediction of Children's Future Social Adjustment." *Child Development* 67, no. 5 (1996): 2317–27.

Crick, Nicki R. "Relational Aggression: The Role of Intent Attributions,

Feelings of Distress, and Provocation Type." *Development & Psychopathology* 7, no. 2 (1995): 313–22.

Crick, Nicki R., et al. "Childhood Aggression and Gender: A New Look at an Old Problem." In *Gender and Motivation,* edited by Dan Bernstein. Lincoln: University of Nebraska Press, 1999.

Crick, Nicki R., and Maureen A. Bigbee. "Relational and Overt Forms of Peer Victimization: A Multiinformant Approach." *Journal of Consulting & Clinical Psychology* 66, no. 2 (1998): 337–47.

Crick, Nicki R., and Nicole E. Werner. "Response Decision Processes in Relational and Overt Aggression." *Child Development* 69, no. 6 (1998): 1630–39.

Crick, Nicki R., Juan F. Casas, and Monique Mosher. "Relational and Overt Aggression in Preschool." *Developmental Psychology* 33, no. 4 (1997): 579–88.

Crick, Nicki R., Maureen A. Bigbee, and Cynthia Howes. "Gender Differences in Children's Normative Beliefs about Aggression: How Do I Hurt Thee? Let Me Count the Ways." *Child Development* 67, no. 3 (1996): 1003–14.

Crick, Nicki R., and Jennifer K. Grotpeter. "Relational Aggression, Gender, and Social-Psychological Adjustment." *Child Development* 66, no. 3 (1995): 710–22.

Davis, Angela Y. *Women, Race, and Class.* New York: Vintage, 1981.

Debold, Elizabeth, Marie Wilson, and Idelisse Malave. *Mother Daughter Revolution: From Betrayal to Power.* Reading, MA: Addison-Wesley, 1993.

Dolan, Deirdre. "How to Be Popular." *New York Times Magazine,* 8 April 2001, sec. 6, pp. 44–46.

Eagly, Alice H., and Valerie J. Steffen. "Gender and Aggressive Behavior:

A Meta-Analytic Review of the Social Psychological Literature." *Psychological Bulletin* 100, no. 3 (1986): 309–30.

Eder, Donna. "Serious and Playful Disputes: Variation in Conflict Talk among Female Adolescents." In *Conflict Talk: Sociolinguistic Investigations of Arguments in Conversations,* edited by Allen D. Grimshaw. Cambridge, MA: Cambridge University Press, 1990.

Eder, Donna, and David A. Kinney. "The Effect of Middle School Extracurricular Activities on Adolescents' Popularity and Peer Status." *Youth & Society* 26, no. 3 (1995): 298–324.

Eder, Donna, and Janet Lynne Enke. "The Structure of Gossip: Opportunities and Constraints on Collective Expression among Adolescents." *American Sociological Review* 56, no. 4 (1991): 494–508.

Evans, Cathy, and Donna Eder. "No Exit: Processes of Social Isolation in the Middle School." *Journal of Contemporary Ethnography* 22, no. 2 (1993): 139–70.

Evans, Gail. *Play Like a Man, Win Like a Woman: What Men Know about Success That Women Need to Learn.* New York: Broadway Books, 2000.

Fagot, Beverly I., Mary D. Leinbach, and Richard Hagan. "Gender Labeling and Adoption of Sex-Typed Behaviors." *Developmental Psychology* 22, no. 4 (1986): 440–43.

Fagot, Beverly I., and Richard Hagan. "Aggression in Toddlers: Responses to the Assertive Acts of Boys and Girls." *Sex Roles* 12 nos. 3/4 (1985): 341–51.

Fein, Ellen, and Sherrie Schneider. *The Rules: Time-Tested Secrets for Capturing the Heart of Mr. Right.* New York: Warner Books, 1995.

Fine, Michelle. "Sexuality, Schooling, and Adolescent Females: The Missing Discourse of Desire." *Harvard Educational Review* 58, no. 1 (1988):

29–53.

Friedan, Betty. *The Feminine Mystique.* New York: W. W. Norton, 1983.

Frodi, Ann, Jacqueline Macaulay, and Pauline R. Thorne. "Are Women Always Less Aggressive Than Men? A Review of the Experimental Literature." *Psychological Bulletin* 84, no. 4 (1977): 634–60.

Galen, Britt Rachelle, and Marion K. Underwood. "A Developmental Investigation of Social Aggression Among Children." *Developmental Psychology* 33, no. 4 (1997): 589–600.

George, Thomas P., and Donald P. Hartmann. "Friendship Networks of Unpopular, Average, and Popular Children." *Child Development* 67, no. 5 (1996): 2301–16.

Gilligan, Carol. *In a Different Voice: Psychological Theory and Women's Development.*

Cambridge, MA: Harvard University Press, 1982.

Gilligan, Carol, Nona P. Lyons, and Trudy J. Hanmer, eds. *Making Connections: The Relational Worlds of Adolescent Girls at Emma Willard School.* Cambridge, MA: Harvard University Press, 1990.

Goode, Erica. "Scientists Find a Particularly Female Response to Stress." *New York Times,* 19 May 2000, sec. A, p. 20.

Green, Laura R., Deborah R. Richardson, and Tania Lago. "How Do Friendship, Indirect, and Direct Aggression Relate?" *Aggressive Behavior* 22, no. 2 (1996): 81–86.

Groneman, Carol. *Nymphomania: A History.* New York: W. W. Norton, 2000.

Grotpeter, Jennifer K., and Nicki R. Crick. "Relational Aggression, Overt Aggression, and Friendship." *Child Development* 67, no. 5 (1996): 2328–38.

Hanley, Robert. "Girl in Shooting Was Seen as Dejected." *New York Times,*

9 March 2001, sec. A, p. 16.

Harris, Judith Rich. *The Nurture Assumption: Why Children Turn Out the Way They Do.* New York: Touchstone, 1998.

Heilbrun, Carolyn G. *Writing a Woman's Life.* New York: Ballantine, 1988.

Henington, Carlen, Jan N. Hughes, Timothy A. Cavell, and Bruce Thompson. "The Role of Relational Aggression in Identifying Aggressive Boys and Girls." *Journal of School Psychology* 36, no. 4 (1998): 457–77.

Hey, Valerie. *The Company She Keeps: An Ethnography of Girls' Friendship.* Bristol, PA: Open University Press, 1997.

Hooks, Bell. *Bone Black: Memories of Girlhood.* New York: Henry Holt & Co., 1996.

Hudson, Barbara. "Femininity and Adolescence." In *Gender and Generation,* edited by Angela McRobbie and Mica Nava. London: MacMillan, 1984.

Hughes, Linda A. "'But That's Not Really Mean' : Competing in a Cooperative Mode." *Sex Roles* 19, nos. 11/12 (1988): 669–87.

Ialongo, Nicholas S., Nancy Vaden-Kiernan, and Sheppard Kellam. "Early Peer Rejection and Aggression: Longitudinal Relations with Adolescent Behavior." *Journal of Development & Physical Disabilities* 10, no. 2 (1998): 199–213.

Irvine, Janice M., ed. *Sexual Cultures and the Construction of Adolescent Identities.* Philadelphia: Temple University Press, 1994.

Jarrell, Anne. "The Face of Teenage Sex Grows Younger." *New York Times,* 2 April 2000, sec. 9, p. 1.

Jones, Jacqueline. *Labor of Love, Labor of Sorrow: Black Women, Work and the Family from Slavery to the Present.* New York: Vintage, 1985.

Kantrowitz, Barbara, and Pat Wingert. "The Truth About Tweens." *Newsweek,* 18 October 1999, 62–72.

Kaukiainen, Ari, et al. "The Relationships Between Social Intelligence,

Empathy, and Three Types of Aggression." *Aggressive Behavior* 25, no. 2 (1999): 81–89.

Kerber, Linda K., et al., "On *In a Different Voice:* An Interdisciplinary Forum: Some Cautionary Words for Historians." *Signs: Journal of Women in Culture and Society* 11, no. 2 (1986): 304–10.

Kerns, Kathryn A., Lisa Klepac, and AmyKay Cole. "Peer Relationships and Preadolescents' Perceptions of Security in the Child-Mother Relationship." *Developmental Psychology* 32, no. 3 (1996): 457–66.

Kilbourne, Jean. *Deadly Persuasion: Why Women and Girls Must Fight the Addictive Power of Advertising.* New York: Free Press, 1999.

Kindlon, Daniel, and Michael Thompson. *Raising Cain: Protecting the Emotional Life of Boys.* New York: Ballantine, 1999.

Kumpulainen, Kirsti, Eila Raesaenen, and Imeli Henttonen. "Children Involved in Bullying: Psychological Disturbance and the Persistence of the Involvement." *Child Abuse & Neglect* 23, no. 12 (1999): 1253–62.

Lagerspetz, Kirsti M., Kaj Bjoerkqvist, and Tarja Peltonen. "Is Indirect Aggression Typical of Females? Gender Differences in Aggressiveness in 11-to-12-Year-Old Children." *Aggressive Behavior* 14, no. 6 (1988): 403–14.

Laurence, Patricia. "Women's Silence as a Ritual of Truth: A Study of Literary Expressions in Austen, Brontë, and Woolf." In *Listening to Silences: New Essays in Feminist Criticism,* edited by Elaine Hedges and Shelley Fisher Fishkin. New York: Oxford University Press, 1994.

Lees, Sue. *Losing Out: Sexuality and Adolescent Girls.* London: Hutchinson, 1986.

Lever, Janet. "Sex Differences in the Complexity of Children's Play and Games," *American Sociological Review* 43, no. 4 (1978): 471–83.

Lorde, Audre. *Sister Outsider: Essays and Speeches.* Trumansburg, NY:

Crossing Press, 1984.

Maccoby, Eleanor Emmons. "Gender and Relationships: A Developmental Account." *American Psychologist* 45, no. 4 (1990): 513–20.

Maccoby, Eleanor Emmons, and Carol Nagy Jacklin. *The Psychology of Sex Differences.* Vol. 1. Stanford, CA: Stanford University Press, 1974.

Magner, Carolyn. "When They Were Bad." Salon.com., 9 October 2000 (http://www.salon.com/mwt/feature/2000/10/09/freeze_out).

McMillan, Carol. *Women, Reason, and Nature: Some Philosophical Problems with Feminism.* Princeton, NJ: Princeton University Press, 1982.

Menesini, Ersilia, et al. "Cross-National Comparison of Children's Attitudes towards Bully/Victim Problems in Schools." *Aggressive Behavior* 23, no. 4 (1997): 245–57.

Merten, Don E. "Enculturation into Secrecy among Junior High School Girls." *Journal of Contemporary Ethnography* 28, no. 2 (1999): 107–37.

Merten, Don E. "The Meaning of Meanness: Popularity, Competition, and Conflict among Junior High School Girls." *Sociology of Education* 70, no. 3 (1997): 175–91.

Merten, Don E. "The Cultural Context of Aggression: The Transition to Junior High School." *Anthropology & Education Quarterly* 25, no. 1 (1994): 29–43.

Miller, Jean Baker. *Toward a New Psychology of Women.* 2nd ed. Boston: Beacon Press, 1986.

Neary, Ann, and Stephen Joseph. "Peer Victimization and Its Relationship to Self-Concept and Depression among Schoolgirls." *Personality & Individual Differences* 16, no. 1 (1994): 183–86.

Nichter, Mimi, and Nancy Vuckovic. "Fat Talk: Body Image among Adolescent Girls." In *Many Mirrors: Body Image and Social Relations,* edited by Nicole Sault. New Brunswick, NJ: Rutgers University Press,

1994.

Oesterman, Karin, Kaj Bjoerkqvist, Kirsti M. J. Lagerspetz, Ari Kaukiainen, et al. "Peer and Self-Estimated Aggression and Victimization in 8-Year-Old Children from Five Ethnic Groups." *Aggressive Behavior* 20, no. 6 (1994): 411–28.

Oesterman, Karin, Kaj Bjoerkqvist, Kirsti M. J. Lagerspetz, Ari Kaukiainen, "Cross-Cultural Evidence of Female Indirect Aggression." *Aggressive Behavior* 24, no. 1 (1988): 1–8.

Okin, Susan Moller. *Women in Western Political Thought.* Princeton, NJ: Princeton University Press, 1979.

Orenstein, Peggy. *Schoolgirls: Young Women, Self-Esteem, and the Confidence Gap.* New York: Doubleday, 1994.

Paquette, Julie A., and Marion K. Underwood. "Gender Differences in Young Adolescents' Experiences of Peer Victimization: Social and Physical Aggression." *Merrill-Palmer Quarterly* 45, no. 2 (1999): 242–66.

Pateman, Carole. *The Sexual Contract.* Cambridge, England: Polity Press, 1988.

Pepler, Debra J. "Aggressive Girls: Development of Disorder and Outcomes." Report #57, La Marsh Research Centre Report. Toronto: York University, 1999.

Perry, David G., Louise C. Perry, and Robert J. Weiss. "Sex Differences in the Consequences that Children Anticipate for Aggression." *Developmental Psychology* 25, no. 2 (1989): 312–19.

Pipher, Mary. *Reviving Ophelia: Saving the Selves of Adolescent Girls.* New York: Ballantine, 1995.

Pollack, William. *Real Boys: Rescuing Our Sons from the Myths of Boyhood.* New York: Random House, 1998.

Raymond, Janice G. *A Passion for Friends: Toward a Philosophy of Female*

Affection. Boston: Beacon Press, 1986.

Rhodes, Jean E., and Anita B. Davis. "Supportive Ties between Nonparent Adults and Urban Adolescent Girls." In *Urban Girls: Resisting Stereotypes, Creating Identities,* edited by Bonnie J. Ross Leadbeater and Niobe Way. New York: New York University Press, 1996.

Rich, Adrienne. *On Lies, Secrets, and Silence: Selected Prose,* 1966–1978. New York: W. W. Norton, 1979.

Rich, Adrienne. *Of Woman Born: Motherhood as Experience and Institution.* New York: W. W. Norton, 1986.

Rich, Adrienne. "Compulsory Heterosexuality and Lesbian Existence." In *Blood, Bread, and Poetry: Selected Prose,* 1979–1985. New York: W. W. Norton, 1986.

Rigby, Ken. "The Relationship between Reported Health and Involvement in Bully/Victim Problems among Male and Female Secondary Schoolchildren." *Journal of Health Psychology* 3, no. 4 (1998): 465–76.

Robinson, Tracy, and Janie Victoria Ward. "'A Belief in Self Far Greater Than Anyone's Disbelief' : Cultivating Resistance among African American Female Adolescents." In *Women, Girls, and Psychotherapy: Reframing Resistance,* edited by Carol Gilligan, Annie Rogers, and Deborah Tolman. New York: Harrington Park Press, 1991.

Rogers, Annie G. "Voice, Play, and a Practice of Ordinary Courage in Girls' Lives and Women's Lives." *Harvard Educational Review* 63, no. 3 (1993): 265–95.

Rotheram-Borus, Mary Jane, et al. "Personal and Ethnic Identity, Values, and Self-Esteem among Black and Latino Adolescent Girls." In *Urban Girls: Resisting Stereotypes, Creating Identities,* edited by Bonnie J. Ross Leadbeater and Niobe Way. New York: New York University Press, 1996.

Rys, Gail Summers. "Children's Moral Reasoning and Peer-Directed Social Behaviors: Issues of Gender and Development." Ph.D. diss., University of Delaware, 1998. Abstract in *Dissertation Abstracts International* 58 (1998): 5167B.

Rys, Gail Summers, and George G. Bear. "Relational Aggression and Peer Relations: Gender and Developmental Issues." *Merrill-Palmer Quarterly* 43, no. 1 (1997): 87–106.

Sadker, Myra, and David Sadker. *Failing at Fairness: How America's Schools Cheat Girls.* New York: Scribner's, 1994.

Salmivalli, Christina, Arja Huttunen, and Kirsti M. J. Lagerspetz. "Peer Networks and Bullying in Schools." *Scandinavian Journal of Psychology* 38, no. 4 (1997): 305–12.

Sheldon, Amy. "Conflict Talk: Sociolinguistic Challenges to Self-Assertion and How Young Girls Meet Them." *Merrill-Palmer Quarterly* 38, no. 1 (1992): 95–117.

Silver, Marc, and Joellen Perry. "Hooked on Instant Messages." *U.S. News and World Report,* 22 March 1999, 57–58.

Simon, Robin W., Donna Eder, and Cathy Evans. "The Development of Feeling Norms Underlying Romantic Love among Adolescent Females." *Social Psychology Quarterly* 55, no. 1 (1992): 29–46.

Slee, P. T. "Situational and Interpersonal Correlates of Anxiety Associated with Peer Victimization." *Child Psychology & Human Development* 25 (1994): 97–107.

Smith, Elsie J. "The Black Female Adolescent: A Review of the Educational, Career, and Psychological Literature." *Psychology of Women Quarterly* 6, no. 3 (1982): 261–88.

Smith, Lynn. "Hey, Poo-Poo Head, Let's Be Friends: Childhood Teasing Needn't Be Traumatic." *Los Angeles Times,* 6 December 2000, p. 1.

Smith, Peter K., Helen Cowie, and Mark Blades, eds. *Understanding Children's Development*. 3rd ed. Oxford, England: Blackwell, 1998.

Smith-Rosenberg, Carroll. "The Female World of Love and Ritual: Relations between Women in Nineteenth-Century America." *Signs: Journal of Women in Culture and Society* 1 (1975): 1–29.

Spelman, Elizabeth. "Anger and Insubordination." In *Women, Knowledge, and Reality: Explorations in Feminist Philosophy,* edited by Ann Garry and Marilyn Pearsall. Boston: Unwin Hyman, 1989.

Stack, Carol B. *All Our Kin: Strategies for Survival in a Black Community*. New York: Harper, 1974.

Stanley, Lisa, and Tiny (C. M. J.) Arora. "Social Exclusion Amongst Adolescent Girls: Their Self-Esteem and Coping Strategies." *Educational Psychology in Practice* 14, no. 2 (1998): 94–100.

Sutton, Jon, and P. K. Smith. "Bullying as a Group Process: An Adaptation of the Participant Role Approach." *Aggressive Behavior* 25, no. 2 (1999): 97–111.

Sutton, Jon, P. K. Smith, and J. Swettenham. "Social Cognition and Bullying: Social Inadequacy or Skilled Manipulation?" *British Journal of Developmental Psychology* 17, no. 3 (1999): 435–50.

Tanenbaum, Leora. *Slut! Growing Up Female with a Bad Reputation*. New York: Seven Stories Press, 1999.

Taylor, Jill McLean, Carol Gilligan, and Amy M. Sullivan. *Between Voice and Silence: Women and Girls, Race and Relationship*. Cambridge, MA: Harvard University Press, 1995.

Thompson, Kevin M., Stephen A. Wonderlich, Ross D. Crosby, and James E. Mitchell. "The Neglected Link between Eating Disturbances and Aggressive Behavior in Girls." *Journal of the American Academy of Child & Adolescent Psychiatry* 38, no. 10 (1999): 1277–84.

Thompson, Michael, Lawrence J. Cohen, and Catherine O'Neill Grace. *Best Friends, Worst Enemies: Understanding the Social Lives of Children.* New York: Ballantine, 2001.

Thorne, Barrie. *Gender Play: Girls and Boys in School.* New Brunswick, NJ: Rutgers University Press, 1993.

Tolman, Deborah L. "Daring to Desire." In *Sexual Cultures and the Construction of Adolescent Identities,* edited by Janice Irvine. Philadelphia: Temple University Press, 1994.

Tolman, Deborah L., and Elizabeth Debold. "Conflicts of Body and Image: Female Adolescents, Desire, and the No-Body Body." In *Feminist Perspectiveson Eating Disorders,* edited by Melanie A. Katzman, Patricia Fallon, and S. Wooley. New York: Guilford Press, 1994.

Tracy, Laura. *The Secret between Us: Competition among Women.* Boston: Little Brown, 1991.

Tronto, Joan C. *Moral Boundaries: A Political Argument for an Ethic of Care.* New York: Routledge, 1993.

Vasquez-Nuttall, Ena, Zoila Avila-Vivas, and Gisela Morales-Barreto. "Working with Latin American Families." In *Family Therapy with School Related Problems,* edited by James Hansen and Barbara Okun. Rockville, MD: Aspen Systems Corp., 1984.

Walkerdine, Valerie. *Schoolgirl Fictions.* London: Verso, 1990.

Ward, Janie Victoria. "Raising Resisters: The Role of Truth Telling in the Psychological Development of African American Girls." In *Urban Girls:Resisting Stereotypes, Creating Identities,* edited by Bonnie J. Ross Leadbeater and Niobe Way. New York: New York University Press, 1996.

Way, Niobe. "'Can't You See the Courage, the Strength That I Have?' Listening to Urban Adolescent Girls Speak about Their Relationships."

Psychology of Women Quarterly 19, no. 1 (1995): 107–28.

Way, Niobe. "Between Experiences of Betrayal and Desire: Close Friendships among Urban Adolescents." In *Urban Girls: Resisting Stereotypes, Creating Identities,* edited by Bonnie J. Ross Leadbeater and Niobe Way. New York: New York University Press, 1996.

Welsh, Patrick, "Bully-Boy Focus Overlooks Vicious Acts by Girls." *USA Today,* 12 June 2001, sec. A, p. 15.

White, Jacquelyn W., and Robin M. Kowalski. "Deconstructing the Myth of the Nonaggressive Woman: A Feminist Analysis." *Psychology of Women Quarterly* 18, no. 4 (1994): 487–508.

Wiseman, Rosalind, *Queen Bees and Wannabes.* New York: Three Rivers Press, 2009.

Wiseman, Rosalind, and Elizabeth Rapoport, *Queen Bee Moms and Kingpin Dads: Dealing with the Difficult Parents in Your Child's Life.* New York: Three Rivers Press, 2007.

Wolf, Naomi. *Promiscuities: The Secret Struggle for Womanhood.* New York: Ballantine, 1997.

Wolf, Naomi. *The Beauty Myth: How Images of Beauty Are Used Against Women.* New York: Random House, 1991.

Wurtzel, Elizabeth. *Bitch: In Praise of Difficult Women.* New York: Doubleday, 1998.

Zollo, Peter. *Wise Up to Teens: Insights into Marketing and Advertising toTeenagers.* Ithaca, NY: New Strategist Publications, 1999.